刘黎明——主编

刘佛年

教育思想探究

湖南师范大学出版社
·长沙·

图书在版编目（CIP）数据

刘佛年教育思想探究／刘黎明主编. --长沙：湖南师范大学出版社，2025.4. -- ISBN 978 - 7 - 5648 - 5854 - 4

Ⅰ. G40 - 092. 7

中国国家版本馆 CIP 数据核字第 2025C9X664 号

刘佛年教育思想探究

Liu Funian Jiaoyu Sixiang Tanjiu

刘黎明 主编

◇出 版 人：吴真文
◇责任编辑：莫 华 唐言晴
◇责任校对：朱卓娉 宋鸿博
◇出版发行：湖南师范大学出版社
地址/长沙市岳麓区 邮编/410081
电话/0731 - 88873071 88873070
网址/https://press. hunnu. edu. cn
◇经销：新华书店
◇印刷：长沙印通印刷有限公司
◇开本：170 mm × 240 mm 1/16
◇印张：23. 5
◇字数：380 千字
◇版次：2025 年 4 月第 1 版
◇印次：2025 年 4 月第 1 次印刷
◇书号：ISBN 978 - 7 - 5648 - 5854 - 4
◇定价：69. 00 元

序言：一生只为教育想

一

刘佛年先生（1914—2001）是我国当代著名的教育理论家、教育改革家和教育学泰斗，是教育学科和整体性教育改革思想的奠基者之一，曾任中国教育学会副会长，马克思教育思想研究会、比较教育研究会、教育学会的理事长，国务院学位委员会教育学科评议组召集人。

作为教育学科和整体性教育改革思想的奠基者之一，刘佛年先生对教育学科的发展和整体性教育改革的发展作出了杰出的贡献，起到了承上启下的作用，是伫立在时代教育理论和教育改革之巅的风云人物。2008 年，全国教育电视台网站、腾讯网、中国教育新闻网、中国青年网共同发起了改革开放 30 年"中国教育时代人物"的评选，刘佛年先生被评为"中国教育风云人物"。他的教育思想和教育实践是 20 世纪 80 年代改革开放时期教育理论和实践改革的一个缩影，也是我们了解那个时代教育理论和实践面貌的一个窗口。正如刘佛年先生自己所说："我个人的学术经历实际上是我所处的学术群体的奋斗历程；写个人的学术历程实际上是为一个学术群体画像。何况，从我所处的这个学术群体的经历中大致可以窥测到一些我国教育科学发展的情况。写这份学述可能还是一项有意义的工作。"[①]

刘佛年先生出生于湖南的醴陵市，自幼酷爱读书，好学上进。在武汉大学期间，攻读了《书经》《左传》《易经》《老子》《庄子》等古典书籍，打下了深厚的中国古典文化修养的基础。不仅如此，他还拥有哲学和教育

[①] 刘佛年. 刘佛年学述［M］. 杭州：浙江人民出版社，1999：2.

学的修养。在哲学方面，他攻读了柏拉图、洛克、休谟、康德、黑格尔等人的著作，其中，休谟的人性哲学对他的影响最大。在教育学方面，他热爱西方教育家及其教育思想，攻读了杜威的《民主主义与教育》、盖茨的《教育概论》、坎德尔的《比较教育》等。尤为重要的是，他自觉地接受了马克思主义思想、毛泽东思想的"洗礼"，能用马克思主义思想的立场、观点和方法分析教育理论和实际中的问题，是一位典型的马克思主义教育家。以上方面表明，刘佛年先生学贯中西，无论对中国的古典文化，还是对西方哲学和马克思主义原理，都有深厚的理论修养。

刘佛年先生既是教育理论家，又曾是华东师范大学的实际管理者，曾担任过教务长、副校长、校长和名誉校长。"这种双重身份决定了他作研究工作的特殊风格：在谈实际工作时，决不能就事论事，而是要讲清道理，在作理论研究时，是将实际工作中的成败得失上升为理论的分析。在刘佛年教授这里，理论和实际是结合的，理论研究与实际工作是相互推动的。"①这决定了他做学问的方式与传统的"学院派"不同，他不是"我注六经"，而是"六经注我"，不是为理论而理论，而是运用理论中的原理、立场、观点来正确地解释和解决实际中的问题。我们可以从理论与实践两个维度来阐释他对教育的贡献。

（一）对教育理论的贡献

1. 首先，编写了新中国成立后第一部《教育学》教材

20 世纪 60 年代，刘佛年先生以马克思主义思想、毛泽东思想为指导，于 1963 年受"全国文科教材会议"的委托，主编了我国第一部具有中国特色的教育学教材，其意义非凡。因为该书对中华人民共和国成立以来的教育经验进行了概括，揭示了教育的基本规律，反映了我国 20 世纪 60 年代教育学科达到的水平，为以后《教育学》教材编写奠定了基础，起到了示范的作用。后来的《教育学》教材尽管有所补充和完善，但无论是框架、思路，还是观点，都受到了刘佛年主编的《教育学》教材的影响。

2. 其次，推动了教育科学和教育理论的发展

（1）探索了马克思主义教育理论的中国化。刘佛年先生不仅是教育家，

---

① 金一鸣. 刘佛年教育文集［M］. 南京：江苏教育出版社，2010：8.

而且是马克思主义者。早在 20 世纪 30 年代，他就系统钻研了马、恩、列、斯的著作，50 年代又亲自讲授马列主义基础课，对马克思主义哲学思想、毛泽东思想有很深的研究和很高的理论修养，能自觉地用马列主义思想分析和解决教育理论和实际中的问题。他自己的语言也表明了这种理论自觉："如何按照唯物论的哲学思想去解决教育问题，……其实是我一生研究教育问题所要解决的问题。"① 他对杜威的实用主义教育思想的批判，对知识教育、艺术教育、道德教育、个性全面发展、理论联系实际等问题的研究，都是以马克思主义唯物论思想为指导，体现了刘佛年先生高度的马克思主义的理论自觉。《教育学》教材的编写更是以马列主义、毛泽东思想为指导，体现了中国本土化的特色。因为此教材吸收、综合了这个时代的教育科学成果，回答这个时代教育理论工作者和教育实践工作者普遍关心、争论的主要理论问题和实际问题；对当时比较公认的教育经验作出理论上的阐述，使之升华到理论的高度；还吸收了当时与教育学科相关的学科，如哲学、心理学、经济学、社会学等的最新成果，用以说明教育问题，并且批判、纠正了实用主义教育思想和凯洛夫教育学中的错误思想和观点。② 尽管这本教材还存在一些问题，但它是我国第一部具有中国特色的马克思主义教育学著作。

（2）创造性地发展了马克思主义的全面发展教育思想。关于人的全面发展教育思想，有两个经典学说，这就是马克思和毛泽东的全面发展教育思想。刘佛年先生继承了马克思和毛泽东的经典学说，重视德、智、体、美、劳等的全面发展，并提出自己独特的见解：其一，他强调德育、智育、体育、美育、劳动教育都有全面发展的问题，而且它们之间有着内在关联，是相互融通的，相互影响的；其二，人的全面发展，不只是知识技能的广度问题，还必须在深度上下功夫，要注意因材施教，充分发挥学生某一方面的特殊才能，要求学生钻得深，有一定的造诣；其三，全面发展是一个终身的问题，全面发展不局限于学校，而是从小到老持续发展；其四，把人的全面发展视为教育的根本规律。"教育学要讲有什么基本规律的话，全

① 刘佛年. 刘佛年学述 [M]. 杭州：浙江人民出版社，1999：17.
② 刘佛年. 刘佛年学述 [M]. 杭州：浙江人民出版社，1999：145.

面发展就是最基本的规律。"① 很显然，这些观点是刘佛年先生的创新。

（3）建构了整体性教学改革思想。这一"教学改革思想"的理论建构逻辑是：教学改革指导思想的灵魂是培养德、智、体、美、劳全面发展的人才；教学改革任务观的核心是知识、能力、态度；教学改革思想的基本维度是教材、教法、学法、评价的改革。它是我国教学改革思想赓续发展的核心枢纽，是对中外优秀教育思想的继承和超越，是对 20 世纪 80 年代我国教学改革经验的总结和反思，构成了当代中国教学改革理论的重要基因和直接来源。它对于"五育融合"，促进学生的全面发展；反对片面追求升学率，减轻学生负担，全面提升教学质量，夺取"大面积"丰收；多元整合，深化教学的整体改革，具有重要的理论价值和现实意义。

（4）师范教育思想、教师教育思想可圈可点。具体表现为：①办学目标：把师范大学办成高质量的综合性大学。正如校友罗友松所说："刘校长的办学目标是坚持社会主义方向，努力把我校建成拥有若干一流学科、多学科高水平协调发展、教师教育领先的综合性研究型的重点华东师范大学。"② ②办学方向：坚持师范性与学术性相统一。针对当时师范大学片面强调师范性，忽视学术性的弊端，刘佛年先生提出向注重学术研究的巴黎师范学校学习，把师范性与学术性结合起来，既要培养教师，又要注重各专业的科学研究，使两者有机结合。③办学理念：教学与科研相结合。在分析了欧美大学坚持教学与科研相结合的举措和经验之后，刘佛年先生指出："我们的重点大学也要办成两个中心，一个是教学的中心，另一个是科学研究的中心。大学开展科学研究和培养研究生是分不开的，没有科研就没有研究生，同时科研促进了教学方法的改变。……现代社会需要的许多专家是能够搞科学研究的人，有所发明创造的人。教学不能老是教师讲，应该让学生多自学、多思考、多研究、多讨论，要使学生掌握各种研究的本领。"③ 教师角色：教师是学生学习潜力的唤醒者和激发者；教师是教学与科研的结合者；教师是创造型教师；教师是理论与实际的结合者。上述

① 金一鸣. 刘佛年教育文集［M］. 南京：江苏教育出版社，2010：195.
② 王建磐. 师表：怀念刘佛年［M］. 上海：华东师范大学出版社，2004：24.
③ 金一鸣. 刘佛年教育文集［M］. 南京：江苏教育出版社，2010：221.

观点为我们重构师范教育、教师教育思想提供了宝贵的思想财富。

（二）对教育实践的贡献

（1）华东师范大学的主要创建者之一。他先后担任了华东师范大学的教务长、副校长、校长、名誉校长，为华东师范大学的创建和发展作出了杰出的贡献。正是他的领导和前辈们的努力，使华东师范大学成为一所教师教育领先的综合性的重点师范大学。

（2）在全国率先建立了第一个教育科学学院——华东师范大学教育科学学院，开启了全国高校校、院、系三级结构改革的绪端，促进了学科间的整合和发展。

（3）在全国率先举办了教育科学研究专业班，培养了一大批学有专攻、具备文理基础的教育科学专业研究人才。

（4）加强理论与实践的联系，把华东师大附中、附小办成实验基地。20世纪80年代，刘佛年先生亲自带领华东师大的教授、专家到附中、附小开展中、小、幼"一条龙"课程、教材、教法的教改实验，取得重要的研究成果。这个教改实验开了中国中小学教学改革，特别是整体教学改革实验的先河，引领了全国中小学教学改革的发展方向。

由上可知，刘佛年先生对中国教育事业的发展作出了杰出的贡献。他的一生是为教育事业奋斗的一生、奉献的一生。"一生只为教育想"是对他一生的真实写照。他的教育思想和办学思想不仅是华东师范大学的精神财富，也是中国教育界的共同的精神财富，不仅是华东师范大学师生的骄傲，也是湖南人和整个中华民族的骄傲。先生的领导风范、人师风范、学者风范，令我们高山仰止，景行行止，虽不能至，心却向往之。

基于刘佛年对教育理论和实践作出的巨大贡献，我邀请全国的知名专家、学者，从不同的视角探讨刘佛年先生教育思想和教育实践的意蕴。我们通过六个月的研究、探讨、构思和写作，形成了《刘佛年教育思想探究》这本书。这本书不同于前两本纪念集：一本是凌云主编的《常在明月追思中——著名教育家刘佛年先生纪念文集》（江西教育出版社，2004年版），另一本是时任华东师范大学校长王建磐主编的《师表——怀念刘佛年》（华东师范大学出版社，2004年版）。这两本书的共同点是通过刘佛年先生的同事、朋友和弟子的回忆，来纪念刘佛年先生。而我们的这本书是全国的专家、学者，通过对刘佛年先生教育思想和实践的探究，来纪念刘佛年先生。刘佛年先生虽然离开我们 24 年了，但他的教育思想是永存的。教育思想既是他的精神家园，又是他的理性王国。他在精神家园中辛勤耕耘，在理性王国中自由驰骋，使美丽的学术风景尽收眼帘，汇入笔端，铸就了一座令后人高山仰止的教育思想的丰碑。因而，对刘佛年先生教育思想的探究，将有助于让它发扬光大，永存人们心中。这是对刘佛年先生最好的纪念。

二

在本书中，我根据不同问题，把征集的学术论文分为六组。

第一组论文题为"刘佛年的教育人生"，梳理了刘佛年先生从中学教员到马克思主义教育家的跌宕起伏的教育人生。通过对刘佛年先生教育学术生命史的回顾，旨在反映各个时期的文化冲突的影响，彰显 20 世纪中国教育现代化过程中"时势"与"英雄"的双向建构。第一篇论文《从中学教员到教育家：刘佛年的成功之路及启示》，主要探讨了刘佛年先生从中学教员到马克思主义教育家的成长过程：孕育阶段、成长阶段、成熟阶段、挫折阶段、超越阶段、不朽阶段，展现这个过程，并给我们留下了宝贵启示。第二篇论文《文化冲突世纪的教育人生——刘佛年教育学术"发生学"考论》，梳理了刘佛年先生的教育学术生命史，从"发生学"的视角，认为刘佛年先生的教育学术生命史受到了各个时期文化冲突的制约和影响，彰显了"时势"与"英雄"的双向建构。

第二组论文题为"刘佛年的教育理论及其中国化的探索"，不仅探讨了刘佛年先生的教育理论、教育科学研究思想，而且论述了刘佛年先生对马克思主义教育理论中国化的探索。第一篇论文《刘佛年关于教育理论与教育实践的思考》，从教育理论与实践关系的视角，论述了刘佛年的教育思想。即在教育理论上追求中国化、学术化和科学化，在实践上面向全体学生，关注学生的全面发展和面向整体的实践，强调两者的融通；主张大学应办成教学与科研双中心。最后揭示了这些教育思想对当前教育改革的启示意义。第二篇论文《刘佛年教育科学研究思想及其当代价值》，主要从教育科学研究的指导思想（马克思主义思想）、目的（探索教育规律、解决教育问题、服务社会需要）、内容（应用研究、基础理论研究）、方法（资料研究法、调查研究法、实验研究法和比较研究法）、科研保障（人才保障、管理保障和后勤保障）方面，全面阐释了刘佛年先生的教育科学研究思想及其当代价值。第三篇论文《刘佛年对马克思主义教育理论的中国化探索》，主要论述了马克思主义教育家刘佛年对马克思主义教育理论的中国化探索，具体体现在：用唯物主义把握社会发展和教育变革的前进方向；以辩证法解剖现实中教育矛盾症结；注重在理论与实践的深度联系中提升教学质量；主编《教育学》教材以推进教育学中国化；呼唤时代新人和倡行"大面积丰收"的公平育人理念。第四篇论文《刘佛年与马克思主义教育学中国化》，主要论述了刘佛年先生对马克思主义教育学中国化所作的探索和贡献，具体体现在：破旧立新，为马克思主义教育学中国化扫清思想障碍；主编的《教育学》教材，成为马克思主义教育学中国化的重要标识；中西兼容，着力描绘马克思主义教育学中国化的未来前景。这些探索和贡献为我们进一步推进马克思主义教育学中国化提供了有益的借鉴与启示。

第三组论文题为"刘佛年全面发展教育思想"，论述了刘佛年先生全面发展教育思想的形成、内涵、主要内容、矛盾关系及其当代价值。作者认为，刘佛年先生创造性地发展了马克思全面发展教育思想，主要表现在：德育、智育、体育、美育、劳动教育是相互融通的全面发展的问题；全面发展是一个终身的问题；全面发展是教育学的根本规律。第一篇论文《刘佛年全面发展教育思想及其当代价值》，阐释了刘佛年先生以儒家身心合一的思想、马克思关于人的全面发展学说为理论基础，论述了全面发展教育思想的三重内涵：全方面多维度提高新人素质；各"育"有机融合促进身心和谐发展；培养人的个性自由与创新精神，并指出了实现全面发展教育思想的路径：明确各"育"具体标准，全面发展目标具体化；系统学习基础知识，着重掌握基本原理；倡导跨学科学习；理论与实践相结合；培养具备全面发展教育观背景的教师队伍。最后探讨了刘佛年教育思想的当代价值。论文二《刘佛年的全面发展教育观》，首先探讨了刘佛年全面发展教育观的形成，然后探讨了刘佛年全面发展教育观的内容：德育、智育、体育、美育和劳动教育共同发展；五"育"本身的全面发展；全面发展教育要把握广度、深度和高度；强调心理能力的发展在全面发展中的作用。最后探讨了刘佛年先生关于全面发展教育观的矛盾关系：前提条件上存在着社会需要与学生实际的矛盾关系；培养目标上存在着全面发展与培养专长的矛盾关系；在各"育"关系上存在着独立性与联系性的矛盾关系；在各育内涵理解上存在着学与思、知与行、一个真理与百家争鸣、集体与个人的矛盾关系。

第四组论文题为"刘佛年教学改革思想探析"，全面论析了刘佛年先生的教学改革思想，涉及刘佛年的教育目标观、质量观与人才观；教学目标的改革（对知识、能力、态度的科学阐释）；课程教材的改革（增加难度和注重教材的知识逻辑）；教学方法的改革（注意调动学生的主动性、培养创造性）；学习方式的改革（注重养成正确的态度和方法、学思结合、知行统一）；教学评价的改革（注重综合素质的考察以及目标与评价结合）；教学改革思想的三维逻辑（历史逻辑、理论逻辑和价值逻辑）；学生减负与教学改革思想等。论文《知识、能力、态度：刘佛年中小学教学任务理念探析》，主要从教学任务的内涵（知识、能力、态度）、教学任务的落实路径（改革教学方法、改革教学模式、改革教学评价）方面，阐释了刘佛年中小学教学任务理念。论文《论刘佛年的中小学教学改革思想》，首先分析了刘佛年教学改革思想形成的背景，然后论析了刘佛年教学改革思想的内容：教育目标观、质量观与人才观；教学目标的改革；课程教材改革；教学方法的改革；学习方式改革；教学评价改革。论文《论刘佛年教学改革思想的三维逻辑》，从历史逻辑、理论逻辑和价值逻辑三个维度，论述了刘佛年教学改革思想的内在逻辑。历史逻辑（中国教学改革思想承上启下的核心枢纽）：是对中外优秀教育思想的继承和超越；是对20世纪80年代我国教学改革实践经验的总结和反思；是当代中国教学改革理论的重要基因和直接来源。理论逻辑（"教学改革思想"的理论建构逻辑）：培养德、智、体、美、劳全面发展的人才质量观构成了教学改革指导思想的灵魂；知识、能力、态度构成了教学改革任务观的核心；教材、教法、学法、评价的改革构成了"教学改革思想"的基本维度。价值逻辑：彰显"教学改革思想"的理论价值和现实意义。论文《刘佛年的学生"减负"与教学改革思想探析》，首先，从全面发展的教育观与学生减负、现代的知识观与学生减负、现代教学思想与学生减负三个方面，论述了学生减负是科学教育观的要求；其次，分析了学生负担过重的表现、原因及危害；再次，探讨了通过教学改革达到减负增效的措施：减负增效是教学追求的愿景、改革课程内容、改革教学方式、解放儿童，实施创造教育；最后，结合落实"双减"的教育现实，论述了刘佛年重要论述的启示价值。

第五组论文题为"刘佛年大学办学理念与实践"，全面探讨了刘佛年的大学办学理念与办学实践。论文《刘佛年的大学理念与办学实践》，首先回顾了刘佛年的教育与工作经历，然后探讨了刘佛年的大学理念：把重点高师真正办成重点；办巴黎高师那样的大学；超越师范，走向综合。最后探讨了刘佛年的教育实践与改革：本科生文理交叉选课，提高人才培养质量；创建实验班，积极发展研究生教育；以教育科学研究为重点，大力发展科学研究。论文《刘佛年高水平师范大学办学理念论析》，着重探讨了高水平师范大学办学理念：师范大学的办学定位：双中心、高质量、有特色；师范大学的人才培养：全面发展的创造性人才；师范大学的学校管理：构建权责一体的高效管理体制；师范大学的水平提升：特色化与综合性相得益彰；师范大学的教育质量：多元合力的系统工程。论文《培基创新，聚力铸魂：刘佛年大学领导力研究———兼论"双一流"建设的精神引领》，着重探讨了刘佛年大学领导力思想：创办重点大学、倡导高校自主的前瞻力，优化领导体制、实行科学管理的组织力，创建新型机构、建设重点学科、注重专业设置的决策力，廉洁奉公、严于律己、治学严谨的感召力。论文《素养全面，多措并举：刘佛年人才培养思想研究》，首先分析了刘佛年人才培养思想的根源，然后着重谈了人才培养的措施：设立专门学校，改革教学方法，营造学术氛围，破格培养提拔，推行创新教育。论文《坚持师范传统与高等教育学科建设相结合——刘佛年的高师办学实践与探索》，探讨了高等教育学科建设的问题。作为高等教育的管理者与实践者，刘佛年的贡献在于：呼吁高校自主权、提出"师范性与学术性相统一"的高师办学思想、首创教育科学学院与教育研究班。在改革华东师范大学的过程中，他认识到建设高等教育学科对于指导高等教育实践的重要性，并率先在华东师大建设师范大学中的高等教育学科，更与潘懋元先生共同筹建中国高等教育学会、培养高等教育学科研究生，推动了高等教育学科的发展。刘佛年更为师范大学高等教育学科的发展指明了方向，师范大学高等教育学科基于内生逻辑的建设过程使其区别于综合大学，师范传统融于高等教育学科也使其独具特色，并与综合大学共同构成了我国高等教育学的基本特色与重要组成部分。

第六组论文题为"刘佛年师范教育、教师教育思想"，从不同的视角探讨了刘佛年先生的师范教育思想和教师教育思想。论文《改革与创新：刘佛年的师范教育思想及其现实意义》，阐释了刘佛年师范教育思想形成的历史背景，论述了刘佛年独特师范教育思想意蕴：坚持"师范性"和"学术性"相统一的办学方向；以培养复合型人才为教育目标；构建开放灵活的师范教育培养体系；尝试本科＋研究生的课程培养模式。充分肯定了刘佛年先生的师范教育思想的借鉴价值。论文《刘佛年高等师范教育思想研究》，探讨了刘佛年在高等师范教育思想的建树。其具体表现在：高等师范教育应该遵循教育规律，将外来经验与本土实际相结合；高等师范教育需要开展教育科学研究，从而提高我国的教育科学研究水平；高等师范教育需要突破封闭体系，实施开放办学体制；高等师范教育亟待提升办学水平，保证高等师范教育的质量。最后指出了刘佛年高等师范教育思想的现实指导价值。论文《刘佛年师范教育管理思想与实践》，对刘佛年师范教育管理思想与实践给予了充分的阐发和论证，认为刘佛年的师范教育管理思想内涵丰富，体系完整，广泛涉及师范大学的办学方向、发展理路、管理模式、服务保障等内容，强调我们可以从刘佛年的师范教育管理思想与实践中获得诸多有益的启示：立场坚定，坚持党的正确领导；需要定位明确，办出师范教育特色；需要掌握方法，提高师范教育质量；需要调整结构，推进治理现代化；需要夯基固本，加强保障机制建设。论文《论刘佛年的教师观：地位、角色和职责》，对刘佛年的教师观给予了充分的关注和论述，涉及教师的地位和作用（人民教师是为青少年一生的发展奠基的工作；人民教师是光荣的岗位；人民教师是充满快乐和幸福的职业）、教师的角色观（教师是学生学习潜力的唤醒者和激发者；教师是教学与科研的结合者；教师是创造性教学的承担者；教师是理论与实际的结合者）、教师的职责（促进学生身心的全面发展；落实"知识、能力、态度"的教学任务；实施整体性教学改革，造就"完整"的人。）论文《试述刘佛年的教师教育思想》，对刘佛年的教师教育思想进行了系统的阐发，涉及论教师的地位、论职前教师教育、论职后教师教育、论办好重点师范大学、论高等师范教育的改革和未来发展等五个方面，并探讨了刘佛年的教师教育思想对教师教育发展的借鉴意义。论文《刘佛年"知识·能力·创造"型教师培养研究》，探讨的主要内容包括："知识·能力·创造"型教师的建构（知识型教师；能力型教师；创造型教师）、"知识·能力·创造"型教师的培养（全方位推进师范生教育改革；多维度构建师范生课程结构；多举措完善师范生培养条件）和"知识·能力·创造"型教师思想的当代传承。

本书的目的或意义在于推进刘佛年教育思想的研究；深化马克思主义教育理论中国化的探索；深化马克思全面发展教育思想的研究；推进我国中小学整体性教学改革思想的发展；深化我国大学办学理念与实践的研究；为我国师范教育、教师教育思想的重构提供指导思想。

以上这些论文不可能穷尽刘佛年教育思想，其研究和探索永远在途中，正是通过研究者不断地研究、不断地阐释、不断地创造，它的意义不断地获得新生，永葆青春活力！

最后，我要感谢参与刘佛年先生教育思想研究的专家、学者和研究生的辛勤劳动，这些专家学者（按章节先后顺序排序）是王毓珣、吴明祥、黄忠敬、李宜江、黄书光、周险峰、刘黎明、祁占勇、孙德玉、田景正、王立、广少奎、覃红霞、赵国权、梁尔铭、申国昌、杜学元、夏永庚。研究生是：高威、单可、刘琦、庞雅欣、刘筱玮、刘崔华、朱晗、张钰珞、张宁、刘玉杨、吴俊梅、庄倩钰、乔雯嘉、陈云、白静倩、詹梦珍。

刘黎明

目 录
CONTENTS

第五部分 刘佛年大学办学理念与实践

第六部分 刘佛年师范教育、教师教育思想

第一部分　刘佛年的教育人生

从中学教员到教育家：
刘佛年的成功之路及启示①

王毓珣，高 威②

一个人的成长总是与其所处的时代、地域、家庭、学校等环境密切相关的。教育家的成长也不例外，参照胡德森的教师生活史与周洪宇的教育生活史等研究方法，从教育家个体成长史的视域分析，每位教育家都是在环境影响与自主努力的交互作用下逐渐拾级而上的结果。在风云汹涌的 20 世纪，刘佛年在 61 年的教育生涯里，从中学教员成长为马克思主义教育家，从历时性与共时性的双重视角，刻画其成长肖像，不仅有助于再现其成长背景，而且有益于发现教育家成长规律。

一、孕育阶段（1914 年 4 月—1939 年 12 月）

1914 年 4 月 1 日，刘佛年，笔名林布，出身于湖南醴陵小林桥一个书香门第之家。父亲刘谦，字约真，是接受过传统与现代教育的具有民主革命思想的进步知识分子，参与过发起成立同盟会湘支部，加入过进步文学团体"南社"，办过《长沙日报》（长沙）和《天问周刊》（上海）。在政治飘摇中，这是一份很不稳定的职业。1920 年之后，他先后供职于湖南财政厅、民政厅，还曾主编《醴陵县志》。新中国成立后，他历任湖南省文物保管委员会委员、文史馆馆员。刘佛年向金一鸣谈道："父亲是个文人，诗文俱佳，颇有学问。在政治上，有一定的反帝反封建的民主改革的愿望，对

① 基金项目：2021 年度国家社科基金教育学一般课题"基于新发展理念的中国教育学话语体系建设研究"（BAA210027）。此文原载于教育文化论坛，内容有部分变动。
② 作者简介：王毓珣，男，天津市教育科学研究院、天津市教科院学报副主编、研究员，中国教育学会教育理论刊物分会副理事长，硕士生导师，研究方向：中国教育史、基础教育。高威，男，天津人，硕士，天津市教育科学研究院助理研究员，研究方向：中国教育史。

新中国的政策是拥护的。"① 作为刘谦七个孩子中唯一的男孩，父亲对其影响是巨大的。许美德曾言："在父亲的指导下，刘读了许多佛教经典、大量儒家经典如'四书'和大量古典小说。"② 其实，父亲对他的影响还包括：一是影响其一生以学术为职志；二是影响其一生与时俱进，追求进步。这为刘佛年一生的发展奠定了初步国学根基。

环境造就人。在刘佛年的发展历程中自然也打上了湖湘文化的烙印。湖湘文化系南下的中原文化与湖南的地方文化交融而生的一种既追求儒学正统，又具有荆楚山民刚烈、倔强之个性的独特区域文化。这种区域文化逐渐生成了湖南人经世致用、实事求是、百折不挠、兼收并蓄、敢为人先之精神特质。这些特质不仅创造了"湖南人才半国中"的辉煌，而且也影响着刘佛年一生的成长。

刘佛年的学校生活是在新式学堂里度过的。他4岁丧母，这种情境在教育家群体中屡见不鲜。6岁，刘佛年进入龙王庙小学读书。8岁，继母张贞样把他接到县城，先在女校旁听，后入醴泉小学读书。继母是师范学校毕业生，任县立女学教师，这为刘佛年的学习提供了得天独厚的指导条件。刘佛年接着是在长沙修业小学（五年级），楚怡小学（六年级）度过的。楚怡小学是长沙著名小学，当时正在试行道尔顿制，强调让学生自由学习。刘佛年回忆，在小学未能打好读写算等基础与道尔顿制密切有关。这一切身体验使其对进步主义教育一直持批判态度。刘佛年读小学阶段正值我国反帝爱国运动高涨的时期。他所在学校的反帝爱国教育为其一生爱国埋下了种子。

1925年9月，刘佛年考进长沙明德中学。这是由胡元倓1903年在湖南最早创办的私立中学堂，以"坚苦真诚"为校训，倡导"磨血办学"精神。在良好校风的濡染下，刘度过了4年中学时光。前两年的生活是快乐的、自由的，当时学校允许学生阅读《向导》等进步书刊，国民党员和共青团员都可公开活动。身在其中的刘佛年虽为走读生，但也不由自主地参加了一些进步活动。1927年5月21日马日事变后，刘佛年的学校生活陷入压抑之

① 刘佛年. 刘佛年学述［M］. 杭州：浙江人民出版社，1999：4.
② 许美德. 思想肖像：中国知名教育家的故事［M］. 北京：教育科学出版社，2008：226.

中，老师不得不改教文言文，刘佛年借机学校闭门阅读了大量小说。

1929年中学毕业后，刘考取国立武汉大学预科。当年预科设置的课程也是复古的。万事有利有弊。在压抑的环境下，他借机攻读了大量儒道佛经典，如《书经》《左传》《易经》《老子》《庄子》以及韩文、杜诗、曾国藩的家书和日记、《百法明门论》《唯识三十颂》《成唯识论述记》等，打下了厚实的国学根底。同时，他还阅读了大量西方哲学的著作，如柏拉图的《理想国》、休谟的《人性论》，以及罗素的哲学名著等。这些著作为他一生的发展提供了精神滋养。

1931年9月，刘佛年正式进入武大哲学教育系学习。把哲学和教育两门学科放在一个系里是受杜威"教育乃是使哲学上的分歧具体化并受到检验的实验室"① 思想的影响，模仿美国大学的结果。刘先生是幸运的，他在武大这段时间正值武大"二王"时代，在王世杰、王星拱校长的领导下，学校校风严谨、学风浓郁、学术自由、声名鹊起。在这样的环境下，刘佛年不仅大量阅读了洛克、贝克莱、休谟、康德、黑格尔的著作以及中国哲学著作，而且系统阅读了杜威的《民主主义与教育》、盖茨的《教育概论》、坎德尔的《比较教育》，以及桑戴克、柯勒等行为主义和完形主义的心理学著作。刘佛年的毕业论文《因果问题之商榷》探究的是黑格尔《大逻辑》的因果定律问题。他与叶青（任卓宣的笔名）的通信以《关于因果律、生产力及其它》发表于《科学论坛》1935年第3期。这是现在能够查到的他公开发表的第一篇作品，此篇作品的发表为刘佛年坚定以学术为职志起到了强化作用。

刘佛年读大学的这段时间，中华民族正处于危亡关头。作为武大的学生，积极追求进步的刘佛年不仅参加了一些抗日救亡活动，而且开始阅读介绍马克思主义和共产主义的书籍，为日后参加中国共产党，运用马克思主义观点思考教育问题奠定了基础。

1935年7月毕业后，刘佛年本打算到北京考研，然后再考取公费出国留学，但平汉线被洪水冲断导致他只好拿着父亲朋友的推荐信南下广州报考学海书院。在考取该院哲学科正课生（即研究生）时，因申明希望研究

---

① ［美］杜威. 民主主义与教育［M］. 北京：人民教育出版社，2001：348.

黑格尔的辩证法和中国古代辩证法，刘先生得到了新儒家代表人物之一张君劢的赏识。在学海书院，他一边学习，阅读了大量黑格尔的著作，以及罗素与怀特海合著的《数学原理》；一边与同学组织了一个学生救亡团体。1936 年 7 月，他离开广州，经武汉到上海，投身到抗日救亡运动之中，成为一名爱国主义者。

1937 年 3 月，刘佛年抵达北京，在北京图书馆旁边租房读书，准备参加研究生院的招生考试。机遇总在偶然与必然中出现，一个偶然的机会使刘先生得到了一笔留学经费。他于同年 9 月抵达伦敦，开始边补习英文边到伦敦大学听课，圣诞节后转入剑桥大学，师从穆尔、布罗德教授专攻哲学。在两位哲学大师的指点下，他夜以继日地攻读哲学家著作、聆听各种逻辑学讲座，却发现这些思想难以化为行动。正如许美德所言："这些哲学家的思想触动了他，但是他认为这些思想没有通向实践和实际行动的桥梁。"①于是，他不仅积极参加过英国左派书社、英国共产党的活动，而且阅读《马克思主义手册》《劳动月刊》《工人日报》等书刊，逐渐对辩证唯物主义、社会主义与无产阶级革命等有了进一步认识，为日后加入中国共产党奠定了思想基础。

1938 年 9 月，因不满英国学风，加上经费原因，他转到法国巴黎大学学习，并将主攻方向转向中国古代辩证法。在巴黎，他阅读法共机关报《工人报》，积极参加法国共产党集会，以及欧洲反法西斯统一战线的运动。到 1939 年 7 月，刘佛年又到德国柏林大学作短期考察，既学习德语，又参观了几所中小学和劳动营。在德法开战之际，他返回巴黎，同年 10 月从马赛坐船，经西贡，返回全面抗战中的祖国。

在奠基阶段，刘佛年在社会动荡、战乱频仍、民不聊生的时代背景下，不仅刻苦学习，立定学术研究这一职志，而且身体力行，努力朝着古今皆修、中西兼学的方向前行。在研究方向上，他在哲学上下功夫颇深，在习读西方哲学流派与中国古代辩证法著作的同时，开始关注辩证唯物主义。在政治信仰上，他从接受反帝爱国教育到参加抗日救亡活动，再到参加英法共产党组织的一些活动。这为其从众多学者中脱颖而成长为马克思主义

---

① 许美德. 思想肖像：中国知名教育家的故事［M］. 北京：教育科学出版社，2008：227.

教育家，奠定了扎实的根基。

二、成长阶段（1940 年 1 月—1949 年 4 月）

1940 年 1 月刘佛年在西北大学教授哲学史。他的理想与现实之间常常存在反差，令刘大失所望的一是前方将士在为民族存亡浴血奋战，后方人们却在文恬武嬉中苟且，甚至还有大发国难财的；二是在反动势力控制下，满怀爱国热情的刘先生不得不在西北大学的讲坛上，捧着法国学者的哲学史讲义照本宣科，既不能联系实际，更不能去讲马克思主义。这种压抑的初任教师生活令他感到窒息，只教了一个学期，他便辞职了。

1941 年 9 月，刘佛年进入设在湖南安化蓝田的国立师范学院任教授，开设哲学概论课。当时这所学院院长是廖世承。然而，令他失望的是在国民党与三青团的严密控制与监视下，教授们同样没有学术自由，刘先生也不得不把哲学概论变通为科学哲学，选取《物理学的进化》《为公民服务的科学》作为教材，但是终因在开设"一个现代人的哲学观""论命运"等讲座时，宣讲辩证唯物主义与历史唯物主义、人民才是社会主人等观点，而"惹祸"上身，最终在手枪的威逼下离开课堂，并被教育部解聘。在上课之余，他把爱因斯坦与茵斐尔的《物理学的进化》译为中文，1943 年由商务印书馆出版，这是刘佛年的第一本译著。同年，他在《国力》1943 年第 3期、第 4 期发表论文《科学的世界观》，这是他发表的第一篇论文。历史具有很大的戏剧性。刘佛年在国立师范学院结识的孟宪承、廖世承后来成为华东师大第一任校长与副校长，刘佛年则出任华东师大第二任校长，为华东师大成为著名高等学府做出了巨大贡献。

1943 年 9 月，刘佛年回到家乡醴陵，在开明中学教英文一年。后因当时战事吃紧，他不得不将家迁到漏水坪，一方面读书不辍，另一方面应青年学生之邀办了个德语班，还尝试开办宏书学堂，未成。1945 年春，他应中山大学之聘前往粤北坪石，没想到在攸县受阻，只得在攸县临时中学担任一年多英文教师。万事祸福相倚。这段中学教学生活给其带来的福：一是避免随国立师范学院颠沛游离之苦，二是享受战时乡村教师工资按谷计算之福，避免了货币贬值之忧，三是为其提供教育理论与实际联系提供了宝贵的中学阅历与体验。其弊在于：信息闭塞使其不知有中国共产党领导的抗日根据地，不知有八路军与新四军的浴血奋战及取得的胜利。

抗战胜利后，1946 年 5 月，刘佛年抵沪寄居在一个朋友家里。同住的有中共地下党员蔡仪、民盟盟员何思贤，经常联系的有中共上海发言人陈家康和一批学者。这不仅使其眼界大开，而且为其发展提供了政治与人脉资源。他回忆："1946 年在我的一生中是一个重要的转折点。"[①] 从此，他一直定居上海，并逐渐成长为马克思主义教育家与海派教育家的代表人物之一。

正在刘佛年寻找新职时，巧的是 6 月国立暨南大学迁回上海，留英的李寿雍校长上任伊始便一次性解聘自闽复员教师 82 人，教育系更是只留下个别教授的重灾区。这为曾留英的刘佛年提供了绝佳机会。9 月，刘佛年进入国立暨南大学担任教授，主讲哲学概论和教育哲学。暨南大学恪守"忠信笃敬"之校训，校风学风优良，学术氛围浓厚，为刘佛年的发展搭建了舞台：在教学上，他在哲学概论课里把共产主义哲学作为一个重要流派讲授，在教育哲学课上运用马克思主义观点对杜威的《民主主义与教育》加以分析与批判。在政治上，刘加入了中共地下党领导的"上海各大学民主教授联谊会"，参加了"反饥饿、反内战、反迫害"斗争与上海解放前的护校工作。在科研上，他以笔名林布发表一系列论文：《论张东荪先生的思想》《忠孝仁义解》《杜威教育思想的再认识》《进步教育与民主政治》《唯物论与教育》等。其主要观点：一是对杜威所谓进步主义教育思想加以批判，不仅指出杜威是资本主义中产阶级的代表，而且指出其思想的前后矛盾。二是论述了唯物论与知识教育、艺术教育及道德教育的关系。"这是刘佛年运用马克思主义哲学解读教育的一次尝试"[②]。三是尖锐指出母校学海书院的老院长张东荪主张的和平改革、阶级协调等"第三条道路"只是空想，只有通过阶级斗争，才能走向成功。这些论文不仅反映了其正在形成中的马克思主义教育思想，而且"为他在 1949 年后社会主义革命时期在教育理论领域扮演重要角色奠定了基础"[③]。

---

① 刘佛年. 刘佛年学述 [M]. 杭州：浙江人民出版社，1999：11.

② 赵洪艳. 创新型人才成长：著名教育家刘佛年故事 [D]. 上海：华东师范大学，2012：11.

③ 许美德. 思想肖像：中国知名教育家的故事 [M]. 北京：教育科学出版社，2008：226.

（三）成熟阶段（1949 年 5 月—1966 年 1 月）

1949 年 5 月 27 日，上海解放。刘佛年被任命为暨南大学校务委员会常委兼秘书长。从此，刘陷入繁忙的行政事务之中。同年 8 月暨南大学撤销与复旦大学、交通大学等合并时，他出任上海师范学校校长兼复旦大学教授，同时兼任上海市教育工会副主席。1951 年 1—8 月，他参加第一届赴朝慰问团，任秘书。其间，他被中央人民政府政务院任命为上海市人民政府文化教育委员会委员。

1951 年 7 月 17 日，为了适应社会主义教育事业的需要和响应培养百万人民教师的号召，教育部决定在大夏大学和光华大学的基础上，调入复旦大学、同济大学和沪江大学等高校的部分系科，在大夏大学原址上创办华东师大。1951 年 8 月，刘被任命为常务委员参加学校筹备工作，成为华东师大创校元老之一。他从此把自己的生命、事业与华东师大紧密结合在一起。10 月 16 日，新中国组建的第一所社会主义师范大学——华东师大成立。11 月 30 日，教育部任命华东教育部部长孟宪承兼任校长，孙陶林、廖世承为副校长。巧合的是，孟宪承与廖世承是刘在国立师范学院时的老院长与老同事。12 月，他任华东师大教务长兼任教授云集的教育系代主任[①]，1953 年 4 月 20 日被教育部任命为华东大教务长。刘佛年敏锐地觉察到华东师大的发展必须向苏联学习，走苏联模式，引进了教研组、教学计划与教学实习等。"他对苏联模式的许多方面很是赞同，可是也对课程的高度分化感到忧虑。然而他也注意到，这种课程的学术水准无疑是很高的"[②]。在繁忙的教务工作之余，他坚持在政治教育系讲授苏联共党史课。1956 年 3 月，刘佛年加入中国共产党。1957 年 2 月 7 日，由国务院周恩来总理亲签任命为华东师大副校长，兼教务长。1959 年，华东师大成立教育科学研究室，兼任主任，次年改为研究所，兼任所长。同时，他连续当选上海市第一届

---

① 陈桂生在《华东师范大学初期教育学系纪事（1951—1965）》（《基础教育》2018 年第 1 期）中回忆，当时教育系有教授 20 人。杜成宪在《大夏教育文存·前言》（华东师范大学出版社 2018 年版，第 2 页）中考证应为 28 人。当年任命的系主任是曹孚，因故不能及时到任，暂由刘代理。

② 许美德. 思想肖像：中国知名教育家的故事［M］. 北京：教育科学出版社，2008：229.

（1954 年）至第五届（1964 年）上海市人民代表大会代表，1958 年，当选上海教育学会副会长。

为了解决学术梯队问题，刘佛年十分重视青年教师的专业成长。据当年的青年教师、他的助手金一鸣回忆："60 年代初，他建议教育系教育学教研室青年教师组织读书班，有计划地研读教育名著。他开的书目包括《大教学论》《教育论》《普通教育学》《民本主义与教育》等。读书班每周活动一次，其目的是敦促我们这些解放后教育系毕业的青年教师认真读书，了解世界。每次活动，刘校长都来参加，解答我们提出的各种各样的问题，还谈到他对这些书的评价，帮助我们辩证地看待教育理论的历史遗产。"①这为华东师大青年教师快速成长提供了捷径。

在学术研究上，据孙丽丽统计，他在《新教育》《华东师范大学学报》《学术月刊》《人民教育》《中国建设》《人民日报》《光明日报》《文汇报》《华东师大校刊》等报刊上发表论文及文章 39 篇②，主要观点：强调教育必须为社会主义服务；运用马克思主义观点批杜威、评罗素；重视教育理论与实践的联系；倡导教学改革，提高教学质量；解读党的教育方针，关注个性全面发展教育，主张培养学生的独立思考和工作能力；倡导教学工作中的群众路线，认为在教学工作中起主导作用的是共产党；强调为肃清美国文化侵略的影响而奋斗。

1950 年 7 月，刘佛年在商务印书馆出版了一生中唯一的一本专著《罗素论》（1950 年 7 月版）。该书全面介绍了罗素关于教育、文化、历史、哲学的观点，并运用马克思主义的观点肯定了其贡献，指出其缺陷。1958 年 9 月，他与杨西光合著的《〈关于正确处理人民内部矛盾的问题〉对高等学校工作的指导意义》由上海人民出版社出版，刘佛年撰写了其中"社会主义民主与教育"部分。

刘佛年一生中的最大学术贡献是组织编写新中国第一部社会主义教育

---

① 凌云. 常在明月追思中——著名教育家刘佛年先生纪念文集［M］. 南昌：江西教育出版社，2004：43.

② 孙丽丽. 大夏教育文存·刘佛年卷［M］. 华东师范大学出版社，2018：299–302.

学教科书。当时，苏联凯洛夫《教育学》开始引入中国，并呈一枝独秀之势①。刘先生对此书并不完全认同，在肯定其贡献的基础上，同时指明该书根植于欧洲理性主义背景，并不适合中国国情。1959年下半年，他组织上海一批教育学者在打破凯洛夫教育学框框上开始了中国化教育学的探索，初稿于1960年4月铅印，供内部讨论。这虽是一本教育政策汇编，但却是用毛泽东思想指导编写教育学的有益尝试。这为其受命主持编写新中国第一本社会主义教育学做了一定的人才与资料准备。

1961年2月19日，中宣部副部长周扬把主编《教育学》的任务交给了刘佛年。他立即组织了华东师大与上海师大的部分教师组成了班子赴京协作编写教材②，6月底拿出"教育学讲授提纲"。后依据周扬审读提出的修改原则及意见进行修改，1962年《教育学提纲（初稿）》第1次印刷，1963年修订版更名为《教育学（讨论稿）》第2次、第3次修订印刷，1964年第4次修订印刷。该书包括绪论，教育与政治、经济的关系，教育与儿童身心发展的关系，教育目的和教育方针，学校教育制度，课程与教材，教学过程与教学原则，教育方法与教学形式，思想教育的意义、任务和内容，思想教育的过程与原则，思想教育的途径与方法，生产劳动，体育卫生，教师，学校行政等章，另有附录：美育。这是新中国第一部社会主义教育学教科书，在我国社会主义教育学理论体系的建立上起着十分重要的奠基性作用。此书标志着刘佛年已经成为一名马克思主义教育家。

（四）挫折阶段（1967年1月—1977年12月）

一个人的命运常与国家与民族的命运交织在一起，教育家的命运也伴随着国家与民族的命运跌宕而起伏。正当刘佛年意气风发、大展身手之际，史无前例的"文化大革命"爆发，1967年，在上海"一月风暴"后，他一夜之间，被扣上了"反动学术权威"和"党内走资本主义道路当权派"的

---

① 凯洛夫主编的《教育学》（1948年第2版）已由沈颖译为中文，由新华书店1950年、1951年分上下册出版；1951年3月上册第2版、12月下册第2版，该书由南致善修订后，改由人民教育出版社出版；1951年12月上册第3版、1952年下册第3版，由南致善、陈侠共同修订，由人民教育出版社出版；1953年10月，前7章特别是第5章的译文又订正后，由人民教育出版社出版合订本。

② 编写组成员由华东师大的张家祥、瞿保奎、胡守棻、张文郁、赵祥麟、雷尧珠、张济正等，上海师院的李伯黍、杨祖宏、章柳泉、陈科美和上海第一师范的杨嘉屏等组成。

帽子，成了造反派攻击的目标，校园里到处是批判他的大字报。刘佛年除了胸前挂着大牌子、头上戴着高帽子，不断挨批斗与游街示众之外，还被隔离审查，写检查、写交代，劳动改造。历史总在祸福之间变幻。谁也想不到，正是这些被迫撰写的交代与检查材料手稿为后来金一鸣教授整理《刘佛年学述》提供了弥足珍贵的资料。

身正不怕影子斜。1969 年 3 月，造反派因没有发现其存在任何历史问题，不得不在刘佛年的案卷上写下"加强学习，审时度势"① 的含糊结论将其"解放"。机遇总是青睐有准备的人。曾经留学英法、访学德国，掌握主要欧洲语言的刘佛年被派去协助青年教师搜集、翻译与编辑国外教育资料。这为他提供了绝佳的机遇。"这使刘有机会对 6 个资本主义国家，包括美国、英国、法国、联邦德国、瑞典和日本的教育进行研究，也使之有机会对各种教育理论和教育哲学进行研究。"② 1972 年初，上海师范学院、上海教育学院、上海体育学院、上海半工半读师范学院四校并入华东师大，华东师大更名为上海师范大学。刘佛年参与编译《教育史发展资料》（华东师大出版社 1973 年 2 月版）、《外国教育发展史资料（近现代部分）》（上海人民出版社 1975 年 9 月版），以上海师范大学教育系编译组的名义先后出版。这些工作为其后担任华东师大校长，从国际化视角进行教育教学改革、开展教育科研奠定了基础。

此外，他还在 20 世纪 70 年代初参加过上海市委写作组领导下的社会主义教育学编写，并担任负责人之一。为了编写此书，他不仅带领编写组成员阅读了大量马恩列斯的原著以及新中国成立以来的重要教育方针政策，而且深入基层学校开展调研。1971 年春，他曾赴川沙县新康小学、张江中学调研，1973 年到吴淞中学调研。这是曾在解放前当过乡村中学教师的刘，在解放后有时间对中小学进行深入调研。这为其日后带领华东师大教育学术团队，走出象牙之塔，进入中小学开展教育科研打下了扎实根基。

1977 年，刘佛年被任命为华东师大革委会副主任、党委常委，重新走

---

① 赵洪艳. 创新型人才成长：著名教育家刘佛年故事 ［D］. 上海：华东师范大学，2012：26.

② 许美德. 思想肖像：中国知名教育家的故事 ［M］. 北京：教育科学出版社，2008：232.

上领导岗位。然而，"文革"对他带来的影响是显而易见的。在这段时间里，他没有发表过一篇文章。实际上，这场浩劫不仅影响刘佛年的学术发展，而且也给前行的中国踩了刹车。在厄运与幸运的交织中，刘佛年度过了其一生中最难以名状的、刻骨铭心的、韬光养晦的、骞幸相伴的挫折阶段。

（五）超越阶段（1978 年 1 月—2001 年 5 月）

1978 年，年过花甲的刘佛年走上上海师范大学校长的岗位。同年，上海师范学院、上海教育学院和上海体育学院相继复校，1980 年 7 月，经教育部批准，华东师范大学恢复原名。

直面千疮百孔、新老教师青黄不接的华东师大，刘佛年为自己确立目标："办好一所重点师范大学，为普遍提高中小学教育质量贡献力量，在教育理论方面有所建树。"① 为此，他领导开展了一系列改革：一是实行校务委员会领导下的负责制；二是制定学校发展规划，明确师范性与学术性相统一的办学方向；三是把教师队伍建设作为工作重点，加大青年教师培养、扶持力度；四是重视学科建设，把教育基本理论、中国哲学史、基础数学、自然地理学等 12 个学科列为重点学科，增设计算机系；五是在全国率先组建教育科学学院，创办教育科学专业班，培养了一批教育学领域的领军人物，强化教育学科的龙头地位；六是支持以华东师大附属学校为基地，开展教育综合整体实验，在语数外三科进行一条龙实验；七是设立学校基金，努力改善教学科研与生活条件；八是重视领导班子年轻化建设，物色年轻有为的接班人；九是加大国际交流与合作。为此，他先后赴法国参加联合国教科文组织教育专业会议，赴美访问并参加哈佛大学举办的教育管理讨论会，带队到日本兵库县进行教育考察，促成布鲁姆到华东师大讲学等事宜。在刘校长的领导下，华东师大已经成为拥有 14 个系，25 个本科专业，10 个研究中心，67 个硕士点、18 个博士点，与北京师大南北称盛的两大师范教育高等学府。许美德赞曰："他参与创办起来的华东师范大学，从1978—1984 年也走过了一段重要的改革年代，开始成为在教育理论领域具

① 华东师大名师库·刘佛年时间线［EB/OL］. https：//zixun-lib. ecnu. edu. cn/dsk/liufonian/timeline/liufonian. html.

有全国影响力的领先者。"① 华东师范大学二十八周年校庆的时候，刘校长曾填词一首形象描绘了华东师大历经浩劫后的巨变：

西江月②
校庆二十八周年

淡荡春风欲醉，

芬菲桃李堪娱，

游人都道色香殊，

谁识园丁辛苦。

一夜风狂雨暴，

落英狼藉泥涂，

不须嗟叹且扶锄，

明岁繁花满树。

值得提出来的是，为了解决教育学教材短缺问题，刘校长安排张家祥、瞿葆奎对《教育学（讨论稿）》加以修订，并请金一鸣、储培君、钟启泉增补"教育与经济发展""电化教育"两章。该教材于1978年内部印刷使用，在1979年5月、8月，分上、下册由人民教育出版社出版，1979年出版合订本，1980年再次印刷，累计印刷4次，印数近50万册。该教材正式出版不仅提供了新中国社会主义教育学的模板，而且使刘佛年成为新中国社会主义教育学的奠基人。

在学术研究上，刘佛年笔耕不辍，在《教育研究》《华东师范大学（教育科学版）》《上海高教研究丛刊》《江苏教育》《江西教育》《人民日报》《光明日报》《中国教育报》《文汇报》《华东师大校刊》等报刊上发表文章30篇，主要围绕师大的师范性与学术性的统一、给高校办学自主权、全面

---

① 许美德. 思想肖像：中国知名教育家的故事 [M]. 北京：教育科学出版社，2008：234.
② 刘佛年. 西江月（刘佛年为华东师范大学建校28周年题词）[N]. 上海师大校刊，1979 – 11 – 03.

发展、个性发展、教育规律、教育教学改革、智力发展、教育科研、儿童世界、教学质量要大面积丰收、师范教育要适应新技术革命等发表一系列自己的见解与看法①。这对一名日理万机的校长是十分难得的。

此外，1979 年，在中国教育学会成立大会上，刘佛年当选第一届理事会副会长，被兼任四个研究会：教育学研究会、马克思主义教育思想研究会、教育史研究会、比较教育研究会的理事长。1981 年，他经国务院批准成为首批博导之一②，并任国务院学位委员会第一届教育、心理评议组成员，兼召集人。1983 年，当选中国教育学会第二届理事会副会长、学术委员会副会长。这些学术职务是对其学术地位的充分认可。

1984 年 6 月 18 日，刘佛年接受国务院任命任华东师大名誉校长。已至古稀之年的他先后主持全国教育科学"六五"规划国家重点课题：马克思主义教育理论（关于教育与社会发展、教育与人的发展）、全国教育科学"八五"规划国家重点课题：中国教育的未来，率领华东师大中青年教师共同攻关。在课题研究的同时，刘校长率领团队著书立说，主编《当代教育新理论丛书》，由江苏教育出版社 1990 年出版，主编《回顾与探索——论若干教育理论问题》，由华东师大出版社 1991 年 8 月出版，与苏步青、柳斌等联合主编《中学百科全书》（15 册），由华东师大出版社、北京师大出版社、东北师大出版社等 1994 年出版，主编《中国教育的未来》，由安徽教育出版社 1995 年 9 月出版，刘佛年著、金一鸣整理的《刘佛年学述》由浙江人民出版社 1999 年 1 月出版，由金一鸣等编的《刘佛年教育文选》，由华东师大出版社 1999 年 10 月出版。他还在《红旗》《教育研究》《上海高教研究》《人民教育》《湖南师范学院学报（哲社版）》《教育科学研究》《教育评论》《上海教育》《光明日报》《文汇报》《河北教育》等报刊上发表文章 50 篇③，主要围绕新技术革命与教育、教育管理体制改革、创造教育与创造型人才培养、教育科研、大面积提高教学质量与青浦经验等，发

---

① 孙丽丽. 大夏教育文存·刘佛年卷［M］. 上海：华东师范大学出版社，2018：302 – 305.

② 哲学、经济学、教育学、历史学博士学位授予单位及学科、专业和指导教师名单［Z］. 国务院学位委员会公报，1981（3 增刊）. 当年教育学博导只有 5 人：教育基本理论为北京师大王焕勋、华东师大刘佛年；教学论为甘肃师大李秉德；中国教育史为北京师大毛礼锐、陈景盘（磐）。

③ 孙丽丽. 大夏教育文存·刘佛年卷［M］. 上海：华东师范大学出版社，2018：305 – 310.

表自己的观点与看法。

1985 年，刘佛年任国务院学位委员会第二届教育学评议组成员，兼召集人。1987 年，任中国教育学会第三届理事会副会长、学术委员会副会长。1987 年 9 月—1996 年 9 月，任第一届、第二届全国教育科学规划领导小组成员，第一届教育基本理论成员、第二届教育基本理论组顾问。1988 年、1991 年连续被选为上海教育学会名誉会长。1991 年，被选为中国教育学会第四届理事会顾问。1992 年，任国务院学位委员会教育学学科评议组特邀成员。在这些岗位上，他为中国社会主义教育学的发展做出了不可磨灭的贡献。

在人才培养上，刘佛年把教育行政之余的大部分时间与精力投入年轻学者培养上，鼓励他们认真全面地阅读教育经典著作与原著，并要求他们进行批判性吸收。20 世纪 70 年代末，他还为青年教师口译了《儿童世界》，以便他们了解世界教育科学情况。根据其首届研究生丁证霖回忆："他播下了许多教育科学理论上的新学科、新课题和新方法的种子，笑呵呵地乐见大家培育和采集丰硕的果实……他在播种上的贡献远远大于他著述的贡献。"①。

为了架起教育理论与实践的桥梁，刘校长力倡从中小学教师中招收一线优秀中小学教师进行研究生阶段专业培养，并积极物色中学数学教研员顾泠沅与小学语文教师李吉林为候选人，并上报教育部。然而，条条框框的限制终将中专学历且超龄的李吉林拒之门外，顾泠沅则在刘导师团队的指导下，1993 年获得博士学位，不仅成了华东师大兼职教授、上海教科院的副院长，而且以青浦实验而闻名中国②。李吉林也成了刘校长的私淑弟子，被聘为华东师大兼职研究员，并在他的指导与帮助下成长为中国情境教育学派的领军人物。在带研究生的过程中，他鼓励学生自由选题、自己钻研，提出己见，他只是从旁指导、帮助，或者推荐其他专家指导。他回忆："我带研究生，观念上如有不同看法，我们就争一争，我不勉强他们非

---

① 凌云. 常在明月追思中——著名教育家刘佛年先生纪念文集［M］. 南昌：江西教育出版社，2004：61.

② 石中英，朱珊. 新中国教育学家肖像［M］. 北京：教育科学出版社，2019：142－143.

要接受我的观念不可。只要他们有道理，大胆思考，我就支持。这样可以让他们在思维的大海里纵横驰骋，自由畅想，激发他们的创造精神，提高他们的创造能力"①。

可惜的是，刘佛年晚年罹患阿尔茨海默病，饱受记忆障碍之苦，于2001年5月12日凌晨3时40分在上海华东医院逝世，享年87岁。

（六）不朽阶段（2001年6月至今）

关于刘佛年的研究与纪念，早在他生前就已经启动。1993年，华东师大召开了"祝贺名誉校长刘佛年教授从教54周年暨八十华诞庆祝会"，会后《华东师大校报·纪念专刊》1993年3月31日收录了部分纪念文章。

关于刘佛年的研究与纪念在其去世后逐渐升温。2001年5月25日，《华东师范大学校报》全面介绍了刘佛年同志生平，并给予其十分公允的评价。2003年1月23日，他的儿子刘作人遵照父亲生前遗愿把其生前使用的图书捐献给华东师大图书馆，这是刘校长为华东师大做出的最后贡献。2004年，其外甥凌云在金一鸣教授的协助下邀约刘校长的生前好友、同事、亲属撰稿，主编《常在明月追思中——著名教育家刘佛年先生纪念文集》，由江西教育出版社出版；同年，王建磐主编《师表：怀念刘佛年》，由华东师大出版社出版。2008年，加拿大许美德教授撰写，周勇翻译的《思想肖像：中国知名教育家的故事》把刘佛年列为11名著名教育家之一，由教育科学出版社出版；同年，他入选"中国教育风云人物"。2010年，金一鸣教授应邀主编《20世纪教育名家书系·刘佛年教育文集》，由江苏教育出版社出版②。2011年，吴铎主编《师魂：华东师范大学老一辈名师》，将刘佛年写入其中。2014年，陈群著《嘉德清辉繁花满树——刘佛年先生百年诞辰纪念画册》，由华东师范大学出版社出版；9月，为了纪念刘佛年诞辰，醴陵市沩山镇大林小学（前身为刘佛年就读的小学）改名为佛年学校；10月16日，华东师大举办刘佛年校长百年诞辰纪念暨教育学部成立仪式，推出

---

① 张言. 教改要有利于培养创造性人才——访刘佛年教授 [N]. 文汇报，1998-11-30.

② 该文集20世纪教育名家书系第一辑共选入8位：刘佛年、王焕勋、朱智贤、王承绪、陈元晖、滕大春、李秉德、张敷荣。

"佛年青年优秀教育成果奖"与"佛年教育学创新人才培育计划"。① 2018年，杜成宪主编的《大夏教育文存》收录孙丽丽主编的《刘佛年卷》，由华东师大出版社出版。2019 年 9 月，华东师范大学图书馆在中北校区二楼王元化学馆隆重举办了"刘佛年校长著作、照片、手迹展"；12 月，石中英、朱珊主编的《新中国教育学家肖像》，把刘佛年写入其中，由教育科学出版社出版。2021 年 9 月 10 日，孟宪承、刘佛年教育成就陈列室在华东师大开馆；10 月 12 日，历时三年的华东师大名师库上线，刘佛年名列其中。截至 2022 年 4 月 27 日，中国知网共有 35 篇文献，其中研究其生平与教育思想的论文 25 篇，关于刘佛年的研究正呈上升态势。

回首刘佛年的一生，刘佛年成功之路留下的启示如下：

一是与时俱进，追求进步。在武大读书时他就积极参加抗日救亡运动；在西方留学时，他经常参加英法共产党活动；在国立师院、暨南大学任教时，他大胆宣讲马克思主义，加入"大教联"，投身于民主运动；上海解放后，他服从党的安排，成为"双肩挑"领导干部，1956 年加入中国共产党，无论在顺境还是逆境中始终保持清醒的头脑，为新中国社会主义教育学的建立，华东师大的发展做出了突出贡献。

二是志在学术，执着教育。他早在中学时代就立志献身学术，终身追求，从不懈怠。他执着教育，把自己的一生都奉献给了祖国的教育事业，在科研上，他执着"求实、求精、求活、求新"②；在教学上，他引经据典，循循善诱；在管理上，他运筹帷幄，实事求是。

三是学而不厌，自主发展。他自幼就养成了手不释卷的良好读书习惯，一方面，他博览群书。据顾明远回忆："有一次我到华东师大外国教育研究所资料室查阅资料，发现每本外文书后面都有刘老借阅过的记号。"③ 另一方面，他善于运用马克思主义观点加以批判吸收。

四是学贯中西，博通古今。他不仅熟读国学经典，深谙古代辩证法，

① 戴琪，等.刘佛年百年诞辰纪念会暨教育学部成立仪式举行［N］.华东师范大学校报，2014-10-21.
② 1994 年 9 月 10 日，刘佛年为华东师大附小的题词，实际上，这也是刘一生的座右铭。
③ 凌云.常在明月追思中——著名教育家刘佛年先生纪念文集［M］.南昌：江西教育出版社，2004：32.

而且熟谙西方哲学与教育学名著，擅长哲学，并能够运用之，评罗素、批杜威，指出苏联教育之弊，基于中国国情，创立与发展新中国社会主义教育学。

五是不惧权威，勇于创新。他不惧权威，从理论联系实际的特有视角，围绕马克思主义与教育、个性全面发展教育、正确处理人民内部矛盾与教育、如何办好重点师大、教育大面积丰收、教育科学研究、究竟谁在教育中起主导作用、教育理论与实际的关系等主题进行了具有开拓性的创新。

六是提携后进，扶掖来者。他通过青年教师读书会、率领青年教师开展课题研究、为青年教师提供舞台、带助手与研究生等多种形式，促进他们快速成长。他多次把主编的机会让出，竭力举荐顾明远任《教育大辞典》主编、叶澜任《辞海·教育学卷》主编等。作为新中国最早的一批研究生导师，他先后带了7名硕士、9名博士，在谦和、儒雅、民主、博学、宽厚、热爱的氛围中，他们大多成了教育学术骨干。

七是磊落处世，温厚待人。光明磊落，严于律己是刘佛年处世的哲学。也正是因此，他才敢在"文革"当中造反派考教授时，第一个交上白卷拂袖而去，并在严酷的审查中很快证实了自己的清白，获得"解放"。温良敦厚，宽以待人是他为人的准则。"文革"后对当年专案组组长陈桂生，他不仅专程前去探望，而且希望其放下包袱，轻装前进①。难怪萧宗六赞曰："刘老的道德人品，堪称典范；刘老的文章和治学精神，值得推崇。"②

总之，叶澜教授所称的"他用自己的一生书写了一本大书，一本值得我们永远铭记的大书"③ 是对刘佛年教育一生的真实写照。正如刘佛年自己所言："我个人的学术经历实际上是我所处的学术群体的奋斗历程；写个人的学术历程实际上是为一个学术群体画像。何况，从我所处的这个学术群体的经历中大致可以窥测到一些我国教育科学发展的情况。"④

---

① 王建磐. 师表：怀念刘佛年 [M]. 上海：华东师范大学出版社，2004：145.
② 凌云. 常在明月追思中——著名教育家刘佛年先生纪念文集 [M]. 南昌：江西教育出版社，2004：49.
③ 叶澜. 磊落执着温厚——我心目中的刘佛年校长叶澜 [N]. 华东师范大学校刊，2014–10–21.
④ 刘佛年. 刘佛年学述 [M]. 杭州：浙江人民出版社，1999：前言2.

文化冲突世纪中的教育人生

——刘佛年教育学术"发生学"考论

吴民祥，单 可①

20 世纪是中国政治、经济、社会等发生巨变的时期，文化冲突无处不在。学术乃文化之核心，其成长与时代变革密切相关，就此而言，刘佛年的教育学术人生即是文化冲突世纪的一个缩影。

刘佛年立足于唯物论来分析中国教育问题，他主持编写的《教育学（讨论稿）》突破了凯洛夫教育学的框架，探索马克思主义教育中国化之路；在频繁的政治运动中，坚持学术之思，努力超越"政治文化"与"教育学术文化"的二元对立，创新中国教育发展道路。本文基于 20 世纪中国社会面临的中西、古今、新旧、政学等多重矛盾冲突的背景，尝试从"发生学"② 视角，考论刘佛年的教育学术生命史，审视文化冲突世纪中的"时势"变迁与教育家个人学术的互构，以揭示中国教育学术的现代化历程。

一、大变局环境中学术生命本我之奠基

近代中西方文化冲突以鸦片贸易问题为引爆点，自此，中国几千年普遍接受的文化模式陷入了困境与危机，正如陈旭麓先生所言，"中国近代文化史是传统文化与西方文化冲突、交汇的历史，也是西方近代文化冲击着

---

① 吴民祥，博士，浙江师范大学教授，博士生导师；单可，浙江师范大学高等教育学专业博士生。

② 发生学方法，反映和揭示自然界、人类社会和人类思维形式发展、演化的历史阶段、形态和规律。特点是把研究对象作为发展的过程，注重历史过程中主要的、本质的、必然的因素。作为人文科学研究的新方法与新视角，发生学强调的是对主客体共同作用的发生认识论原理的运用。

中国传统文化并使其向近代文化过渡的历史，更是传统与西化相斥相纳的历史"①。成长于新旧文化交替的剧变环境，民族危机中留学他国，既受到中国传统文化浸润，又从新式教育中吸纳了西方文化因子，更在留学经历中对西方文化冲突有深切感知，这些经历为刘佛年的教育学术生命奠定了"本我"的基础②。

1914年4月1日，刘佛年出身于湖南醴陵县小林桥。父亲刘约真曾在渌江书院求学，受传统儒学训练，参加科举考试；后求学于湖南长沙优级师范学校，并长期研究儒学和佛学，擅长"国医"，"诗文俱佳，颇有学问"③。幼时，刘佛年跟随其父熟读《论语》《孟子》等典籍，打下儒学根基；少年时期，就学于楚怡小学和明德中学等学校，学校中的传统教育模式以及对西方道尔顿教学模式的效仿，对其产生了较为深远的影响④。

刘佛年的中小学时代，正是近代中国民族主义运动高涨时期。从五四运动到五卅运动，学校里开展反帝、雪耻教育，颂扬民族英雄，高唱爱国歌曲，鼓励发愤图强，在他童年心里留下极深印象。1926年暑期，他参加欢迎北伐军的大会，集会游行，街头宣传；在校中，他阅读《向导》等进步书刊，充分感受到革命气息。1927年5月，许克祥发动政变，他忧虑国民革命中途夭折，关门读书，不参加任何政治活动⑤。

1929—1935年，刘佛年就读于武汉大学预科、哲学教育系本科。预科期间阅读了大量中西哲学和教育学相关著作⑥，思想混杂。1931年秋，进入

---

① 陈旭麓. 近代中国社会的新陈代谢［M］. 北京：生活·读书·新知三联书店，2018：358.

② 受弗洛伊德人格精神分析的启发，本文认为个人的学术生命同样具有其"人格"，亦相应的表现为"本我"、"自我"与"超我"三种精神品格状态。个人学术生命中的"本我"由早期学养、成长环境所塑造，成为其后学术生涯展开的底色；其"自我"是在"本我"基础上，在与学术环境的互动过程中，各时期所展现出的学术生命现实状态；而"超我"是在实现个人学术理想的追求中，所表现出的学术创造与贡献。

③ 刘佛年自述其父：在清末民初，他有旧民主主义的革命思想，参加过同盟会和柳亚子等发起的进步文学团体"南社"的活动。与朋友一起创办《长沙日报》，反对袁世凯。解放后，任湖南文史馆馆员，1959年去世。（刘佛年. 刘佛年学述［M］. 杭州：浙江人民出版社，1999：3-4.）

④ 道尔顿制学生虽可以自由学习，但片面强调学生自学，放松了打好基础知识的工作，这是刘佛年后来对美国进步主义教育持保留态度，甚至加以批判的起因之一。

⑤ 刘佛年. 刘佛年学述［M］. 杭州：浙江人民出版社，1999：5-6.

⑥ 中籍主要有《书经》《左传》《易经》《老子》《庄子》、韩文、杜诗、曾国藩的家书与日记、《古文辞类纂》及"唯识宗"的佛教经论。西籍主要有柏拉图的《理想国》、休谟的《人性论》及罗素的哲学著作。

本科哲学教育系，阅读了洛克、贝克莱、休谟、康德、黑格尔等的哲学著作，杜威的《民主主义与教育》、盖茨的《教育概论》、坎德尔的《比较教育学》等教育著作，以及桑戴克、苛勒等行为主义和完形主义的心理学著作；也读了《老子》《庄子》和理学家的著作，奠定了人生的学术基础，并确立了以"学术、学者为人生的目标"①。其间，在民族国家救亡的感召下，他开始阅读马克思主义与共产主义的书刊，参加救亡运动②。

1937 年 9 月，刘佛年开启了两年多的留学生涯。先在英国伦敦大学短期学习，后转入剑桥大学专攻哲学，听著名哲学大师穆尔与布罗德的课，但他们"都把哲学问题看作纯粹的逻辑问题，在课堂上无休止地进行着哲学命题的逻辑分析。脱离实际的烦琐分析使我厌倦。"③ 因不喜欢英国的学风，加之经济上的压力，1938 年暑期转学法国巴黎大学，研究中国古代辩证法。1939 年暑期，往德国柏林作短期教育考察。

在欧洲期间，刘佛年参加英国左派书社的活动，阅读《劳动月刊》《工人日报》等书刊，经常参加一些英国共产党的集会，阅读汇集马、恩、列、斯著作的《马克思主义手册》。这些活动、学习，"使我逐步懂得了什么是唯物论、辩证法，什么是社会主义、无产阶级革命"。转学到法国后，也参加了法国共产党的集会，参加欧洲反法西斯的"人民阵线"活动④。留学经历使刘佛年开阔了国际视野，接触到欧洲马克思主义，学习和锻炼了辩证思维和学术创新能力，为日后走上马克思主义教育中国化道路打下了基础。

成长于新文化运动时期民族主义运动勃兴之时代大潮中，经历"城头变幻大王旗"的动荡时局，参加爱国救亡运动，留学英、法著名大学，阅读大量中、西方文化典籍，遭遇各种西方思潮的冲击，走进国际共产主义运动等，这一切共同塑造了刘佛年教育学术生命的"本我世界"。

---

① 刘佛年. 刘佛年学述 [M]. 杭州：浙江人民出版社，1999：8.
② 九一八事变、淞沪抗战，国民党推行"攘外必先安内"的政策，在危急关头，一些进步学生参加革命，或阅读进步书刊寻求革命真理。
③ 刘佛年. 刘佛年学述 [M]. 杭州：浙江人民出版社，1999：9.
④ 刘佛年. 刘佛年学述 [M]. 杭州：浙江人民出版社，1999：9.

二、学术生命自我建构：从自由主义到马克思主义

回国后，刘佛年经过1940—1945年教育学术生命的"沉寂"期后，于1946年春迎来人生中的重要转折点——进入上海"新世界"。在上海，接触的人多①，看到的报纸和刊物也多，在报刊上经常有政治的争论，"沸腾的生活，尖锐的矛盾放在面前，逼迫着我思索，要我通过重新学习，作出自己的回答"②。是年11月，进入暨南大学任教，参加民主运动，加入"大教联"，宣传人民民主思想和马克思主义。在"哲学概论"课上，把共产主义哲学作为一个重要的派别来讲授。教育哲学课，以杜威的《民主主义与教育》为课本，讲授时对它进行分析、批判。

1946—1949年，是"两个中国命运的大决战"时期，也是刘佛年学术生命自我的重要建构期——从自由主义走上马克思主义。在认真学习马克思主义，特别是毛泽东著作和中共中央的文件，并清理自己的政治思想和学术思想的基础上，刘佛年完成了下述学术思想的转型。

首先，在政治上清醒认识了帝国主义的对华侵略。

中国的现代化是在民族屈辱中起步的，一系列不平等条约见证了西方列强对中国的侵略。为揭露美帝国主义对中国的文化侵略，刘佛年撰写《美国对华文化政策的政治经济意义》一文，列举史实证明"美国之侵略中国与其他列强同样积极"，文章指出：由于美国后来了一步，不得不另辟蹊径，由文化活动入手，其效果一是帮助了美国工商利益的发展；二是帮助打击日本在华的势力；三是帮助了美国的独立经营中国，特别是一批留美学生进入政府，成了中美"行政合作的核心"，一些留美学生成了买办，还笼络一批在野的知识分子。刘佛年最后强调，"由于美国政策实质的暴露，它的欺骗作用减少了"③。此文可以看成是1950年代文教领域批判杜威、胡适等资产阶级思想的序曲。

其次，反对"自由主义"与"第三条道路"。

---

① "左翼"学界、民盟成员以及共产党人士（经常接触中共在上海的发言人陈家康）。
② 刘佛年. 刘佛年学述［M］. 杭州：浙江人民出版社，1999：12.
③ 刘佛年. 刘佛年学述［M］. 杭州：浙江人民出版社，1999：13.

英美式的"自由主义"在西方世界有广泛势力，并以其崇尚的"民主""自由"价值来反对国际共产主义运动。杜威曾写文章鼓吹"民主"，罗素二战后公开反苏，他们曾来华讲学，享誉中国学界，扩大了自由主义的影响。其时，相当多的国内知识分子有"自由主义"倾向，向往美国式民主，强调知识分子在政治上的作用，企求用"理智的"方法解决问题，反对暴力革命，主张"自由主义""第三条道路"。这自然为中国共产党及先进知识分子所反对。

中国发展道路问题经常成为大转折时期知识分子争论的焦点。就刘佛年而言，原有的思想"是比较倾向自由主义，是很赞成杜威和罗素的学说的"，在争论中，他弄清楚了自由主义的实质及其理论根源，以及第三条路线的错误。刘佛年的政治思想、学术观点的转变和自我批评的发生，是从批判杜威、罗素、张东荪等人的学说开始的。

在《杜威教育思想的再认识》文中，刘佛年认为杜威是中间阶级的理论家，其进步教育是适应美国中间阶层的需要，而不是根本改造社会的。因为在学校的小社会中没有利益的冲突和斗争，只有和谐和合作、讨论和研究。进步学校的环境只有和谐没有矛盾，不会感受到创造社会的需要和兴趣，对大多数人来说是没有作用的，只会让人们的斗争情绪减弱，将幻境当作真实。进步学校是对中间阶级设立的，不是改造社会的。在这一点上，刘佛年反对了杜威。刘佛年和杜威观点的不同在于学生应该接触和体悟到社会的矛盾与冲突，而不是仅生活在一个环境"被净化"的学校中。

刘佛年撰写《张东荪先生的思想》《罗素论》两篇文章来论证第三条路线和自由主义的错误。在《张东荪先生的思想》文中，认为张的思想不同于马克思，主张和平改革和阶级协调的观点在阶级社会中不可能实现，强调"要以科学社会主义为指导研究当前形势，作出行动的计划。空想是绝无作用的"[①]。在《罗素论》中，刘佛年批判罗素反对阶级斗争、唯物史观和唯物论的观点，以表明反对自由主义的态度。罗素反对苏联式的"国家社会主义"，反对阶级斗争，认为教育纯以个人为目的，提倡自由主义。这在刘佛年看来是充满了个人主义的气息，忽视了教育的社会作用，"教育不

---

① 刘佛年. 刘佛年学述 [M]. 杭州：浙江人民出版社，1999：14－15.

应以个人为手段，而应以个人为目的，这是彻头彻尾的个人主义的说法。……每个人都需要活在一个社会当中，他必须对社会尽一定的义务。……问题是如何使个人的利益和社会的利益一致，在苏联那样的国家中，个人与社会之间是协调的，这种目的与手段的问题根本不会发生"。刘佛年强调，"我从前觉得自由主义只能适用于未来的没有阶级斗争的世界，可继而一想，假如没有了阶级斗争，世界上也就没有了自由与解放问题，也就不需要自由主义了。所以在任何时代自由主义都没有存在的理由。它只是资本主义的一种掩眼术而已"。① 在这里，刘佛年强调阶级斗争和革命的重要性。

上述文章，表明了刘佛年的学术立场和政治态度，即"中国要在中国共产党的领导下走革命之路"。

再次，尝试用马克思主义理论分析教育现象。

1948 年，刘佛年在《时与文》期刊上发表《进步教育与民主政治》，指出杜威和其学生陶行知两人的教育思想前后期的不一致，是因为教育家的教育思想受社会政治、经济形态所制约。刘佛年尝试用联系、发展的观点厘清各种现象之间的因果关系。他批判杜威的进步教育，认为它的目的是缓和社会矛盾，避免唤醒被剥削者的阶级意识。陶行知的教育思想最初和杜威相似，但是由于中国的社会变化使陶行知的思想转变为唤醒人们的自由意识。陶行知经过长期的探索，最后走到阶级斗争的道路上来。通过引用陶行知的经历，刘佛年试图表达出自己的教育观念：杜威的教育方法并不能发展民主教育，不能实现真正的民主社会，这些都是改良主义、自由主义者的把戏，而实现民主社会需要在共产党领导下走革命的道路②。

1949 年，刘佛年在《启示》第 2 号上发表《唯物论与教育》一文，探讨了唯物论和教育之间的关系，"试图用唯物论来解释知识教育、艺术教育和道德教育方面的问题"③。在知识教育中，要探寻每一种思想意识背后的时代背景和阶级背景，真正的动机、目的所在。但除此以外，更应当研究

① 金一鸣. 刘佛年教育文选 [M]. 上海：华东师范大学出版社，1999：55－57.
② 刘佛年. 刘佛年学述 [M]. 杭州：浙江人民出版社，1999：16－17.
③ 刘佛年. 刘佛年学述 [M]. 杭州：浙江人民出版社，1999：17.

其中所包含的真理。真理与阶级无关，能够反映客观现实的才是真理。因此，教育工作者一是要学会用阶级的观点去分析不同的思想，二是要追求真理。"区别哪一些思想是反动的，哪些是进步的。要使他们能透过那些美丽的谎言去发现封建主义、法西斯主义、自由主义学说的真面目。但在另一方面，我们不应忘记，我们要把知识传授给青年，知识或真理不是从天上掉下来的，是自古至今各种民族积累成的。……一个青年能读唯物论的斯宾诺莎固然有好处，假如能读唯心论的柏拉图，也未必没有益处。"①

在艺术教育中，刘佛年提到"唯物论认为艺术是有客观的标准的，凡是能反映客观的生活的就是好的艺术……我们之所以喜爱但丁、莎士比亚这些艺术作品，无关阶级和时代，而是因为这些作品反映了客观的社会生活"②。换句话说，艺术的评判标准不是阶级和时代，而是是否反映客观的社会生活和人民意识。即使那些作品与我们的时代和阶级不同，但是我们仍然可以欣赏和学习。教育工作者需要做的是帮助青年们去接近那些伟大的艺术作品，辨析作品的精华和糟粕。在道德教育中，刘佛年认为教育工作者应该让青年认识到道德的时代和阶级背景，向古往今来道德上的伟人学习，培养社会责任意识。

综上可见，唯物论视野下的教育观，强调知识的系统性、教育的实践性及其与生活的联系。刘佛年自述，经过此一阶段的矛盾、斗争，"我在政治上、学术上都有了一些长进"，"如何按照唯物论的哲学思想去解决教育问题，包括知识教育、艺术教育及道德教育，其实是我一生研究教育问题所要解决的问题"③。至此，刘佛年教育学术生命的自我建构已然成型。

三、政治文化"涵化"中的学术之思

1949 年 10 月 1 日，中华人民共和国宣告成立，新生的共和国各项事业百废待兴。在教育领域，强调"我们的教育必须根据共同纲领，以原有的新教育的良好经验为基础，吸收旧教育的某些有用的经验，特别要借助苏

---

① 金一鸣. 刘佛年教育文选 [M]. 上海：华东师范大学出版社，1999：22.
② 金一鸣. 刘佛年教育文选 [M]. 上海：华东师范大学出版社，1999：23.
③ 刘佛年. 刘佛年学述 [M]. 杭州：浙江人民出版社，1999：17.

联教育建设的先进经验，建设我们的……新民主主义教育"①，确立了仿苏的方向，随即大批苏联教育专家来到中国。在他们的帮助下，中国教育体系的改革方针从"自力更生、稳步前进"转变成全面效仿苏联的教育模式及实践②。

1950 年代中期，国家已经基本完成了经济方面的社会主义改造，开始致力于实现五年经济计划建设，着重解决人民内部矛盾。但从 1957 年下半年开始，国家的总方针转变为以阶级斗争为中心，直到"文革"结束，基本上贯彻着一条"以阶级斗争为纲"的路线。教育成为"阶级斗争的工具"，学校成为阶级斗争的场所，学生成为阶级斗争的基本力量③。在强大的政治文化"涵化"下④，教育理论与实践都围绕马克思主义和党的原则开展，以直接为社会主义政治和经济建设服务为目标。

1951 年，刘佛年参与筹建华东师范大学并担任教务长兼教育系主任，努力加强教学业务工作。1953 年初，刘佛年在全校系主任会议上强调要着力解决"学生的独立思考与独立工作能力培养得不够"的问题，指出"我们当前的主要任务是要提高教学质量，我们所培养的干部要能适应国家建设的要求"⑤，提出了诸多具体改进措施。1955 年 2 月 21 日在《华东师大校刊》上发表《华东师范大学第三届教育实习总结》专文，以期提高师范教育水平。

1956 年刘佛年加入中国共产党，在《华东师大校刊》上发表《我一生中最大的光荣》一文，指出"我在长时期内走了一条个人主义的道路，而

① 何东昌. 中华人民共和国重要教育文献（1949—1975）［M］. 海口：海南出版社，1998：8.
② 许美德. 中国大学 1895—1995：一个文化冲突的世纪［M］. 许洁英，主译. 北京：教育科学出版社，2000：108.
③ 金一鸣. 刘佛年教育文选［M］. 上海：华东师范大学出版社，1999：352.
④ 这里的政治文化"涵化"，借用了文化传播学中的"文化涵化"概念，即"文化传播过程中，不是两种文化之间一方向另一方的主动借取，而是一种文化强迫另一种文化接受自己的过程。面对比自己强大的文化，除了接受别无选择。"就此而言，1950—1970 年代的政治挂帅，无疑将政治文化凌驾于学术之上。
⑤ 刘佛年. 关于培养学生独立思考和独立工作能力问题的意见［N］. 华东师大校刊，1953 - 01 - 14.

党始终帮助我走上了正确的道路"①，表达喜悦和自豪。

难能可贵的是，在"政治革命"的洪流中，刘佛年先后发表的《论杜威》（《新教育》第 1 卷第 4 - 5 期）、《什么是反动的实用主义教育思想》（《文汇报》1955 年 6 月）、《实用主义教育思想批判提纲》（《华东师范大学学报》1956 年第 1 期）等文章，尽管受"文革"政治环境的影响，难以超越当时的历史局限性，文中难免出现当时的意识形态话语，且"判断正误的标准，实质上是以苏联的教育理论和实践为准的"②，认为"实用主义教育思想是马列主义教育思想的死敌。全体教师都应该参加反对实用主义的斗争"③，但仍坚持用唯物论对资产阶级教育思潮进行学理上的批判，而非"纯粹的"政治斗争。他强调"我们反对实验主义并非反对理论与实践、知识与生产的联系""理性的知识是有系统有逻辑性的知识""儿童的年龄越大，有系统的理论知识的学习越重要"，因此"没有理由贬低教师和教科书的作用"④。

"思想改造运动与全面引进苏联的教育理论是建国初期教育学术建构的两条基本路径"⑤，加上教育的高速无序发展导致了"教育大跃进"和"教育大革命"，因此在不脱离革命实践的大前提下，探索一条摆脱苏联教育模式的新道路，致力于寻找理论与实践相结合的学术路径，对中国社会主义事业尤为关键。

1956 年，中央贯彻毛泽东的"双百"方针，号召开展学术争鸣，表明中国探索本土化发展道路的诉求。教育界亦开始活跃起来，争论的一个中心问题是如何看待全面发展的教育方针。刘佛年认为，问题不在要不要加上因材施教这一条，主要是教育工作的一系列矛盾未能处理好。为此，他发表《关于个性全面发展教育的几个问题》一文，列举了八个矛盾：（1）学与思；（2）知与行；（3）一个真理与百家争鸣；（4）社会需要与学生实

---

① 刘佛年. 我一生中最大的光荣［M］. 华东师大校刊，1956 - 03 - 17.
② 刘佛年. 刘佛年学述［M］. 杭州：浙江人民出版社，1999：64.
③ 金一鸣. 刘佛年教育文选［M］. 上海：华东师范大学出版社，1999：98.
④ 金一鸣. 刘佛年教育文选［M］. 上海：华东师范大学出版社，1999：48.
⑤ 吴民祥. 教育学术现代性语境中的中国传统文化——基于《人民教育》《教育研究》文本的研究［J］. 教育科学，2010（5）.

际；（5）集体与个人；（6）全面发展与培养专长；（7）需要和可能；（8）
独立性与联系性。在论述这些矛盾时，力求说理清楚，符合辩证法，避免
片面性①。这八个矛盾正是中国教育学理论长期需要解决的基本问题，刘佛
年对这些问题的思考，实际上代表了这一时期中国本土教育学者的最高理
论水平，大多体现在他后来主持编写的《教育学（讨论稿）》中。

1958 年全国性的教育大革命开展，中共中央、国务院发布了《关于教
育工作的指示》，规定我国社会主义教育的工作方针是教育为无产阶级政治
服务，教育与生产劳动相结合，教育工作要由中国共产党领导。教育大革
命中，"破"字当头，冲破了原有的规章，打破了旧的秩序和关系。在此背
景下，"处于教育革命第一线"的刘佛年（1957 年被任命为华东师范大学副
校长兼教务长），不得不对"教育革命的问题"作出自己的回答。

教学方面，刘佛年围绕以下几个问题展现了学思。首先，在教育革命
的大环境中，关于教学工作中的群众路线问题，刘佛年也曾受到"左"的
政治氛围的影响，1958 年撰写的《专家路线还是群众路线》，记录了当年华
东师范大学破专家路线、立群众路线的历程和心态，文中"左"的观点、
大批判的锋芒，深深地留下了那个时代的烙印。但稍后发表的《教学工作
中的群众路线问题》一文，刘佛年对此问题作了相对辩证的思考，即坚决
贯彻党委领导下的群众路线的工作方法，把教师和学生的作用结合起来。
1959 年发表的《提高教学质量的几点体会》中则更加体现时代精神下的教
育学术理性，他强调：要提高教学质量，必须走群众路线，充分发挥教师
和学生的积极性，使师生在党的领导下结合起来，共同搞好教学工作②。

其次，教育实践要求从理论上澄清教学工作中理论与实践的关系，是
刘佛年 1959 年理论研究的一个中心。为此，先后发表《教学工作中的理论
与实践的联系问题——学习〈毛泽东同志论教育工作〉的体会之一》《再论
教学工作中的理论与实践的联系问题——学习〈毛泽东同志论教育工作〉
的体会之二》等，从马克思主义观点出发作了自己的理论思考。认为读书
不能脱离实践，理论要与实践相联系，必须做到有目的地读书、学理论。

---

① 金一鸣. 刘佛年教育文选［M］. 上海：华东师范大学出版社，1999：110 – 123.
② 刘佛年. 刘佛年学述［M］. 杭州：浙江人民出版社，1999：88 – 89.

这个目的便是解决社会实践中的实际问题。而在教学过程中，教育者必须明确学习的目的，使学生领会知识、理论的实质和应用，最后让学生去参加有关的社会实践①。

刘佛年自述，"公然提出在教学工作中要使学生学习任何知识、任何理论都要按照实践—理论—实践的程序进行事实上是绝对办不到的，还针对'教育大革命'实践中暴露的片面性提出了许多纠偏的意见"，这些观点的提出在当时是有胆识的，在社会上亦引起了争论②。

此外，刘佛年还对青少年的道德教育、开展教育科学研究等问题做了学理上的探讨，提出了自己的学术思考。

1960 年代初，摆脱苏联的影响，建设"中国化"的"社会主义教育学"成为整个"中国化"的文科教材建设项目之一。1961 年，刘佛年受命主编《教育学（讨论稿）》，成立编写组，着力于将马克思主义教育理论中国化。教材视野宏阔、引经据典，既引用革命领袖著作，也引论孔子、荀子、巴浦洛夫、洛克、夸美纽斯等古今中外教育家的思想，更注重中国历史文化背景，将中国教育置于人类教育文明的长河中，"谨慎地向人类教育文明靠拢"，"力求从理论上表述中国的教育价值观念——规范"③，突破凯洛夫的《教育学》框架。

关于该教材的特点，刘佛年指出，"这部教材通过政策与理论的结合，尝试改变凯洛夫教育学的说教方式，尝试重构教育经验和理论的表达方式，努力将理论思维融入其中；尝试在历史与现实的关联中进行教育学理论表述；对教育学普遍性问题和特殊性问题的找寻与探讨等"④。这些内容是中国发展教育学不可忽视的基本问题。由于 1964 年后政治形势的改变，该书"尚未面世就受到了批判"，直到 1979 年才正式出版。

《教育学（讨论稿）》吸取了以中国化"化掉"教育学的教训，使教育学从政策解读中解脱出来，力求回到政策背后的"是什么""为什么"，找到理论的归旨。虽然"这本教育学在改革开放之后使用时间不长，但它在

① 金一鸣. 刘佛年教育文选 [M]. 上海：华东师范大学出版社，1999：141.
② 刘佛年. 刘佛年学述 [M]. 杭州：浙江人民出版社，1999：88 – 89.
③ 陈桂生. 刘佛年教育学述评 [M]. 江西教育科研，1998（3）.
④ 杜成宪. 刘佛年卷 [M]. 上海：华东师范大学出版社，2018：5.

推进教育学中国化，尤其是对纠正教育学政治化、语录化，起到了积极的作用"①。"更为可贵的是，在我国当时那种特殊的历史条件下与学术氛围中，能从我国基础教育实际情况出发，更力求使'教育学'名副其实"②，体现了政治潮流中刘佛年的学术坚守。

综上所述，新中国成立初期"十七年"中国教育发展虽受到"左"的政治环境的巨大影响，但刘佛年的学术思想大多能把持"学术生命自我"，突破教条主义，立足于唯物论，遵从教育学术的内在逻辑，以推动马克思主义教育的中国化。

四、超越二元对立：学术生命超我的表达

十一届三中全会后，党和国家的工作重心由"以阶级斗争为纲"转向经济建设为中心，"解放思想""改革开放""现代化"成为时代的主旋律。教育以"三个面向"为目标，迎来事业发展的春天。

经过"文革"的"动乱"后，教育改革与发展的新环境对教育学术提出了新需要。刘佛年在致力于将华东师大办成全国重点师范大学的实践中，面对教育理论界普遍关心的"关于教育本质的争论""实际工作中如何纠正'文革'时期造成的教育质量普遍下降""如何提高教育质量培养全面发展的人才""如何改革传统教育实现教育现代化"等问题，作了一系列思考与研究。

第一，关于教育本质的争论。刘佛年明确指出"这一问题表面上看来是纯学术的讨论，实际上是教育方针问题"。经过争论，人们超越了任何社会、任何阶段"教育都要以阶级斗争为纲"的认识，肯定教育与社会生产力发展的关系；明确在社会主义初级阶段，发展生产力已成为教育的主要任务，发展教育是提高生产力的一个重要因素；教育必须为经济建设同时为政治、文化建设服务。所以，"把教育视为只属于那个范畴是不能概括教

① 冯建军. 中国教育学 70 年：从中国化到主体建构——基于不同时期教育学文本的分析 [J]. 课程·教材·教法，2019（12）.

② 陈桂生. 行动中的"教育学"问题——刘佛年《教育学》编写过程纪事 [J]. 中国教育科学，2018（11）.

育的本质的"，教育本质涉及教育与社会发展和儿童身心发展的两方面关系①。

第二，关于传统教育与现代教育。刘佛年强调：不能简单将传统与现代看成只是个时间的概念。在现代社会中有资本主义社会、社会主义社会，还有大量刚摆脱殖民地地位的发展中国家。他们的现代化既有共同点，也有不同点。社会主义国家的现代化是社会主义现代化，应该具有社会主义的特征，当然并不妨害向其他国家学习。这有利于摆脱教育"姓资"与"姓社"的对立。在考察中西文化与教育历史沿革的基础上，刘佛年认为"要用历史的观点分析我国的和外国的传统教育与现代教育的发展情况""现代化的过程是一个不断变化、加快的过程"。他反思了新中国成立以来盲目学苏，指出这些"不仅不能称为现代教育，而且有些竟是传统教育的新表现，如教条主义、个人迷信、蔑视知识、打击知识分子、大搞政治运动、批判斗争，把许多知识都说成'封资修毒素'，不向任何国家学习。所以，历史的进程是曲折的，传统教育的特点竟可以出现在我国的 60 年代和 70 年代"②。这些论述不仅辩证地阐释了传统与现代的关系，且对政治文化"涵化"下教育现实的批判，在改革开放初期具有深刻的"启蒙"意义。

第三，关于推进教学改革、提高教育质量。这一问题是改革开放后刘佛年学思的重点。他指出，教学改革与提高质量涉及教学的任务和教学的模式。教学的任务包含知识、能力和态度三个方面，且"教学任务的三个方面是结合在一起的，要全面地完成，不能偏废"。刘佛年批判"左"的思潮下所谓的"白专道路"是故意贬低知识及其价值，强调通过教学培养知识、发展能力和养成积极向上的人生态度，辩证地阐释了三者之间的关系。他从教学论出发，探讨了机械性学习、有意义学习与创造性学习三种不同教学模式的特点与影响。肯定创造性学习模式对学生知识、能力、态度提高的重大价值，及其对创新人才养成的意义，"因为它最适合我们未来的需要，也适合今天现代化建设的需要。从长远来看，要大力培养创造性人

① 刘佛年. 刘佛年学述［M］. 杭州：浙江人民出版社，1999：147－148.
② 刘佛年. 刘佛年学述［M］. 杭州：浙江人民出版社，1999：149－156.

才"①。

第四，关于"争取大面积丰收"。刘佛年论及较多的是普遍提高教学质量，争取"大面积丰收"的问题，认为教育界不能只关注重点校、重点班和尖子学生，而应普遍提高质量。为此，他从理论方面阐明教育与遗传、环境的关系，分析了差生形成的原因及其补救方法，强调应按教学规律进行教学；重视借鉴国外教育经验，赞成布鲁姆"现代社会不能只面对少数学生，而是让绝大部分学生都能学好"的思想，肯定其"掌握学习理论"对解决"大面积丰收"问题有启示意义②。刘佛年充分肯定青浦县数学教改实验"以探究尝试辅导为中心"所取得的成绩，指出"这个经验无论对教改实践或教育理论都有重要的意义"③。

第五，作为重点师范大学校长，刘佛年对华东师大的教学、科研作了深入的理论思考与实践探索④，积极展望高等师范教育的未来发展⑤。

在"六五""七五"期间，刘佛年主持研究全国教育科学规划课题——"马克思主义教育理论"，开设一系列研究题目，从教育思潮的演变、教育与社会发展、教育与人的发展及学校内部的各种问题四个方面展开专题研究，汇编成《回顾与探索——论若干教育理论问题》出版。在"八五"期间，刘佛年主持研究并出版《中国教育的未来》，从我国实际出发，以学者的眼光勾画了面向21世纪的中国教育发展蓝图，展望20世纪末到21世纪初我国教育改革的趋势⑥。

总之，二十世纪八九十年代，通过教学改革，提高教育质量，争取大面积丰收，培养创新人才是刘佛年学术生命的重心所系。为此，他发表了一系列专论，突破了政治文化主导下教育领域中的"红"与"专"、"知识"与"能力"、"传统"与"现代"、"理论"与"实践"等僵化的二元对立，推进了以素质教育改革为指向的教育现代化进程，实践了"马克思

① 刘佛年. 知识 能力 态度［M］. 教育科学研究，1985（7）.
② 刘佛年. 布卢姆与教学改革［N］. 光明日报，1986 - 10 - 17.
③ 金一鸣. 刘佛年教育文选［M］. 上海：华东师范大学出版社，1999：322.
④ 金一鸣. 刘佛年教育文选［M］. 上海：华东师范大学出版社，1999：223 - 234.
⑤ 金一鸣. 刘佛年教育文选［M］. 上海：华东师范大学出版社，1999：271 - 275.
⑥ 金一鸣. 刘佛年教育文选［M］. 上海：华东师范大学出版社，1999：6.

主义教育中国化"的学术生命之超我诉求。

结语 "时势"与"英雄"：学术生命史的双向建构

刘佛年的学术人生展开于20世纪的中国历史舞台，彰显了"历史唯物论"中"历史环境"与"历史主体"之间的辩证关系，即：一方面历史人物的主体活动是在历史现实的"时空中"展开的，受到"时势环境"的制约；另一方面，作为历史实践主体的"英雄"人物，又是历史的创造者，为历史的"时势"打上自己实践的烙印。

无论是学术生命本我奠基阶段所遭遇的中西、古今文化冲突，抑或学术生命自我建构过程中所面对的政治制度与社会基础之剧变，还是学术生命超我理想之表达，刘佛年学术生命史的每一个阶段，都受到20世纪各时期文化冲突的影响。纵观其学术人生，可以看出，刘佛年学术生命本我阶段所培植的古今中外文化学养，奠定了其以"唯物论"为核心的学术基础，使他能够在各种教育学术异化的环境中，终能超越"机械论"与"决定论"，反对"主观主义"与"反智主义"，坚持历史与逻辑的统一、理论与实践的统一，成为20世纪中国教育理论建设中高举马克思主义教育中国化大旗的"英雄"，呈现了20世纪中国教育学术在多元文化冲突中起伏、曲折、创生的历史面貌。

第二部分　刘佛年教育理论及其中国化的探索

刘佛年关于教育理论与教育实践的思考①

黄忠敬②

教育理论与实践关系的问题，是一个老话题，但却是教育学必须重视的根本性问题。这不仅关涉到教育学的理论品质，而且关系到教育学的实践属性。在这方面，刘佛年既有深入的理论思考，也有长期的实践探索。他对教育理论与实践关系的思考，对我们当下教育改革仍然具有启示意义。本文结合刘佛年公开发表的文章和会议发言，探索他追求什么样的教育理论、倡导什么样的教育实践以及如何加强教育理论与实践的联系等问题。

一、追求什么样的教育理论？

要回答这个问题，还得从他主编的《教育学（讨论稿）》说起。它是一个时代的缩影，反映了那个时代的精神风貌以及当时学者的思考，作为我国第一部社会主义教育学教科书，《教育学（讨论稿）》纠正了 1958 年以后用"教育政策汇编"代替教育学教材的不正常状态，改变了建国初期全盘搬用苏联教材的做法，成为新中国成立以后对我国教育实践和理论影响最大的一本教育学教科书。从这本教材中，我们可以窥见刘佛年对追求什么样的教育理论的回答：一是突破苏联教育学的束缚，建立中国化的社会主义教育学；二是克服政策汇编式的教育学政治化的倾向，增强学术性；三是克服编写教科书时缺乏研究、空发议论的问题，加强教育学的科学化。这体现了刘佛年追求教育理论"中国化"的努力、"学术化"的追求和"科

---

① 此文原载于教育文化论坛，部分内容有变动。
② 作者简介：黄忠敬，男，华东师范大学教育学部博士，教授，博士生导师，研究方向为教育学原理、教育政策、基础教育等。

学化"的探索。

1. 教育理论的"中国化"

新中国成立之后的教育学建设，是在全面学习苏联这个大背景之下进行的。在"以俄为师"的指导下，苏联教育学教材、苏联专家的讲义和报告集等大量翻译和发行，这对于尽快恢复我国的教育、建立以马克思主义思想为指导的教育理论具有积极的意义。到了1958年，随着中苏关系的恶化，当时在教育领域兴起了"教育大革命"，提出要走自己的路，建立自己的教育学。

刘佛年认为，我国应当有一本自己的教育学教材，用以替代凯洛夫的教育学，这是我国教育理论界追求的一个目标。但在不同的时期，不同的人有不同的设想。1956年就有人提出教育理论中国化的问题，其主要目标是解决苏联的教育理论和实践同中国教育实际不符的问题。其主要方法是总结我国历史和现实中的教育经验，以匡正、丰富从苏联传入的教育理论。刘佛年认识到凯洛夫教育学提倡的教学方法是不够的，可是凯洛夫的《教育学》此时已经翻译成中文并在教育研究中广泛应用，是当时的核心教材，这一点深深困扰着刘佛年。因为尽管他认为这是一种教育领域中的马克思主义的方法，刘佛年还是感到它过于狭窄和片面。所有的内容都是强调国家的责任，强调国家要以垂直方式管理教育，教师的职责就是作为专家在正规教育系统内向学生传播知识。刘佛年认为这种方法在全然不同于苏联的中国环境中运用会导致许多问题。1956年，中央提出"双百"方针，刘佛年开始反思凯洛夫教材中的一些问题，他认为凯洛夫教材是根植于欧洲理性主义背景的。1958年他发表了一篇文章，文中提到在教育理论发展中要明确的主要矛盾：学与思、知与行、社会需要与学生实际、同样的现实与不同的观点、个人与集体、专业训练与基础教育、需要与可能、独立与联系。

1961年，刘佛年受命主编《教育学》教材，他汇集了以华东师范大学教育学教师为主的一批学者，历时三年时间，经过反复修改，于1963年完成。从内容上来看，可以看出该书试图突破凯洛夫教育学框架的努力，《教育学（讨论稿）》在绪论中提到："教育学的研究对象是教育现象及其规律""教育学的任务是从客观的教育现象和实际的教育工作中去揭示其规律"。

那么如何去研究教育现象并发现规律呢？本书在绪论中又强调："教育学主要是从教育与社会生活的关系，教育与儿童身心发展的关系等方面去研究教育工作的规律。"这里所提出的是研究教育问题的两个角度，而不是两条规律。

《教育学》尽管受到凯洛夫教育学的影响，借鉴了苏联教育学的理论，但确实进行了中国化的改造。这一点已经得到不少学者的肯定。1956年后，随着我国社会主义教育发展道路初步探索的开始，我们才在教育学科体系建设中较系统地提出"中国化"口号，寻求教育学科体系建设的中国特色。无论在理论上，还是在实践上都进行了初步而又可贵的探索。刘佛年在1960年初主编的《教育学》中典型地反映了这种思考和探索①。有学者指出："这一本教育学是在1961－1963年前后连续三年之久由本国教育学者和大学教师联合编写的自编的教科书，是有别于凯洛夫主编的《教育学》的一本新的教科书，或者也可以说是力图能超过从外国翻译过来的教科书。经过编者的努力，该书也确实取得了新的进展，体现出自己的特点，总的说是不错的。"② 有学者肯定了它是那个时期的重要代表作，反映了作者对教育学中国化的努力，也指出了作者的独立见解③。有学者指出："在学习、移植过程中，我国学者仍努力探索着教育学中国化的问题，60年代刘佛年主编的《教育学（讨论稿）》堪称其中的佼佼者。"④

2. 教育理论的"学术化"

教育学"中国化"的努力是中国教育学者自我意识与觉醒的表现，表现出了可贵的探索精神，遗憾的是，这种努力在当时的政治环境下并没有实现。在当时"左"的思想影响下，教育学的"中国化"努力成了教育学的"政治化"运动，教育学成了政策汇编、语录学、教育工作手册。

刘佛年编写教育学教材时将它定位于学术著作，要求用马列主义、毛

① 侯怀银. 试论建国后十七年中国教育学科体系建设和发展的历史启示 [J]. 高等师范教育研究，1997（5）：67－72.
② 陈元晖. 中国教育学七十年 [J]. 北京师范大学学报（社会科学），1991（5）：52－94.
③ 黄济. 20世纪中国教育学科的发展 [J]. 北京师范大学学报（人文社会科学版），2000（1）：5－11.
④ 周谷平，王剑. 我国教育学教材现代化历程之研究 [J]. 课程、教材、教法，1998（5）：47－51.

泽东思想的立场、观点、方法去研究教育，研究教育的历史发展，研究教育的现状，作出理论性的结论。教材强调要以阐述规律性知识为主要任务（刘佛年学述，浙江人民出版社）。编写过程中，刘佛年教授倾注了全力。为提高教育学的学术性，他研究了当时能收集到的古今中外教育论著，以及 20 世纪 60 年代我国学术界的研究成果，比较系统地理性地论述了教育与政治、经济的关系，教育与儿童身心发展的关系，以及其他教育问题。教育学又必须面对教育实践，要对教育实践起指导作用。

3. 教育理论的"科学化"

刘佛年主张教育理论应当建立在对我国教育充分研究的基础之上，教材应当是我国教育科学研究的结晶，教材不能空发议论。1961 年当刘佛年受命编写《教育学》教材时，要求他在半年内出书，以应燃眉之急，刘佛年表示"要求太急""不作些调查研究，空发议论，不能服人"[1]。事实上，当时我国教育科学确实相当薄弱，可资借鉴的科研成果相当有限。即使如此，刘佛年在编写教材过程中还是尽量要求搞好教育科学研究。

1962 年春，他曾写过《开展教育科学研究的几个问题》一文，认为教育科学研究要注意三个问题。第一，掌握资料。第二，总结经验。第三，进行实验。1978 年他在《文汇报》上撰文《教学要讲究科学性》，指出："应该按照教学规律来革新教材，改进教学方法，在不使学生负担过重的情况下，提高教学效果。所以教学一定要讲究科学性。"在 1978—1979 年的《光明日报》《人民日报》上，他连续发表了几篇文章，强调探索教育规律的重要性，指出在提高教学质量，培养合格人才方面，有两种方法：一种是靠加强学习、劳动的强度，延长学习时间，加重学生负担；另一种办法是靠掌握教学规律，改进教学方法的措施来提高教学质量，他认为后者是一条正确的途径。1979 年在接受《人民日报》记者专访时，他呼吁要"掌握教学规律，提高教学效果"，以此减轻中小学生学习负担，提高教育的质量。

刘佛年认为，教育理论要探索教育的规律。而教育系统是很复杂的，教育系统的根本因素是方向、目的，教育应该成为有开放性的系统，应该

---

① 陈桂生. 刘佛年《教育学》述评 [J]. 江西教育科研，1998 (3)：8–11.

成为有灵活性的系统，应该是有效率的系统，是一种有着复杂的内外联系的系统。因而教育理论研究的课题是很广泛的。

总之，为了探索教育学的"科学化"，刘佛年非常强调教育科学研究的重要性，通过研究来促进教育学的发展，这种研究是理论结合实践的，是理论工作者与实践工作者的共同努力；为了探索教育学的"科学化"，刘佛年非常重视心理学的成果，亲自翻译《儿童世界》一书，作为教育理论的基础，引入布卢姆的教学目标分类学，科学地评估教学效果，促进我国的教学改革，提升教育的质量；为了探索教育学的"科学化"，他强调在中小学开展教育实验的重要性，并身体力行，大力推广青浦经验，倡导本土实验。主张通过本土的实验与实践，创立自己本土的教育学，形成自己的教育思想。这些努力对后来教育学的发展产生了积极的影响。

二、需要什么样的教育实践?

刘佛年所强调的教育实践，是面向全体学生的教育实践，是关注学生全面发展的教育实践，是面向整体的教育实践。

1. 面向全体学生

十一届三中全会以后，我国实行了改革开放政策，进入现代化建设的新时期。但是"文革"之后，中小学教育疮痍满目，学校校舍破败，师资流失，物质匮乏，学生素质大幅度下降，"差生"成为痼疾，学校教育何以实现为现代化建设培养人才的重任？在财力、师资等不足的情况下，国家决定首先集中力量办好重点学校或班，经过严格考试，把最优秀的人集中在重点中学和大学，以期早出人才、多出人才、快出人才、出好人才成为当时我国一项重要的教育政策。但是，随着重点学校或班的出现，在教育界出现了一股不良倾向，只重视重点学校而忽视一般学校，只重视"优秀"学生而忽视"一般"学生。从深层次来讲，如何对待这一问题将直接影响到对基础教育根本任务的认识与态度。

1978 年，刘佛年教授就提出了"夺取大面积丰收"的口号。他认为，中小学是要面向全体学生的，不能只注意重点校、重点班和尖子生；中小学要全面提高教育质量，使学生全面发展，不能片面追求升学率。在他看来，夺取大面积丰收是一个亟待解决的难题。他希望大家都来探索提高教育质量的规律。为了破解这一难题，他做了大量的工作。他的许多学术报告、学术论文都是围绕着这一中心的。

刘佛年对此鲜明指出，"如果认为我们只需要抓好尖子，不要在其他的学生身上多下功夫，那就错了。要实现四个现代化，必须提高整个中华民族的科学文化水平。"① 在刘佛年看来，我们的基础教育不仅要关注优秀学生的发展与进步，更要关注一般学生（包括差生）的发展与进步，而后者才是基础教育根本任务所在。基于此，刘佛年在"文革"结束不久就提出了基础教育要争取"大面积丰收"，要关注所有学生，无论优秀还是一般学生的发展。

这里有一个经典的案例，即他不遗余地在全国推广顾泠沅在上海青浦所探索的青浦经验。1977 年，青浦全县进行了一场统一的中学数学测验。测验结果令人震惊：全县 4 300 名中学高年级学生，及格率仅为 2.8%，零分率则高达 23.5%。对此深感痛心的教研员顾泠沅喊出了"十年生聚，十年教训，彻底改变青浦教育落后面貌"的誓言。在顾泠沅的努力及县有关领导的支持下，"青浦实验"由此揭开了序幕。1984 年以来，刘佛年欣闻青浦数学教改实验，兴奋异常。此后，他先后 5 次到青浦，下学校、进课堂，听详细介绍、找师生谈话。刘佛年将青浦实验的核心思想概括为"尝试辅导"和"效果回授"，即通过创设问题情境，启发诱导学生主动学习；通过组织答疑、课堂练习，及时反馈补授。刘佛年为青浦经验叫好，为顾泠沅高兴，他积极撰文推广青浦实验，并挥毫将青浦实验赞誉为"教育改革的楷模"。青浦实验也让刘佛年与顾泠沅结下了师生缘，1987 年刘佛年收下这位他寻觅了多年的学生。

无独有偶，他也特别欣赏邱学华的尝试教学法。充分肯定邱学华在小学数学教育上的实践探索。认为此法立足中国的实际，走自己的发展道路，并在实践过程中发展了自己的教育理论，走出了一条理论联系实际的正确道路。

2. 关注学生的全面发展

1956 年，中央提出"百家争鸣"的方针，号召开展学术争论，教育界

① 刘佛年. 突破教学上的一个难题——谈如何夺取"大面积丰收"［N］. 文汇报，1978 – 10 – 05.

争论的一个中心问题便是如何看待全面发展的教育方针。有人主张修改全面发展的教育方针，强调全面发展的同时要加上因材施教；有人认为方针本身是正确的，对其理解和执行有问题。一时间，全国掀起了关于全面发展教育方针的大讨论。刘佛年根据自己在实际工作中的思考，认为问题不在要不要加上因材施教这一条，关键是几年来教育工作中的一系列矛盾没有处理好。他因此撰文《关于个性全面发展教育的几个问题》，列举了教育工作中具有普遍意义的八对矛盾：学与思、知与行、一个真理与百家争鸣、社会需要与学生实际、集体与个人、全面发展与培养专长、需要与可能、独立性与联系性。他指出，这八对矛盾的双方是对立统一的，在社会主义社会里有统一的基础但在实际工作中又有着矛盾。关于如何处理这些矛盾刘佛年也提出了自己的主张。

在刘佛年看来，在教育实践中学校校长与教师对于全面发展教育的理解却常常存在诸多的误区，如只重智育，而忽视其他。1980 年，在全国重点中学工作会议上，针对许多中学校长对于全面发展教育"道理都懂，但在实践难以实行"① 的认识误区，刘佛年再一次谈起"全面发展"这一话题。

一般地讲，人们常常将全面发展理解为德、智、体、美、劳等方面的发展。这种理解虽然正确，但是还不深入。刘佛年指出，五育中每个"育"都有全面发展的问题。因此，对应各"育"的每一个学科都有其重要性。不能说哪些重要，哪些不重要的，各育只是作用不同，但凡是列入教学计划的每一门课程都是重要的，都是应该学好的。缺失任何一"育"都会影响其他的"育"。另一方面，五育中的每个"育"都有一个共同的心理基础，即在各"育"中，学生的心理能力也要全面发展。例如，一个人的智力要得到发展，并不能简单理解为知识的掌握与能力的训练，同时，还要包括学生情感与意志等非认知因素的培养与发展。而上述两点却恰恰常被一线中小学校长忽略，认识上的不清，出现实践的"难以实行"也就在所难免。此外，刘佛年还结合当时国际流行的终身教育思想深刻指出，"全面

---

① 刘佛年. 谈谈全面发展的方针和教学改革的问题［M］//教育部普通教育一司. 中学教育经验选编. 北京：人民教育出版社，1980：13.

发展还是一个终身的问题"。换言之，全面发展不只是说在学校里要全面发展，而是一个人，一生从小到老，都要全面发展。

基于上述思考，刘佛年一语中的地指出，中小学校长和教师要有整体观念，德育、智育、体育孤立地搞是不行的；中小学校在进行教育教学过程中，要密切注意各育之间的有机联系。没有一"育"可以离开他"育"而孤立地发展且发展得好的。

3. 面向整体的实践

刘佛年认为，整体是相对的，从严格的科学意义上讲，学校是一个整体，学校中的每一部分工作也可以是整体。我们是从实际的需要出发，把凡是牵涉一个学校整体的主要方面工作的这种改革，都叫它为学校整体改革。进行整体改革，必须掌握整体观念。至于各学科本身也是一个整体，它的许多部分也是有机联系的，学科改革也应该掌握整体观念。从严格的科学意义上说，学科改革就是某一学科的整体改革。

鉴于教育现象的复杂性，他主张中小学要做整体的综合改革实验、课程改革的研究、教学方法的研究。他还提倡方针政策的研究、规划的研究、管理体制的研究、教育立法的研究等。他特别强调了学校教育制度改革。建议从实际出发，在改革实践中通过实验，来探索学制的多样化。比如六三制或五四制，九年一贯制，十年或十一年一贯制等。并要考虑到农村和少数民族地区的特殊性。他还很重视各学段之间的衔接问题，即幼小衔接，小初衔接，初高衔接的问题，每个阶段都要为下一个阶段打好基础，而这个基础，不只是知识技能，尤其是能力、兴趣、习惯和性格等。教育整体改革实验，都要注意这个逐段打好基础的问题，研究每一阶段教育的基本任务，并逐阶段认真完成，才能解决提高教育质量的问题。

他要求华东师大的附属小学和附属中学在教学改革和教育实验方面先行一步。在他的推动下，附小、附中进行了整体综合改革，语文、数学、外语学科的"一条龙"实验（指该学科从低年级到高年级的整体改革）①。刘佛年教授还参加各种学术讨论会，为教学改革献计献策；到许多地方作

---

① 罗友松. 出思路重实践强基础 [M] // 王建磐. 师表：怀念刘佛年. 上海：华东师范大学出版社，2004：20－36.

报告，针对实际情况和问题发表意见。

20 世纪 80 年代末，他曾主持"中国教育的未来"课题的研究。其目标是规划 20 世纪末至 21 世纪初我国教育的发展与改革。研究工作分三块进行：从整体上把握教育的现状、存在的问题以及发展的蓝图；教育体制改革问题；各级各类教育的改革，含基础教育、职业教育、高等教育和成人教育。刘佛年主持的"中国教育的未来"这一课题研究之际，1993 年国家颁发了《中国教育改革和发展纲要》，指出教育面临的形势和任务，确立了教育事业发展的目标，制定了在教育体制改革、教育队伍建设和教育经费投入等方面的改革措施。《中国教育改革和发展纲要》中提出的目标与思路和这个课题研究不谋而合，令人深感欣慰。虽然研究的成果只是以刘佛年为代表的一批教育学者们的思考和建议，但其价值和分量是不言而喻的。

三、教育理论与实践如何联系？

随着我国教育改革形势的不断发展，教育理论与教育实践越来越密不可分了。刘佛年认为，要把两者结合起来需要处理好两方面的关系。一是理论工作者与实际工作者的关系，教育科研工作者应该和教师结合起来研究教育上的实际问题。这样做有利于理论和实际的统一。二是教育领导部门与教育科研机构的关系。主张教育行政部门、学会、各种研究机构、人员加强协作，形成良好的氛围。各级领导都要重视教育科研，教育科研工作者更应负起责任来。领导部门应该支持科研机构，向他们提课题、审核和利用他们的研究成果。科研机构应主动在调查研究的基础上，提出建议。学校的领导也应该以较多的精力做调查研究、总结经验、领导实验的工作①。

1. 教学工作中理论与实践的联系问题

1958 年陆定一发表《教育必须与生产劳动相结合》，要求改变过去学校中学生只有书本知识，缺乏生产劳动的实际知识和技能的现象。广大师生响应"勤工俭学"的号召，参加工农业生产劳动。此后，师生又根据"教育与生产劳动相结合"的方针，参加各项社会实践活动，以致课堂教学无

---

① 刘佛年. 教育改革和教育科研［N］. 文汇报，1979 – 05 – 02.

法正常进行。教育实践要求从理论上澄清教学工作中理论与实践的关系，这也成为刘佛年 1959 年理论研究的一个中心①。

刘佛年 1958 年在《学术月刊》上发表《联系实际与系统性》一文，指出，既然学习知识的目的是运用理论来解决实际问题，学习当然最好从实际出发。在教学改革中，联系实际是改革的重要方向之一，但是我们还是要强调知识的系统性和逻辑性。科学知识的各个部分存在一种逻辑联系，这种联系构成了科学的系统，破坏了系统性，也就等于破坏了科学性和逻辑性。科学的系统性是指科学理论的逻辑关系，即后面的部分必须从前面的部分归纳或者演绎。重视科学的系统性和逻辑性，主要不在于掌握十分全面的、系统的关于具体现象的知识，而是在于注意研究每一个理论或定律可以从哪些具体事实归纳得到，或是从哪些理论或定律中演绎得到，从这个理论或定律可以推论出哪些结论，说明或预见哪些新的事实。总之，刘佛年的观点表明，教学过程中联系实际与教学中的系统性原则是不矛盾的，我们在教学中注重联系实际的同时，也不能忽视书本知识传授的系统性。

1959 年刘佛年先后发表了《教学工作中的理论与实践的联系问题——学习〈毛泽东同志论教育工作〉的体会之一》和《再论教学工作中的理论与实践的联系问题——学习〈毛泽东同志论教育工作〉的体会之二》两篇文章，论述教学工作中理论与实践的关系。他指出，马克思主义者虽然极其重视亲身参加社会实践，取得直接经验，但并不否认间接经验的重要性。我们每个人的大部分知识都是间接经验。有人认为我们的一切知识都应当从自己参加的实践中，经过从感性到理性的过程得来，不这样，理论就不联系实际，这样的想法显然是非常幼稚的。我们现在所要学习的知识是人类在无数代的社会实践中积累下来的，一个人如何可能经历这么多社会实践，来取得这一切知识呢？在教学工作中，要使学生学习任何理论、任何知识，都按照实践—理论—实践的程序进行，事实上是绝对办不到的②。刘佛年认为，课堂教学的方法和社会实践中学习的方法是有区别的，在课堂

① 刘佛年. 刘佛年学述 [M]. 杭州：浙江人民出版社，1999：90.
② 金一鸣. 刘佛年教育文选 [M]. 上海：华东师范大学出版社，1999：140.

教学中不可能在传授每一种新知识时都先去进行一番社会实践。他还提出，要区别两种学习方法，一种是在实践中学习，边干边学，另一种是在课堂中、实验室中系统地学习知识。不能因为看到边干边学的方法的好处，就否定另一种学习方法。在全日制学校里要以教学为主，课堂教学是它的基本组织形式，不能按照"实践—理论—实践"的程序来组织，这是教学过程的特殊性，过多的社会实践不利于教学质量的提高。刘佛年的论述在当时是非常有胆识的，并在社会上引起争论，"由此引发了一场关于教学过程中理论与实践关系的大讨论，这场触及教学认识过程核心问题的大讨论，澄清了不少模糊观点，提高了教育界的认识水平，为构建我国社会主义教育学的教学理论奠定了基础"①。

刘佛年晚年曾非常客观地评价了这段历史，他认为，1958—1960 年，教育界处于"大革命"的状态，社会大变动带来了思想上的激烈斗争，许多问题都还来不及作理性的思考，难免带有一定的盲目性，对许多问题的看法还缺乏逻辑的论证和系统的分析②。我们今天看待这些问题时，也应该运用历史的眼光，既看到他阐释问题的局限性，也应当肯定他在面对重要问题时敢于发表自己观点的勇气与智慧。

2. 大学的科研及其问题

刘佛年认为大学的教学要与科研相结合，大学要办成两个中心：一个是教学的中心，另一个是科学研究的中心。大学开展科学研究和培养研究生是分不开的，没有科研就不能带研究生。同时科研促进了教学方法的改变。同时，大学科研要把基础研究和应用研究结合起来。教育科研要面对实际，研究和解决教育改革实践中的各种问题，基础研究也要服务于实现"四化"这一大目标。科研的目的是找出规律，学习外国的东西不能照搬，要从中国实际出发。科研工作必须非常认真、细致，得出的结论必须客观、可靠。教育研究可用多种方法。研究资料、做调查、搞实验都可以。

1962 年春，他曾写过《开展教育科学研究的几个问题》一文，认为教

　　① 储培君. 社会主义教育学的奠基人［M］∥王建磐. 师表：怀念刘佛年. 上海：华东师范大学出版社，2004：99.
　　② 刘佛年. 刘佛年学述［M］. 杭州：浙江人民出版社，1999：22.

育科学研究要注意三个问题。第一，掌握资料。资料工作是科学研究工作的基础。需要有人切切实实，埋头苦干，做一些资料的搜集、翻译、注释、整理的工作。研究工作者要认真学习和掌握这些资料。这是培养观点与材料相结合、思想性与科学性相结合的学风的重要条件。第二，总结经验。理论工作者必须把总结的经验提到理论上加以阐述，使广大教育工作者都能理解这些经验的科学根据。第三，进行实验。实验是一种重要的科学研究方法，教育科学不能仅限于现有的教育实践，它应该提供一些新的东西。科学实验应有精确性，实验结果要经过严格的检查①。

教育很复杂，也会受到诸多社会因素的影响，其内部矛盾和外部联系都不是一眼就可以看透的，要经过耐心的科学实践，才能使它充分暴露出来。因此，科研工作不仅必要，而且重要。科研工作必须做得非常认真、细致，得出的结论必须客观、可靠。刘佛年指出，好的教育科研一方面要看教育科研工作者能不能面对实际，研究和解决教育改革实践中的各种问题。另一方面要看各级教育部门的领导人是不是重视教育科研。科研要为教育改革服务，也要为教育决策服务。

3. 中小学教师也应当做些教学研究

中小学教师除了搞好自己的教学工作外，还应当开展研究工作。他特别强调中小学教师要参加教学研究工作，不断总结经验，使之系统化。刘佛年认为，教师一面进行教学工作，一面做些研究工作，并不是一件太困难的事。鼓励教师要多读书，要一边教学，一边读书，一边研究。

他建议教师可以使用以下两种方法进行教育研究：第一种方法是实验研究。也就是教师经过调查、总结，找出当前教学上的问题，设计改革的实验方案，选择实验班和对照班教学，进行多项测试，并作统计分析，得出一定的结论。这种方法的好处是比较精密，有对比，有控制，有数据，结论比较有说服力。比如上海青浦数学教学改革实验就运用这种方法的典型。但是，教师可能存在研究方法以及统计与测量方法上的困难，需要在研究方法上补课。这样才能比较顺利地开展研究。

第二种方法是教师写教学反思。即教师经常把自己所观察到的、想到

---

① 刘佛年. 开展教育科学研究的几个问题［N］. 文汇报，1962－02－24.

的东西记录在笔记本中，并对教学工作中的问题进行反思，日积月累，积累的经验就有可能上升为理论，从而指导自己的实践。他特别提到了中小学教师从事研究的典型代表袁瑢和斯霞，例如袁瑢在语文教学中的两次较大的改革试验，一次是在 1960 年的"提高识字效率"的试验，一次是从 1979 年秋起作的"发展学生智能"的试验①。

  刘佛年既是一位博学多才的教育理论家，也是一位锐意改革的实践者，更是一位把教育理论与教育实践融会贯通的开拓者。他认为理论研究者要从教育现状出发，以解决实际问题为归宿。教育理论必须扎根于中小学校，扎根于活生生的课堂教学，要关注中国教育改革的实践，从"教育问题研究"入手，逐步形成新的教育理论。他认为教育实践者要从事教学研究的工作，加强学习，多读书，通过调查研究、实验研究和行动研究，从教育实践中积累升华出教育理论。总之，教育理论与教育实践是相互结合的，理论研究与实际工作是相互推动的。这种思想不仅对华东师范大学教育学科的发展产生了巨大影响，逐步形成了华东师范大学独有的教育学的学术传统，而且对我国教育界为扎根中国大地建立中国特色教育学话语体系奠定了基调。其意义是极为深远的，这正是我们今天继续来回忆、讨论和研究他的教育思想的价值和意义。

---

① 刘佛年. 中小学教师应做些教学研究工作 [N]. 光明日报，1985 – 09 – 06.

刘佛年教育科学研究思想及其当代价值

李宜江，刘　琦①

刘佛年毕生从事教育科学研究和教育管理实践，倡导并在全国率先建立了第一个教育科学学院，是我国第一本《教育学》教材的主要编撰者，被称为中国教育实践改革的"旗手"。特别是他在推动华东师范大学建设的生动实践中，不断思考形成了较为系统的教育科学研究思想，值得我们总结概括并阐释其当代价值。

一、刘佛年与教育科学研究

1914 年 4 月 1 日，刘佛年出身于湖南醴陵小林桥的一户书香门第。1925 年就读于长沙明德中学，1929 年考入武汉大学预科，两年后进入哲学教育系并于 1935 年毕业。1937 年秋负笈英法德诸国，先后求学于伦敦大学、剑桥大学和巴黎大学，并赴德国柏林做短期教育考察。1940 年初回国，先后任国立西北大学副教授，湖南国立师范学院、暨南大学教授。新中国成立后，担任上海师范学校校长并兼任复旦大学教授。1951 年春，刘佛年受命参加华东师范大学筹建工作，学校成立后历任教务长、副校长、校长、名誉校长。同时还兼任过华东师大教育科学研究室主任、教育科学研究所所长、教育系系主任、教育科学学院院长等职。刘佛年在华东师大工作和生活了整整五十载春秋，直至 2001 年去世②。

刘佛年把一生都奉献给了教育事业。在长期担任华东师范大学主要领

① 作者简介：李宜江（1978—），男，安徽芜湖人，安徽师范大学教育科学学院院长、教授、博士生导师，主要从事教育政策法规、中国教育史等研究。刘琦（1995—），男，安徽阜阳人，安徽师范大学教育科学学院教育史专业硕士研究生。原文转载于教育文化论坛，有部分变动。

② 金一鸣 . 刘佛年教育文集 ［M］. 南京：江苏教育出版社，2010：445－447.

导职务的同时，他非常重视并大力推动学校的教育科学研究工作，不断思考形成了较为系统的教育科学研究思想。

在华东师大成立伊始，刘佛年便参照苏联经验组织各系建立了教研组和教学小组，积极探索在一所新型的社会主义师范大学开展教育科学研究工作①。20世纪50年代末，他撰文阐述了在教学与科研工作上走群众路线的好处和重要性②。随后他动员全体师生重新修改教学计划，拟定教学大纲和编写教材。这在当时可谓"亘古未有的奇闻"，但事实证明，思想解放了的广大师生做出了许多达到国内和国际水平的科研成果③。

刘佛年曾强调，"开展教育科学研究，培养优秀的教育科学的教学科研人员，是重点师范大学不可推诿的责任"④。所以他率领华东师大于1980年在全国高校中第一个成立教育科学学院，统筹教育科学的研究和教育科学人才的培养，他本人也兼任院长。同时，他还积极推行了包括人才保障、管理保障和后勤保障在内的一系列助研举措。此外，刘佛年也十分关心教育科研人才培养方式的创新，尝试从本校文理各系77级中选拔38名有志于教育科学研究的学生，组成"教育科学研究班"。这一革新性的人才培养方式在改革开放初期实属开创先河⑤。继任的华东师范大学校长袁运开说道，"教科班"学员如今"都成为我校教育科学领域的骨干力量"⑥。

刘佛年不仅关心本校教育科学研究的发展，还以推动全国教育科学研究的发展为己任。他认为要推动全国教育科学的发展要靠各种学会，所以他积极推动各种学会的建立和发展，如在1979年10月共同倡议成立了中国高教协会⑦。此外，他十分重视实践中产生的新鲜经验的总结和推广工作。刘佛年要求华东师大的附属中小学在教学改革和教育实验方面先行一步。

---

① 金一鸣. 刘佛年学述［M］. 杭州：浙江人民出版社，1999：18.
② 金一鸣. 刘佛年学述［M］. 杭州：浙江人民出版社，1999：86.
③ 金一鸣. 刘佛年学述［M］. 杭州：浙江人民出版社，1999：85.
④ 金一鸣. 刘佛年学述［M］. 杭州：浙江人民出版社，1999：41.
⑤ 黄书光. 海派教育学人的理论探索与学脉传承——以孟宪承、刘佛年为中心的历史考察［J］. 教育研究，2022（1）：91－99.
⑥ 袁运开. 刘校长的办学思想与工作实践［M］//王建磐. 师表：怀念刘佛年. 上海：华东师范大学出版社，2004：5.
⑦ 潘懋元. 高等教育学的开倡者［M］//王建磐. 师表：怀念刘佛年. 上海：华东师范大学出版社，2004：92－97.

在他的推动下，附小和附中进行了整体综合改革和语数外学科的"一条龙"实验（指该学科从低年级到高年级的整体改革）①。作为学者，刘佛年也积极进行课题研究并指导研究生，他曾主持过"马克思主义教育理论研究""中国教育的未来"等课题的研究，相继发表了《教学要讲究科学性》《教育改革和教育科研》《关于高等教育科学研究问题》《"三个面向"与教育科学研究》等文章。一方面，他在教育科学研究方面做了很好的表率，另一方面，他的教育科学研究思想也对我国的教育科研发展具有宝贵的价值。

二、刘佛年教育科学研究思想的主要内容

刘佛年教育科学研究思想涵盖的内容丰富，尤其是在他主持华东师范大学行政和教学工作期间，撰写了多篇论文来阐述他的教育科学研究思想。通过深挖其教育文集，我们可以总结出较为系统的思想架构，包括教育科学研究的指导思想、目的、内容、方法以及保障五方面。

（一）论教育科学研究的指导思想

刘佛年是一位忠诚的马克思主义者，他在学校行政工作、教学工作以及推进教育科学研究工作中一直高举马克思主义旗帜，矢志不渝地遵循马克思主义的立场观点和思想方法，并且他始终坚持唯物论的求知和处事态度，极力反对狭隘的教条主义。他也曾在不同文章中多次谈及马克思主义哲学对教育科学研究的指导作用。

他曾在《唯物论与教育》中谈道，"一个唯物论的学者除了要知道这种思想的阶级基础外，还应当研究其中所包含的真理"②。唯物论告诉我们真理的标准与时代和阶级无关，它只与是否客观地反映着这个世界有关。"不要以为古人的书籍里面没有真理，也不要以为凡是资产阶级学者所写的全是废话"③。所以针对当时在"左"的思想影响下，学界对陶行知、陈鹤琴等教育家的思想进行全盘批判，甚至当成政治上的敌人来对待这一情况。他曾在《开展对陈鹤琴教育思想的研究》中提出，我们"要带着历史唯物

---

① 罗友松. 出思路重实践强基础［M］//王建磐. 师表：怀念刘佛年. 上海：华东师范大学出版社，2004：20-36.

② 金一鸣. 刘佛年教育文集［M］. 南京：江苏教育出版社，2010：15.

③ 金一鸣. 刘佛年教育文集［M］. 南京：江苏教育出版社，2010：15.

主义的眼光去研究，了解他的教育思想和实践的背景，分析其创造性和局限性"①。他鼓励教育科研人员研究和继承他们的思想，目的是更好地发展我们今天的教育思想。他认为，"唯物论的学者做研究工作是再谨慎不过的。任何观念或定律都需要用充分的实践经验去证明"②。因此他告诫青年不要故步自封，要保持一种良好的唯物论的求知态度，要努力学习古今中外有真正价值的思想理论，并且要多在实践中检验所学或者观察他人的实践经验来丰富自己的学识。

他也在《针对教学改革的几点认识》中说道，"重要的是掌握马列主义的立场观点与思想方法，这样才能独立地分析问题，解决问题"③。做教育科学研究工作不能只是机械地把外国的思想原理照搬过来，关键需要在马列主义的指导下联系中国的实际，包括中国的政治、经济、文化等各个方面。他还强调，科研人员在解决实际问题时首先需要批判旧的观点与思想方法。我们只有深入地批判一些过去自己在教育科学研究上所表现的旧思想，才能更好地汲取新观点、新思想和新方法④。此后，他也在多篇文章中阐述过同样的观点，例如在《开展教育科学研究的几个问题》中明确提出，"我们认真学习马克思列宁主义和马克思列宁主义经典作家的教育理论，是顺利开展教育科学研究的一个关键"⑤。他也曾在《三十年来我国对教育规律的探索》中提出，"我们要用马列主义、毛泽东思想指导探索教育规律的工作"⑥。的确，马克思主义的一条基本原则是要用实践作为检验真理的唯一标准。教育科研人员要牢牢掌握这一原则，才能更好地解放思想，发扬调查研究、实事求是的科学精神，在学术研究中开展自由讨论，迸发出教育科研创新的火花。

（二）论教育科学研究的目的

刘佛年认为开展教育科学研究既要努力探索教育规律，也要着眼于解

---

① 金一鸣.刘佛年教育文集［M］.南京：江苏教育出版社，2010：347.
② 金一鸣.刘佛年教育文集［M］.南京：江苏教育出版社，2010：15.
③ 金一鸣.刘佛年教育文集［M］.南京：江苏教育出版社，2010：52.
④ 金一鸣.刘佛年教育文集［M］.南京：江苏教育出版社，2010：52.
⑤ 金一鸣.刘佛年教育文集［M］.南京：江苏教育出版社，2010：172.
⑥ 金一鸣.刘佛年教育文集［M］.南京：江苏教育出版社，2010：185.

决教育问题，最终还要以服务社会的需求为旨归。

1. 探索教育规律

刘佛年曾说道，"科研工作的目的就是要找出实际事物中的客观规律"①。毋庸置疑，教育科学研究的首要之义就是要探索教育的规律。教育规律常常藏匿于复杂多变的、充满不确定性的教育现象与问题之中，虽无法直观其形，却反映了教育活动的内在本质。教育研究者们要通过对教育现象的探索去发现和揭示教育的客观规律，从而得以应用于教育实践中。基于此，刘佛年强调，一方面"我们对规律的认识不会是完美无缺的，这种认识是应该在实践中讨论中不断发展和完善的"②。"我们不仅要重申那些在我国经过实践检验的教育规律，还要研究和掌握新的规律"③。我们"也不能因为要写具有我国特点的教育学而把古今中外的其他教育规律说的一无是处，否定教育中共同规律，只承认我国政策中所提到的那些规律"④。因此教育科研人员不仅要反对"拿来主义"，也要反对"闭门主义"。对待那些行之有效的教育教学规律要学会择善而从，为我所用。

2. 解决教育问题

刘佛年曾坦言，教育科研要"面对实际，研究和解决教育改革实践中的各种问题"⑤。有学者也曾总结道，"自夸美纽斯以来，无论我国还是西方国家的教育科学研究都是以'教育问题'为对象的"⑥。而教育科学理论就是在研究教育问题的过程中总结形成的，因此他也曾多次重申教育理论研究与教育实践的紧密联系。他认为理论与实践是相结合的，理论研究与实际工作是相辅相成的。正如朱永新教授所言，"教育科学研究需要'入地'，要解决一线教育实践问题"⑦。教育科研工作者们不能"两耳不闻窗外事"，一心只做教育理论研究。

---

① 金一鸣. 刘佛年教育文集 [M]. 南京：江苏教育出版社，2010：186.
② 金一鸣. 刘佛年教育文集 [M]. 南京：江苏教育出版社，2010：185.
③ 金一鸣. 刘佛年教育文集 [M]. 南京：江苏教育出版社，2010：185.
④ 金一鸣. 刘佛年教育文集 [M]. 南京：江苏教育出版社，2010：185.
⑤ 金一鸣. 刘佛年教育文集 [M]. 南京：江苏教育出版社，2010：186.
⑥ 孙泽文. 论教育科学的研究对象是"教育问题" [J]. 中国教育学刊，2016（10）：50 – 55.
⑦ 朱永新. 教育科学研究应该"上天"、"入地"[J]. 教育研究，2019（11）：21 – 22.

3. 服务社会需求

刘佛年还多次强调，"教育学是为教育实践服务的，注重研究国家现行的教育政策是必要的"①。"教育应该成为有开放性的系统。教育既要适应社会发展的需要，就不能脱离社会办教育"②。基础研究要服务于"四化"建设。③ 的确，教育作为社会中的一个子系统，对政治、经济、文化等发展的推动作用形成了教育的社会功能。教育科学研究的社会功能就应该体现在它能为国家的教育改革与发展建言献策，增强教育政策的科学性，以期能通过教育领域的发展助力社会其他领域的进步。朱永新教授也谈道，"教育科学研究需要'上天'。衡量教育科学研究水平的最重要标志，不是出版了多少著作，拿到了多少项目，而是看能不能回应国家教育决策的需要和一线教育实践的需求"④。此外，刘佛年还在论述学校与社会的关系问题中举例说道，"我国的大学，过去一直以教学为唯一任务，后来增加了科研任务，近年来才发展到注意为社会服务，这是个逐步认识的过程"⑤。因此，开展教育科学研究的目的也是要从最初的理论层面的探索规律，发展到实践层面的解决教育问题，最后再到服务社会需求的旨归中去。

（三）论教育科学研究的内容

刘佛年在《教育改革中的教育科学研究工作》中较详细地谈到了教育科学研究的具体内容，他认为，"教育科研一般分为应用研究和基础理论研究两个方面"⑥。他在应用研究范围内不仅归纳了学界研究已久的课题，还提出了当时尚属空白的新研究领域。此外他也阐述了国内基础理论研究的现状及其重要性，为其时的教育科学研究指明了攻坚方向。

1. 应用研究

刘佛年提出要加强在教育方针和政策、教育规划、教育管理体制、教育立法和教学等方面的研究。

---

① 金一鸣. 刘佛年教育文集 [M]. 南京：江苏教育出版社，2010：184.
② 金一鸣. 刘佛年教育文集 [M]. 南京：江苏教育出版社，2010：284.
③ 金一鸣. 刘佛年教育文集 [M]. 南京：江苏教育出版社，2010：300.
④ 朱永新. 教育科学研究应该"上天"、"入地" [J]. 教育研究，2019 (11)：21 - 22.
⑤ 金一鸣. 刘佛年教育文集 [M]. 南京：江苏教育出版社，2010：300.
⑥ 金一鸣. 刘佛年教育文集 [M]. 南京：江苏教育出版社，2010：342.

在教育方针和政策研究方面，他提出，"怎样才能制订出正确的方针，正确的方针提出后又怎样才能得到正确的贯彻，这一切都离不开科学研究，也就是说，通过教育科学研究，为方针的制订提供科学依据；并对方针做出正确的阐述"①。一个国家的教育方针阐明了整个教育工作的指导思想、服务对象、培养目标等一系列重大问题。教育科研人员必须要广泛地进行调查研究，用实践来论证教育方针的正确性和适切性，这样才能更加激发广大教育工作者的自觉性和积极性。

在教育规划研究方面，他提出，"国际上教育规划的研究已成为重要的应用教育学科。我国在教育改革中也必须发展这一学科"②。他具体列出了教育规划研究的几个课题，首先是教育的发展规模和速度研究，为了适应我国经济社会蓬勃发展的需要，教育领域也必然会有规模较大，速度较快的发展。由于规划涉及的问题繁杂，所以制定适宜的短期或中长期规划成为教育科研的重大问题之一。其次是招生和分配的计划和制度研究，他指出我国过去的招生和分配计划多是指令性的，不免存在较大的局限性和片面性。社会发展对各类人才的需求不可能都包括在指令性计划之中，所以会出现"人才积压"和"人才奇缺"的现象，从而造成人才浪费。最后是教育经费研究和师资培养机制研究，他认为，如何"把有限的教育经费用在刀刃上，使它发挥更大的作用"③，如何"在较短时期内提高不合格的师资的水平，培养大量合格的新师资"④，这些都是非常值得研究的课题。总之，"教育规划是一件复杂的、科学性很强的工作。要有专业的和研究的人员来做"⑤。

在教育管理体制研究方面，他强调，"如何做到既要简政放权，又要加强方针政策和事业发展的宏观指导，使宏观有控制，微观能放活，是不太容易的，应该进行长期的、认真的研究工作"⑥。谈到教育管理，这里包含

① 金一鸣.刘佛年教育文集［M］.南京：江苏教育出版社，2010：339.
② 金一鸣.刘佛年教育文集［M］.南京：江苏教育出版社，2010：340.
③ 金一鸣.刘佛年教育文集［M］.南京：江苏教育出版社，2010：192.
④ 金一鸣.刘佛年教育文集［M］.南京：江苏教育出版社，2010：340.
⑤ 金一鸣.刘佛年教育文集［M］.南京：江苏教育出版社，2010：340.
⑥ 金一鸣.刘佛年教育文集［M］.南京：江苏教育出版社，2010：341.

了两个方面，一是中央或地方教育部门对学校的管理，二是学校内部的管理。针对前者，他认为要研究并厘清中央管理权与学校自主权的关系。针对后者，由于学校内部的管理工作错综复杂，他也感叹道，"我们华东师范大学教育系教师对教育学的各方面问题都有人愿意研究，却很少有人愿意研究学校管理"①。但正因为在此方面研究的不足凸显了研究学校管理的必要性。

与此同时，为了巩固教育改革的成果，保证教育事业的发展条件和教育质量，关于教育方针、教育规划、教育管理、经费来源等许多方面都要用法律或条例的形式规定下来。所以他认为，"各级立法和行政部门如何进行各种教育立法和颁布教育条例也是迫切的研究课题"②。

此外，他强调，教学方面的研究工作是牵涉面最广的，也是最艰巨的。他也列举出了以下六方面的研究课题，其中不乏新颖的研究内容。

一是教学目标研究。针对布卢姆和他的《教育目标分类学》。刘佛年提出，"对此，我们应自己去研究，拿出自己的分类方法来"③。二是课程与教材研究。他认为，"课程、教材改革是教育科研的巨大动力"④。课程、教材改革这件教育大事，需要联合教育学和心理学专家、各学科专家以及经验丰富的一线教师一起来进行大量的研究工作。"编写教材不是一件简单的事情，而是在科学研究的基础上进行的一项比较复杂的工作"⑤。三是教学方法研究。在确立教学目标后，自然就出现了如何运用教学方法来实现目标的问题。然而"教学的方式、方法是多种多样的，如何掌握、选择，需要做很多的研究和试验"⑥。同时，他认为，"改进教学方法，还要充分看到运用、改进教学技术的重要性"。例如幻灯片、录像带以及各种教学应用软件等等，既是教师教学的重要辅助手段，也是学生自学的重要工具。四是教育评价研究。他强调，"测量、考试、评价的研究是很迫切、很重要的研究

① 金一鸣. 刘佛年教育文集 [M]. 南京：江苏教育出版社，2010：214.
② 金一鸣. 刘佛年教育文集 [M]. 南京：江苏教育出版社，2010：342.
③ 金一鸣. 刘佛年教育文集 [M]. 南京：江苏教育出版社，2010：387.
④ 金一鸣. 刘佛年教育文集 [M]. 南京：江苏教育出版社，2010：341.
⑤ 金一鸣. 刘佛年教育文集 [M]. 南京：江苏教育出版社，2010：389.
⑥ 金一鸣. 刘佛年教育文集 [M]. 南京：江苏教育出版社，2010：341.

课题"。我们目前采用最多的还是终结性评价方式，总是以考试分数来评价教师的教和学生的学，这种评价方式"简单粗暴"，基本上不能解决教育教学中的问题。因此，教育科研人员"应该大力研究评价的方法和作用，让每个教师都掌握它，在大纲中可以要求教师这样做，这就可以充分实现大纲中教育目标的要求"①。五是思想政治教育及其教育效果研究。他提出，"要在教学中加强调查、研究、讨论、实践等环节，还要注意研究如何通过各种学科、各种活动、各种机构来进行思想教育"②。此外，他还认为，如何能更好实现其应有的教育效果也是一个难题，需要认真研究。我们在研究时不能孤立地进行思想品德的研究，还要掌握和运用跨学科、多场域综合研究的方法。六是升学与就业、择业的指导问题研究。他充分考虑到了我国今后在高中阶段的分流问题，认为当前的教学中并没有广泛开展学生升学与择业的指导工作，我们的教育科学研究也很少涉及这一方面。但事实上这正是中小学教育改革和研究中非常有价值的问题。因此，他相信"这也会成为我们的研究课题，我们将发展这一门重要的应用教育学科"③。

2. 基础理论研究

刘佛年曾表示，我国在教育基础理论研究方面还是比较薄弱的，许多学科现在还处于单纯介绍国外理论研究成果的阶段。从人数上看，各国参与应用研究的人员是比较多的，但这并不能说明基础理论研究不重要。他认为，"从我国的情况出发，目前应该大力加强应用研究，同时加强理论研究和实际的联系"④。诚然，要想做出自己的研究成果，理论必须与中国实际相结合，基础理论研究工作必须和应用研究工作结合。刘佛年还特别阐释了应用研究和基础理论研究的关系，提出"应用研究的设计、构想，对结果的分析、评价都要依靠理论的指导。因此应用研究是推进理论研究的动力。应用研究的一些问题提到理论高度来加以分析，又必然会丰富基础理论研究"⑤。所以，我国的教育科研人员更应该在诸如教育社会学、教育

---

① 金一鸣. 刘佛年教育文集 [M]. 南京：江苏教育出版社，2010：388.
② 金一鸣. 刘佛年教育文集 [M]. 南京：江苏教育出版社，2010：342.
③ 金一鸣. 刘佛年教育文集 [M]. 南京：江苏教育出版社，2010：342.
④ 金一鸣. 刘佛年教育文集 [M]. 南京：江苏教育出版社，2010：343.
⑤ 金一鸣. 刘佛年教育文集 [M]. 南京：江苏教育出版社，2010：342.

心理学、教育经济学等理论学科攻坚克难，开辟新的天地。

（四）论教育科学研究的方法

刘佛年对教育科学研究方法的阐述与他的读书治学的经历是紧密相连的。作为学者，他自己就十分推崇和大量应用调查研究、实验研究等方法，同时也向后学提出了选择研究方法要"因地制宜"的合理建议。

1. 资料研究法

刘佛年在《开展教育科学研究的几个问题》中指出，"资料工作是科学研究工作的基础。只有在掌握了充分的资料以后，才能进行分析、比较和归纳，得出正确的结论。资料的整理与分析本身就是一项重要的科学研究工作"①。总之，要想在教育科学研究方面找到创新点和突破点，那首先就要对古今中外的教育资料进行系统地搜集、整理和研究。当前的教育资料搜集较多集中于当代的热点话题，但在诸如国民党统治时期、"文革"时期等特殊历史背景下的教育资料却鲜有人问津。还比如对一些国外的"冷门"学派、"非主流"学派的教育思想还没有做过很多的资料整理工作，导致国内教育者知之甚少。对于这些领域，我们的教育研究人员需要踏踏实实，细心钻研，努力迈出搜集整理的第一步。同时，他也提出，"教育科学的研究工作者也需要认真学习和掌握这些资料。这是培养观点与材料相结合、思想性与科学性相结合的学风的重要条件"②。

2. 调查研究法

刘佛年曾在《教育改革和教育科研》中提出，领导教育改革"开始时宁可慢一点，通过调查研究和实验，摸到规律以后再大踏步前进，而且在前进中继续做调查研究。只有这样，改革才能比较稳妥地、持续地前进"③。同样地，他也在《高等教育学》序言中强调，高等教育的理论工作者要"按照'实事求是，一切从实际出发，理论联系实际，坚持实践是检验真理的标准'的要求，去调查、分析当前高等教育改革和发展中出现的新情况和解决新问题，以指导我国今天和明天的高等教育的实际"④。教育现象的

---

① 金一鸣. 刘佛年教育文集［M］. 南京：江苏教育出版社，2010：171.
② 金一鸣. 刘佛年教育文集［M］. 南京：江苏教育出版社，2010：171.
③ 金一鸣. 刘佛年教育文集［M］. 南京：江苏教育出版社，2010：187.
④ 金一鸣. 刘佛年教育文集［M］. 南京：江苏教育出版社，2010：301.

内部矛盾、外部联系都不是轻易暴露出来的，而是要进行耐心的广泛的调查研究。有些调查需要长期进行，有些则需要系统地、点面结合地进行，才能取得有价值的成果。为了加速实现教育现代化，建成教育强国，各级教育部门和广大教育者总希望改革进行得快一点，但是往往忽略了科学精神，忽略了调查研究工作，甚至只凭一人所感便贸然行动，最后却造成了教育资源的浪费，延缓了教育事业的前进。所以他告诫广大教育工作者，"对各种新的经验一定要先做认真的调查研究，再去进行试验，不要闻风而动"①。

3. 实验研究法

刘佛年也曾在《开展教育科学研究的几个问题》中指出，"实验是一种重要的科学研究方法。教育科学不能仅限于记录现有的教育实践，它应该提供一些新的东西"②。在20世纪初杜威来华讲学的影响下，国内教育研究掀起了一股"实验主义"的风潮，我国教育界在每一次教育改革的过程中都要进行大量的、细致的教育实验，有的是涉及新学制，有的是关于新内容、新方法的。总之，教育实验"对于探索教育工作的规律，积累有益的经验，并使之得到逐步推广，是不可缺少的"③，改革教育和教学的实验是要永远进行下去的。

刘佛年虽然长期在大学从事领导和教学工作，但他本人非常关心基础教育的发展状况。鉴于教育现象的复杂性，他主张中小学要做整体的综合改革试验，在实验过程中要注意撰写有价值的实验报告。他还要求华东师大的附属小学和附属中学在教学改革和教育实验方面先行一步。在他的推动下，附小和附中进行了整体综合改革和语文、数学、外语学科的"一条龙"实验④。此外，他十分赞赏顾泠沅团队所领导的"青浦实验"。他在看了青浦县（现为青浦区）数学教研组的经验以后很受启发，认为这些实验结果可以激发基础理论研究者分析研究的兴趣，为他们提供发展理论的经

---

① 金一鸣. 刘佛年教育文集［M］. 南京：江苏教育出版社，2010：188.
② 金一鸣. 刘佛年教育文集［M］. 南京：江苏教育出版社，2010：172.
③ 金一鸣. 刘佛年教育文集［M］. 南京：江苏教育出版社，2010：322.
④ 罗友松. 出思路重实践强基础［M］∥王建磐. 师表：怀念刘佛年. 上海：华东师范大学出版社，2004：20－36.

验资料。① 所以，他殷切希望有更多教育科研工作者能够积极开展教育实验，然后在此基础上发展我国的教育科学事业。

（4）比较研究法

刘佛年在《关于高等教育科学研究问题》中阐述了教育科研人员要从多方面、多角度开展高等教育的科学研究。其中，他提出要对高等教育进行比较的研究②。从历史上来看，高等教育并非土生土长，在我国发展的时间比较短，而欧美国家在这方面已发展演变了几百年，所以从清末至今的高等教育实际上都参考和移植了很多西方的做法。我们学习过资本主义阵营的英美法德，也学过社会主义旗下的苏联，直至今日，我们还常常公派教师和留学生前往国外考察和研究。为了更好发展国内的高等教育，他认为科研工作应该采用比较研究法把这些国家的高等教育情况及做法进行对比，"看看哪一些做法是共同的，各国自己又有什么特点，然后分析一下，有什么是值得我们学习的，又有什么是他们特殊的历史条件形成的，是我们不能照搬的"③。

（五）论教育科学研究的保障

刘佛年十分重视提升教育科学研究的质量。为了给予科研工作充分的支持，他推动建立了多方面的保障机制，主要包括人才保障、管理保障和后勤保障。

1. 人才保障

（1）高校教师都要既搞教学又搞科研

刘佛年曾提出，"每个教师都要既搞教学，又搞科研，这是坚定不移的方针"④。于是，为了提高每位教师参与和独立开展科研的积极性，同时也为了提高现有师资队伍的科研水平，他着手进行了三方面的工作。首先，在教师的职级晋升管理上，教学和科研的权重是均等的。而且当教师在科研方面成绩显著，还可以破格越级提升，不受资历限制。⑤ 其次，他在校内

---

① 金一鸣. 刘佛年教育文集［M］. 南京：江苏教育出版社，2010：353.
② 金一鸣. 刘佛年教育文集［M］. 南京：江苏教育出版社，2010：216.
③ 金一鸣. 刘佛年教育文集［M］. 南京：江苏教育出版社，2010：216.
④ 金一鸣. 刘佛年教育文集［M］. 南京：江苏教育出版社，2010：251.
⑤ 金一鸣. 刘佛年教育文集［M］. 南京：江苏教育出版社，2010：250.

积极创造发表教师科研成果的条件。最后，他还多方面创造条件以提高现有师资队伍的科研水平。一是有计划地开展教师的国内外进修工作。二是聘请短期或长期的国内专家和外籍专家来校讲学。三是与美、加、澳等国家的一些大学加强和建立了校际学术交流关系。四是积极委派教师参加国内、国际各类学术会议。如此频繁的学术交流活动为提高师资队伍的科研水平起了很大积极作用。①

（2）中小学教师应做些教学研究工作

虽然刘佛年长期在高校从事行政与教学工作，但他时刻心系中小学教育的发展质量，他认为基础教育的改革必须和教育研究工作密切结合，通过调查、总结、实验，稳步前进②。在《中小学教师应做些教学研究工作》一文中，他肯定了近年来中小学教师所做的研究工作。这些教育科研成果多数是由中小学教师独立完成的，而且涉及教学和教育工作的各个方面，是颇具价值的。刘佛年认为，"我们国家一些教师从来就是有心人，在几十年的工作中不断改进自己的工作，进行实验，积累资料，形成观点"③。

（3）要鼓励大中小学生都搞一点研究

刘佛年曾指出，学生的积极作用在过去是没有得到充分发挥的，很多人不相信学生也能对教育改革和科研产生助力，比如参加制订教学计划、教学大纲以及编写教材等等。但现实情况是，正是由于动员了广大学生的力量，才使得教育改革和科研工作进展加快，效果喜人。事实证明，学生不仅人多力量大，而且还具有立场鲜明、革命战斗精神浓厚的特点。所以，学生完全有能力参加一部分教育改革和科研工作④。他提出，"教育者要鼓励中小学生、大学生都搞一点着眼于未来的研究"⑤。要让学生了解，不能只注意当下，而是要深谋远虑，树立一种"不顾个人利益，为未来而奋斗的改革精神"⑥。

---

① 金一鸣.刘佛年教育文集［M］.南京：江苏教育出版社，2010：278.
② 金一鸣.刘佛年教育文集［M］.南京：江苏教育出版社，2010：336.
③ 金一鸣.刘佛年教育文集［M］.南京：江苏教育出版社，2010：337.
④ 金一鸣.刘佛年教育文集［M］.南京：江苏教育出版社，2010：126.
⑤ 金一鸣.刘佛年教育文集［M］.南京：江苏教育出版社，2010：311.
⑥ 金一鸣.刘佛年教育文集［M］.南京：江苏教育出版社，2010：311.

2. **管理保障**

在推动全校科学研究发展过程中，刘佛年还加强了对科学研究的管理工作，成功试行并建立了诸多卓有成效的科研管理制度①。

一是建立科研项目的报批、检查制度。主要是通过填写科研项目的计划任务书，然后进行逐项检查与审批，来确认新的科研项目是否具备合适的实施条件，以此减少开展科研的盲目性。

二是建立对科研成果的鉴定、评审制度。具体来说，就是在科研项目完成过后，邀请国内有关专家，以会议或者邮寄信件的形式，对研究成果的学术水平以及优缺点做出评判。这项制度对研究人员的水平和学风起到了很好的促进作用。

三是试行"签订合同"的管理制度。即学校采取同工厂、企业、研究单位订立科研合同的形式来获得一部分研究经费，同时也可以获得对方在人力、设备等方面的支持，从而有利于学校科学研究的发展。由于合同明确了双方的义务和权利，所以双方都很重视，人员落实情况较好，科研工作完成效果也较好。

四是制定科研成果的评奖措施。对教师的科研成果进行评奖时，他要求把精神奖励和物质奖励结合起来，同时颁发奖状和奖金，这在一定程度上也促进了科学研究的开展。

此外，他还尝试建立科技档案，制定和试行科研工作条例，这都有助于加强对科研工作的管理。

3. **后勤保障**

在后勤工作方面，刘佛年也做了大量的工作。在他的领导下，后勤部门的干部和职工都进一步树立了为教学和科研服务，为师生员工服务的观点。为了适应提高教学质量和科学水平的需要，后勤部门进行了实验室的现代化建设工作和设备供应管理工作。采取逐年有重点地配备的方针，加紧恢复、充实、更新、提高和新建实验室。同时，本着自力更生的精神，不少实验室和校办工厂还自己动手制作了大量仪器设备。此外，后勤部门通过新建大楼、购置简易活动平房等多方设法，缓解了教学和科研用房日

① 金一鸣. 刘佛年教育文集 [M]. 南京：江苏教育出版社，2010：234 – 235.

显紧张的状况。在设备供应管理方面，进行清产核资工作，摸清家底，清理库存，挖掘设备潜力以避免浪费。并且整顿建立了账、卡和各项规章制度，进一步落实了各实验室及大型仪器的专职与兼职管理人员①。

三、刘佛年教育科学研究思想的当代价值

刘佛年在教育科学研究方面的思想与实践对新时代教育科研工作的开展仍然具有重要价值。

（一）坚持以马克思主义思想指导教育科学研究工作

早在其求学时期，刘佛年便已认识到马克思主义哲学是科学的世界观和方法论。后来在工作中也不断接受马克思主义思想的洗礼，一直遵循以马克思主义的立场观点和思想方法来指导教育科学研究工作，并且始终坚持唯物论的求知和处事态度。在《关于个性全面发展教育的几个问题》一文中，他提出，"教学改革的目的之一就是要使马克思主义的真正的科学在学校中占绝对统治的地位"②。但有学者感慨道，进入新世纪以来，虽然我国教育科研水平不断提升，范围不断扩大，深度不断加强，但广大教育科研工作者自觉运用马克思主义哲学指导中国教育研究的意识还不够，亟待进一步加以重视。同时，我国的教育科学研究运用马克思主义哲学的成熟度就整体而言还依然不高③。因此，教育工作者们在今后的教育教学改革和教育科学研究工作中要自觉地牢固树立马克思主义的立场观点，不仅要进行批判和解释，更要重视重建与改造，提升运用马克思主义思想方法的成熟度。此外，刘佛年还意识到，"由于自由讨论的空气不浓，引经据典、崇拜权威的风气很盛，也产生了某些教条主义的迹象。这是目前存在的主要问题"④。教条主义在我们当前的教育科学研究工作中还时有发生。时下"言必称西方"的现象还屡见不鲜，造成"舶来"理论在中国大地的水土不服。所以广大教育科研工作者要坚决反对教条主义，要做到理论与实践、

---

① 金一鸣. 刘佛年教育文集［M］. 南京：江苏教育出版社，2010：238.
② 金一鸣. 刘佛年教育文集［M］. 南京：江苏教育出版社，2010：94.
③ 侯怀银，张阳. 改革开放以来马克思主义哲学指导中国教育研究的回顾与反思［J］. 教师教育学报，2014（3）：1－14.
④ 金一鸣. 刘佛年教育文集［M］. 南京：江苏教育出版社，2010：95.

主观与客观具体的、历史的统一。具体来说，就是要反对把书本、理论当教条，反对一切从定义、公式出发，不从实际出发，反对不具体情况具体分析，否认实践是检验真理的标准。正如恩格斯所言，"马克思的整个世界观不是教义，而是方法。它提供的不是现成的教条，而是进一步研究的出发点和供这种研究使用的方法"①。

（二）坚持教育理论研究与中国教育实践相结合

在教育界，教育理论和教育实践的脱离一直是存在多年的难题。一方面，教育理论工作者不注重解决教育实践中暴露的问题，只埋头于写论文发文章，为研究而研究，不免有阳春白雪之嫌，曲高和寡之弊。另一方面，一线中小学教师对教育理论掌握不够，加之以教学忙碌为由，将教育科学研究工作束之高阁，导致其面对现实中的教育问题束手无策，从而产生职业倦怠感。

面对这种窘境，我们要多方施策，引导教育理论工作者和实际工作者都必须坚持教育理论研究与中国教育实践相结合。刘佛年曾提出，"所谓联系实践，首先是指解决当前的社会实践中的问题。对今天的中国的革命和建设中的问题毫不关心，怎么能谈得上联系实践呢"②。所以，教育科学研究要顺应国家经济社会发展的战略部署，把握社会变革的宏观趋势，提升教育决策的科学化水平。同时，教育科研人员要围绕中央关心、社会关注、人民关切的教育热点和难点问题开展深入的调查研究，推动重点领域和关键环节取得理论性突破。顾明远先生说道，"改革开放以来，教育改革实验方兴未艾，创造了许多新鲜的经验。教育科学研究要总结教育改革的新经验，提升到理论高度，起到推广引领的作用"③。为此，一方面，教育理论工作者要扎根中国教育实践，广泛获取第一手资料，着力解决教育发展和改革中的难点和痛点。另一方面，一线的中小学教师也要增强教育科学研究的意识，善于发现和思考教学中的实际问题，同时要加强教育理论的学习，不断提升自己的教育教学水平。

---

① 马克思恩格斯全集：第 3 卷［M］. 北京：人民出版社，1995：406.
② 金一鸣. 刘佛年教育文集［M］. 南京：江苏教育出版社，2010：140.
③ 顾明远. 加强教育科学研究 推动教育现代化［J］. 教育研究，2019（11）：18 – 19.

（三） 加强教育科学研究的国际交流、合作和本土化发展

从近代史上看，教育学学科是"降临"到中国的，它从翻译、介绍日本学者编写的教育学开始，继而在"五四运动"后转向欧美的教育思想和思潮，然后在历经了新中国成立后全面引进苏联教育学阶段、"文革"的阶段，再到中国教育学科建设从恢复到繁荣并开始走向独立化的阶段，才最终形成了中国教育学科的当代体系①。因此，我国的教育学学科发展和教育研究在很大程度上受到了国外教育理论的影响。但与此同时，我国教育科学研究领域也在不断转型升级，从对国外的学习借鉴走向立足于中国特色、扎根中国大地②。

刘佛年曾在《布卢姆与教学改革》中提出，"我赞同布卢姆的某些理论性的结论，但是我认为在具体的方法上，我们必须参考国内外的各种经验，又必须密切结合国内的、本地的、本校的实际"③。我们的前辈学者在对外国教育的分析中，不断寻找我国教育工作可以借鉴的经验、教训、规律，是为了推动我国社会主义的今天的教育，是为了实现明天更好的教育④。

因此，一方面，我们要进一步加强教育科学研究的国际交流与合作。积极进行诸如对发达国家和发展中国家教育科研的比较研究、对国际组织的教育政策研究等，了解世界教育科研发展的最新趋势和全面动向，进一步缩小我国与教育科学研究强国的发展差距。另一方面，我们要继续促进国外教育理论学习借鉴中的本土化发展。我们积极介绍和引进国外一些先进的教育理念，不是为了照搬某些具体方法，而是为了在教育改革和科研工作中能从这些理论和经验中得到启发，归根到底是为了解决我们自身的问题。

（四） 加强教育科学研究机构和教育科学研究队伍建设

20 世纪 80 年代以来，全国各地先后建立了不同层面的教育科学研究所，一些高等学校则成立了教育科学研究所或高等教育研究所（室），中小

---

① 叶澜. 中国教育学发展世纪问题的审视 [J]. 教育研究，2004（7）：3 - 17.

② 肖凤翔，曹瑞红. 新时代教育科学研究的价值取向 [J]. 中国电化教育，2021（1）：26 - 33.

③ 金一鸣. 刘佛年教育文集 [M]. 南京：江苏教育出版社，2010：384.

④ 金一鸣. 刘佛年教育文集 [M]. 南京：江苏教育出版社，2010：428.

学教研室也蓬勃发展起来①。华东师范大学在刘佛年的领导下也在1980年率先建立了全国高校中第一个教育科学学院，从此进一步朝着建成教学和科研两个中心的发展道路前进。刘佛年在任期间十分重视加强教育科学研究机构体系建设，着力恢复和整顿各种研究所，加强各级科研机构的协同合作，并建立健全科研管理制度，如建立对科研成果的鉴定、评审制度，改善科研评价奖励制度，试行"签订合同"的管理制度等等。刘佛年还曾指出教育科学研究机构的设置问题，"一个研究所，不要几十年搞下去总是老样子，出不了多少人才和成果。基础理论研究可能要有长期的组织，应用的研究则应该重视教学、科研、生产三结合，机构要灵活"②。这些举措和阐述都对我们今天的教育科研机构体系的优化提升带来了宝贵的经验。

此外，刘佛年也非常重视教育科学研究队伍的建设。他深刻认识到人才是提升教育科学研究发展质量的关键力量，于是提出了"高校教师都要既搞教学又搞科研""中小学教师应做些教学研究工作""要鼓励大中小学生都搞一点研究"等建议，同时也对当下教育科研队伍培养工作产生很大启示：高校与各类科研机构要重视学科带头人的培养，特别要重视青年教育科学研究工作者的培养，为他们的成长创造必要的条件；要鼓励中小学教师积极开展教育科学研究，大力吸收优秀学生参与科研，形成教育科学研究的浓厚风气。当然，教育领导部门和各级各类学校还要做好经费投入、后勤保障等基础工作，深入研究教育科研队伍建设的特点和规律，从而涌现出一批又一批教育科研人才。

---

① 王兆璟. 改革开放以来教育科学研究的中国经验 [J]. 西北师范大学报（社会科学版），2012（3）：1-6.

② 金一鸣. 刘佛年教育文集 [M]. 南京：江苏教育出版社，2010：288.

刘佛年对马克思主义教育理论的中国化探索①

黄书光②

刘佛年 1914 年 4 月出身于湖南醴陵小林桥的一个文人家庭，早年受到良好的家学熏陶，就读于本乡国民小学、醴泉小学、楚怡小学、明德中学。1929 年，考入武汉大学预科，两年后又考入武汉大学的哲学教育系。1937年 9 月出国留学，先后在英国伦敦大学、法国巴黎大学研读研究生课程，期间接触和阅读了一些马克思主义著作。1939 年后，刘佛年先是应聘陕西城固的西北大学，后又任职于蓝田国立师范学院，因讲授课程涉及马克思主义哲学，曾一度被解聘回醴陵老家。1946 年 10 月，应聘上海暨南大学，继续宣传马克思主义哲学与教育思想。中华人民共和国成立后，他曾担任上海师范学校校长兼复旦大学教授。1951 年参与华东师范大学筹建，先后担任教务长兼教育系主任、副校长，更加系统深入地开展马克思主义教育理论与实践的种种探索。1961 年受命主编教材《教育学》，1978 年被任命为上海师范大学（华东师范大学曾一度改称此名）校长，进一步推进马克思主义教育理论的求索与传播。

通过长期的中西学研习、扎实的教育实践和自觉的理论探索，刘佛年逐渐形成自己独特的马克思主义教育哲学观。他善于用唯物主义把握社会发展与教育变革的前进方向，以辩证法深刻解剖现实生活中的教育矛盾症结，注重在理论与实践的深度联系中提升教学质量，主编《教育学》教材

① 基金项目：本文系国家社会科学基金 2019 年度教育学重大招标课题"中国特色社会主义教育理论体系研究"（VAA190001）的研究成果之一。原文转载于教育文化论坛，可能部分内容有改动。

② 作者简介：黄书光，教育部人文社会科学重点研究基地华东师范大学基础教育改革与发展研究所常务副所长、教授、博士生导师，教育家与教育历史变革研究中心主任。

以推进教育学"中国化"，呼唤时代新人和倡行"大面积丰收"的公平育人理念。其知行合一的求真务实精神和与时俱进的开拓创新追求成就了一代大教育家的崇高人格风范，对马克思主义教育理论的中国化发展做出了杰出贡献。

一、用唯物主义把握社会发展与教育变革的前进方向

中国社会向何处去？中国教育如何变革？这是近现代社会转型过程中知识分子无法回避的核心问题。1939 年，刘佛年留欧回国时，全国人民正在全力抗击日本的野蛮侵略，他以自己独特的方式融入时代变革的洪流之中。辗转多所大学任教经历和艰辛的生活磨炼，刘佛年越来越信奉马克思主义学说，逐渐质疑和批判实用主义的社会改良主张，并尝试用唯物主义哲学阐释社会发展与政治革命、教育变革的内在关联。

关于中国社会发展的路向问题，早在五四新文化运动时期，马克思主义者李大钊与实用主义者胡适即已发生过激烈的"问题与主义之争"。刘佛年对这一重要问题的关注，则是在全面抗日战争爆发以及抗战胜利之后的社会动荡与重建时期。面对中华民族的生死存亡，他不得不苦苦求索中国社会发展的出路及其与教育的复杂关系。1947 年，刘佛年在《杜威教育思想的再认识》一文中，对杜威改良主义的教育功能观提出激烈批评，他指出杜威的"教育即生活"，就是要"把实际生活中的一切矛盾、冲突、对立都剥除了，让孩子们生活在神仙境界，然后把他们从神仙境界推下这充满矛盾需要斗争的人间。这种教育有什么作用呢？它只有一种作用，便是故意冲淡人们的阶级意识，减低他们的斗争情绪，让他们把幻境当作真实。这就是所谓教育改造社会"①。职是之故，刘佛年明确表示，办教育不能回避现实社会中的矛盾冲突现象，声称"教育在现社会中是不能超阶级的，前进的教育家应该为前进的阶级服务"②。

杜威改良主义主张不只是反对现实社会中客观存在的阶级斗争，更抵

---

　　① 刘佛年．杜威教育思想的再认识［M］//金一鸣．刘佛年教育文集．南京：江苏教育出版社，2010：7.
　　② 刘佛年．杜威教育思想的再认识［M］//金一鸣．刘佛年教育文集．南京：江苏教育出版社，2010：10.

制马克思主义的历史唯物论，不承认现实社会各种现象之间存在的内在关联及其根本问题，只相信一个又一个的具体问题，看不到"经济制度"的决定作用。在刘佛年看来，杜威改良主义常常把"经验当理论"，而马克思则真正"发现了社会各种现象间的内在联系，提出了历史唯物论的理论，说明有什么样的生产力就有什么样的生产关系，就会有什么样的法律、政治、宗教、道德、文学、艺术、风俗、习惯等。这样一来，各种问题就无法分开来解决。既然一切决定于经济制度，那就只有根本改造经济制度，才能解决这么许多问题。"① 需要指出的是，刘佛年在肯定教育与生活联系的同时，特别指出理论学习和系统知识传承的重要性。他说："唯物论认为革命的理论固然是根据人类过去的实践经验，但是必须运用理论才能解决具体问题，必须了解社会的法则、各种现象之间的因果关系，才不会把每一个具体问题孤立起来。因此理论的学习、有系统的知识的传授是绝对必要的。……总之，教育固应与生活联系，但不能牺牲系统化的要求。这就是革命的唯物论与改良的实验主义不同的地方。"②

马克思主义者并不否定社会发展的客观规律，而是把理想社会中自由人的全面发展视作教育变革的基本目标和发展方向。刘佛年指出："马克思主义者认为社会发展的规律是有必然性的，他们把握了社会、政治的目标，因此就能规定教育的目标。我们知道未来社会的需要，就朝这个方向准备，引导儿童的意识、观念、道德、知识、技能朝着这个方向发展。"③ 与马克思主义观点相反，杜威不主张教育有长远的目标，刻意夸大教育的超政治属性。刘佛年说："杜威和其他的改良主义的教育家却经常散播一种思想，认为教育一旦有了目标，一旦服从政治，教育就不是教育了。他们认为在服从政治与做一个好教育家之间不能不有所选择。教育服从政治，那就是灌输、宣传、强制、麻醉、教条，就是眼睛只看政治，不见儿童；做一个好教育家，那就是了解儿童、照顾儿童的意图、兴趣、需要和特性，眼睛只看儿童，不管政治。是不是在这两者之间非作出选择不可呢？当然不是

---

① 金一鸣.刘佛年教育文集［M］.南京：江苏教育出版社，2010：31.
② 金一鸣.刘佛年教育文集［M］.南京：江苏教育出版社，2010：22.
③ 金一鸣.刘佛年教育文集［M］.南京：江苏教育出版社，2010：28.

的。……马克思主义的理想社会是一个自由人组成的社会，每个人都能思考，能创造，能充分发展他的兴趣与能力以及各种高尚的道德品质。因此在我们的教育目标和教育手段之间是没有任何矛盾的。不仅没有矛盾，而且一定要用了解儿童、尊重儿童的教育方法才能完成我们的教育目标。"①在这里，刘佛年摒弃杜威非此即彼的绝对论，明确表达自己的马克思主义教育主张和政治立场，肯定社会发展与教育变革的内在一致性、教育目标与教育手段的协调统一性。

二、以辩证法解剖现实生活中的教育矛盾症结

辩证法是马克思主义教育家观察分析问题的锐利武器，是需要主体全身心地直面真实世界的现实问题而进行深刻的矛盾分析，非"关起门来"的学究们所能理解。1952 年，刘佛年结合自己的学习感悟，写道："我过去也学习过辩证法，但没有真正理解它。为什么呢？因为辩证法是一种关于斗争的理论，只有参加革命斗争的人才能掌握它。它不是学究们所能理解的东西。"②

以学习凯洛夫《教育学》为例，在刘佛年看来，这就不仅仅是简单地"看懂苏联教科书"，更要联系本国社会生活的鲜活实例，将"苏联教本的原理与中国的实际结合起来"。1952 年，他在《针对教学改革的几点认识》一文中写道：本年度由华东师范大学教育学组教师们"提供了一个值得注意的经验。他们是根据凯洛夫《教育学》来进行讲授的，为了要使学生懂，他们不能不举一些例子，一些同学们感到亲切的、本国的、当时的例子。假如不举这样一些例子来说明教科书内的原理，同学们就表示不能领会，不感兴趣，就批评教师所教的是教条。……这就说明了掌握新的教学内容不是仅仅能看懂苏联教科书那么一件简单的事。重要的是掌握马列主义的立场观点与思想方法，这样才能独立地分析问题，解决问题，才能把苏联教本中的原理与中国的实际结合起来。"③ 事实上，正是在火热的实践过程

---

① 金一鸣. 刘佛年教育文集［M］. 南京：江苏教育出版社，2010：28.
② 金一鸣. 刘佛年教育文集［M］. 南京：江苏教育出版社，2010：51.
③ 金一鸣. 刘佛年教育文集［M］. 南京：江苏教育出版社，2010：52.

中，刘佛年越来越善于借力辩证法理论去破解现实生活中的种种教育矛盾问题，为新生的中华人民共和国教育改革发展贡献智慧。

1957年，刘佛年针对新中国成立以来教育界贯彻"个性全面发展的教育方针"所出现的一些问题，提出了需要特别注意的八对矛盾关系，并予以深入解剖。

其一，学与思。这对矛盾关系借助了孔子所说的"学而不思则罔，思而不学则殆"，但主要针对的却是当时教育界"以俄为师"的学习过程中所出现的某些片面发展的状态。刘佛年指出："在过去几年中我们制订了教学计划与教学大纲，编写了教科书，提倡了知识传授的系统性、科学性、思想性，同时又大力地批判了实用主义的思想影响，因此一般教师都能做到系统地传授科学知识，学生也能系统地学习知识。但另一方面却出现了对发展智力，也就是发展独立思考能力不够重视的倾向。"① 职是之故，他认为学与思的矛盾是绝对的，今后还会持续下去，教育工作者应善于化解二者的割裂而使之统一；指出"学生缺乏独立思考能力是我们要努力克服的一个主要偏向，但同时也要防止脱离掌握知识的过程去发展独立思考能力的倾向。"②

其二，知与行。知与行的关系，也就是认识与实践的矛盾，是马克思主义者极为重视的一对矛盾统一体。刘佛年指出，"马克思主义认为：不和实践结合的理论是空洞的理论，不受理论指导的实践是盲目的实践。实践、认识，再实践、再认识，这是认识的一般过程，也是教学的基本原则。"③但是，现实教育中常常存在片面夸大其中一个方面，而无法实现二者的有机统一。其中，对实践的不够重视显然更为突出，但同时也不能忽视与系统理论知识的结合。他分析道，由于长期受封建教育中"死读书"观念的影响、教育事业迅速发展中师资质量较差和必要设备缺乏的困扰，"在学校教育中，对实践的不够重视还是比较突出的，例如直观教具、实地观察、实验、实习、各种独立作业和课外的学科小组的活动，都嫌太少。……蔑

---

① 金一鸣. 刘佛年教育文集［M］. 南京：江苏教育出版社，2010：93.
② 金一鸣. 刘佛年教育文集［M］. 南京：江苏教育出版社，2010：93.
③ 金一鸣. 刘佛年教育文集［M］. 南京：江苏教育出版社，2010：93.

视系统的理论知识的实用主义思想在我国还是有影响的，这一方面也应该引起注意。"①

其三，一个真理与百家争鸣。为了更好地说明二者的关系，刘佛年引证《易·系辞》中所说"天下同归而殊途，一致而百虑"，强调"真理是愈辩愈明的。……假如没有怀疑，没有不同意见的讨论，不从不同的角度去研究一个问题，学生对科学知识的理解就不会比较深入和全面。理解得不深刻不全面，而只是从字面上掌握住的知识，只能产生教条主义。"② 在他看来，真理固然要坚持，这几年我们教育工作者在大力宣传马克思主义、传授真正科学知识方面，确实取得了相应的成绩；但是，"由于自由讨论的空气不浓，引经据典、崇拜权威的风气很盛，也产生了某些教条主义的迹象。这是目前存在的主要问题。因此今后努力的主要方向应该是贯彻'百家争鸣'的精神，开展自由讨论，反对用行政命令的方式来解决学术上和教学上的问题。"③

其四，社会需要与学生实际。刘佛年认为，进行个性全面发展的教育不能不顾及社会需要和学生实际之间的矛盾，应致力于二者的有机结合与协调。他明确反对摧残个性的封建专制主义教育，也不赞成不顾国家社会需要、完全从儿童兴趣、爱好、才能出发的"儿童中心论"，而是主张要爱护和尊重儿童的个性特征，更好地发展其兴趣与才能，并努力引导其与国家需要进行有效的对接。在他看来，"小心地爱护和扶植学生的个性特征，将会使国家得到无数的积极钻研、兴致勃勃的工作者。因此今后努力的主要方向应当是更好地注意和发展学生的兴趣和才能。……有的教师对学生的学习不敢提出严格的要求，有些学生过多地考虑自己的志愿和兴趣，很少考虑国家的需要，因而不肯让自己的兴趣服从国家的需要，这不好的。"④

其五，集体与个人。刘佛年认为，集体与个人的矛盾，也是一个长期存在的社会现象，其一般趋势是："社会主义建设要求个人有愈来愈大的积极性、主动性和创造性。……另一方面在社会主义建设中生产愈现代化、

① 金一鸣. 刘佛年教育文集 [M]. 南京：江苏教育出版社，2010：94.
② 金一鸣. 刘佛年教育文集 [M]. 南京：江苏教育出版社，2010：94-95.
③ 金一鸣. 刘佛年教育文集 [M]. 南京：江苏教育出版社，2010：95.
④ 金一鸣. 刘佛年教育文集 [M]. 南京：江苏教育出版社，2010：96-97.

社会化，生产的计划性愈提高，社会各部门的互相依赖与联系愈增加，对个人就要求更高的组织性、纪律性和集体主义精神。"① 在他看来，处理好个人与集体的关系，甚至要求个人在必要时牺牲个人的兴趣、爱好，以服从集体利益，这无疑是教育工作者应该遵循的原则；我们在学校教育中培养社会主义的集体主义精神、组织性和纪律性方面也确实取得了一定的成绩。但需要指出："前一个时期的主要偏向，是对个人加上了某些不合理的纪律，不必要的限制，因而挫折了某些青年的朝气与积极性，而且有意识地培养主动、创造的精神也很不够。"②

其六，全面发展与培养专长。刘佛年认为，社会生活越发展也就越需要各种各样的专门人才，而且还对这些专门人才提出更加全面、广博的要求。他们"不仅需要受德、智、体、美、劳动、基本生产技术等方面的教育，而且在每一方面都应该是比较全面的。"③ 这就要求我们在"培养专长"时切勿忽视对其进行全面教育，应将二者统一起来。刘佛年指出，"没有专长的所谓通才""极端狭隘的专长的技术人才"均非社会主义建设所需之才。他说："为了培养各种专门人才，注意每个人的特殊兴趣和才能，使之能得到适当发展的机会，也是非常重要的。而今天的主要缺点正是在这方面注意不够。但另一方面也要防止今天在大专学生中正在滋长的只搞专业课，不重视政治课、基础课、辅助课，或在专业课中又只专搞一两门课，以及在中学生中重理轻文，只搞对自己有兴趣的课等偏向。"④

其七，需要与可能。刘佛年认为，人们在社会主义建设过程中自然会产生对全面发展教育的需要；但从可能来说，满足人们的全面发展本身和全面发展的教育都必然受制于各种实际条件。而要化解"需要"与"可能"的矛盾，则要求我们必须在充分认识的基础上将它们统一起来。但遗憾的是，"在这几年中，我们的主要问题还是对全面发展教育的需要认识不足，因而进行得不够有力，没有充分发挥潜力。但一经反对保守思想之后，又

① 金一鸣. 刘佛年教育文集［M］. 南京：江苏教育出版社，2010：97.
② 金一鸣. 刘佛年教育文集［M］. 南京：江苏教育出版社，2010：98.
③ 金一鸣. 刘佛年教育文集［M］. 南京：江苏教育出版社，2010：98.
④ 金一鸣. 刘佛年教育文集［M］. 南京：江苏教育出版社，2010：99.

出现过不顾可能，不作充分准备，而轻率冒进的现象"①。有鉴于此，刘佛年指出："今后的正确态度应当是在保证质量的基础上尽量发展数量，在可能的基础上尽量满足需要，使矛盾的两方面保持正确的关系。"②

其八，独立性与联系性。刘佛年指出，"全面发展教育包含德育、智育、体育、美育、劳动教育、基本生产技术教育等。这些方面都各有不同的目的、内容和方法，都具有相对的独立性。但同时这些方面之间又具有极其密切的联系，它们相互制约，相互影响。"③ 在这里，独立性与联系性是有机的统一体，忽视联系的"独立性"就蜕变成"孤立"的东西。针对过去几年片面强调全面发展教育中某些口号，刘佛年分析道："过去在执行这些口号时，往往把一个需要突出的东西变成孤立的东西，而不是结合着其他各个方面来贯彻某一方面。结果是某一方面被重视了，其他的方面就被疏忽了，而这被重视的一个方面，又只能用一些简单的搞运动的方法来贯彻，……这是我们今后要纠正的一个主要偏向。"④

不难看出，刘佛年对教育领域"八对矛盾"的剖析，不仅鞭辟入里、深入浅出，充满辩证智慧，而且直面现实生活中的真实疑难问题时，具有很强的现实针对性和实效性。它对于破除教育实践中的观念迷惑，突显马克思主义教育理论的思想引领，无疑具有十分重要的学术价值。

三、注重在理论与实践的深度联系中提升教学质量

坚持理论与实践相结合是马克思主义中国化的重要法宝。早在 1937 年，毛泽东在《实践论》中就对实践来源、理论与实践的辩证统一关系做了十分精辟的论述，揭示了人类认识发展的基本规律。针对新中国成立以来"以俄为师"学习过程中结合中国实际不足的偏差，刘佛年从 20 世纪 50 年代后期就自觉地进行深刻的教育理论反思。他不仅重温毛泽东《实践论》，系统学习毛泽东有关教育工作的重要论述，而且善于结合不同时期的历史语境，深入求索在教学工作中如何更好地加强理论与实践的深度联系，提

---

① 金一鸣. 刘佛年教育文集 [M]. 南京：江苏教育出版社，2010：100.
② 金一鸣. 刘佛年教育文集 [M]. 南京：江苏教育出版社，2010：101.
③ 金一鸣. 刘佛年教育文集 [M]. 南京：江苏教育出版社，2010：101.
④ 金一鸣. 刘佛年教育文集 [M]. 南京：江苏教育出版社，2010：101 - 102.

出诸多发人深省的真知灼见，颇受时人关注，产生了重要的社会影响。

由于多年来担任华东师范大学教务长，刘佛年对教学中如何贯彻马克思主义理论联系实际的观点有很深的理解和体会。1957 年，刘佛年在《联系实际与系统性》一文中指出："我们学习马列主义的理论就是为了学会马克思主义者分析问题解决问题的观点和方法。……既然学习知识的目的是运用理论来解决实际问题，学习当然最好从实际出发。研究了实际，从实际中发现了问题，再来学理论，解决问题，这样的学习才是有的放矢。这是一种相当好的教学方法。这样做会不会破坏学科的系统性、逻辑性呢？只要安排得好，系统性是不会受到破坏的。"① 在这里，刘佛年既充分肯定"从实际出发"在学习和教学中的重要性，又同时强调要安排好学科理论知识的逻辑顺序和系统建构。

1959 年，刘佛年在《教学工作中的理论与实践的联系问题——学习〈毛泽东同志论教育工作〉的体会之一》一文中，对教学中理论与实践的辩证关系做了更加深入的思考。他通过对教育史上"经验论"者和"唯理论"者关于知识论的梳理，指出二者的根本缺点都是不理解社会实践的重要性，而只有马克思主义者才真正破解了知识来源与人的认识问题。他说："知识是社会实践中来的。人们要想在社会实践中取得预期的结果，就必须去认识客观事物，要使自己的想法和做法符合客观事物的性质与规律。假如不符合，就会在实践中失败。知识从实践中来，还须回到实践中去，受实践的检验。"② 有鉴于此，刘佛年指出，当时学校各系正在采取各种措施促使学生参加各类社会实践，是完全正确的，而且已经取得了一些宝贵的直接经验。但同时，他强调不能轻视读书、漠视理论知识、间接经验的价值。刘佛年说："马克思主义者虽然极其重视亲身参加社会实践，取得直接经验，但并不否认间接的重要性。我们每个人的大部分知识都是间接经验。……在教学工作中，要使学生学习任何理论、任何知识，都按照实践—理论—实践的程序进行，事实上是绝对办不到的。"③ 这是因为教学过程有其自身的特殊性，不能与人类的一般认识划等号，"它和人类知识的发展过程

---

① 金一鸣. 刘佛年教育文集 [M]. 南京：江苏教育出版社，2010：121.
② 金一鸣. 刘佛年教育文集 [M]. 南京：江苏教育出版社，2010：137.
③ 金一鸣. 刘佛年教育文集 [M]. 南京：江苏教育出版社，2010：138.

不是完全一致的。学生是要在教师指导下去掌握现成的知识，他不是去发现新的真理。……只有不理解教学过程的特点的人才会要求任何知识的教学都从社会实践开始。"①

应该如何做到既重视读书和理论学习，又不脱离社会实践呢？刘佛年指出：首先，读书得有明确的目的，劝勉学生"要为解决社会实践中的实际问题去读书、学理论"；同时，要求学生"要去领会知识、理论实质，领会如何把它应用来解决每一个具体问题"；最后，强调"一定要让学生去参加有关的社会实践。……只有在实践当中，在教师的指导之下，他们才能比较顺利地学会这些本领。"② 其实，做好理论与实践的联系，也对教师讲解知识时提出了很高的要求。教师不仅要善于说明知识在社会实践中的应用，还要由实践当中的实际问题引至对理论知识的阐述。同时，要特别注意对理论知识及其作用的理解不能过于狭隘。刘佛年提醒道："有些知识对今天的实践还没有作用，却是系统的理论知识中的有机构成部分，是否可以不学这些知识呢？当然是不可以的。……非欧几何是在广义相对论中才找到应用的场所，数理逻辑是在电子计算机的制造中才看出了它的实用价值。所以我们在学习知识时，既要看到今天的实践的需要，也要看到明天、后天的实践的需要。"③

刘佛年特别指出注重理论知识学习的目的，乃是为了更好地解决实际问题。他说："生产和其他社会实践越进步，所需要的基础理论知识就越多越深。反过来说，我们所掌握的基础理论知识越多越深，也就越能解决今天的社会实践中的那些十分复杂的问题，越能创造性地工作。"④ 事实上，为了更好地解决实际问题，刘佛年认为，光有实际知识和理论知识还不够，还应该学习历史知识，并努力做到鉴古以惠今。他说："要解决问题，除了要具有实际知识、理论知识之外，还应当具有历史知识。……由历史中国发展而来，今天的文化也是从古代的旧文化发展而来。"⑤

如上所述，刘佛年在总结 20 世纪 50 年代学习苏联教育经验的过程中，

① 金一鸣 . 刘佛年教育文集［M］. 南京：江苏教育出版社，2010：145.
② 金一鸣 . 刘佛年教育文集［M］. 南京：江苏教育出版社，2010：139.
③ 金一鸣 . 刘佛年教育文集［M］. 南京：江苏教育出版社，2010：140 - 141.
④ 金一鸣 . 刘佛年教育文集［M］. 南京：江苏教育出版社，2010：146.
⑤ 金一鸣 . 刘佛年教育文集［M］. 南京：江苏教育出版社，2010：148.

越来越注意到理论学习与中国实际国情相结合的重要性，越来越认识到理论与实践的深度联系及其在教学上的实际应用。1959 年，他在《八年来的教学工作》中对华东师范大学成立以来的教学工作成效做了初步总结，指出本校"目前各科的教学大纲也都作了一定的修改。这些大纲都注意了加强思想性，联系实际，联系生产，联系学生实际等。教材的编写也正朝这个方向努力。现在的问题是要进一步抓教学过程的各个环节，把教学的质量大力提高。"①

四、主编《教育学》教材以推进教育学"中国化"

引进、改编外来教育学的现象由来已久。中华人民共和国成立后，教育界更借助"以俄为师"的政策导向，开始系统地引进和学习凯洛夫《教育学》，并要求在中小学教育实践中予以认真落实。然而，凯洛夫《教育学》毕竟是特定时期的苏联化教育学，是苏联 20 世纪 30—40 年代教育实践、制度变革中高度集权化和统一化的产物，是一本理论淡薄、观点绝对、规范繁多的"工作手册"。这些缺点越来越多地暴露在基础教育实践的各个领域，并很快引起教育理论工作者的高度关注。20 世纪 50 年代中期以后，教育学学者就开始自觉反思学习苏联凯洛夫《教育学》过程中所存在的相关偏弊问题。1957 年，曹孚发表的《教育学研究中的若干问题》即是直面现实问题的理性反思之作。

1961 年 2 月，当时领导高等学校文科教材编写的周扬特别邀请刘佛年主编《教育学》，期待他能带领大家编出真正具有"中国化"特点的教育学。

刘佛年接受编写《教育学》任务后，即很快组织以华东师范大学教育学专业教师为主体的编写团队，于当年 6 月写出 10 多万字的《教育学讲授提纲》，征求领导意见。周扬审阅后，提出要注意处理有关政策与理论、共同规律与特殊规律、阶级观点与历史观点、史与论、正面与反面、共性与个性等六个方面的辩证统一问题。对此，刘佛年十分赞赏，并表示要"按照这些原则性意见编好教材，努力做到观点与材料的统一，以阐明教育的

---

① 金一鸣. 刘佛年教育文集 [M]. 南京：江苏教育出版社，2010：152.

规律为目标"。① 为保证教材编写质量，周扬还对包括《教育学》在内的各类教材编写提出严格要求，特别强调"必须努力运用马克思列宁主义、毛泽东思想的立场、观点、方法，占有资料，分析问题，研究问题；充分利用中外马克思主义学术研究的优秀成果；反对修正主义，同时克服教条主义。"② 此外，他还指出，要"注意中外古今不可偏废""教科书的叙述方法要力求简明生动，要有科学的论证，要有分析和比较"。③ 这些具体要求，也都不同程度地反映到刘佛年此后所编的《教育学》（讨论稿）教材之中。

为编好这本《教育学》教材，刘佛年可谓殚精竭虑。经过全体编写人员两年多的努力，于1963年完成《教育学》（讨论稿），除前言和绪论外，全书共14章，外加3个附录，供内部发行和试用。其后，因政治上风云突变，一度遭到粗暴批判。直至1979年，才由人民教育出版社出版。

不可否认，这本命运多舛的《教育学》（讨论稿）教材乃是特定时代的产物，不可避免地烙上20世纪50年代末、60年代初的社会变革印迹。它在一定程度上反映了当时教育学"中国化"的历史诉求，体现了对凯洛夫《教育学》的某些不满和部分变革，但仍然吸纳了其逻辑结构的核心内涵。除各自的序言、前言及绪论外，与凯洛夫《教育学》（1948年版）所呈现的教育学总纲、教学理论、教育原理等三大编（21章）④ 相比，刘佛年主编《教育学》（讨论稿）由14章加3个附录构成，其内在逻辑结构也隐藏有三大编。第一编，教育学宏观总论编，包括第一章"教育与政治、经济的关系"、第二章"教育与儿童身心发展的关系"、第三章"教育目的和教育方针"、第四章"学校教育制度"。第二编，教学理论编，包括第五章"课程与教材"、第六章"教学过程与教学原则"、第七章"教学方法与教学形式"。第三编，突显"思想教育"的教育原理编。包括第八章"思想教育的意义、任务和内容"、第九章"思想教育的过程与原则"、第十章"思想教育的途径与方法"、第十一章"生产劳动"、第十二章"体育与卫生"、第十三章"教师"、第十四章"学校行政"。附录一"教育与经济发展"，实可归入宏观总论编，附录二"电化教育"、附录三"美育"，均可纳入教育

① 金一鸣. 刘佛年学述［M］. 杭州：浙江人民出版社，1999：102.
② 周扬. 周扬集［M］. 北京：中国社会科学出版社，2000：115.
③ 周扬. 周扬集［M］. 北京：中国社会科学出版社，2000：116.
④ 凯洛夫. 教育学（上册）［M］. 沈颖，南致善，等译. 北京：人民教育出版社，1951：1.

原理编。

刘佛年主编《教育学》（讨论稿）没有明确标示"某某编"，而是在前四章的宏观总论之后，直接按课程教学、思想教育、生产劳动、体育卫生等学校基本工作逻辑，进行分章撰写。也正是这样的章节安排及写作方式的程式化，致使该《教育学》难以完全摆脱凯洛夫《教育学》"工作手册式"的固有窠臼。正如学者陈桂生所指出："真正的问题倒在于刘佛年《教育学》中相当多的章，大致按凯洛夫《教育学》中'意义''任务''内容''过程''原则''方法''组织形式'之类层次陈述。……正是《教育学》的这种陈述方式，使其带有'工作手册式'的特征。恐怕这才是刘佛年《教育学》中的'凯洛夫影子'。这种陈述方式最大的好处，在于使《教育学》便于炮制。"①

需要指出的是，刘佛年《教育学》（讨论稿）的亮点亦十分明显。它开始自觉跳出凯洛夫《教育学》的教条主义和绝对主义思维定势，主动结合新中国成立以来社会主义教育改革探索和制度建设实践，进行较为系统的经验教训总结，并力求获得对教育发展的规律性认识。刘佛年在《教育学》（讨论稿）的"前言"中写道："1961年以后，在党中央的领导和关怀下，教育部比较系统地总结了建国十几年以来教育工作的经验，先后制订了《中华人民共和国直属高等学校暂行工作条例（草案）》《全日制中学暂行工作条例（草案）》《全日制小学暂行工作条例（草案）》。这些大、中、小学的《暂行工作条例》，肯定了一些行之有效的基本经验，在《教育学》（讨论稿）中得到了反映。"② 针对理论与政策脱节的痼疾，刘佛年并不讳言对国家教育工作条例的直接引用与理论阐释，他认为，"我们的一项重要任务是从理论上加以论证、阐发，使教育理论与教育政策很好地结合起来，对实际工作发挥推动作用。在编写过程中力求以马克思主义、毛泽东思想为指导，划清与实用主义教育思想和凯洛夫教育学的思想界限，特别在教育目的、教育方针以及具体的教学、教育措施方面。"③

凯洛夫《教育学》未能专论教育与政治、经济的关系，教育与儿童身

---

① 陈桂生. 刘佛年《教育学》述评［J］. 江西教育科研，1993（3）：50.
② 上海师范大学《教育学》编写组. 教育学（讨论稿）. 北京：人民教育出版社，1979：前言1-2.
③ 金一鸣. 刘佛年学述［M］. 杭州：浙江人民出版社，1999：29.

心发展的关系，刘佛年则在本书开卷前两章的显著位置中加以深入阐述。他说，"教育与政治、经济的关系"一章，"试图用马克思主义分析教育与社会生活的关系，从一个侧面阐明教育的本质。这是凯洛夫教育学中没有提出过的理论问题，也是西方教育学者回避或无法正确回答的一个问题"①。而"教育与儿童身心发展的关系"一章，正反映了教育学对教育对象和教育目的的特别关注。他说："教育的目的是提升受教育者（在普通学校里就是儿童、青少年——原注）。教育工作者不能不看对象，不能目中没有儿童。研究教育与儿童身心发展的关系是从另一侧面阐明教育的本质。"②

应该肯定，刘佛年《教育学》（讨论稿）关于教育本质等重要问题，确实在很大程度上做出与时俱进的理论剖析和一定的学术创新。但他也清醒认识到，这本《教育学》（讨论稿）还有不少弱点亟待日后改进，诸如："对许多教育问题的阐释，我们往往只从社会阶级关系方面去说明原因，而没有从社会生产力的发展方面去寻找联系""从概念、从方针政策出发多，从实际出发，提出问题、分析问题少"。③

五、呼唤时代新人和倡行"大面积丰收"的公平育人理念

1978年，刘佛年被任命为上海师范大学校长。面对改革开放后的社会剧烈转型，他积极投身教育改革的前沿阵地，紧扣社会需求，把握历史脉动，呼唤全面发展时代新人；深入基层调研，体察民众需求，倡行"大面积丰收"的公平育人理念，以更加开阔的视野和贴切的方式探索马克思主义教育理论的中国化和大众化。

十年"文革"动乱致使当时中国百业待兴，人才奇缺。因此，培养什么人以及怎样培养人，成为刘佛年反复思考和求索的重要问题。1980年7月27日，刘佛年在全国重点中学工作会议上对新时期"全面发展"的教育方针及其相关问题做了系统阐发。他认为，全面发展是指人的身心的几个重要方面都能协调一致地发展，不只是知识技能的广度问题，还包含有高

---

①　金一鸣.刘佛年学述［M］.杭州：浙江人民出版社，1999：104.
②　金一鸣.刘佛年学述［M］.杭州：浙江人民出版社，1999：107.
③　上海师范大学《教育学》编写组.教育学（讨论稿）.北京：人民教育出版社，1979：前言2 - 3.

度和深度的意涵，并由此造就各类人才的专长。他说："所谓全面发展，还有另一方面的意义。无论哪一方面，除了广度，还有深度和高度的问题。讲一个人智育的发展，不只是指这个人知识面很广，而是同时指这个人在某些方面很有深度，即是在知识技能方面有深度，在觉悟方面有高度，在美育、体育方面也有特点。"① 在刘佛年看来，全面发展的方针并不容易做到，特别是过于狭隘的升学率问题，已严重影响到"全面发展"方针的贯彻执行。他说："我们这次会议上大家谈得最多的问题，就是升学率问题，重点中学都碰到这个最尖锐的问题。……大家都已经看到了，因为要赶升学考试，有些学校把其他工作都放弃了，思想政治教育工作不抓了，体育也不搞了，学生的道德、健康都受了影响。有的只抓毕业班，其他非毕业班就不抓了，对一部分人的教育也放弃了。要考的科目就学，其他的科目就不上了。特别是搞那套拼命填塞、死记硬背、机械练习、题海战术、一次一次的预考等，都是违背全面发展的方针。"② 更为严重的是，这种片面追求升学率不仅盛行于当时重点中学，还蔓延到非重点的普通学校，更引起刘佛年的深重担忧。他说："许多非重点的普通学校也片面追求升学率，它们往往只抓智育，不注意全面发展。"③

刘佛年明确批评片面追求升学率的错误做法，指出：这种"错误的做法反映了错误的思想。例如，在升学考试中有些学科的知识技能以及思想品德等没有列入考试科目，于是某些学校为了集中精力应付考试就忽视这一些学科，……为了追求升学率而牺牲了学生的全面发展。可是人是一个整体，德、智、体、美、劳，书本知识和有关能力，实际知识和有关能力，都是相互关联的。任何一方面的残缺都会影响其他方面的发展。"④ 他特别提醒，全面发展中的各育要和谐发展，要注意彼此之间的有机联系，主张树立整体观念，反对每育孤立地进行。他说："德、智、体中每育的发展都离不开其他方面的发展。没有一个育，不论是德育，或智育，或其他育，可以孤立地发展而发展得好的。……如何我们在进行德育时，不利用各种

① 金一鸣. 刘佛年教育文集［M］. 南京：江苏教育出版社，2010：197.
② 金一鸣. 刘佛年教育文集［M］. 南京：江苏教育出版社，2010：202－203.
③ 金一鸣. 刘佛年教育文集［M］. 南京：江苏教育出版社，2010：286.
④ 金一鸣. 刘佛年教育文集［M］. 南京：江苏教育出版社，2010：378.

美育手段，不利用文学、美术、音乐、故事、小说、电影等等，怎么能打动学生的心呢?"① 不难发现，刘佛年畅论诸育相互联系沟通的新时期"全面发展"主张，具有很强的时代针对性，不仅有利于明晰和把握当时基础教育变革的发展方向，而且对当代学校"五育并举，融合育人"的深度改革仍然具有重要的启迪意义。

与"全面发展"的教育方针相呼应，刘佛年认为，新时期要切实按照邓小平"三个面向"要求，培养人才要具有改革开放后新社会气息的时代特点，具备新的素质。他说："人的素质的培养是现代化的关键。在素质当中，知识能力固然重要，但精神、态度是核心，新社会的人必须有创造精神，又必须有开放的态度，而且必须能放眼未来。"② 在知识、能力和态度（或精神）三者当中，刘佛年何以特别重视"态度"呢? 他解释道："态度在这三者当中也许是更核心的东西，而它却往往被人忽视。所谓态度，也可以叫精神。在心理学上，这是指兴趣、毅力等品质，属于情感、意志、性格的范围。我们常看到某些人有知识、有能力，但就是做不成事业。除了客观原因外，主观上可能就是缺乏某种态度或精神。"③ 有鉴于此，刘佛年不仅要求培养儿童的观察、想象、思维和创造能力，更强调要教师善于培养儿童的创造精神，它直接关系到中华民族的未来发展。他说："有些教师对学生的创造采取鼓励态度。……学生感到成功的快乐，他的兴趣和毅力就会得到发展。有些教师不这样做，他们把学生的思想和言行紧紧捆住，学生的创造精神当然不可能培养起来。"④

同理，站在社会主义教育现代化发展的理论高度，刘佛年不仅关注"尖子生"培养，而且同样重视普通生的成长，期待广大教育工作者在课堂教学改革和公平育人目标上夺取"大面积丰收"。他说："如果认为我们只需要抓好尖子，不要在其他的学生身上多下工夫，那就错了。要实现四个现代化，必须提高整个中华民族的科学文化水平。只有专家，没有较高科

---

① 金一鸣. 刘佛年教育文集［M］. 南京：江苏教育出版社，2010：205.
② 金一鸣. 刘佛年教育文集［M］. 南京：江苏教育出版社，2010：311.
③ 金一鸣. 刘佛年教育文集［M］. 南京：江苏教育出版社，2010：314.
④ 金一鸣. 刘佛年教育文集［M］. 南京：江苏教育出版社，2010：325.

学文化水平的工人，现代化的生产设备是不可能运转起来的。"① 在刘佛年看来，许多有经验的教师善于对学生进行因材施教，让学习上有困难的学生也能获得及时的指导和鼓励，进而尝到因努力而成功的喜悦。他期待接受差班教学任务的教师，务必"准备尽最大努力去提高全体学生的水平，实现大面积丰收"。② 当然，实现大面积丰收还需要学校领导和全体教师秉承"每个学生都能学好"的初心使命，密切协作和共同努力。刘佛年写道："只要一般学校的领导和教师不自暴自弃，相信每个学生都能学好，充分挖掘学生学习潜力，教师定好教学标准，搞好测量，抓紧反馈补救，我相信大面积丰收是可能实现的。"③

令人欣喜的是，刘佛年持续倡行"大面积丰收"的公平育人理念，得到了当时基层实践工作者的积极响应。顾泠沅领衔主持的"青浦教改实验"，采用"尝试指导和效果回授两者相结合而以尝试指导为中心环节"，取得了县域范围内大面积提高教学质量的宝贵经验——青浦经验。对此，刘佛年不仅多次亲历青浦实验现场进行细心调查、研讨与指导，而且对其如何取得成功深有体会。他写道："青浦的经验证明，只采用回授调节方法的班，和除这个方法以外又同时还采用尝试指导方法的班，教学效果是不一样的。……学生的反应也大不一样，他们认为运用探究尝试的方法以后学习由死板到灵活了，觉得更有劲了。可见我们不能满足于学生的考试成绩，包括升学考试的成绩。作为一个有远见的教育工作者，我们还应该让学生学得活一些，为国家四化多培养有用的人才。"④ 在他看来，青浦经验这一鲜活的本土经验是可以在一般中学中进行推广辐射，以期让更多的学生得到身心和谐、个性自由的全面发展。"青浦教改实验"的后续传承与不断发展，也充分证明了其植根本土社会需求、最大限度地关注每一个学生健康成长的区域教改育人理念，颇受基层民众欢迎，与新时代"扎根中国大地办教育"精神是一致的。

---

① 金一鸣. 刘佛年教育文集［M］. 南京：江苏教育出版社，2010：173.
② 金一鸣. 刘佛年教育文集［M］. 南京：江苏教育出版社，2010：176.
③ 金一鸣. 刘佛年教育文集［M］. 南京：江苏教育出版社，2010：359.
④ 金一鸣. 刘佛年教育文集［M］. 南京：江苏教育出版社，2010：369.

刘佛年与马克思主义教育学中国化①

周险峰，庞雅欣②

刘佛年，湖南醴陵人，我国当代著名哲学家和教育家。1931 年进入大学的刘佛年初步接触马克思主义，其后于 1937 年留学英法，系统阅读马克思主义著作。解放后任华东师范大学校长，讲授共产主义哲学并进一步学习马克思主义，开始尝试用马克思主义分析教育问题。1961 年刘佛年受命主编《教育学》教材，转而主攻教育理论研究，积极促进马克思主义教育学的中国化。改革开放后，他以促进马克思主义教育学发展为己任，不断推动马克思主义教育学的中国化进程。刘佛年当年的一系列教育观点，在推动马克思主义教育学中国化的进程中起到重要作用，刘佛年也成为探索马克思主义教育学中国化的典型代表。回顾刘佛年的学术生涯，分析刘佛年在促进马克思主义教育学中国化进程中的关键事件，可以窥见马克思主义教育学中国化的历史流变，从而为建立中国马克思主义教育学提供历史借鉴，亦可为解决"中国教育学发展世纪问题"提供启发。

一、破旧立新，为马克思主义教育学的中国化扫清思想障碍

批判旧思想，确立马克思主义在教育学中的指导地位，是马克思主义教育学中国化的必要前提。马克思主义教育学的中国化与马克思主义指导

---

①　基金项目：2021 年度湖南省研究生科研创新项目"中国马克思主义教育理论研究的百年回溯与未来展望"（CX20211017）；2020 年度国家社科基金教育学一般项目"'回归马克思'：批判教育学的马克思主义传统复兴问题研究"（BOA200049）

②　作者简介：周险峰（1969—），男，湖北浠水人，湖南科技大学教育学院教授，教育学博士，博士生导师，武昌理工学院特聘教授，主要研究教育学原理；庞雅欣（1997—），女，湖南科技大学教育学院硕士研究生，主要研究教育学原理。

地位在中国的确立相联系。1949 年前，相当多的知识分子认为中国只能在国共双方之间走一条"中间道路"，即带有中国特色的资产阶级民主共和国。如张东荪提出"要使中国成为中和性的国家介乎美苏之间，则必定先把中国的政府变为联合政府。换言之，则用联合政府以表现中国在国际上的中间性。"① 这种改良主义为先进的知识分子所反对，于是中国走"中间道路"还是中国共产党领导的新民主主义革命成为社会争论的问题。与此同时，进步的知识分子认识到备受推崇的杜威思想背后的妥协主义："实用主义毕竟是资本主义社会的改良主义，虽讲求改良、变化甚至于改造，而究竟是点滴的改良，温和的进化，是要延长资本主义的生命的，而不是要扬弃现实的社会结构而把社会推进于更高的发展阶段的。"② 自 1916 年，当时最有影响力的教育刊物《教育杂志》开始刊登杜威的实用主义教育理论，实用主义教育理论在一批留美知识分子（如胡适、陶行知等）的推动下对中国教育学产生了巨大影响，甚至改变了中国教育学的借鉴重心③。但到民国后期，随着国内形势的变化，杜威理论的缺陷在实践中日益暴露，一些有识之士对时局、对以杜威为代表的西方资产阶级教育思想进行了再审视。这种审视在新中国成立前后几乎成为一种教育学术思想的发展趋向。

刘佛年即是当时的代表人物之一，他先后撰写了《杜威教育思想的再认识》（1947）、《论罗素》（1950）等文章。这些文章围绕一个中心：反对自由主义、批判"第三条道路"，得出中国要在中国共产党的领导下走革命之路的结论。此时刘佛年对于教育领域的关涉主要是出于政治的需要，批判杜威的教育思想也是从阶级的立场出发，认为杜威所倡导的自由主义实际上是代表中间（产）阶级的自由主义，反映的也是中间（产）阶级的利益，其教育思想亦是以此为基础。"进步学校是为这种中间阶级而设的"④，提醒当时的知识分子认清杜威思想的本质，不要做杜威主义者。同时提出教育家应该注意的几点原则："教育在现社会是不能超阶级的，前进的教育家应该为前进的阶级服务；教育不限于学校，任何活动均有教育意义，

---

① 张东荪. 追述我们努力建立"联合政府"的用意 [J]. 观察（周刊），1947，2（6）.
② 林砺儒. 教育哲学 [M]. 上海：开明书店，1946：16.
③ 张忠华. 教育学中国化百年反思 [J]. 高等教育研究，2006（6）：86–92.
④ 金一鸣，黄荣昌，陆敏福. 刘佛年教育文选 [M]. 上海：华东师范大学出版社，1999：12.

……要让学生参加实际社会中的工作与活动……"① 刘佛年此时的论文体现出利用马克思主义唯物史观来分析教育的思路。如果说《杜威教育思想的再认识》带有浓重的政治论辩色彩，那么刘佛年在解放初撰写的《论杜威》则着眼于理论方面的剖析。拥有哲学背景的刘佛年以哲学的深度阐明杜威思想的理论渊源，得出杜威思想的哲学基础——实用主义是"一种美国的市侩哲学"②，是资产阶级意识的体现。并通过论述实用主义哲学与马克思主义哲学的分歧——实用主义把经验当理论而不是依据客观规律③来凸显马克思主义哲学的科学性，进一步奠定马克思主义教育学的科学理论根基。与此同时，刘佛年开始利用马克思主义来阐释教育，以建构可取而代之的马克思主义教育理论。《唯物主义与教育》（1949）利用马克思主义唯物论对知识教育、艺术教育和道德教育进行了阐释。他认为知识教育、艺术教育和道德教育都应该和生活联系起来，并利用马克思主义唯物论证明"理论的学习、系统的知识的传授是绝对必要的"④。以上都表明刘佛年在思想论辩的过程中，最终认识到马克思主义的科学性，自觉选择马克思主义作为指导思想。

新中国成立后，我国进入社会主义过渡时期，实行新民主主义教育，"特别要借助苏联教育建设的先进经验"⑤。改造旧教育学，势必要对以杜威为代表的旧教育思想进行批判。1955 年，中共中央发出《关于宣传唯物主义思想批判资产阶级唯心主义思想的指示》，同年 5 月，《人民教育》发表社论，设立"批判资产阶级教育思想"专栏。同年 11 月，中共中央转发教育部党组《关于实用主义思想在中国教育中的影响和批判实用主义教育思想的初步计划》，指出"当前抓紧批判杜威、胡适的实用主义教育思想，进而批判其他资产阶级教育思想，这是宣传唯物主义教育思想批判资产阶级

---

① 金一鸣，黄荣昌，陆敏福. 刘佛年教育文选 ［M］. 上海：华东师范大学出版社，1999：13.

② 金一鸣，黄荣昌，陆敏福. 刘佛年教育文选 ［M］. 上海：华东师范大学出版社，1999：49.

③ 金一鸣，黄荣昌，陆敏福. 刘佛年教育文选 ［M］. 上海：华东师范大学出版社，1999：44.

④ 刘佛年. 刘佛年学述 ［M］. 杭州：浙江人民出版社，1999：69.

⑤ 中央教育科学研究所. 中华人民共和国教育大事记（1949—1982）［M］. 北京：教育科学出版社，1984.

唯心主义思想的一个重要组成部分，同时也是我国教育建设中的一个重要任务"①。这一时期，众多报刊登载批判文章，如李达的《实用主义——帝国主义的御用哲学》（1955）、曹孚的《杜威批判引论（上）》（1950）、《杜威批判引论（下）》（1951）、《批判实用主义教育学》（1955）等，我国掀起一场批判实用主义教育思想的浪潮。刘佛年对杜威进行了深入研究，延续了新中国成立前对杜威教育思想的批判，先后撰写了《什么是反动的实用主义教育思想》（1955）、《实用主义教育思想批判提纲》（1956）两篇文章，旨在肃清教师教学中的实用主义倾向，倡导学习苏联的马克思主义教育思想。

1949 年前后的政治与思想氛围较为复杂，对于教育方面的讨论展现出浓厚的政治色彩。但教育学的发展指向十分明晰：批判资产阶级旧思想、建立马克思主义在教育学中的指导地位、借鉴苏联教育学。破立结合，构成了解放前后教育学探讨的主旋律。当时的教育学者对中国化的理解比较浅层，更侧重批判。马克思主义教育学在刘佛年等一批知识分子的自觉选择下处于探索时期，但也确实为马克思主义教育学的中国化扫清了思想障碍。

二、主编的《教育学》教材，成为马克思主义教育学中国化的重要标识

新中国成立，经过短暂的过渡时期，我国疾速成为社会主义国家，为了学习强大的社会主义国家，苏联无疑是最佳选择。1952 年，《人民教育》杂志发表《进一步学习苏联的先进教育经验》的社论，认为新民主主义时期，我们学习苏联"做得不够彻底，也不够系统"②。于是我国开始"一边倒"式地学习苏联教育学理论，以凯洛夫为代表的《教育学》在相当长的一段时间内成为中国教育学的模板，对中国教育理论产生了深远影响。自1950 年至 1957 年，由苏联专家直接编写的和苏联专家指导下编写的讲义、教材共达 101 种③。随着社会主义改造的基本完成，我国开始尝试突破苏联模式，"以苏为鉴，走适合中国情况的社会主义建设道路"④。教育学者开始

① 何东昌. 中华人民共和国重要教育文献（1949—1975）［M］. 海口：海南出版社，1998.
② 社论. 进一步学习苏联的先进教育经验［J］. 人民教育，1952（11）.
③ 顾明远. 论苏联教育理论对中国教育的影响［J］. 北京师范大学学报（社会科学版），2004（1）.
④ 薄一波. 若干重大决策与事件的回顾（上卷）［M］. 北京：中共中央党校出版社，1991：491.

对苏联教育学进行反思，探寻中国化马克思主义教育学的建立。1957 年，曹孚在《教育学研究中的若干问题》一文中提出教育学中国化主要是将苏联教育学与中国实际相结合①，瞿葆奎也对教育学中国化进行专门的辨析。② 同年 7 月，《人民教育》发表了《为繁荣教育科学创造有利条件》一文，认为我国教育科学的发展最迫切的是解决教育学的中国化问题③，标志着教育学中国化的命题在理论层面上得到确立。加之中苏关系恶化，在西方教育学是"资产阶级"的、苏联教育学是"修正主义"的境况下，构建具有中国本土特色的教育学体系成为必由之路。当时的学者认为"编写教育学教材是建立我国自己的教育学的具体步骤"④，中国化的教育学首先体现在教育学教材的中国化上。1960 年，由华东师范大学等单位联合编写的《教育学》（初稿）问世，书中总结了在毛泽东思想指导下的教育经验，具有鲜明的中国特色。但其中的教育论断归根结底是当时的政府文件、报刊社论的汇编，出现"中国教育 = 社会主义教育 = 教育学"的逻辑错误，⑤ 理论化程度不高。在总结本土教育经验的基础上建构具有学理性的教育学教材，成为当时的迫切要求。1961 年，刘佛年受命主持《教育学》教材的编写工作。时任中共中央宣传部副部长的周扬在编写"教育学"教材上提出了一系列原则，这些原则包括：政策与理论的关系、共同规律与特殊规律的关系、阶级观点与历史观点的统一、史论结合问题、正面论述与批判问题以及共性与特性问题⑥。刘佛年在编写中吸取了这些原则，力求教材体现教育学的学理性。鉴于我国当时教育学学科建设经验的欠缺，刘佛年在组织材料的过程中充分利用了当时能利用的各种材料，涉及马克思主义教育论著、哲学、基于教育实践形成的政策文件、国内外教育书刊等，形成了较为科学的认识。书中绪论开宗明义地指出："教育学的任务是从客观的教育现象和实际的教育工作中去揭露它的规律"⑦，将教育学的学科特性与政

① 曹孚. 教育学研究中的若干问题 [J]. 新建设, 1957（6）.
② 瞿葆奎. 关于教育学中国化问题 [J]. 华东师范大学学报（人文科学版）, 1957（4）.
③ 孟宪承, 等. 为繁荣教育科学创造有利条件　上海南京高等师范院校部分教授对教育科学研究工作的意见 [J]. 人民教育, 1957（7）: 42 - 47.
④ 孙陶林. 建立我国教育学, 革新教育学的教学工作 [J]. 学术月刊, 1958（8）: 25 - 28.
⑤ 陈桂生. 刘佛年《教育学》述评 [J]. 江西教育科研, 1998（3）: 9 - 12 + 51.
⑥ 陈桂生. 教育学的建构 [M]. 上海: 华东师范大学出版社, 2009: 145.
⑦ 刘佛年. 教育学 [M]. 北京: 人民教育出版社, 1979: 序言.

策经验区别开来。在研究教育现象、探求教育规律的过程中，应该从社会与儿童身心发展两方面着眼，既体现了马克思主义唯物论对教育的指导又体现出教育领域的独特性，做到了将共同规律与特殊规律结合，具有较高的科学性。

该教材框架的构建，同样经过了周密的思考，力求从教育学的体系出发，阐述教育规律，在框架的建构上进行了中国化的尝试。经过讨论的《教育学》（讨论稿）分为 14 章："教育与政治经济的关系""教育与儿童身心发展的关系""教育目的和教育方针""学校教育制度""课程与教材""教学过程与教学原则""教学方法与教学形式""思想教育的意义任务和内容""思想教育的过程与原则""思想教育的途径与方法""生产劳动""体育卫生""教师""学校行政"。另有绪论和作为附录的美育（之后根据时代发展在附录中增添了教育与经济发展、电化教育两个部分）。教材的逻辑从教育学的一般原理到学校内部的教学再到学校的管理，内容丰富，涵盖了教育学研究的基本问题，为今后的教育学教材的编制厘定了基本范畴，甚至有学者认为至今的教育学教材大抵都未脱离刘佛年主编的《教育学》窠臼[1]。

可以说，刘佛年主编的《教育学》是第一本真正的中国化的马克思主义教育学教材，是马克思主义教育学中国化探索的结晶。教材的具体论述反映出马克思主义对教育的指导以及对本土教育经验的总结。例如，第一章"教育与政治、经济的关系"就明确指出，教育是一种社会现象并利用马克思主义分析教育与社会生活的关系，这不仅区别于西方学者对教育本质的认识，还阐释了凯洛夫教育学中从未提出过的问题，体现出我国教育学研究对马克思主义教育学的独特理解。再如，第三章论述"教育目的和教育方针"，鲜明地指出了我国的教育目的是培养全面发展的人，集中反映了由我国教育实践经验凝集而成的《中学五十条》和《小学四十条》有关培养目标的观点，展现出对本土经验的自觉总结。以上都表明以刘佛年为代表的学者认识到马克思主义教育学中国化就是：以坚持马克思主义的指导为灵魂、以尊重教育学学科规律为基点、以联系和解决中国教育实际问题为目的、以运用中国话语体系为手段的系统工程。至此，可以说中国化

---

① 陈桂生. 刘佛年《教育学》述评 [J]. 江西教育科研，1998（3）：9–12+51.

的马克思主义教育学体系初步形成。

　　刘佛年主编的《教育学》教材作为马克思主义教育学中国化的初步尝试，取得了显著的成就，提供了马克思主义教育学中国化的教材范本。由于编写时间紧张、缺乏必要的实践调查等现实因素，这本教材还存在许多的疏漏，刘佛年本人也认为《教育学》（讨论稿）并非"理想的产品"。之后进入"文革"时期，这本《教育学》未能最大限度地发挥它的效用，但它使马克思主义教育学摆脱了政策汇编式的形态，提升了教育学的理论思维；摆脱了对苏联教育学的完全依赖，蕴含着对教育学中国化的独特理解；摆脱了通过为外来教育理论做注脚的形式来建构教育学的桎梏，转而通过总结有中国特色的教育实践来构建教育学。因此，刘佛年主编的《教育学》可以说是一个重要标识，标志着我国在实践层面展开了马克思主义教育学中国化的探索，反映了我国马克思主义教育学体系的初步架构。当然，我们也不难发现此时我国对马克思主义教育学中国化的理解还停留在"化苏联教育学为中国实践所用"的层面，未深入到进行中国教育学原创体系的建构层次；对"中国化"也狭隘地理解为"闭关锁国"式的内涵，忽视教育学学科的科学体系研究；对马克思主义教育学中国化的探索以编教材的方式取代科学研究。这都是之后马克思主义教育学中国化所要裨补的阙漏。

三、中西兼容，着力描绘马克思主义教育学中国化的未来前景

　　十一届三中全会的召开使党的工作中心转移到经济建设上来，邓小平对教育的一系列讲话如《关于科学和教育工作的几点意见》（1977）、《教育战线的拨乱反正问题》（1977），尤其是《在全国工作会议上的讲话》，提出要对教育问题进行讨论，加快教育工作的拨乱反正①，国外教育思想也开始重新进入国内的研究视野。1978 年，关于"实践是检验真理的唯一标准"的大讨论，活跃了理论界的思想，为教育研究者反思教育提供了宽松的政治环境与学术氛围。作为一名颇有远见的学者，刘佛年对马克思主义教育思想进行了梳理与反思。反思内容触及教育本质、教育目的、教育方针、教育体制、教育规律、教育改革等多个教育命题。这些命题隶属于教育学的基本问题，是建构中国化教育学体系所需的理论建设。刘佛年对这些

---

① 邓小平. 在全国教育工作会议上的讲话 [J]. 人民教育，1978（Z1）：3 – 7.

基本问题的反思推动了马克思主义教育学理论的深化，从而将马克思主义教育学中国化推向了一个新高度。

教育本质是教育言说的逻辑起点①，对教育本质的认识直接影响着对其他教育问题的认识，影响着教育实践的价值取向。1978 年，于光远在《学术研究》上发表《重视培养人的研究》一文，认为教育与上层建筑之间不能划等号②，从而引发了关于教育本质近五年的论争③。刘佛年对教育本质也发表了自己的看法，他赞同马克思主义唯物史观，认为教育从根本上是由政治经济决定的。但"教育现象与社会现象的范围几乎是同一的东西"④，教育不能由某一个范畴概括它的本质，教育一方面与社会外部的各种现象有关，一方面与教育本身内在的各种因素紧密相关。刘佛年试图澄清教育本质，改变教育研究者对教育本质的单一认知，转而用联系的观点看待教育与经济、文化等方面的相互关系，充分体现出马克思主义辩证法的思想精髓。事实上，刘佛年在主编《教育学》教材时就已经体现出对教育本质的探析，在其后主编的《回顾与探索——论若干教育理论问题》（1991）一书中同样可以发现刘佛年利用马克思主义对教育本质进行深刻阐述。他利用"教育与社会发展的关系的研究""教育与人的发展的研究"两个章节来阐释教育的内外部规律⑤，从而为马克思主义教育学体系的建设提供理论基点。刘佛年对教育本质的深刻洞悉也成为我国教育学研究的基本共识。

消除体脑分工、促进人的全面发展是马克思主义思想的重要组成部分，促进人的全面发展亦成为我国的教育方针。但我国学界对全面发展的理解却是逐渐深入的。改革开放开启了我国实现社会主义四个现代化的伟大征程，教育的经济功能得到空前重视，快速培养各方面专家以支持社会主义现代化建设，促使教育的选拔筛选功能突出，促进人的全面发展成为部分人的全面发展。刘佛年对此深感忧虑，他对全面发展的概念做了理论剖析并认为全面发展是一个终身问题，倡导人人的发展。这一看法延续了他于

① 李润洲. 教育本质研究的反思与重构 [J]. 教育研究，2010，31（5）：11 - 16.

② 于光远. 重视培养人的研究 [J]. 学术研究，1978（3）：25 - 31.

③ 瞿宝奎. 教育基本理论之研究（1978—1995）[M]. 福州：福建教育出版社，1998：155.

④ 金一鸣，黄荣昌，陆敏福. 刘佛年教育文选 [M]. 上海：华东师范大学出版社，1999：246.

⑤ 刘佛年. 回顾与探索——论若干教育理论问题 [M]. 上海：华东师范大学出版社，1991.

1957 年的思考：全面发展要考虑学与思、知与行、一个真理与百家争鸣、社会需要与社会实际、集体与个人、全面发展与培养专长、需要与可能、独立性与联系性八对矛盾①。此时的他进一步关注到个人与个人之间发展的整体协调，"要实现四个现代化，必须提高整个中华民族的科学文化水平"②，对此刘佛年认为一要破解教学上的难题，二要办好师范教育，提升教师质量。改革开放后的十年间，刘佛年的一系列思想与实践几乎都围绕这两方展开。在改革教学模式上，刘佛年受到美国布鲁姆的"掌握学习理论"、美国布鲁纳的"认知发现理论"、苏联赞可夫的"发展性教学"的启发，结合中国教学的现状，提出要争取教学的"大面积丰收"，"学习最重要的是发展思维能力，掌握学科的基本结构"，因此要"让学生去体会科学家的发现过程"③，教材应该适应学生发现的过程，"要有一定的难度"。同时要了解儿童的世界，鼓励学生给予信心。他的理论体现出中西结合的倾向，随后其理论在青浦县（现为青浦区）数学教改实验小组中实践并取得一定的成果，理论与实践的双向结合为之后的教育研究做出方法论的示范。作为华东师范大学的校长，刘佛年十分关心师范教育的质量，"提高教学质量，师资是决定性的"④，他创立教育科学专业班，满足对教育学科发展和建设的需要，培养了一大批专门从事教育学科教学、研究的骨干及优秀的教育管理人才⑤。而这两方面的落脚点都是尊重教育教学规律，刘佛年在文章、访谈中多次提及对教育教学规律的探索与应用的重要性，他认为"教育改革必须从实际出发，按照客观规律办事"，学习国外规律要经过调查研究、总结经验、进行实验等科研工作，经过耐心的科学实践⑥。

---

① 金一鸣，黄荣昌，陆敏福．刘佛年教育文选［M］．上海：华东师范大学出版社，1999：110-123.

② 金一鸣，黄荣昌，陆敏福．刘佛年教育文选［M］．上海：华东师范大学出版社，1999：276-290.

③ 金一鸣，黄荣昌，陆敏福．刘佛年教育文选［M］．上海：华东师范大学出版社，1999：197-208.

④ 金一鸣，黄荣昌，陆敏福．刘佛年教育文选［M］．上海：华东师范大学出版社，1999：253.

⑤ 金一鸣，黄荣昌，陆敏福．刘佛年教育文选［M］．上海：华东师范大学出版社，1999：181.

⑥ 金一鸣，黄荣昌，陆敏福．刘佛年教育文选［M］．上海：华东师范大学出版社，1999：182.

20 世纪 80 年代末，众多国家对即将迎来的新世纪都做出了教育部署。刘佛年分析时代的发展，认为首先应对教育进行体制改革，给予学校自主权，不要只用行政手段管理学校，要处理好教育行政部门与研究机构的关系①。我国于 1985 年颁布《中共中央关于教育体制改革的决定》，对教育管理体制、教育结构、教育思想、教育方法等方面做出顺应时代的指示，印证了刘佛年对教育体制的远见卓识，也从国家的角度打破了单纯的意识形态对我国教育研究的束缚。在教育体制改革的促进下，教育研究者纷纷思考如何迎接新世纪教育。刘佛年认为"现代教育是在批判、反思传统教育的基础上建立起来的"②，描绘中国未来教育的蓝图，必须要立足中国教育现实，在把握中国马克思主义教育规律的基础上勾勒出未来教育的目标，为迎接未来教育提出应有之策。具体而言未来教育应以培养创造型人才为具体目标、以"知识·能力·态度"为培养内容、以给予信心为教育方法，最终达到教育质量的大面积提升。刘佛年主编的《中国教育的未来》（1995）系统地体现了他对未来教育的科学思考。第一章"中国教育发展的现状"实事求是地总结了我国建国 45 年来的教育体系现状，在肯定成绩的同时正视存在的问题：教育经费问题、学校品德教育问题、应试教育问题、中小学生辍学问题③。这在当时是切中要害的，有些问题甚至在当前也未得到妥善解决，显示出以刘佛年为代表的中国学者在马克思主义的主导下对中国教育现实的切实把握。第二章"中国教育发展的认识论基础"回顾了我国对社会主义教育的认识历程，总结了马克思主义教育学中国化进程中的得失，颇具元研究意味，为马克思主义教育学的研究提供崭新视角。第三章"中国教育的未来蓝图"依据人与社会两条规律将教育置于未来的社会背景中，马克思主义唯物史观贯穿其中，体现马克思主义思想指导的一脉相承性。此章节提出的未来教育的十大特点（终身教育体系的贯穿、重视教师队伍建设、教学手段现代化等）十分具有前瞻性，如今看来仍具有参考价值。第四至第七章讨论教育体制改革，第八至第十三章讨论各类教

---

① 金一鸣，黄荣昌，陆敏福. 刘佛年教育文选［M］. 上海：华东师范大学出版社，1999：185.

② 金一鸣，黄荣昌，陆敏福. 刘佛年教育文选［M］. 上海：华东师范大学出版社，1999：289.

③ 刘佛年. 中国教育的未来［M］. 合肥：安徽教育出版社，1995.

育的改革问题，其中提出关于未来师生关系、职业技术教育的展望彰显了中国马克思主义教育学的中国特色、完善了中国马克思主义教育学体系。

改革开放带来教育思想大解放，教育思想因此空前活跃。身处改革开放大潮的刘佛年，其思想既有继承性也有开创性，反映出当时马克思主义教育学的中国化样貌：其一，马克思主义作为一种思维方式已渗透到教育学的学科体系之中，如按客观规律办事、从教育实际出发等。当然，此时的马克思主义教育学总体上仍处于强调马克思主义教育学的"马克思主义"属性阶段①。其二，马克思主义教育学的"教育学"特性进一步凸显，在研究方法上重视理论与实践的双向结合，在研究视域上形成研究体系，如基础教育、高等教育、职业技术教育、成人教育等各类研究问题形成纵横体系。在学科体系上，教育学学科走向综合创新，体系的建设进入一个大发展阶段②。其三，传统的马克思主义教育学的意识形态藩篱被打破。马克思主义的中国化并非一帆风顺，马克思主义教育学的中国化亦是如此。从"苏化"到"曲折探索的"十年动乱"，我国对马克思主义教育学中国化的探索日趋深入，不再简单以意识形态代替学术研究。改革开放以来，思想互鉴的闸门打开，西方的认知主义、人本主义，苏联赞可夫、苏霍姆林斯基的教育思想涌入国内，拓展了我国马克思主义教育学的建构视野，认识到马克思主义教育学的中国化不是苏联教育学的中国化，亦非中国教育经验的简单总结。总之，随着改革开放的推进，马克思主义教育学中国化随之不断深入，展现出学理性与开放性。刘佛年与时俱进，在深入的理论探讨中进一步促进了中国化教育学体系的成熟。

四、结语

我国教育学的建构无论是译介日本、学习西方还是借鉴苏联都具有"舶来品"性质，"中国化"教育学的建设始终是教育学者的追求，也就意味着教育学中国化存在"移植"与"适应"的问题。马克思主义的指导使我国教育学呈现出独特之处，"中、西、马"的关系处理映射出马克思主义

---

① 郑刚，甘婷．探索与创新：中国马克思主义教育学的百年发展历程论析［J］．海南师范大学学报（社会科学版），2021，34（2）：50－57.
② 金林祥．20世纪中国教育学科的发展与反思［M］．上海：上海教育出版社，2000.

教育学中国化的水平，不同时期对中国化水平的反思使马克思主义教育学中国化的内涵逐渐明晰，这种内涵的真义隐在"中国化"的教育学成果之中①。纵观刘佛年的学术生涯，他的思想与实践正是"中国化"的教育成果的表征，反映出马克思主义教育学中国化的认知变迁与实践探索。从简单利用马克思主义看待教育问题到马克思主义教育学研究的逐渐深入；从全面移植苏联经验到关注本土实践经验；从教育学的政策化、语录化到理论化，我国马克思主义教育学构建的目标日渐明晰。

"进行中国教育学学科的独立建设，已成为 20 世纪 30 年代后中国教育学者的主要任务"②。经过改革开放 40 余年的努力，中国教育学的发展目标已经从"教育学中国化"走向"中国教育学"③。中国教育学的建设离不开马克思主义的指导，反观近几年的研究，"对马克思主义教育思想的重视与研究，还只停留在少数专家、学者那里，没有形成一种普遍的意识"④，马克思主义教育思想研究处于边缘化的地位，进行马克思主义教育学的相关研究成为时代的强烈呼唤。"我们应根据时代的要求，创造性地运用马克思主义的基本原理来回答当前面临的教育问题"⑤。进入新时代，面对新机遇与新挑战更应该自觉加强马克思主义教育学的建构，如何处理马克思主义教育学的"马克思主义"特性与"教育学"特性已经成为不可回避的问题。这要求我们在处理"马克思主义"与"中国教育"时一方面深耕马克思主义经典原著，加深对马克思主义观点的理解；另一方面应与时俱进，用发展的眼光进行解读，将马克思主义科学理论与中国教育的合理结合，思考能不能用、哪些方面能用、怎么用、用得怎么样等一系列问题。在处理"中国教育"与"他国教育理论"时应明确中国教育学的建设方向，在进行"教育学"特性的科学研究基础上积极转化，服务于中国马克思主义教育学的建构。可以说推进马克思主义教育学中国化仍任重而道远，大有可为，而刘佛年的探索能给予我们有益的启示。

---

① 陈桂生. 略论教育学"中国化"现象 [J]. 教育理论与实践，1994 (4).
② 侯怀银. 20 世纪上半叶中国教育学发展问题的反思 [D]. 华东师范大学，2000.
③ 李政涛. 走向世界的中国教育学：目标、挑战与展望 [J]. 教育研究，2018，39 (9)：45-51.
④ 刘黎明，吕旭峰. 重唤马克思主义教育思想研究 [J]. 华东师范大学学报（教育科学版），2010，28 (3)：13-24.
⑤ 黄济. 马克思主义教育思想的时代意义 [J]. 教育研究，2003 (6)：3-8.

第三部分　刘佛年全面发展教育思想

刘佛年全面发展教育思想及其当代价值①

刘黎明，刘筱玮②

刘佛年是我国著名的教育思想家和教育改革家。他的教育思想内涵丰富，不仅包括创造教育思想、基础教育思想、中小学教学改革思想、教师培养思想、人才培养观等，还包括丰富的全面发展教育思想。对于前者，国内学术界已有系统的研究，而对于后者，在《试论刘佛年的基础教育思想》③《论刘佛年的中小学教学改革思想》④《刘佛年"知识·能力·创造型教师"培养思想研究》⑤《刘佛年人才培养观及其现实启迪》⑥《刘佛年创造教育理念探析》⑦中虽有涉及但论述不够系统。本文尝试就刘佛年的全面发展教育思想进行学理上的系统探讨。

一、刘佛年全面发展教育思想的理论基础

（一）儒家身心合一的和谐思想

作为一名出身于中国传统书香门第的教育家，刘佛年的教育思想深深

---

① 该文原载于教育文化论坛，部分内容可能有改动。

② 作者简介：刘黎明，男，1962 年 11 月生，湖南茶陵县人，湖南师范大学教育科学学院副教授，教育史硕士研究生导师，研究方向为西方自然主义教育思想史、高等教育思想史等。刘筱玮（1999—），女，山东德州人，湖南师范大学教育科学学院硕士研究生，主要从事西方教育思想研究。

③ 李三福，肖婷. 试论刘佛年的基础教育思想 [J]. 当代教育理论与实践，2015，7（8）：7-9.

④ 刘黎明，祁占勇. 论刘佛年的中小学教学改革思想 [J]. 华东师范大学学报（教育科学版），2014，32（3）：1-9.

⑤ 詹梦真. 刘佛年"知识·能力·创造型教师"培养思想研究 [D]. 湖南：湖南科技大学，2021.

⑥ 王梓霖. 刘佛年人才培养观及其现实启迪 [J]. 当代教育理论与实践，2015，7（4）：171-173.

⑦ 何凤旎. 刘佛年创造教育理念探析 [J]. 洛阳师范学院学报，2015，34（1）：129-132+136.

打上了中国传统文化的烙印，而儒家文化作为中国两千多年的主流文化，其最开始就表明了对于全面发展人才的重视。无论是孔子"知者不惑，仁者不忧，勇者不惧"的人才观还是"兴于诗，立于礼，成于乐"的教育观，抑或是"礼乐射御书数"显于外的具体"六艺"教学，均证明儒家所要培养的理想"君子"必须是身心合一、和谐发展的。在刘佛年的自述中，他提到自己从小便学习《论语》《孟子》等儒家经典，儒家精神所涵养的传统全面发展人才观念为以后其全面发展教育思想的形成奠定基础。

但另一方面，作为传统的带有儒家"三纲五常"伦理特色的全面发展观由于受到所处阶级的限制与社会条件的制约，它不能很好地服务于中国社会革命之需要。究其原因可以归纳为以下两点：一是儒家思想所服务的封建阶级注定其人才培养无法面向人民大众，它局限在封建官僚这一群体当中；二是就全面发展观内部而言，其"心育优先"的教育秩序观更加注重君子之"道"的修养而鄙视体力劳动，而"鄙视体力劳动不可能造成人的真正和谐，因为排斥体力劳动的和谐是有局限性的"[①]。因此，在汲取中国传统育才观的基础上，刘佛年先是广泛学习西方唯心主义著作，系统阅读过包括康德、黑格尔所著等哲学名作以及包括杜威所著等教育学经典，尽管这些书籍让他具有了独特的哲学思维，但是在随后求学期间繁琐的哲学命题逻辑分析使他心生厌倦，加之当时中国社会革命激烈，而唯心主义中的资产阶级改良思想无法与中国革命现实相呼应，于是他便转向马克思主义学说，在学习中"逐步懂得了什么是唯物论、辩证法，什么是社会主义、无产阶级革命"[②]。并且在马克思主义理论的指导下，建构起全面发展教育思想的体系。

（二）马克思关于人的全面发展学说

刘佛年全面发展教育思想将马克思历史唯物主义与辩证唯物主义作为理论基础。在教育学编写组，他坚持这样的看法：教育问题对学生来说是一个认识发展的问题，要在辩证唯物主义认识论的基础上构建教育理论[③]。

---

① 苏霍姆林斯基. 个性全面发展的历史发展 ［M］. 长沙：湖南教育出版社，1984：2.

② 刘佛年. 刘佛年学述 ［M］. 杭州：浙江人民出版社，1999：9.

③ 凌云. 常在明月追思中——著名教育家刘佛年先生纪念文集 ［M］. 南昌：江西教育出版社，2004：41.

首先，他从生产力与生产关系出发，认同马克思所说的人是一切社会关系的总和，人的本质是由社会关系造成的，所以人的全面发展是在社会中的发展，依靠社会的发展并且与社会的发展相一致。只有建立在社会发展的基础上个人的全面发展才能够得以充分实现。它既不同于西方以个人自由为基础的自由主义式的发展，也不同于以私人利益为出发点的实用主义式的发展。其次，他吸收马克思关于人的整体性的观点，认为教育应当立足于整体的人。不仅"人的精神是一个综合的实体，德智体美劳相互影响，相互渗透。"① 而且人的身心各部分构成一个整体。全面发展就是要调动学生全部身心的各种能力，包括智力、情感、意志、体力各方面的力量。第三，全面发展是人的个性的自由发展。刘佛年认为"马克思主义的理想社会是一个自由人组成的社会，每个人都能思想、能创造、能充分发展他的兴趣与能力以及各种高尚的道德品质。"② 是一种共产主义社会中人的个性自由创造式的发展。

在中国"身心合一"和谐发展与西方马克思主义"全面发展"学说的双重理论基础之上，刘佛年指出杜威的实用主义教育思想与罗素的自由主义教育思想对人的全面发展存在的阶级局限性，对他们的思想进行了批判与再认识。在经历了全面学习苏联之后，刘佛年也毫不例外地反思苏联模式和凯洛夫的教育学，并针对我国提出的全面发展的教育方针，结合现代化建设的诉求，提出了自己的见解，希望找到适合中国国情的马克思主义教育学，力图形成中国化的全面发展教育思想。

二、刘佛年论全面发展教育思想的内涵

要阐清全面发展教育思想的内涵就必须先明白何谓全面发展，因为全面发展教育是为了人的全面发展而实行的教育，换言之，全面发展教育的目的便是人的全面发展。尽管刘佛年没有对全面发展下一个确切的定义，但是从他对其所进行的深入思考中我们可以获得全面发展的定义。当时给全面发展所下的定义是这样的：全面发展是指人的身心的几个重要方面都

---

① 金一鸣. 刘佛年教育文选［M］. 上海：华东师范大学出版社，1999：300.
② 金一鸣. 刘佛年教育文选［M］. 上海：华东师范大学出版社，1999：41.

能有所发展①。他从已有的全面发展的概念出发，对何谓重要方面、有几个重要方面等问题进行追问，他认为教育方针中全面发展的几个方面无论是指德智体还是德智体美抑或是德智体美劳，可以肯定的是身心都是要发展的。他认为："全面发展教育包含德育、智育、体育、美育、劳动教育、基本生产技术教育等。"② 全面发展必须是身体和心灵同时发展，更广言之，是人的物质世界和精神世界的双重发展，而每育是人的身心两方面不断发展精细化的过程。由此，全面发展教育的内涵可以具体从三个维度展开阐释。

（一）全面发展教育思想的基本意涵：全方面多维度提高人的素质

刘佛年全面发展教育思想与他的人才素质观密不可分，他首先着眼于人才素质的提高，而着眼于"全民族素质"或"国民素质"，实质上体现了"素质教育"作为"教育宗旨"，是"促进人的全面发展"的一种教育内在规定性的"中国式"宗旨表达③。他认为"社会主义现代化建设所需要的人才的素质，也就是我们教育工作者培养的人的形象"④。"我们通过教学工作，想完成什么任务，想使人在哪几方面得到发展？第一，我们通过教学工作通常首先想到的是获得知识。第二个任务，也就是大家谈到的发展能力。第三，我称之为态度。"⑤ 因此，刘佛年一开始就把握住作为教育宗旨的全面发展教育的素质核心，将人才素质培养与全面发展教育密切结合起来。他要求人的素质应当全方面发展，将人的素质分为知识、能力、态度三方面，认为现代化建设者应是知识素质、能力素质和态度素质三种素质合一的人才。"我认为人的素质可以分为三个方面：一是知识，一是能力，一是态度。"⑥ 就知识素质而言，他要求人具备扎实的基础知识、较广博的知识并且能够不断吸收新的知识，知识的广博全面是由于现代社会中知识综合化，以及解决问题时要综合运用知识的趋势的需要。这也就要求应该

① 金一鸣. 刘佛年教育文集 [M]. 南京：江苏教育出版社，2010：195.
② 金一鸣. 刘佛年教育文集 [M]. 南京：江苏教育出版社，2010：101.
③ 毛红芳. 从素质教育到核心素养：全面发展教育的中国实践与理论发展 [J]. 国家教育行政学院学报，2018（3）：44－49.
④ 金一鸣. 刘佛年教育文选 [M]. 上海：华东师范大学出版社，1999：263.
⑤ 金一鸣. 刘佛年教育文集 [M]. 南京：江苏教育出版社，2010：326.
⑥ 金一鸣. 刘佛年教育文集 [M]. 南京：江苏教育出版社，2010：314.

在全面的教育和广博的基础上培养人才。就能力素质而言，要求人具备自学的能力、独立工作、独立思考的能力以及革新创造的能力，未来社会所重视的是灵活地、运用综合知识来解决问题的能力。刘佛年表明全面发展教育应当是一种旨在促进学生独立探索、终身发展并面向未来的教育。就态度素质而言，要求人具备革新创造的态度、开放的态度和重未来的态度，我们的教育工作要注重培养这三种态度或精神，鼓励他们在这些方面采取行动，经过努力，克服困难，达到成功。意图让人的全面发展教育指向精神高度，为知识与能力两方面的发展提供动力。在这三种素质全方面合一的基础上，刘佛年又提出了全面发展要做到素质三种维度合一，即全面发展应当是广度、深度与高度的合一。"所谓全面发展，还有另一方面的意义。无论哪一方面，除了广度，还有深度和高度的问题。讲一个人智育的发展，不只是指这个人知识面很广，而是同时指这个人在某些方面很有深度，即是在知识技能方面有深度，在觉悟方面有高度，在美育、体育方面也有特点。"① 缺失知识广度无法使自身专长精益求精，没有专长深度无法让自身成为有用之才，而一旦失去精神高度更易使自身变为有害之才。因此，仅有知识、能力与态度的素质广度是远远不够的，更要做到学识深、能力强与态度真，他说："我们培养人材，不只是一般的人材，而要培养有专长的、有用的、对国家能有所贡献的人材。"② 全面发展的人材并非各方面浅尝辄止的泛泛之才，而是能够以广博的知识为支撑，在某一方面有所钻研并且有所造诣的人才，应当是学有所长并对社会国家有所贡献的栋梁之材。所以，三种素质广度、深度与高度的合一更证明了全面发展与培养专长的统一，学有所长内涵于全面发展教育之中。

（二）全面发展教育思想的核心意涵：各育有机融合促进身心和谐发展

全面发展教育思想在着眼于人才素质的基础上，其核心是实现各育之间的有机融合，促进身心的和谐发展。首先，刘佛年认为各育之间的地位是平等的，主张"各育并举"。他认为"任何主张全面发展教育的各方面可以分轻重先后的论调都是有害的"，因此"不主张一个时期可以着重抓一个

---

① 金一鸣. 刘佛年教育文集［M］. 南京：江苏教育出版社，2010：197.
② 金一鸣. 刘佛年教育文选［M］. 上海：华东师范大学出版社，1999：190.

什么东西，忽略别的东西。在任何时候、任何情况下都不能只抓哪一育，而应该全面发展。"① 这就是说，各育自身都有不可替代的地位，任何优先论都只是某一时期人们看到某一方面的利益从而过于注重某一方面的发展而人为做出独断的结果，其实质仍旧是一种片面发展的旧思想。其次，各育之间相互制约，相互影响。正因为"个人是一个具有统一性的整体，它的一切方面都处在一定的相互联系中。要发展个性就必须全面地发展它，使各个方面相互适应，形成和谐状态。片面地畸形地发展某一方面，不仅阻止了其他方面的发展，也损害了这一方面的发展。"② "这些方面都各有不同的目的、内容和方法，都具有相对的独立性。但同时这些方面之间又具有极其密切的联系，它们互相制约、互相影响。"③ 所以，没有一"育"能够离开其他的育而可以孤立发展，学生所参加的每一项教育活动往往牵涉多种"育"，每一"育"的发展都是在与其他"育"交互作用中产生影响的。因此，各"育"自身的平等地位与它们之间的有机互动联系便为教育活动中各育有机融合的实现提供了可能。他创造性地提出了每"育"的全面发展的问题，即不再从各"育"之间交互的外部联系中思考全面发展的问题，而从每"育"发展的内部出发，从一"育"之中看各"育"发展问题。他认为，每个"育"本身也有很多方面，每个"育又有全面发展的问题"④。"他不仅需要受德、智、体、美、劳动、基本生产技术等方面的教育，而且在每一方面都应当是比较全面的。"⑤ 因为每个"育"本身也有很多方面，都需要不断地发展，"这几育的各个方面是不能少的，少了一方面就是一个缺陷，将来会对一个人的生活、学习、工作带来不利，对社会也会带来不利。"⑥ 拿美育来说，它包含着音乐、美术、美工、舞蹈、戏剧等，而音乐可以陶冶人的道德情操，舞蹈锻炼人的身形体态，戏剧增添人的知识价值，美工依靠人的动手实践，即一"育"发展本就内含着各"育"的

① 金一鸣.刘佛年教育文选 ［M］.上海：华东师范大学出版社，1999：196.
② 金一鸣.刘佛年教育文选 ［M］.上海：华东师范大学出版社，1999：122.
③ 金一鸣.刘佛年教育文集 ［M］.南京：江苏教育出版社，2010：101.
④ 金一鸣.刘佛年教育文集 ［M］.南京：江苏教育出版社，2010：196.
⑤ 金一鸣.刘佛年教育文选 ［M］.上海：华东师范大学出版社，1999：119.
⑥ 金一鸣.刘佛年教育文集 ［M］.南京：江苏教育出版社，2010：197.

方方面面，以往只是人们窄化了美育涉及的范围才使得人们最多只看到美育与德育、体育、智育、劳动教育外部交叉联系而不能真正看到各"育"结合在一起的有机整体。刘佛年认为：每"育"本身所涉及的学科内容是丰富的，"这些育的每一个学科各有其重要性。不能说哪些是重要的，哪些是不重要的，只是作用不同。"① 同理，我们可以推知，其他各育要想全面发展，是无法与他"育"的有机融合相脱离的，各"育"本身即是一个有机融合的整体，只有用整体的眼光看待各育对人从不同方面、从一方面的不同角度所起的作用，不仅要求各育之间和谐发展，更要坚持每育之内和谐均衡发展，才有可能实现真正意义上人的身心和谐发展。

（三）全面发展教育思想的精神意涵：培养人的个性自由与创新精神

　　各"育"作为一个整体，心理能力的发展问题是全面发展中每"育"的共同问题。刘佛年认为，"无论在几个育的哪方面，都有心理能力的发展问题。一个人的智力要得到发展，情感要得到发展，意志也要得到发展，各方面都得到发展。而每一方面的发展又有它的质量的高低。"② 而"一个人要有创造的才能，有创造的智力，这应该是最高的智力。"③ "我们在学校培养学生，不仅要让他有进行创造所必需的知识和能力，而且要培养他的创造精神。"④ 在刘佛年看来，只有创造才是人的最高智力、最高能力、最高精神，使人之所以为人的个性自由之所在，全面发展教育的精神意涵就是要培养具有真正创新精神的自由人，全面发展教育就是要实现人的完满的自由的全面发展。他认为，"社会主义社会和阶级社会的根本区别之一，就是共产党宣言中所说的，这个社会将是一个以各个人自由发展为大家自由发展条件的协会。社会的发展依靠每个人充分发挥自己的积极性、主动性和创造性，而社会又供给了个人以享受美好生活和发展聪明才智的极其丰富的机会"⑤。也就是说，个性自由发展作为全面发展的最终目标，它是以人的创造性为显著特征的，一个真正自由的人一定是能够有自己的创新

---

　　① 金一鸣. 刘佛年教育文集 ［M］. 南京：江苏教育出版社，2010：197.

　　② 金一鸣. 刘佛年教育文集 ［M］. 南京：江苏教育出版社，2010：199.

　　③ 金一鸣. 刘佛年教育文选 ［M］. 上海：华东师范大学出版社，1999：191.

　　④ 金一鸣. 刘佛年教育文集 ［M］. 南京：江苏教育出版社，2010：308.

　　⑤ 金一鸣. 刘佛年教育文选 ［M］. 上海：华东师范大学出版社，1999：117.

的人。他指出，"我们现在进行现代化的教育，也应该使青少年全面发展。我国的现代化的目标是要建立共产主义社会，而共产主义社会'将是一个以各个人自由发展为一切个人自由发展的条件的联合体'。全面发展和自由发展，这就是我们的教育目标。"① 在他看来，"人的素质的培养是现代化的关键。在素质当中，知识能力固然重要，但精神、态度是核心，新社会的人必须有创造精神，又必须有开放的态度，而且必须能放眼未来。"② 的确，一个把握住创新精神的人能高扬自身人性，相反，如若人一味地复制过去成果，那么人类的价值会随着机械运动的成果的累积而递减，最终除了会使人性价值贬低为物之外，将一无所剩，而完全异化与物化的人与真正有自由精神的人更是相去甚远了。因此，我们需要以创新精神与自由精神为指向，实施全面发展教育固然离不开物质世界，但是在此之上我们应注意精神世界与物质世界的协调，我们不仅仅是为了物质而活着，不是只将人培养成为某种人，而是要将人培养成为有用的人。

三、刘佛年论全面发展教育思想的实现路径

正如对全面发展教育思想内涵的思考一般，刘佛年论全面发展教育思想的实现路径并非只是逻辑思考推理的结果，而是在教学实践的基础上归纳总结而得，是理论与实际相联系的结果。刘佛年不仅仅是一位教育思想家，更是一位教育改革家。他的全面发展教育思想的实现路径的指导思想就是他所理解的全面发展教育思想的基本意涵、核心意涵以及精神意涵。

（一）明确各育具体标准，全面发展目标具体化

针对片面追求升学率的问题，刘佛年强调要明确各"育"的具体标准，不能人为拔高或降低指标，教学要符合教育的规律。"用加重负担的方法，青少年在德智体几个方面都不能得到很好的发展。而且过多增加学生的负担，也就增加了教师的负担，使教师没有时间进行业务进修。"③ 而教学不从学生实际出发，学生负担过重是严重违背教育发展规律的。因此，我们

---

① 金一鸣. 刘佛年教育文集［M］. 南京：江苏教育出版社，2010：365.
② 金一鸣. 刘佛年教育文集［M］. 南京：江苏教育出版社，2010：311.
③ 金一鸣. 刘佛年教育文选［M］. 上海：华东师范大学出版社，1999：173.

需要明确具体的要求来进行教学规范。首先，他提出要改革检查、考试的方法，要确保德、智、体几方面的具体考核标准，考题应能全面检查学生对知识的记忆、理解和应用，在此之外添加论文式测验，实行综合性考核。其次进行测量评价制度改革，他认为考试制度要改革，要端正考试的目的，改进考试的方法，使它成为促进学生全面发展、自由发展的手段。① 考试不能作为目的，学生升学一定要以自身的全面发展为价值旨归，否则就会造成学生只重名次不重过程的畸形发展现象。

（二）系统学习基础知识，着重掌握基本原理

刘佛年认为基础知识的学习一定要有深度和广度，要扎实掌握各科基本原理。"实际上，不按照国家的教学计划，对学生进行系统的教育和提出严格的要求，学生的兴趣与才能是不可能得到充分的发展的。学生会停留在那些肤浅的、偶然的兴趣和低级的才能上。"② 他主张，"教师出的试题必须全面、系统，而且必须辅导学生进行全面系统的复习"③。在刘佛年看来，全面发展的教育并不意味着对各门学科知识的浅尝辄止，相反应当对人的系统学习严格要求进行深入学习，基础不牢，全面发展的基石就不会稳，学生的发展就会浮于表面，仅仅停留在低级的才能表现而无法形成对世界的科学认知。此外，他重视学生知识面的开阔，认为应当要加强课外阅读。"课外阅读能使学生按他自己的兴趣开拓他的知识面，并在某方面深入钻研。"④ 所以要重视学生兴趣之所在，充分发掘学生在某一方面的特殊才能，引导学生利用课外阅读补充知识的丰富性。

（三）倡导跨学科学习

面对学科分化与综和趋势增大，各科相互渗透，边缘学科不断出现的现实情况，刘佛年指出："多科性是科技发展的必然趋势，是无法抗拒的，不管你怎么顽固，最终还是要顺从它。"⑤ 全面发展的核心意涵是各"育"之间的有机融合，那么全面发展的素养必然是一种跨学科的素养，而非单

---

① 金一鸣.刘佛年教育文集［M］.南京：江苏教育出版社，2010：366.
② 金一鸣.刘佛年教育文选［M］.上海：华东师范大学出版社，1999：116.
③ 金一鸣.刘佛年教育文集［M］.南京：江苏教育出版社，2010：66.
④ 金一鸣.刘佛年教育文选［M］.上海：华东师范大学出版社，1999：190.
⑤ 金一鸣.刘佛年教育文选［M］.上海：华东师范大学出版社，1999：228.

学科支撑的素养。他提出要"学习专业知识，并学习与专业有关的边缘学科和综合性学科……文理之间，理论与应用之间，学科间都要互助渗透。"①单一学科的作用是有限的，就德育而言，倘若对学生进行德育的方式仅仅是通过政治课来实施的话，学生就会将道德当成简单的说教，而且以这种方式所进行的教育是非连续性的，学生不会在政治课以外的学科中有意识地进行自我教育，久而久之还会心生厌烦，其教学效果与效率大大降低，事实上，体育课上团体比赛的合作互助，物理课上多次试验的坚持不懈都会对学生品德产生影响，学生可以从不同学科中有意识地对同一问题进行反思，每育与每一科的关系并非一一对应，一种学科既可以作为体育的手段也可以作为德育的手段，关键就是要培养学生跨学科学习的意识。

（四）理论与实践相结合

教育与生产劳动相结合作为实现人的全面发展的根本途径，这一具体途径的实现要求在改变，现在学生尤其应当注重科学知识理论与劳动技术实践的结合。"在马克思的时代，儿童主要是在工厂劳动；后来，儿童主要是在学校学习，加一点劳动。"② 时代在变，教育与生产劳动相结合的具体内涵也在变，随着学生学科学习日益精细化与专业化，学生学习的知识越来越复杂，仅在学校中添加一些体力活动并不能与他们所学习的理论知识相匹配，造成学生知与行不统一，理论与实践相脱离。"马克思主义者认为：不和实践结合的理论是空洞的理论，不受理论指导的实践是盲目的实践。"③ 的确，片面地夸大知，就会脱离实践成为教条主义。片面地夸大行，就会忽略理论走向经验主义，无论经验主义还是教条主义，都是片面发展的表现。他认为："要提高教学质量，必须贯彻教育与生产劳动相结合和理论与实际相结合的方针。"④ 因此，全面发展教育应当将理论与实践相结合，劳动教育不应该只看到"劳"，更应当注重"动"，即学生学习要行动起来。劳动教育应渗透在各育之中，仅仅为学生安排劳动课，明显划分劳动教育与其他各育的范围，孤立进行劳动教育实际上割裂了学生的理论与实践。

———————————

① 金一鸣. 刘佛年教育文集［M］. 南京：江苏教育出版社，2010：365.
② 金一鸣. 刘佛年教育文选［M］. 上海：华东师范大学出版社，1999：248.
③ 金一鸣. 刘佛年教育文选［M］. 上海：华东师范大学出版社，1999：112.
④ 金一鸣. 刘佛年教育文集［M］. 南京：江苏教育出版社，2010：156.

(五) 培养具备全面发展教育观背景的教师队伍

要想成功培养出全面发展的学生离不开师资队伍的建设，因此，落实全面发展教育需要一批真正具备全面发展教育观背景的教师队伍。"经刘佛年校长在 77 级学生中动员，准备挑选 49 名有志于教育科学研究，有一定的教育实践经验，德智体全面发展的学生，毕业后充实教育科学研究队伍。"① 即新社会的教师也要全面发展，教师不仅要要求学生进行全面发展的学习，教师的选拔考核也要以全面发展为标准。他提出要"全面贯彻党的教育方针，提高教学质量和科研水平，加强师资队伍的建设"②。首先，教师要注意因材施教，正确处理面对全班与因材施教的关系，"做到教学面对全班学生，对不同水平的学生提出不同的问题和任务，让每类学生，每个学生都有机会参与他们力所能及的教学活动"③，教育者要针对不同学生，掌握各类英才发展的模式并为他们提供各种必需条件。其次，各科教师应当加强合作与交流，任课教师不能只考虑自己教的功课，若教师各管各的，各育职能分工划分明显，则达不到有效沟通，"殊不知只有每个教师都关心学生的全面发展，才能收到一定的效果"④。最后，教育者要教育人，自己还要不断地接受教育，革新观念。第二次世界大战以来知识爆炸现象突出，科技革命日新月异，社会生活瞬息万变。"现在无论是在生产、科学技术或社会生活的其他方面，都没有一套终生运用而不需要发展的东西了。"⑤ 因此教育者要不断学习才能保证教学过程不会僵化，才能保证学生的发展不是滞后的发展。

四、刘佛年全面发展教育思想的当代价值

从 1951 年提出"普通中学的宗旨和培养目标是使青年一代在智育、德育、体育、美育各方面获得全面发展，使之成为新民主主义社会自觉的积

---

① 关于选留本校 1981 年寒假毕业生的报告 [Z]. 上海：华东师范大学档案馆，编号：Z - 5 - 75.0005.

② 金一鸣. 刘佛年教育文集 [M]. 南京：江苏教育出版社，2010：246.

③ 金一鸣. 刘佛年教育文选 [M]. 上海：华东师范大学出版社，1999：331.

④ 金一鸣. 刘佛年教育文选 [M]. 上海：华东师范大学出版社，1999：359.

⑤ 金一鸣. 刘佛年教育文选 [M]. 上海：华东师范大学出版社，1999：202.

极的成员"到 1981 年"坚持德智体全面发展、又红又专、知识分子与工人农民相结合、脑力劳动与体力劳动相结合"的教育方针，其具体内涵随着时代要求而发生变化。针对当时人才培养质量不高、师资条件匮乏、偏重智育传统的习惯势力突出以及片面追求升学率等诸多有关全面发展教育的问题，刘佛年意识到"全面发展是一个奋斗目标"①，不奋斗不会实现，它是一个长期的现代化建设的历史过程，现在我们仍然面临着以前所未解决的问题以及新时代如何坚持教育为社会主义现代化建设服务、如何全面实施素质教育以及如何培养德智体美劳全面发展的社会主义建设者和接班人等新问题，而这些问题的答案或许可以从前人的思考中有所借鉴。

（一） 创造性提出每育全面发展问题，为新时代五育有机融合提供新角度

刘佛年认为全面发展不仅仅是指德智体美劳各育整合发展，而且着重提出每育的全面发展问题，这种角度转变为新时代五育有机融合的实现提供了契机。各育需要不同的学科来支撑，每育也需要不同学科作为手段，比如德育除了道德品质教育外，还有思想政治教育，思想政治教育包括政治、经济、法律、社会、哲学等诸多学科。"这些'育'的每一个学科各有其重要性，不能说哪些是重要的，哪些是不重要，只是作用不同罢了。"②也就是说每育之中本就内含着其他各"育"的教育意义，各"育"之间的学科相互交织，不能说哪一学科是专为哪一育而设置的，这也就是为什么要如此重视跨学科人才的培养。而在当代正是由于缺少这种育内融合的意识，"五育"融合仍存在诸多问题。首先，在如今愈来愈强调学科精细化与专业化的同时，"五育"之间的职能划分也越来越明显。各科教师只关心自己所教的学科，只在乎学生在自己课堂上的表现能不能达到标准，将劳动教育交给劳动课，体能训练推给体育课，殊不知语文课堂也能传授劳动常识与运动知识，能培养对劳动与运动的热爱情感，劳动课与体育课需要语文课堂的支撑。这种基于学科内容的教师职能的划分使得教师各司其职，各行其是，缺少一种整体的观念从而造成教学上相互割裂的情况，不利于人才的培养。其次，随着生产力的提高和社会的复杂化，生活的方方面面

---

① 金一鸣．刘佛年教育文选［M］．上海：华东师范大学出版社，1999：194.

② 金一鸣．刘佛年教育文选［M］．上海：华东师范大学出版社，1999：189.

都处于一种密切的联系当中，而教育作为社会大系统中必不可少的一部分也必然要加强学科之间的联系，但是受"五育"范围划分的影响，教师在教学时往往只关注"五育"之间的外部联系，从各育之间的外部交叉联系中整合相关内容而非从内部出发，仍把"五育"看作是五个独立部分的联系，不明白教育活动一体五面的关系，这就导致现在教学活动从表面上看一门课上各方面的知识都涉及了，但实际上学生并未把它们融会贯通起来，仍然是智育部分划归智育、德育部分划归德育，智德不统一，言行不一致。因此，必须转换角度与传统观念，立足每育的全面发展，在每"育"之中渗透"各育"，发现"他育"，从一"育"之中看到各"育"的影响，从每"育"内部出发，真正把"五育"有机融合起来。

（二）重视人才创新素质培养，提倡为现代化建设培养创新型人才

刘佛年全面发展教育思想重视人才创新素质的培养，为当代创新型人才的培养提供了重要启示。全面发展是人的知识、能力与态度的素质发展，在每育之中都包含着知识、能力、精神三方面的素质，而创新知识、创新能力与创新精神正是人的最高级素质，因此现代化建设的人才培养必须重视人才的创新素质。我们现在正处于现代化建设进程的关键时期，创新是信息时代各国竞争的核心力量。我们的教学发展应当紧跟时代发展的趋势，处于创造性教学模式当中。然而，现在仍有许多课堂固化在知识传授的学科框架当中，教师教，学生听，教学中更多地是规训、记忆与反复练习，为了便于管理，学生更多是被要求听话，一板一眼地接受教师讲课件而不能有过多的自我思维发散，导致学生在课堂上不能结合生活经验进行知识的自我建构，将本该活泼生动的教学变成单方面的灌输与"一言堂"，这种传统的牺牲学生主动性的"教师中心"课堂显然已经不适应互联网社会对创新人才的需要，它不能使学生的批判力、思维力与解决问题的能力获得相应发展。在信息技术革命的影响下，层出不穷的各种问题要求学生只有具备强大的独立精神和应对变化的精神才能够适应变动不居的社会。因此，要重视培养学生的思维与精神，注重情境教学，让课堂更多的围绕问题展开而不是围绕教师进行，充分发挥学生的学习主动性和积极性，使他们在教师的主导作用下，自觉地、独立地、耐心地探索、思考，始终保持浓厚的兴趣和坚强的意志，要调动起学生的情感、意志等非认知因素，让课堂

"活"起来。在当代，以创新为核心的素质教育对人的全面发展提出了更高的要求，我们不仅要求"各育"的整合，更要在整合的基础上实现升华，力图达到超越的教育效果。

（三）科学地认识"考试主义"对人全面发展的阻碍，引发对今日教育问题的反思

刘佛年早在 20 世纪就已经科学地认识到"考试主义"对人全面发展的阻碍，他提出，"只要我们善于学习，我们是可以掌握新的考试制度的精神实质的，因此，是可以避免形式主义的"①。这对我们今天应试教育问题的解决与"双减"政策的落实意义重大。后工业时代随着经济的繁荣与人们生活水平的提高，考试作为一种公平公正的人才选拔方式越来越受到重视，成为众多家长与学子改变人生命运的焦点，由于考试试卷的书面化、选拔性特征，分数、名次将人逐步量化，人成为数字化的产物，教育的一切维度都考试化，仿佛什么都可以通过考试来测量。与此同时，"五育"当中智育的地位更加凸显出来，原本重智育的传统与考试主义相结合更使得"五育"地位失衡，"重分数，轻智能"的片面式发展与学生学习压力增大、身心压抑的畸形式发展再次对全面发展教育带来挑战。为了能够在考试中获得好成绩，学生课上和课下的时间都被课本与习题所占据，得不到自我意识的承认与求知的满足，学习压力的增大使许多人心生厌学之感，学生内心转向消极的教育意向性从而封闭自我，不仅严重损害学生身心健康，也容易使单方面付出的教师产生职业倦怠，不利于师生长远发展。由此可见，"考试主义根本就谈不上'育'的问题，它什么教育也不是，它只是一种知识的'训练'，因而它实则是对人的'心灵和谐'抑或'身心和谐'的彻底背弃。②在这种情况下，"双减"政策的出台无疑缓解了紧张的考试局面与师生内心的压迫感，为学生和教师减负，减轻学生与教师的学习压力与工作压力，将学生与教师的全面发展与综合素质作为进行评价的标准，杜绝所有指标考试化、一维化才能真正有利于师生长远发展。总而言之，面对今日应试教育依旧问题严重的状况，应当反思考试主义对人全面发展的

---

① 金一鸣．刘佛年教育文集［M］．南京：江苏教育出版社，2010：67.

② 王占奎．论"全面发展教育"的价值秩序［J］．教育学报，2021，17（4）：18–30.

侵害，推动"双减"政策合理落实，谨记考试不是目的而仅仅是一种手段，它是为人的全面发展服务的，而并非人的发展就是为了更高层次的一级一级考试，错把手段当目的只能使人离全面发展的道路越来越远。

（四）将学生的全面发展作为提高教育质量的根本标准和教育方面的根本规律

刘佛年明确提出将学生的全面发展作为提高教育质量的根本标准，强调要将全面发展视作教育方面的根本规律，只有把握全面发展这一教育根本规律，才能够提高教育质量和教育效率，使学生能够主动活泼地发展。但在当代教育评价标准中，人们往往重视智育的评价而忽视其他育的评价，在评价智育时，又由于重视目标评价、结果评价而忽略过程性评价，加上评价手段单一，仅仅将笔试或者其他形式的标准化测验作为主要评估方法，以可测量性的知识取代人的整体性知识，用可以书面化的语言代替学生内心无法言传的真情实感，从而将人的心理素质、体育素质、审美素质、劳动素质边缘化。显然，这种单一性、标准化、统一性的教育质量评价标准已不足以应对信息技术时代对全面发展的创造性人才的需要，"一考定终身"式的测量方式也不符合发展性人才的评价观念，忽略其他方面发展而人为突出某一方面发展虽然在短期之内可以获得显著成效，收获大批"特长"式人才，但是其他方面的短板会限制人的长远发展，不能真正提高教育质量。因此，教育评价应当以学生的全面发展作为根本标准与根本规律，对人才进行综合性测评，加大主观性题目在考试中的比重，利用多媒体软件测验、情境测验、项目式测验等多种测验方式考核学生的综合能力，让教育评价更加具备多样性、丰富性、综合性。

五、结语

综上所述，刘佛年的全面发展教育思想意涵丰富，它是刘佛年在儒家身心合一和谐思想和马克思关于人的全面发展学说的影响下，结合新中国的教学实践与教学改革，在理论与实践相结合的基础上形成的。它以全方面多维度提高新人素质为基本意涵，将各育有机融合促进身心和谐发展作为核心意涵，并把培养人的个性自由与创新精神当作精神意涵，其目的就是为新中国培养全面发展的现代化建设人才。刘佛年坚持明确各育具体标准，全面发展目标具体化、系统学习基础知识，着重掌握基本原理、倡导跨学科学习、理论与实践相结合、为学生培养具备全面发展教育观背景的教师队伍。其理论与实践为当代中国全面发展教育的实施积累了宝贵经验，创造性提出每育全面发展问题，为新时代"五育"有机融合提供新角度；重视人才创新素质培养，提倡为现代化建设培养创新型人才；科学地认识"考试主义"对人全面发展的侵害，引发对今日教育问题的反思并且提出将学生的全面发展作为提高教育质量的根本标准和教育方面的根本规律。这些对推动全面发展教育完善意义重大。

刘佛年的全面发展教育观^①

孙德玉，朱　晗^②

刘佛年，是中国当代著名教育家，历任华东师范大学教务长兼教育系主任、副校长、校长和名誉校长。他学贯中西、终身从教。中华人民共和国成立后，他以高度的爱国热忱和历史责任感研究我国的教育问题，负责编撰了《教育学》《教育基本原理》《中国教育大辞典》等多部著作，提出了许多具有深刻见解的理论观点，为创建我国社会主义教育理论作出了重大贡献，是社会主义教育学的奠基人。刘佛年还是我国教育科学现代化进程中承上启下的人物，他是我国第一批博士研究生导师，培养了一批当代教育理论界的骨干力量，无论是在人才培养，还是在科学研究方面，他都做出了杰出贡献。本文仅就刘佛年关于全面发展教育观的矛盾关系加以分析，以就正于方家。

一、刘佛年全面发展教育观的形成

（一）我国全面发展教育观的由来

全面发展教育观发端于马克思恩格斯在批判资本主义社会的异化劳动时，追求人的自由而全面的发展，将"人的自由而全面的发展"看作共产主义社会的基本特征。在《资本论》中，马克思把共产主义社会描述为"以每个人的全面而自由的发展为基本原则的社会形式。"^③ 1877 年，马克思在《给祖国纪事杂志编辑部的信》中也曾谈到过，新社会（共产主义）

---

① 该文原载于教育文化论坛，可能部分内容有改动。
② 作者简介：孙德玉（1962—），男，安徽巢湖人，安徽师范大学教育科学学院教授，博导，研究方向为中国教育史。朱晗（1998—），女，安徽枞阳人，公务员。
③ 马克思，恩格斯. 马克思恩格斯全集第 23 卷 [M]. 北京：人民出版社，1972：649.

应当是"在保证社会劳动生产力极高度发展的同时又保证人类最全面的发展的这样一种经济形态"①。马克思恩格斯对未来社会的构想，指出生产力的高度发展和人的全面自由发展的统一，是社会主义不同于资本主义的根本属性，社会主义制度的建立为人的全面发展提供了必要条件，而人的全面发展又会促进经济社会更好地发展，从而获得比资本主义更高的劳动生产率，实现人的发展和经济的发展的良性互动。可见，促进人的全面发展是社会主义的本质要求。

苏联教育家凯洛夫在他的《教育学》中明确指出："真正的教育科学只有以马克思主义辩证法为基础才有可能建立起来；要以共产主义教育的思想和政治方向来确立苏联共产主义教育的目的和任务；并要求完整全面地理解共产主义教育的全部内容，即把智育、综合技术教育、德育、体育和美育结合起来统一实施。"凯洛夫主张用构成将来能担任任何职业之准备基础的知识、技能、熟练技巧来武装儿童；目的是"培养全面发展的人，培养共产主义社会的积极建设者"②。

中华人民共和国成立不久，在各个方面都以苏联为榜样，教育领域更是直接移植了苏联模式，苏联关于"培养全面发展的人"的教育目的就成了我国教育方针的基本内涵。在1951年3月召开的第一次全国中等教育会议上，首次提出了普通中学的宗旨和教育目标，是"使年轻一代在智育、德育、体育、美育各方面获得全面发展，使之成为新民主主义社会自觉的、积极的成员"③。这就是我国流行的"马克思主义关于人的全面发展学说"命题的理论来源，这种观点随"向苏联学习"的方针进入我国，并影响深远。正如金一鸣在《中国社会主义教育的轨迹》一书所指出："实行全面发展的教育方针是在50年代初提出的，当然是受了苏联教育理论的影响，苏联把培养全面发展的人作为教育目的，我国则把它作为教育方针。"④ 自此

① 马克思，恩格斯.马克思恩格斯全集第19卷［M］.北京：人民出版社，1963：130.
② 凯洛夫.教育学（上册）［M］.沈颖，南致善，等译.北京：人民教育出版社，1951：43.
③ 中央教育科学研究所编.中华人民共和国教育大事记［M］.北京：教育科学出版社，1983：38.
④ 金一鸣.中国社会主义教育的轨迹［M］.上海：华东师范大学出版社，2000：176.

以后，马克思主义关于人的全面发展主张便成为我们制定教育总方针的理论依据。

从 1952 年开始，我国进入由新民主主义向社会主义过渡时期。与此相适应，我国教育也开始了由新民主主义教育向社会主义教育的过渡，教育中的社会主义因素不断增长。1954 年 2 月，周恩来在政务会议上提出："我们向社会主义、共产主义前进，每个人要在德、智、体、美等方面均衡发展。"自 1956 年基本完成"三大改造"后，中国社会开始进入社会主义建设阶段，教育事业也完成了从新民主主义教育向社会主义教育的转变。社会主义教育何去何从的问题成为全社会高度关注的核心问题。因此，确立社会主义建设新的教育方针迫在眉睫。1957 年 2 月，毛泽东在《关于正确处理人民内部矛盾的问题》中明确提出"我们的教育方针，应使受教育者在德育、智育、体育几方面都得到发展，成为有社会主义觉悟的有文化的劳动者"①。这是我国首个社会主义教育方针，也是马克思主义关于人的全面发展思想在中国教育实践中的新成果。

（二）刘佛年全面发展教育观的提出

受苏联教育家凯洛夫教育思想的影响，在"全面发展的教育"明确成为社会主义教育方针之前，教育界就已经展开了关于这一问题的大讨论。1951 年，《人民教育》杂志开辟了"'全面发展'教育原则"的专栏讨论，最初，"全面发展"仅作为中等教育的指导方针，潘梓年、张凌光、曹孚等都持续对此论题展开了论辩，争论的中心在于全面发展与因材施教是否可以结合，"全面发展，因材施教"是否可作教育方针②。当时还就学校教育、教师的工作质量怎么评价问题，归根结底是培养的人质量好不好问题展开讨论。大家都认为，有质量的人就是德、智、体、美、劳全面发展的人，而且是自由发展、充分发展，这样的人就叫作质量高。正当讨论逐渐深入之时，恰逢 1956 年中国共产党在科学文化领域确立了"百花齐放，百家争鸣"的方针。教育界学者同仁纷纷抒发己见，为建设社会主义教育事业建

---

① 李国钧，王炳照，苏渭昌，等. 中国教育制度通史第 8 卷中华人民共和国公元 1949 至 1999 年［M］. 济南：山东教育出版社，2000：26.
② 金一鸣. 中国社会主义教育的轨迹［M］. 上海：华东师范大学出版社，2000：176.

言献策。

时任华东师范大学副校长的刘佛年于 1957 年 1 月发表了《关于个性全面发展教育的几个问题》一文，他认为全面发展是学生德、智、体、美、劳等身心方面的共同发展，缺一不可。全面发展是整个现代化进程的客观需要，在学校教育中有很重要的意义。他不仅阐释了全面发展教育的基本精神，而且详细分析了要实现学生的全面发展，应该做到八个统一：学与思相统一、知与行相统一、一个真理与百家争鸣相统一、社会需要与学生实际相统一、集体与个人相统一、全面发展与培养专长相统一、需要与可能相统一、独立性与联系性相统一①。同时指出，全面发展并不是平均发展，有的课可以免考免修，让学生有兴趣的东西，要尽量满足他。尽量使学生参加各种比赛、竞赛，让他得到一些严格的训练。这样，人才就会脱颖而出。培养人，不能按部就班，要发展他独立工作、独立研究的能力。在他看来，全面发展的学生，应该是在知识技能方面有深度，在思想觉悟方面有高度，在体育和美育方面有特点的学生。同时，全面发展是相对的，因为发展的程度会随着社会发展的水平和各种具体的条件而有所不同。因此，对于每个人来说，全面发展应是一个终身问题，搞好学校教育只是为全面发展打下一个良好的基础，个人也应该树立终身全面发展的意识。由于历史原因，教育研究曾一度中止，直到 1980 年《谈谈全面发展的方针和教学改革的问题》的发表，刘佛年关于全面发展教育观才自成体系地构建起来。

二、刘佛年全面发展教育观的内容

培养什么样的人的问题，始终是教育事业面临的首要问题。在刘佛年看来，全面发展是教育学最基本的规律，是不可回避也回避不了的教育基本问题。刘佛年关于全面发展教育的内容主要包括以下四个方面。

（一）德育、智育、体育、美育和劳动教育等共同发展

刘佛年认为，"全面发展是指人的身心的几个重要方面都有所发展"②，

① 刘佛年．关于个性全面发展教育的几个问题［J］．学术月刊，1957（1）：50－56.
② 金一鸣．刘佛年教育文集［M］．南京：江苏教育出版社，2010：196.

分别包含德育、智育、体育、美育、劳动教育等方面。其中，德育、智育和体育是学界最为普遍认同的三个基本方面，同时也是 1957 年后受到官方认可的说法，但全面发展教育是否还有其他组成部分，刘佛年指出学界仍旧可以就此问题做出专题研讨。

关于美育和劳动教育，当时有人将它们划分在智育或德育范畴中，认为两者不具有独立性。刘佛年对这一划分标准进行批判，他指出美育中的美感等问题是必不可少的教育内容但却不包含在智育和德育中，是美育所独有的价值。劳动教育也是如此，中国几千年的旧教育剥离了劳动知识教育和生产技术教育，而主张体脑一致的劳动教育正弥合了这一点，因此劳动教育也有其独立成一育的价值。

总之，刘佛年主张的全面发展的教育是以德育、智育、体育为基本方面，同时也包含了美育和劳动教育方面，是"五育"共同发展的教育。

（二）五育本身的全面发展

近代以来，中国教育在西方教育思想和制度的冲击下历经了多次变革，教育内容的范围和外延不断扩充，"五育"在学校中的学科门类也逐渐丰富。其中，智育内容的变更最为明显，封建教育中以儒家经典为主的教育内容直接被废除，转变为学习西方自然科学、社会科学等学科。德育内容则包含道德品质教育和思想政治教育。美育的内容也十分丰富，包括音乐、美术等课内课程和戏剧、舞蹈等课外活动。

刘佛年强调"五育"本身的各个方面也需要得到全面发展。五育落实到学校教育中最直接也最为重要的体现是在课程设置上，语文、数学和外语等基础性学科是学好其他学科的工具，中小学阶段不论文科、理科，都应着重关注这些基础性学科的学习，否则在大学阶段极易出现教科书看不懂、实验报告不会写等问题。在学好基础学科以后，哲学、政治和历史等社会学科以及物理、化学和生物等自然学科都应当广泛学习，这些知识的作用不同但都是建设社会主义社会所必需的。

在刘佛年看来，"五育"中各育都具有独特且重要的作用，互相之间没有重点与非重点之分，它们共同组成了受教育者的教育内容。如果某一方面出现了缺陷都会导致"五育"发展的不健全，直接影响受教育者的生活实践，不利于社会主义社会的有序发展。这种思想其实就是倡导"五育并举"。

（三）全面发展教育要把握广度、深度和高度

全面发展教育的另一个意义在于培养各种各样的人才，这些人才在"五育"方面都很有广度、深度和高度，拥有某方面的特长，能够在国家建设中贡献自己的聪明才智。这就要求教育者正确处理全面教育和因材施教的关系，在学生掌握各门学科知识的基础上引导他们发现和发挥各自的特殊才能，培养其在各自领域里刻苦钻研的探索精神和能力。

就刘佛年观察到的教育现象来看，当时部分学校和教师在教育实践工作中注意到了培养学生在"五育"各个方面的广度、深度和高度问题，他们较为注重因材施教的教育原则，并采取了相应的教育措施。在学校方面，第一，部分学校考虑在高中阶段的高年级设置选修课，希望能够激发一些学生在必修课之外的学习兴趣，有利于其在大学甚至以后的人生中继续为此特长奋斗并作出自己的贡献。第二，部分学校开展课外阅读活动，不仅开拓了学生的认知视野，而且为学生深入研究某一问题提供了机会与资源。不同于精练、系统的教科书内容，课外阅读所涉及的知识为学生填补了教科书中缺失的内容，增加了学生知识储备，激发了学生的探索兴趣。同时，加强课外阅读有利于深化课堂知识的学习，帮助学生构建知识体系，形成课内与课外的有效联动。第三，部分学校针对学生的特殊兴趣和才能开设了多个课外小组，如学科小组、科技小组等。在教师方面，部分教师遵循因材施教的教育原则，根据学生的学业水平层次采取分组教学的方法，较好地满足了不同学生的学习需求。

（四）强调心理能力的发展在全面发展中的作用

"五育"各个方面的全面发展依赖着情感、意志等心理能力的发展。以智力为例，观察力、记忆力、想象力、思维力和创造力等共同组成了智力，这些能力发展的高低直接影响着智力发展水平，而其中某一能力的发展稍显落后则将阻碍智力的正常发展。同时，这些能力水平从低级向高级不断发展，创造力是最高级的智力水平的体现。传统教育极不重视创造力的培养，只要求学生死记硬背，熟练掌握课本知识即可，而不要求学生理解并运用所学知识改造实践，现在的教育目标就是要发展过去教育所不重视的创造力。刘佛年也指出，心理能力水平有高低，教育者应当注意循序渐进

的基本教育原则，不断由低级向高级进行培养。

此外，刘佛年认为全面发展教育的水平是不平衡的，这种不平衡是由社会现实条件造成的客观现象，如城市与农村孩子的发展不平衡；发达地区与欠发达地区教育水平的不平衡；不同家庭背景的孩子发展也不平衡等。刘佛年还认为全面发展教育属于终身教育的范畴，"五育"在学校中要发展，在社会中也需要发展，它是一个持续性的过程，一直伴随着人的生命全过程，但学校教育在全面发展教育中发挥着启蒙和奠基的作用，因此，如何办好小学教育便成为实施全面发展教育的关键的一步。

三、刘佛年论全面发展教育观的矛盾关系

矛盾既是客观存在的，不去暴露它，或者是不去用正确的办法对待它，就不能真正解决它。因此凡是那些讳言矛盾的，不仅不能改进工作，而且一定会陷于被动。长期工作在教育第一线的刘佛年积累了大量教育经验，同时对教育问题保持着敏锐的洞察和深度的思考。他结合全面发展教育的实践问题提出了八对矛盾关系。这八对矛盾关系主要来自全面发展教育的五个方面：第一，在前提条件上存在着社会需要与学生实际的矛盾；第二，在培养目标上存在着全面发展与培养专长的矛盾；第三，在各育关系上存在着独立性与联系性的矛盾；第四，在各育内涵理解上存在着学与思、知与行、一个真理与百家争鸣、集体与个人的矛盾；第五，在实施过程中存在着需要与可能的矛盾。

（一）前提条件上存在着社会需要与学生实际的矛盾关系

学生实际包括学生的年龄特征、学业水平、兴趣爱好、特殊才能等等，它来源于社会生活，由社会生活塑造而成。同时，社会生活的正常运转依赖着每一个人充分发挥他们的才能，两者相互依存。如果个人的兴趣爱好、特殊才能等与社会需要之间不相符合时就会产生矛盾冲突，出现诸如部分学生对于学校教育的课程科目不感兴趣，或者有些学生在升学志愿中无法完全按照个人的兴趣获得录取等，打击了学生的学习热情和积极性，直接影响学校全面发展教育的正常开展。

社会需要和学生实际是全面发展教育的两个前提条件，两者是一对矛

盾关系，但在社会主义社会中是可以调和的。"我们只要经常努力去调整这两方面的关系，使它们合理地恰当统一起来，矛盾的任何一方就不会绝对化。"① 刘佛年认为调整这对矛盾关系需要社会与学生的共同努力，教育者在其中的协调作用十分关键。学校和教师应正确引导学生的兴趣爱好和特殊才能，给予他们充分发展的机会。当学生的个人兴趣爱好、特殊才能与社会需要发生冲突时，教育者则需要指导学生服从社会需要，帮助其依据社会需要培养出真正优异的才能。

社会主义社会在制度上比封建社会和资本主义社会更加先进，全面发展教育有且只有在社会主义社会才能实现。封建教育以培养维护其专制统治的奴隶为教育目的，完全以社会需要为最高教育追求，忽视甚至摧毁了个人才能的发展。资本主义社会中的实用主义教育思想则主张"儿童中心论"，完全以儿童的兴趣爱好和特殊才能为教育出发点，十分看轻社会需要。由于社会制度的根本缺陷，上述两种教育模式均存在片面性，割裂了社会需要与学生实际的统一性关系，无法实现全面发展教育。

20世纪50年代后期的中国正处于社会主义初级阶段，在全面发展教育的实施过程中不可避免地存在着以下问题。第一，部分学校由于教育指导思想的保守和师资力量的薄弱，在教育实践活动中不重视培养学生的个性特征。第二，部分教师不关注学生的年龄特征，对所有学生采用同一种教学法。第三，部分学生受到西方自由主义思想的侵害，很少或者根本不考虑社会需要。为此，刘佛年给出的建议是在班级授课制的教学组织形式中融入因材施教的教育原则。

（二）培养目标上存在着全面发展与培养专长的矛盾关系

马克思主义关于人的全面发展理论认为，共产主义社会将是"一个更高级的、以每个人的全面而自由的发展为基本原则的社会形式，"② 培养的是"各方面都有能力的人"③。不同于封建教育实行的所谓"通才教育"要求受教育者毫无专长，也不同于资本主义教育主张培养的"极端狭隘的专

---

① 金一鸣. 刘佛年教育文集［M］. 南京：江苏教育出版社，2010：96.
② 马克思，恩格斯. 马克思恩格斯全集第23卷［M］. 北京：人民出版社，1972：649.
③ 马克思，恩格斯. 马克思恩格斯全集第42卷［M］. 北京：人民出版社，1979：128.

长的技术人才"，社会主义教育所培养的全面发展的人是在全面、广博的科学文化知识基础上拥有特殊才能的社会主义建设者。

刘佛年结合我国国情，提出了"培养各种各样的专门人才"① 的教育目标。当时我国处于社会主义建设初期，国民经济的恢复为开展各项经济建设奠定了基础，急需各领域的建设人才。同时，世界范围内正在兴起第三次科技革命，原子能技术、电子计算机技术以及遗传工程等高新科技的应用极大地提高了社会生产力，劳动者的素质也不断提高，教育领域迎来了新的变革。在此培养目标的指导下，全面发展与培养专长作为教育工作中的一对矛盾关系开始突显出来，但是刘佛年认为这对矛盾关系应该予以调和，共同推动全面发展教育的施行。

刘佛年指出，新中国成立后教育领域汲取了封建教育和资本主义教育的经验教训，注重学生在五育各个方面的发展，在中学阶段为学生打好基础，大学阶段开始实行分科教育，侧重于培养学生的专才，但在实践过程中也出现了忽视基础课程、专业划分过细等问题。此外，分科是为了全力帮助学生发挥其某方面的潜能，关于高中阶段是否开始分科也是教育界讨论的重点。有人持肯定态度，认为此种方式有利于学生更早地发现其兴趣和专长并确定未来学业和职业的方向；有人则反对这一建议，认为高中分科过早，容易造成学生基础知识薄弱、五育失衡的危害。因此，刘佛年认为既要防止过度重视培养学生专长，忽视普通教育的全面发展的偏向，又要警惕陷入抹杀学生个性发展的窠臼。

（三）在各育关系上存在着独立性与联系性的矛盾关系

在教育内部系统中，五育分别是其中的要素之一，它们之间相互联系、相互作用，共同组成了全面发展教育的有机整体，这些要素之间兼具独立性和联系性的特点，教育者应当努力做到两者的有机统一，实现"五育"的融合。

"五育"的独立性体现在教育目的、教育内容和教育方法上的不同，但如果单一地强调并发展某育则割裂了"五育"之间的联系性，违反了全面发展的培养目标，反之则抑制了学生专长的培养。人是一个统一体，培养

---

① 金一鸣. 刘佛年教育文集 [M]. 南京：江苏教育出版社，2010：98.

全面发展的人需要将"五育"融合的原则贯穿到教育的全过程，渗透到全方位中，实现从宏观层面的国家教育方针、教育制度到微观层面的学校管理体系、教学体系的"五育"和谐发展。

刘佛年指出，教育改革过程中极易出现教育目标功利化、短视化倾向，缺乏一个长期持续可行的教育计划，无法贯彻全面发展的教育理念。教育实践工作中出现的部分问题正是由于教育者没有厘清"五育"之间独立性与联系性的矛盾关系，最突出的问题在于以主次、先后和轻重机械地划分"五育"。刘佛年强调"五育"之间在任何时期都是平等的，不主张某段时期采取偏重某方面而忽视其他方面的极端教育措施，原因有两点：第一，每一个受教育者都是一个有机整体，五育共同发展才能确保个体身心的全面发展。不少学校为了提高"升学率"，采取题海战术等机械学习的方式，虽然在短时间内促进了学生智育方面的增长，但就个体的全面发展来说是不健康的、违反教育规律的。第二，任何教育活动都是五育的综合载体，在突出"五育"某一方面时，容易弱化甚至排斥其他各育的各方面，造成"五育"的失衡发展。部分学校只偏重智育，导致轻视体力劳动者，远离生产劳动的错误认知在青年学生群体中盛行。

教育者要打破孤立发展的观点，关心学生的整体发展，在教学工作中积极引进新式教学法，如主题教学、跨学科教学等形式。同时，刘佛年认为教育方法要结合教育实际，他以我国二十世纪二三十年代引进的设计教学法和道尔顿制为例，指出美国普遍使用这些教学法且颇有成效，一旦移植到中国，就出现了教师教学压力增大、学生学习效果低下等现实性问题。因此，任何教育改革都要考虑当时当地的现实需要、教育环境、学生背景和教师能力等要素。

（四）在各育内涵理解上存在着学与思、知与行、一个真理与百家争鸣、集体与个人的矛盾关系

1. 学与思

"学而不思则罔，思而不学则殆。"① 这是孔子在两千多年前总结出来的光辉思想，不仅强调了学与思结合的重要意义，而且阐明了学与思之间的

---

① 杨伯峻. 论语译注 [M]. 北京：中华书局，1980：18.

对立统一的矛盾关系。学与思的矛盾关系一直存在于追求知识和独立思考的智育活动中。在人类认识的过程中，一方面知识的获得可以促进智力的发展，另一方面独立思考能力的提高又能够形成更为系统、丰富的知识。刘佛年指出，学习是一个连续、统一的过程，学与思则是此过程中矛盾的两个方面。封建教育和资本主义教育割裂了两者的关系，封建教育采用学而不思的教育方法，资本主义教育中的"实质教育论""形式教育论"和实用主义教育论等代表性教育理论都仅仅站在学或思的单一立场上，社会主义教育则努力实现学与思的统一。同时，由于社会中存在的教条主义和经验主义偏向，教学改革尚未完全摆脱重视知识轻视能力的定式思维。刘佛年指出，造成学生独立思考能力不足的原因有三点：第一，教育者不够重视培养学生的独立思考能力；第二，沉重的教学计划造成学生学习负担较重；第三，缺乏启发式教学方法的运用，学生重记忆轻思考，严重依赖教师和教科书。

在刘佛年看来，通过发展自学能力和独立工作能力能够有效提升学生的智力水平，但情感、意志问题也是影响智力培养的重要因素，其中，直接影响学生学习效果的学习动机、学习信心和意志力是教育者长期忽视的。不少家长和教师常常用不恰当的态度回应学生对某一问题产生的好奇心与求知欲，长期地无视甚至打击极易造成学生丧失探索学习的兴趣，因此，教育者在教育工作中首先需要培养学生的学习兴趣。其次，言语贬低和体罚等不正确的教育方式打击了学生的学习积极性，教育者应当从学生角度出发，鼓励和认可学生的学习成果，帮助他们建立学习信心。再次，学习是一项艰苦的持续性劳动，学生在这一过程中常常会产生畏难、退缩的心理障碍，教育者应该给予适时的引导，在关心、理解学生的基础上为其制定科学的学习计划，严格要求，培养学生的意志力。同时，教育者应当注意纠正学生脱离知识去发展智力的错误观念和行为。

2. 知与行

知与行是一对矛盾，分属物质与意识两个领域，它们无条件的、绝对的对立着——有时候是认识跟不上行动；有时候行动跟不上认识。知与行是对立统一的关系，分离、斗争是无条件的、绝对的，所以在历史长河中才充斥着那么多的谬误与懵懂；统一是有条件的、相对的，因而在某个历史时期才会出现启蒙、飞跃与发展。这是唯物辩证法对"知行"关系的理解。

刘佛年从辩证唯物主义立场出发，明确指出知与行也是一对矛盾关系，一个正确的认识，往往需要经过由物质到精神，由精神到物质，即由实践到认识，由认识到实践这样多次的反复，才能够完成。正如毛泽东在《实践论》中提出的"实践，认识，再实践，再认识"的认识路线，教学过程中也应当遵循这一原则。学生只有在实践中运用所学知识，才能更深刻地理解和巩固知识，产生对知识的浓厚兴趣，实现知与行的有机统一。

持教条主义、唯理论和经验论的教育者主张只读书不实践，专注于培养学生的逻辑推理能力，实用主义教育者则倡导联系实际生活的"活动课程"，排斥系统化的学科课程，这两种教育观点都没有认识到理论与实践的依赖关系，不符合全面发展教育的理念。当今的学校教育工作中仍旧存在着对实践不够重视的现象，缺乏直观教具、实验、实习以及课外活动的问题仍旧突出。除此之外，不与理论相结合就进行盲目实践的例子也屡禁不止。教育者要顺应社会主义教育的新观念，合理把握好知与行关系的平衡。

刘佛年指出，学生成为脱离实践的书呆子的原因在于三点，其一，没有形成为社会生产实践服务而读书的目标；其二，只是生搬硬套学来的理论，而没有把握理论的精髓；其三，没有参与到实践中去，或者在实践中不懂得科学运用所学理论。为使理论与实践达到有机结合，教育者尤其是教师在教育教学过程中应当注意三点，第一，教师应在不削弱基础理论知识的同时加强应用知识的传授，提升学生对应用知识的认知。第二，教师应在课程导入中更多地插入实际问题，引导学生从实际问题中探索客观规律，加强学生学习的目的性。第三，教师在课堂上应增加引入时政问题，吸引学生为今后的社会实践而努力学习。除去校园内的学习活动，理论联系实践的理念也应当贯彻到校外，学校方面应当积极号召学生参与到劳动生产、政治运动等社会实践活动中去，边干边学，使知与行的联系更密切。

3. 一个真理与百家争鸣

智育工作中的另一对矛盾关系是一个真理与百家争鸣。刘佛年指出，客观性是真理最基本的属性，因而任何问题的客观真理都是唯一的。百家争鸣原指战国时期各家学说相互争论的局面，后由毛泽东提出作为中国共产党领导科教文艺工作的基本方针之一，比喻不同派别的学说自由发展、自由争论。追求真理是一个不断发展的过程，在此过程中科学的事物与非科学的事物不断斗争，最终才实现了事物自身的发展。学习的过程也是如此，仅凭单一的看法无法获得真理，只有不同意见之间相互交锋、补充，才能获得对知识深刻而全面的理解。因此，在教育方面，一个真理指马克思主义科学；百家争鸣指教师向学生介绍不同的学说理论，给予学生自由讨论的机会，两者既是矛盾的两个方面，同样也是可以实现统一的。

封建统治阶级运用政治特权确立了某一学说的唯一统治地位，严格压制其他学说的传播和发展，禁锢了学术的自由发展。资产阶级的自由主义则恰恰相反，他们主张国家学术脱离政治，国家指导思想应不限于某一种学说。这两种主张都没有正确把握一个真理与百家争鸣的矛盾关系，认为两者只能对立而不能结合。

在社会主义教育建设的最初几年，我们就已经确立了马克思主义科学的指导地位，社会上关于百家争鸣的学术自由精神也日渐深入人心，但由于教育领域中自由主义和教条主义积弊日久，实践中仍旧存在不少问题。例如：教育机构中行政权力与学术权力边界模糊，常常出现行政权力干涉学术活动的现象；受西方多元思想的冲击，部分学校不重视马克思主义思想的指导地位；教师在学生价值观尚未形成时就向其灌输荒谬言论，严重污染了学生的心灵。

在关于"尖子"等创新人才的培养中，刘佛年指出自由的学术空气是基础保证。19 世纪德国大学在学术水平上远胜于其他欧美各国的原因正在于其高度自由的教学与科研环境。刘佛年主张"学术上不应有禁区"①，坚决抵制学阀势力操控学术活动，耗费学术资源。高校不能仅仅将学生围于某些必修课的必读教科书中，而应该为其提供大量丰富的选修课程。教师可以集体讨论教学和课程问题，但不设唯一的教法。

4. 集体与个人

从经济学来看，个人是指组成社会的最小单位，是社会的一分子。而集体是组成社会的一个元素，它由多个分子（即个人）组成，不同的集体

---

① 金一鸣. 刘佛年教育文集［M］. 南京：江苏教育出版社，2010：227.

又构成整个社会。既然集体是由个人组成，那么，集体对个人就必然有一种制约的力量。由于人的发展要受社会发展的制约，没有社会的发展就不能实现人自身的发展，所以人们才去努力推动社会发展，并以此作为实现人自身发展的手段。离开了人的发展这一最终目的，社会发展就没有任何意义。因此，我们应该正确看待个人与集体的关系，不能把个人脱离于集体之外，个人总是集体中的个人，集体总是由个人组成的集体，个人利益与集体利益总是息息相关，个人只有在集体中，并承担一定的职责，才能使自身价值得以实现，如果脱离了集体，个人就丧失了作为这个集体的成员的资格，也就无须承担这个集体的义务，也无权享受这个集体中的成员能够享受的权利。

集体与个人的矛盾关系贯穿于教育的始终。社会集体是个人发展的平台，社会集体的发展会促进个人发展，而个人的全面发展又是社会集体发展的最高价值目标。正如马克思所言，"只有在集体中，个人才能获得全面发展其才能的手段，也就是说，只有在集体中才可能有个人的自由。"[①] 两者的矛盾在封建社会和资本主义社会中是相互排斥、不可协调的，但在社会主义社会中是可以协调统一起来的。

1949 年初期，由于集体主义的极端化倾向，教育工作中出现了不少限制个人发展的偏向，一些青年的积极性和创造性受到挫败。同时，资产阶级自由主义思想也开始在青少年群体中传播，不尊重家长、教师和集体的现象开始萌芽，动摇了青少年群体的共产主义理想信念，严重威胁着集体主义的价值观。为更加全面地推进社会主义建设，德育工作更需要注意集体和个人的关系问题，集体要为个人的发展提供更多更好的机会，个人则需要提高能动性和创造性，为集体的共同利益而奋斗。事实上，人的发展（个人）与社会发展（集体）是互为前提和基础的，是两个永无止境的相互结合、相互促进的历史过程。这一论断则较好地说明了个人和社会是互为目的和手段的关系，它们是并重的，抛弃了集体至上主义和个人至上。科学发展观的提出可以说是再一次回到了个人和集体是目的与手段的统一。社会需要个人作为手段得到发展，社会的发展要为个人的进一步发展创造

---

① 马克思，恩格斯. 马克思恩格斯全集第 3 卷 [M]. 北京：人民出版社，1960：84.

良好的条件；个人的发展也需要社会作为手段，也成为社会进步的目的。

（五）实施过程中存在着需要与可能的矛盾关系

在全面发展教育的实施过程中存在着需要与可能的矛盾关系。在刘佛年看来，需要不仅指社会主义建设的最终目标是每个受教育者都能得到全面的发展，同时也指社会主义建设的人才培养要求是全面发展的，而随着社会的进步，这种需要的层次也在不断提升，全面发展的人的内涵也愈加丰富。可能则指全面发展教育会受到设备、人员和场地短缺等现实性因素的制约。两者常常处于斗争状态但又具有统一的可能性，教育者需要统筹兼顾，充分利用两者的合理性，在可能的基础上最大程度地满足需要。

刘佛年指出，教育者要注意实施中的两种偏向。第一，对需要的认识不足。以劳动教育为例，在人类历史的发展进程中，有且只有社会主义社会重视劳动，因而将劳动列入教育方针中。但在实施劳动教育的过程中，部分思想保守的教育者仍旧遵循着封建社会和资本主义社会中轻视体力劳动的观念。加之现代科技的高速发展，高素质的劳动者成为社会主义建设的主力军，也成为教育工作的重点培养对象，但部分教育者尚未跟上社会发展潮流，致使整个劳动教育理念落后、方法简单。第二，对可能的考虑不周。由于社会主义教育经验的缺乏，我国在 20 世纪 50 年代即开始全面学习苏联先进经验，但在实施过程中也出现了形式主义和教条主义等倾向，没有和中国教育的实际情况结合起来。

四、结语

"事物的矛盾法则，即对立统一的法则，是唯物辩证法的最根本的法则。"[1] 习近平总书记指出："辩证思维能力，就是承认矛盾、分析矛盾、解决矛盾，善于抓住关键、找准重点、洞察事物发展规律的能力。"[2] 辩证思维是唯物辩证法在人们思维中的运用，联系、发展的观点是辩证思维的基本观点，它要求我们在认识和分析问题时，必须用联系和发展的眼光来看

---

[1]　毛泽东.毛泽东选集第1卷［M］.北京：人民出版社，1991：299.

[2]　中共中央宣传部编.习近平新时代中国特色社会主义思想学习纲要［M］.北京：学习出版社，2019：245.

问题，防止以孤立和静止的形而上学观点来看问题。刘佛年紧紧抓住马克思主义唯物辩证法的对立统一规律，从全面发展教育的前提条件、培养目标、各育关系、各育内涵理解以及实施过程等五个方面总结得出了八对矛盾关系，这些矛盾关系长期存在于教育教学实践中，也是新时代推进全面发展教育过程中无法回避的问题。刘佛年在归纳出八对矛盾关系后对其进行了深入而全面的剖析，认为这些矛盾常常以冲突的形式出现在全面发展的教育实践中，但教育者应该既要看到矛盾的对立性，又要看到矛盾的统一性，努力实现两者的有机结合。

其实，教育学是以生命的可塑性为前提，探讨如何将这种可塑性从可能性变为现实性的科学。另外，教育的实践品性决定了教育学视野中的人的全面发展之基点必须是活生生的生命个体，因为现实生活中每一个生命个体都是教育活动得以展开的前提条件。因此，人的全面发展不能只停留在价值理想的层面上，而应落实到现实教育活动的每一个具体环节，落实到每一个学生个体。

第四部分　刘佛年教学改革思想探析

知识、能力、态度：
刘佛年中小学教学任务理念探析①

刘黎明②

　　刘佛年是我国当代著名的大学校长和教育家。他对中小学教学任务理念作了精深的研究，建构了以知识、能力、态度为内涵的教学任务，并对实现这一教学任务的具体路径作了论述。本文就此作了些探析。

一、知识、能力、态度：教学任务的内涵

　　刘佛年认为，教学任务涉及知识、能力和态度，它们有着内在的关联，缺一不可。教学工作的第一项任务就是使学生获得知识。他所理解的知识，既包括经验性和材料性知识，也包括理论性的知识，还包括一些技能。对于中小学生来说，他们所学的知识主要指基础知识和基本技能。知识之所以重要，首先是因为学校是传授知识的场所，对学生来讲，首先是一个学习知识的场所。学生接受教育，一个很重要的任务就是获取知识。因为只有有了知识，才能成为一个现代的人，才能从事劳动，从事各项工作，从事社会生活，所以获得知识当然是重要的，而且越来越显示出知识的重要性，这是就个人而言。其次，就国家而言，现代化建设的发展，人才的培养都离不开知识。"国家在建设中非常尊重知识，尊重文化，把知识看成最宝贵的财富，所以知识是很重要的。"③ 他剖析了两种轻视知识的观念。一种观点是，"左"的思想有意地贬低知识，似乎知识越多越糟糕，这给我们

---

　　① 　此文原载于教育文化论坛，可能有部分变动。
　　② 　作者简介：刘黎明，男，1962 年 11 月生，湖南茶陵县人，湖南师范大学教育科学学院副教授，教育史硕士研究生导师，研究方向为西方自然主义教育思想史、高等教育思想史等。
　　③ 　金一鸣．刘佛年教育文集［M］．南京：江苏教育出版社，2010：326.

国家带来很大的危害。殊不知现代化建设要求青少年掌握一切现代知识，因为现代化建设是在继承人类几千年文化遗产上进行的。另一种观点是把知识看成能力的附属品，认为在现代社会里知识是随时可以学习的，并不重要的，重要的是能力。刘佛年先生认为这是一种错误的观点，因为中小学所学的知识是从人类遗留下来的知识中精选出来的，是最精华的、最基本的东西，所有其他的知识和能力都是在此基础上发展起来的。因此，他强调，能力确实重要，但不能因强调能力而贬低知识的重要性。

教学工作的第二项任务是发展智力和培养能力。刘佛年首先指出了完成这项任务的重要性。在他看来，知识本身不是目的，我们不是为知识而学习知识，而是用知识帮助我们解决问题，改造世界。只靠知识没有能力，那只是书呆子，没有用处，发展了能力才能使知识有用。很多事情的解决都离不开能力，继续学习要靠能力，学得好要靠能力，把所学的知识运用到实际中去解决问题还是要靠能力，所以能力的重要性无论如何强调都不过分。其次，他解析了各种具体能力的内涵及意义。智力从心理学上讲，包括观察、记忆、思维和想象等方面的能力，它们都很重要。无论对自然界进行研究还是对社会现象进行研究，都离不开观察。教师要教会学生细致、全面、深入的观察。记忆能力也很重要，没有记忆，也就谈不上理解，也不可能认识世界。许多人将记忆同死记硬背联系起来，其实死记硬背只是低级记忆和机械记忆，在领会和理解的基础上记忆才好。思维能力就更为重要，概念和原理的真正领会和掌握依赖于思维能力。思维能力有两种，一种是在一定框架之内的思维能力，一种是打破框架的思维能力。前者是学生在学习中能够领会教材上的基本观点、基本概念和原理，并用它们来解决一些现象和问题。许多学者、专家一生做的很多工作，就是把别人创造出来的知识、观念拿来运用和解决实际问题。后者即创造性思维，此更为重要，因为在当前国际竞争日趋激烈的背景下，每个国家都希望本国的科学技术不断地有所创造，有所发明，所以都非常重视创造性人才。想象力也是重要的，很多东西都是需要想象的，创造性思维能力本身就是一种想象的能力。

刘佛年指出，尽管中小学生需要培养多种能力，但有两种能力最为重要，即自学能力和独立工作能力。

自学能力之所以重要，一是因为科学技术的迅猛发展。目前世界科技的革新、其他各方面的革新都很快。学校里学的东西,刚刚离开学校大门,就已经陈旧了不适用了。如果没有自学能力,不能继续增加新的知识,不能去解决新的问题,就无法适应不断发展变化的世界。二是因为终身教育发展的需要。世界各国都在倡导终身教育,提倡一个人一生要受无数次教育。因此,在学校里最重要的不是学很多知识技能,而是培养自学能力。有了这种自学能力,就能适应不断变化的世界。然而,自学能力的培养状况并不乐观。照理讲,一个中学毕业生应该具有一定的自学能力了,但是很多学生到大学还没有自学能力,原因是我们的小学、中学比较习惯于"投喂"学生,什么事情都是教师"投喂",而不是培养学生的自学能力。学生没有自学能力,日后很难在社会上进一步发展。而自学能力是许多具体能力的结合,因而必须从小就开始培养。

关于独立工作能力问题,刘佛年指出,一个人要学会独立地工作,因为他不可能总在教师指导下工作。到社会上以后,你就要适应情况独立地进行工作。有很多事情需要你自己计划、设计、组织和安排,没有人告诉你这个工作应该怎么进行。然而,这种独立工作能力在学校没有得到很好的培养。他举例说,学校做实验都是在教师指导下做的,教师把实验的目的、步骤、用什么仪器都告诉学生,学生只按教师的布置去做。这样的实验要有,但都是这样的实验就无法培养学生的独立工作的能力。他主张,学校也要布置一些开放性的实验,教师只提出任务,其他的要学生自己去解决。这样做虽然花的时间多些,但有利于独立工作能力的培养。

最后,刘佛年强调,"自学能力和独立工作能力很重要,应及早培养,到中学毕业时,学生应适当地具有这两种能力"。①

教学工作的第三项任务是态度。具体地说,就是通过教学工作,在学生的精神上、心理上产生影响,影响到学生的学习态度,这里有情感的问题也有意志的问题。刘佛年对这一教学任务给予了高度的关注,从三个方面进行了论述。第一,培养学生的好奇心、求知欲和学习兴趣。好奇心、求知欲是人所固有的,儿童在其发展过程中,在一定的条件下,就自然产生了这种兴趣和需要。小孩子 3 岁左右,就会一天到晚不断地问"为什

① 刘佛年. 刘佛年学述 [M]. 杭州:浙江人民出版社,1999:163.

么?"。问题是,我们的教师和家长常常以不适当的态度对待孩子的好奇心、求知欲,给孩子的好奇心、求知欲泼冷水,阻碍了孩子的好奇心和求知欲的发展。刘佛年强调,对学生的好奇心、求知欲和学习兴趣,不仅不应该压制、打击,而且要有意识地加以培养。他建议,"教师上课要使学生有新奇感,引导学生向知识领域探索甚至探险。教师提出一些新的问题,使学生不能用原来的知识及办法解决,这样就在学生心理上造成一个矛盾,再引导学生去解决问题,这可以培养学生的好奇心和求知欲。教师上课应该上得生动活泼,使学生有一种美的感受。要使学生了解所学知识的社会价值,就会产生学习的兴趣"。① 第二,让学生拥有学习的自信心。刘佛年认为,学习要有自信心,如果对学习没有自信心,肯定是学不好的。信心是如何养成的? 如果这个孩子做一件事情,经过努力得到了一定的成就,同时也得到了大人的肯定和鼓励,他就产生了信心。反之,小孩完成一个任务时获得了一定的成就,达到了一定的目的,结果却没有得到肯定,甚至挨了批评,那他就没有信心了。"我们给学生的学习任务应当是不一样的。给好的学生的任务应该比较难,如果给的是比较容易的,他即使做得很好你也不要表扬他。但是一个差的学生,哪怕给他一个很容易的任务,但是对他来讲是需要经过努力才能完成的,在他完成了以后,教师要肯定他,这样他的信心就有了。所以,教师对每个学生的情况都要了解,应该使每一个学生充满了信心前进。这样才能使得每一个学生都得到发展,这也是教育学中一个很值得注意的问题。"② 第三,培养学生坚强的意志力。这是因为学习是一种艰苦的劳动,需要坚强的意志作保障才能完成。教师的一个重要任务就是培养学生的意志力。如何培养? 刘佛年给出的回答是:"教师一方面要爱护、关心、了解、体贴学生,知道他的困难在哪里,问题在哪里;另一方面又要对学生提出既合理又严格的要求,就是说要求是合理的能够做到的,又是严格的,一定要按照最好的标准来完成任务。"③

　　刘佛年提出的这个教学任务观颇具新意,一是强调了学生身心的整体发展,不仅要关注学生知识的获得,更要关注学生身体、智力和情感、意

---

① 刘佛年. 刘佛年学述 [M]. 杭州:浙江人民出版社,1999:163.
② 金一鸣. 刘佛年教育文集 [M]. 南京:江苏教育出版社,2010:260.
③ 刘佛年. 刘佛年学述 [M]. 杭州:浙江人民出版社,1999:164.

志等非智力因素的和谐发展。二是突出了学生能力和态度的发展，尤其是态度即非智力因素的发展。这是对教学任务观的一个重大突破。因为在以往教育学教材和教学论教材所规定的教学任务中都突出了"双基"的重要性，认为"教学的主要任务是如何使学生掌握知识，形成技能，发展能力，其他方面都是传授知识过程中的副产品"①。这样"双基"得到了过度的尊崇，而把学生的情感、意志等非智力因素的发展排除在教学任务的视野之外，得不到关注。"非理性因素的忽视，不可能使学生全面地认识和掌握世界，也不会使学生有完整的生命表现和完整的人之存在意义的彰显。因为人的存在意义、人的终极关怀、人的精神家园等命题是理性思维无法解答的，它们只能依靠直觉、体验、移情、灵感等非理性的方法来把握。"② 虽然在以往的教学任务中提到了能力的发展，但在片面追求升学率的应试教育的背景下，能力的发展主要体现在机械记忆、背诵能力和解题技能的发展，而现代化建设所需要的自学能力、独立工作能力、创造能力得不到发展。刘佛年提出的这个教学任务观不仅在盛行片面追求升学率的二十世纪八十年代具有极强的针对性，具有纠偏的作用，而且对二十一世纪今天的教学任务的重构，仍然具有启示价值。因为抓"双基"教学一直是我们引以为自豪的传统，它们在教学任务中占有核心地位，导致知识和记忆能力在教学中备受推崇，而人的自学能力、独立工作能力、创造能力和态度得不到关注，人的价值得不到肯定，人的生命及其意义得不到彰显。无论是教师还是学生都成为知识的奴隶，追逐分数的工具。换言之，在教学中人文关怀得不到体现，这是一个非常严重的问题，至今没有解决好。重温刘佛年的教学任务观，对重构教学任务，彰显人的价值和意义，真正把学生的身心整体发展落到实处，无疑具有重要的借鉴价值。

二、改革教学方法、改革教学模式、改革教学评价：教学任务落实的路径

刘佛年不仅提出了新颖的教学任务，而且对实现这个教学任务的路径提出了自己的思路：改革教学方法、改革教学模式、改革教学评价，其中

---

① 瞿葆奎.教育学文集教学（中册）[M].北京：人民教育出版社，1988：657.
② 刘黎明.论教学任务的反思与重建[J].大学教育科学，2008（1）

包含了许多真理性的东西。

（一）改革教学方法

刘佛年认为，改革教学方法是实现教学任务的重要路径，也是教学改革的必然要求。

1. 实施教学方法改革的前提是了解儿童世界，懂得心理学和教育学

刘佛年把理解儿童，了解儿童世界看成是教育好儿童的前提。虽然这个想法在卢梭的《爱弥儿》就已经存在，但他认为，在今天仍有强调的必要。"如果我们的教育搞的是注入式、死背呆记、强迫纪律那一套，我们完全可以只考虑成年人应该知道什么，而如果我们想让学生真正理解他们所学的东西，而且喜爱学习，自觉地遵守纪律，就应该考虑他们按其能力可以学到些什么。但是，我们现在还常把小孩子当作小大人看待，对他们进行成人化的教育。"① 为此，他专门写了一篇文章《了解儿童世界》，强调了解儿童生理、心理特征对教学的重要性。正是在这篇文章中，他还强调，要理解儿童的身心发展，必须拥有儿童心理学和教育心理学的知识。他说，作为教师，除了学习一般的心理学知识，还要着重学习儿童心理学知识和教育心理学知识。教师不只是学书本上的理论知识，还要将理论联系实际，具体地、系统地观察、研究一两个或一群幼儿的身心发展及影响其发展的各种因素，并结合教育学的知识，研究对他们进行教育的方法。

2. 明确提高教育质量的标准

刘佛年认为，教育建设包括数量的发展和质量的提高，二者都重要，且相互关联。不过在二十世纪八十年代，"在现有的普通学校中，特别是非重点的普通学校，质量的提高是主要的任务"。既然如此，教学就应该把明确教育质量标准看成是教学工作中的头等大事。在他看来，根本的标准就是学生的全面发展，这是社会主义现代化建设对人的要求。尽管这个要求大家都在谈，但不一定人人都能做到。"许多非重点的普通学校也片面追求升学率，它们往往只抓智育，不注意全面发展。而且所谓抓智育，并非都按智育的质量标准。它们抓的是死背呆记，题海战术。这种抓法会损害下一代

① 金一鸣. 刘佛年教育文集 [M]. 南京：江苏教育出版社，2010：266.

青少年的发展。看来明确教育质量的标准仍是教育工作中的头等大事。"①

3. 教学应以启发式为指导，反对注入式

在刘佛年看来，现行的中小学教学存在着注入式教学的现象，其特征是教师滔滔不绝地讲教材，把知识灌输给学生，学生死背呆记、机械练习、高分低能，这导致学生厌学，学习积极性不高，教学效果低下。要改变这种状况，教师必须摆脱注入式的方法，充分发挥每个学生的主动性，培养学生的自学能力、独立工作能力、思维想象能力，发展探索、开拓和创造精神。为此，教师要实行启发式教学。教师的任务不再是注入而是启发；不是"抱"着学生走，而是引导学生走，引导他们去观察、分析、想象。教师不是利用考试分数等强迫学生学习，而是鼓励学生学习。教师的作用就是教会学生如何学。教师的这个作用同传统的作用是不一样的，可以说是更重要更艰巨。教师与学生的关系也要随之改变。教师"不是无所不知的权威，他对于学生的问题答不出来一点也不必难为情，他可以说我不懂，我们一起来研究吧。不一定所有的东西都是教师教给学生，教师没有这么大的本领"。②

4. 发挥学生的主观能动性

教师主导作用只有落实到学生身上，使他们发挥出主观能动性，才算是真正起到了导引的效果。因此，学生的主观能动性更为关键。如果我们的教育不能把学生的主观能动性发挥出来，调动起来，就不能算是成功。"所谓主观能动性，指作为一个人，做一些事情，总归有一个目标，这个目标要能引起兴趣，有了兴趣才去追求，去追求才有一定的信心。这信心往往来自成功。每追求一步取得成功，信心越来越足，而且是很认真地追求，就是很勤奋，能坚持，能独立思考，具有创造性。"③ 为此，教师要做的事情：首先要充分调动学生的学习积极性，吸引所有学生积极参与学习活动。要把课程搞得活一些，不要包办，凡是能发动学生动脑、动手、动口的，都要让学生自己去做，这样就可以培养学生的自学能力，做到最后不要教师的帮助也能学好。其次，要鼓励学生，只要有一点成功都要鼓励，而决

---

①　金一鸣.刘佛年教育文集 [M].南京：江苏教育出版社，2010：286.
②　金一鸣.刘佛年教育文集 [M].南京：江苏教育出版社，2010：214.
③　金一鸣.刘佛年教育文集 [M].南京：江苏教育出版社，2010：352.

不能打击。要使学生在进步和成功中增强学习的自信心，激发学习的兴趣，培养奋发学习的意志，为终身学习打好基础。总之，"我们教师的影响无非是去激发他们，去引导他们，扶持他们，提供一些必要的条件，使他们的主观能动性得以发展"。①

5. 鼓励学生的创造精神

刘佛年认为，我们培养的新人都要具备新的素质，其中一项就是创造精神。创造精神必须从幼儿期开始培养，如果幼儿期不去发展它，孩子长大以后就可能成为一个缺乏创造精神的人。基于这种认识，他建议教师首先要培养学生的创造精神。因为，儿童有很大的创造活力，但要使其发挥出来，必须供给儿童各种必要的条件。教师必须引导、启发、鼓励、示范、建议，提供必要的知识，传授必要的技能，供给必要的玩具、器材、场地，甚至在某些情况下还要和儿童做游戏，帮助他们解决一些困难，从而激发他们的创造活力。其次教师要掌握教学艺术，正确地处理好各种矛盾，既不要强迫灌输式教育，也不要任其自流教育，要把教师的指导、帮助和儿童的主动性、创造性巧妙地结合起来，这就是我们的努力目标。

刘佛年教学方法改革的理念在二十世纪八十年代是新颖的、独特的，在二十一世纪的今天仍然具有借鉴价值。在当代的教学方法理念中，了解儿童世界、懂得儿童心理学和教育学、明确教育质量的标准、倡导启发式教学、反对注入式教学、发挥学生的主体性、鼓励学生的创造精神，仍然是精髓和核心，是我们一直所推崇的。这些教学方法理念仍然是我们完成教学任务，取得教学成功，培养高素质的创造性人才的重要法宝，仍然是我们进行教学方法改革的指导思想。

（二）改革教学模式

刘佛年把改革教学模式看作是实现教学任务的重要路径。他认为，现存的教学模式有三种：一种是机械教学模式，一种是有意义的学习模式，还有一种是创造性教学模式。如何看待这些教学改革的重要问题，刘佛年先生分别论述了三种模式的内涵和作用，给予了新的评价：第一种模式是指学生学了些符号文字，会认字，会计算，但不了解、不懂得所学内容的真正意义，他只能机械地记住这些东西。例如学数、理、化时，他可能记

---

① 金一鸣. 刘佛年教育文集 [M]. 南京：江苏教育出版社，2010：352.

住了某些公式，也会套公式做习题，但对公式本身不理解，因为套公式是非常机械的，不需要动脑子。学生获得的只是机械的能力，可能记忆能力得到发展，但思维能力、解决问题的能力则全然没有。这种模式显然陈旧了，不符合今天的需要，要尽量减少。值得倡导和发展的是第二种模式和第三种模式。有意义的学习模式着眼于让学生获得知识的意义，其内涵有两个方面，一是指学生能理解的所学内容的意义；二是能用这些知识解决一些问题。这是应该倡导的，尽可能争取有更多的学校、更多的学科、更多的教师能达到这个水平。但它对教师和设备都提出了很高的要求。教师必须把概念、原理的来龙去脉讲清楚，把思考的方法、研究的方法和学习的方法教给学生，让学生融会贯通地掌握，这需要很高的水平。要摆事实，让学生看到事实，就需要实验的设备、图表和参考资料，没有这些，学生只看教科书，是不可能进行有意义教学的。这种模式的最大缺点是：只能依照原有或现有的知识解决这个知识范围或这个思维模式所能解决的问题，它的能力也被限制在这个范围里。第三种模式应当大力提倡，逐步发展。因为创造性教学最适合我们未来的需要，也适合现代化建设发展的需要，从长远来看，国家需要大力培养创造性人才。但问题是，创造性教学要求更高，困难也较大。创造性对每个人、每个年龄阶段都有其发挥的地方。因此，刘佛年先生强调，"创造性教学要从幼儿园开始，甚至更早一点，但这时并不是要他们创造社会上没有的东西，而只是他原有知识中没有的东西。要从小培养创造性，但不要把创造性教学庸俗化。要创造首先要打好基础。创造性教学需要比有意义教学更好的条件：教师要有创造性，要有更多的设备"。① 总之，教学模式的改革既要态度积极又要从实际出发积极稳妥地进行。

（三）改革教学评价

在二十世纪八十年代，我国教育界存在的弊病之一就是片面追求升学率。刘佛年剖析了它的危害：某些学校为了集中精力应付考试，特别重视那些要考的学科，而没有列入考试的科目被忽视，如音乐、美术、体育、劳动技术、思想品德等，学生的知识面得不到扩展，自学能力、实验能力、调查能力、社会活动能力等都得不到培养和发展。换句话说，为了追求升

① 刘佛年. 刘佛年学述［M］. 杭州：浙江人民出版社，1999：168.

学率而牺牲了学生的全面发展。"可是人是一个整体，德、智、体、美、劳，书本知识和有关能力，实际知识和有关能力，都是相互关联的。任何一方面的残缺都会影响其他方面的发展。从短期看，抓了几门功课，牺牲了其他方面，只要能够考进大学，似乎是值得的。但从长远看，这样做阻碍了青少年的健康发展，包括智力方面的发展，是一种摧残人才的做法"，①将给国家的现代化事业带来极大的危害。

　　刘佛年针对这种情况强调："我们的教育是要提高全民族的素质，应该面向全体学生，不应该荒废大多数学生的学业。学校不能以任何理由为自己的这种做法进行辩护。"② 他提出的解决办法是注重学生综合素质的考察，把目标与评价结合起来。具体地说，首先就是要贯彻德、智、体、美、劳全面发展的教育方针，落实知识、能力和态度的教学任务，让它们成为衡量教学质量的标准，衡量学校办学成绩、学生学习成绩的标准，使目标与评价有机结合。"考核结果符合目标的，就算好成绩；不符合目标要求，即使学生能升学，也只能算不好的成绩。所以，进行教改的教师应该严格按照目标出测试题，试题的覆盖面、深度等都要符合目标的要求。……测量的方法应该是多样化的。只有用多样的方法，才能测量、评价多项目标的实现水平。同时还必须解决升学考试的问题，要严格按照国家规定的培养目标和各科的教学目标来确定升学考试的题目，使升学考试同按照教学目标进行教育的活动更紧密地结合起来。"③ 评价学生不仅要看成绩，更重要的是要看学生的能力、态度和综合素质。这样的真知灼见，不仅在二十世纪八十年代的教育界有极强的针对性，而且对我国目前克服片面追求升学率的弊端，真正使学生的知识、能力和态度落到实处，无疑具有重要的启迪价值。

① 金一鸣.刘佛年教育文集［M］.南京：江苏教育出版社，10：378.
② 金一鸣.刘佛年教育文集［M］.南京：江苏教育出版社，2010：379.
③ 金一鸣.刘佛年教育文集［M］.南京：江苏教育出版社，2010：375.

论刘佛年的中小学教学改革思想①

刘黎明，祁占勇②

刘佛年是我国当代著名的大学校长和教育家。他长期致力于中小学教学改革的研究，发表了《谈谈全面发展的方针和教学改革的问题》《知识、能力、态度》《中小学教师应做些教学研究工作》《大面积提高教学质量的探讨》《在普及义务教育中提高教学质量》《片面追求升学率与人才培养》《布鲁姆与教学改革》等论文，对中小学教学改革的思想作了精深的论述。本文就此作些具体的探析。

一、刘佛年教学改革思想形成的背景

刘佛年的教学改革思想形成于二十世纪七十年代末至八十年代，也就是改革开放的最初十年。改革开放初期，党和国家就提出了实现工业、农业、国防和科学技术四个现代化的宏伟目标，要求"教育要面向现代化，面向世界，面向未来"，培养能坚持社会主义方向，德、智、体、美、劳全面发展的人才。因为没有人才的德、智、体、美、劳全面发展，就不可能实现四个现代化。

（一）世界教育改革潮流的影响

从世界范围来看，二十世纪五十年代以来，特别是在八十年代，科学技术迅猛发展，知识更新的速度不断加快，出现了知识爆炸的局面。这对

---

① 该文原载于教育文化论坛，可能有部分改动。
② 作者简介：刘黎明，男，1962 年 11 月生，湖南茶陵县人，湖南师范大学教育科学学院副教授，教育史硕士研究生导师，研究方向为西方自然主义教育思想史、高等教育思想史等。祁占勇，男，宁夏彭阳人，1978 年 1 月生，陕西师范大学教育学部教授、教育学博士、博士研究生导师，主要从事教育政策与法律研究。

教育提出了挑战，迫切要求人们改革传统教育思想，处理好知识的增多与学生学习时间有限的矛盾，解决好学生的发展问题。世界各国纷纷进行教学改革，出现了以苏联赞可夫的"教学与发展"理论、美国布鲁纳的"结构主义课程"理论、西德根舍因的"范例教学"理论为代表的教学改革思想。这些原理在八十年代初被引入我国教育界，对我国当时的教学研究产生了极大影响。赞可夫的"一般发展"的教学任务观，引起了人们对智力因素和非智力因素统一发展的关注和研究。赞可夫的"高难度"教学原则、布鲁纳的"学科基本结构"论，引发了人们对学科的基本结构和教材内容的难度的关注和研究。赞可夫的"使学生理解学习过程"的原则和布鲁纳的"发现法"教学，引发了人们对学生学习规律的研究，学生如何学习和如何培养学生的自学能力和独立工作能力受到格外重视。西德根舍因的"范例教学"，引发了人们对通过"范例"融会贯通地掌握知识的高度重视。

（二）我国社会经济的发展以及新科技革命对教育提出了新的要求

我国当时的教育、教学，无论是理论，还是实践，都存在着与四个现代化建设、新科技革命不相适应的地方。存在的问题主要有：在教育目标方面，坚持智育第一，忽视了德育、体育、美育、劳动技术教育，割裂了"五育"的整体性，导致学生德、智、体、美、劳全面发展落空。在教学任务上，人们普遍关注"双基"教学，重视"知识型"人才的培养，不重视学生智力的开发、能力尤其是创造能力的培养，不重视学生非智力因素的发展。在教材方面，只重视纵向的知识联系，不重视知识的横向联系，教材内容贫乏，缺乏难度，没有反映科技发展的最新成果，难以引起学生的学习兴趣。在教学方法方面，当时的教学崇尚教师的主导作用，实行"满堂灌"，忽视了学生主体作用的发挥和对学生如何学的指导和启发。这种"填鸭式"的教学，窒息了学生的创造性思维。学生普遍缺乏学习的能动性，对所学知识不能很好理解，只能死背呆记，被动学习。如何在教学中实施启发式教学，调动学生的主动性，开发学生的创造力，成了当时教学领域研究的热点问题。在教学评价上，把"分数"作为衡量学校、校长、教师、学生"好坏"的标准，一切围绕升学转，片面追求升学率，而把学生的全面发展排除在教学评价的视野之外。

针对这种不适应四个现代化建设和新科技革命需要的陈腐的教育思想，

1985 年的《中共中央关于教育体制改革的决定》就强调"要改革同社会主义现代化不相适应的教育思想、教育内容、教育方法"。由此，教育改革、教学改革就成为当时教育领域的主旋律，时代的最强音。人们纷纷发表学术论文，探讨教育和教学改革的问题。正是在这种教育、教学改革大讨论的背景下，刘佛年就教育教学改革的诸多方面，发表了自己的见解。这些见解不仅推动了当时的教育教学改革，而且对今天的教学改革具有重要的启迪意义。

二、刘佛年的教育目标观、质量观与人才观

刘佛年中小学教学改革的指导思想就是他所理解的教育目标观、教育质量观和教育人才观。

刘佛年认为，培养全面发展的人是整个现代化过程的客观需要，"不培养全面发展的人，我们的四个现代化就实现不了"。① 为此，他对教育目标观，即学生全面发展问题作了精深的系统的研究，提出了独特的见解。首先，学生的全面发展是指身心的全面发展，包括德、智、体、美、劳的全面发展，缺一不可。其次，全面发展的教育又有全面发展的问题。他举例说，智育，它的课程与近代外国中学课程相比，门类增加了，学习的范围扩大了，包括很多学科在内的自然科学、社会科学。美育，有音乐、美术、美工，还包含课外活动的舞蹈、戏剧等。德育除了道德品质外，还有涉及政治、经济、法律、社会、哲学等学科在内的思想政治教育。体育的内容也很丰富。在他看来，"德、智、体等育各有不同的作用，不能说哪个重要一些，哪个次要些，缺哪一方面都是不行的，缺任何一'育'都会影响其他的'育'。这几育的各个方面也是不能少的，少了一方面就是一个缺陷，将来会对一个人的生活、学习、工作带来不利，对社会也会带来不利"。② 再次，全面发展的每一个方面都有广度、深度和高度的问题。例如，对一个人智育的发展，不能只看到知识面广的一面，还要同时看到在某些方面有深度，即在知识技能方面有深度，在觉悟方面有高度，在美育、体育方

---

① 金一鸣. 刘佛年教育文集［M］. 南京：江苏教育出版社，2010：200.
② 金一鸣. 刘佛年教育文集［M］. 南京：江苏教育出版社，2010：197.

面也有特点。各育的每个方面都有情感、意志等心理能力的发展问题，其中创造性智力发展最为重要，也是最高的发展。因为"别人创造的知识，我们能去理解它，这固然很重要，但还不是最高的。最高的是要去创造知识。一个人要有创造的才能，有创造的智力，这应该是最高的智力。我们要发展，最高的目标就是要发展这种创造性的智力，而这一点恰恰是过去教育中很不注意的地方。……现在最重视的是能发明、能创造、能革新的人。我讲的发展，就是在人的心理能力方面，还有高低之分，我们要从低向高发展"。① 全面发展就是要促进每个人从出生到老的终身的全面发展。

刘佛年认为，培养什么样的人，也就是培养人的质量问题。从表面和概念上讲，这个问题似乎不存在，因为大家都认识到，使受教育者德、智、体、美、劳全面发展，充分发展和自由发展，这样的人就是高质量的人。但是，在二十世纪八十年代的我国，考试成了质量的唯一标准。许多家长、教师和学生关注的是升学考试，升学率成了衡量学生"好坏"、教师"好坏"、学校"好坏"的标准。人们只关注与考试相关的智育，而与升学无关的德育、体育、美育、劳动教育课程得不到重视。之所以出现这种片面追求升学率的现象，究其原因有两个方面：一是因为取得高校文凭仍旧是取得很好职业的保障，而有些单位又只凭毕业文凭来定职位，但是大学招生数量有限，所以形成千军万马过独木桥的情况。二是高考是全国统考，要有标准答案，就出现一些比较呆板的题目，所以准备考试必然注重死记硬背、题海战术的教学方法。

要真正提升全民族的素质，作为教育工作者要为国家的未来着想，尽心尽责地促进全面发展。首先，"我们不是反对争取升学，而是反对把升学率的高低作为衡量教学质量的唯一标准，反对那种因追求升学而使学生畸形发展以及搞题海战术、死记硬背的做法"。② 其次，教师要认真体会德育、智育、体育、美育、劳动教育的重要性，真正把德、智、体、美、劳全面发展落到实处。如果我们没有从社会实际中体会到德、智、体、美、劳全面发展的重要性，就不可能很好地贯彻执行。

---

① 金一鸣. 刘佛年教育文集 ［M］. 南京：江苏教育出版社，2010：199.
② 金一鸣. 刘佛年教育文集 ［M］. 南京：江苏教育出版社，2010：393.

教育思想观念不仅反映在质量观上，也反映在人才观上。刘佛年提出了两种人才观：一是大量的有文化的优秀劳动者；二是一定数量的高级人才。当时对人才流行的看法是：一些人认为，中小学校的大量的学生中必然有不少的差生和中等学生，只有少数是优秀的。还有些人认为，这三类学生的比例各占1/3。针对这种观念，刘佛年提出了自己的看法：现代科学研究充分证明人的潜力非常大，应该使每个儿童都得到充分的发展，把他们的潜力发挥出来。有些学生学得不好，绝不是他天生智力不行。有些儿童没有学好是因为没打好基础。他的结论是：90%以上的人可以学得很好的，不是一般的好，而是能达到优秀的水平。因此，那种人才观念必须被打破。

刘佛年认为，高级人才的早期培养同样非常重要。中小学特别是重点学校要认真研究如何培养一流的人才。中小学培养高级人才的方法是有规律可循的，这种规律就是：一般说，在幼儿阶段要培养孩子的语言、活动、思维、想象等方面的能力和兴趣。到了小学和初中，要有意识地培养儿童特殊的爱好、兴趣和能力，要让孩子掌握一些基本的知识和能力，培养他们的自学能力，多让他们课外阅读，参加他们感兴趣的活动。到了高中，要对孩子采取特殊措施，让他们多读自己想读的书，包括大学的书，参加这方面的竞赛活动，听专家的学术报告等。总之，"要有一个新的人才观，不论在普通学校或重点学校，都要因材施教，让每个学生充分而自由地发展"。①

刘佛年构建的中小学教学改革指导思想很有特色。一是强调整体性。他论述的教育目标观、质量观、人才观是相互联系、相互制约，融为一体的，它们贯穿于学生的德、智、体、美、劳全面发展中。后者是教育的目标观、质量观、人才观相互关联的纽带，也是它们共同拥有的东西。这种融教育的目标观、质量观、人才观于一体的完整的教学改革指导思想，奠定了教学改革的理论基础，能够有效地指导教学改革，确保每个学生的全面发展。这一教学改革指导思想不仅在二十世纪八十年代是新颖、独特的，即使在二十一世纪的今天仍不失其启迪价值。目前，中小学的教学改革既

———————————

① 金一鸣. 刘佛年教育文集 [M]. 南京：江苏教育出版社，2010：394.

要以教育目标观为指导，又要确保教育的质量观、人才观的落实。三者统一了，也就能更好地促进每个学生的德、智、体、美、劳全面发展。不仅如此，整体性特征还体现在各"育"的内在联系和全面发展上。要注意各育的内在关联，因为任何一育都不能脱离其他的育而孤立发展，还要重视各育本身的全面发展。论述各"育"的内在关联和全面发展，是刘佛年对人的全面发展学说的独特贡献，它使中小学教学改革中真正落实学生的全面发展更富有操作性。二是强调以人为本。在融教育的目标观、质量观、人才观于一体的完整的教学改革指导思想中，人的价值得到了关注，人的身心全面发展得到了彰显。教学改革不仅要关注学生知识的获得，能力的发展，还要关注学生的动机、情感、意志等非智力因素的发展，使它们成为衡量教学质量的标准。总之，"以人为本"是教学改革指导思想的核心。

三、教学目标改革：对知识、能力、态度的科学阐释

刘佛年校长高瞻远瞩，对知识、能力和态度三者的关系作了科学的阐释，他认为，教学任务涉及知识、能力和态度，它们有着内在的关联，缺一不可。教学工作的第一项任务就是使学生获得知识。在他看来，学校是传授知识的场所，对学生来说是一个学习知识的场所，这是很有道理的。因为我们受教育，获得知识是一个重要的目标和任务。只有有了知识，才能成为一个现代的人，才能从事劳动，从事各项工作，参与社会生活。他所理解的知识既包括经验性的、材料性的知识，也包括理论性的知识，还包括技能。对于中小学生而言，重要的是掌握基础知识和基本技能。他批判了两种对待知识的错误观点，一种看法是"左"的思想有意地贬低知识，似乎知识越多越糟糕，知识多的人往往被说成"白专"。另一种看法是在现代社会里知识是随时可以学习的，知识并不太重要，重要的是能力。前者观点给国家带来了很大的危害。后者观点是片面的，对此观点刘佛年先生作了辩证的分析：能力确实重要，但不能因强调能力而贬低知识的重要性。中小学里的知识是从人类传承下来的知识中精选出来的，最精华、最基本的东西，所有其他的知识都是要在这个基础上才能接受、发展的。何况能力的发展是同知识的学习结合在一起的。没有脱离知识学习的能力发展，也没有离开能力发展的单纯的知识学习。当然这两者是不一致的。

教学工作的第二项任务是发展智力和培养能力。刘佛年指出，知识本身不是目的，我们求知识是为了解决问题、改造世界，而不是为求知而求知。只靠知识没有能力，那只是书呆子，没有用处，发展了能力才能使知识成为有用的。继续学习要靠能力，学得好要靠能力，把所学的知识运用到实际中去解决问题还是要靠能力，因此能力的重要性无论怎样强调也不过分。他所理解的能力包括观察能力、思维能力、记忆能力、想象能力以及分析解决问题的能力。在众多的能力中，对于中小学生而言，最重要的能力有两种：自学能力和独立工作能力。自学能力的重要性与科技革命带来的知识爆炸密切相关。世界科技的迅速发展带来了知识的不断更新，这使得学校里所学的一些知识变得陈旧而不适用，如果不更新知识，就不能解决新问题，更谈不上适应变化了的世界。终身教育思潮的兴起，也要求学生有自学能力。因此，"学校里最重要不是能学到多少知识、技能，而是要学会一种会学习的能力，会自己去学习的能力。这样不管社会如何变化，一个人都能在新形势下自学，跟上形势，跟上变化。这种自学能力是多种具体能力的结合，要从小学一年级就开始培养，一直到中学毕业"。① 独立工作能力也很重要，因为学生不可能总在教师指导下工作，他毕业后到社会上需要根据具体情况独立工作。许多事情需要自己计划、设计、组织和安排，没有人告诉你如何工作。所谓独立工作能力，就是一个人要学会发现问题，进行初步的分析，提出假设，能独立地搞实验，做调查研究，最后解决问题。刘佛年先生强调这两种能力应在中小学就培养，到中学毕业时，学生应适当具备这两种能力。

教学工作的第三项任务是态度，即通过教学对学生的精神、心理产生影响，并使之形成学生的态度。它包含着三个方面的内涵：培养学生的好奇心和求知欲、学习的兴趣、学习的愿望，也就是学习的动机；帮助学生树立学习的信心；培养学生坚强不屈的意志。

刘佛年提出的这个教学任务颇具新意，一是强调了学生身心的整体性发展，二是突出了学生的能力和态度的发展，尤其是态度（即非智力因素）

① 刘佛年. 刘佛年学述［M］. 杭州：浙江人民出版社，1999：162.

的发展。这无论对二十世纪八十年代教学任务的改革，还是对二十一世纪的今天教学任务的重构，都具有启示意义。因为抓"双基"教学一直是我们教学的一个传统，它们在教学任务中占有核心地位，导致知识在教学中备受推崇，而能力和态度的发展得不到关注，人的价值得不到肯定，人的意义就得不到彰显。这是一个非常严重的问题，至今仍未解决好。重温刘佛年先生的教学任务观，对重构教学任务，真正把学生的身心整体发展落到实处，无疑具有重要的启迪意义。

四、课程教材改革：增加难度和注重教材的知识逻辑

（一）教材改革的必要性

刘佛年认为，教材改革是教学改革的重要组成部分，关系到教学质量的提升。科学技术日新月异，迅猛发展，其特征是出现了知识爆炸的局面，每隔十年，知识的总量就要翻一番，使得教材要增加难度，许多新知识要加入中小学教材中。"有的是过去高等学校里学的东西，现在放到中小学里来学，所以有个知识下放的问题。有些知识要从大学下放到中学里来，有的知识也要从中学下放到小学里去。既有许多新的知识要增加，又有许多东西要下放，教材就非改革不可。我们要搞四个现代化，也要解决这个问题，这就是教材改革要解决的一个基本矛盾。"①

（二）教材编排上增加难度，注重知识逻辑

首先，要增加教材的难度。刘佛年受苏联教育家赞可夫的实验教学论思想的影响，强调增加教材的难度。针对学生的潜力这个因素，他指出，儿童身体的发展比几十年前要早熟二三年，心理方面也比过去的小孩早熟，他们的见识比过去多，好奇心比过去强，兴趣范围比过去广。他们学到的东西比过去更多、更快。他们通过电视、收音机、图书等，可以看到世界当天发生的事情，看到各种各样的科技成果、艺术作品。原来的教材就不能满足他们的需要，需要增加材料，提高深度，加快速度。另一方面是为了解决学生积极性问题的需要。过去有些学生为什么对学习不感兴趣？刘

---

① 金一鸣．刘佛年教育文集［M］．南京：江苏教育出版社，2010：205–206.

佛年的回答是：学习本身没有一定的难度，太容易了，学习引不起他任何积极性。现在的教改实验都增加了一些难度，学生的积极性就大大提高，学习兴趣越来越浓厚。这表明，要提高学生的学习积极性，就必须增加难度和速度。"这就像摘果子要跳一跳才有味道。越是容易拿到的东西，就越不能引起学生的兴趣。这是大家都会注意到的，小孩对他觉得难的东西，才感兴趣，哪怕二三岁小孩也是如此。"① 刘佛年增加教材难度的思想是来源于赞可夫的"高难度"教学原则，但是又从挖掘学生的内在潜力和调动学生学习的积极性方面作了新的补充和完善。

如何增加一定的难度？刘佛年认为，要看具体情况而定。两三个实验班能够做到的，其他班级不一定能做到。增加一定的难度要考虑具体的条件，不是说任何难度都可以，太难了就不行。"对统编教材，有的地方可能要增加、补充、改编，有的地方甚至要降低，还要搞乡土教材。所以教材在统一中要有灵活性，要随着社会的发展、各地的条件、学校的特点而不断变化。"②

其次，要注重教材的基本结构，让学生掌握知识逻辑。受布鲁纳的结构主义教育思想的影响，刘佛年非常重视学生对教材的基本结构的掌握。所谓教材的基本结构就是指教材所蕴含的基本概念、基本原理及其规律性的东西。刘佛年认为，由于科技的迅速发展，导致知识爆炸，学生不可能学习所有的知识。怎样才能做到以简驭繁，举一反三，融会贯通地掌握知识呢？答案是掌握学科的基本概念和基本原理。他说，每一个领域中尽管知识非常丰富，但总有提纲挈领的东西，总有驾驭一切的东西，就是基本概念和基本原理。所有这领域内的知识都是可以用这些基本概念去解释、说明和解决的。"上课不能平均用力，要引导学生通过精密的观察、积极的思维，形成基本概念，理解基本定律，其他可由学生独立地分析、研究"③。因此，我们学习时应把重点放在掌握一个学科的最基本的概念以及原理上。掌握了它就可以理解这个学科的全部知识。怎样才算掌握？刘佛年指出：

---

① 金一鸣. 刘佛年教育文集 [M]. 南京：江苏教育出版社，2010：206.
② 金一鸣. 刘佛年教育文集 [M]. 南京：江苏教育出版社，2010：207.
③ 刘佛年. 刘佛年学述 [M]. 杭州：浙江人民出版社，1999：171.

"就是真正地理解它，知道这个概念是怎么产生的，在这以前人们有些什么概念，后来为什么不行了，为什么要有一个新概念的产生。这个新概念是什么意义，这个新的原理是什么意义，这个新概念又如何去解释一些新的现象，为什么旧的概念不能解释，怎么才能解释得好。把这些教给学生，学生就掌握了这个概念了。"① 注重教材的基本结构，就是让学生掌握知识逻辑。

刘佛年关于掌握教材的基本结构的思想是对美国教育家布鲁纳结构主义教育思想的继承和发展，有助于学生通过掌握教材的基本概念、定律和原理，促进知识的迁移，举一反三、触类旁通地掌握新的知识，对我国目前的新课程改革富有启示价值。

五、教学方法改革：注意调动学生主动性、培养创造性

刘佛年认为，在保留传统教育的一切仍然有益的教学方法的基础上，实施教学方法的改革，发展适合现代化要求的教学方法，是教学改革的必然趋势。

首先，反对注入式教学，倡导启发式教学。在刘佛年看来，现行的中小学教学存在着注入式教学的现象，其特征是教师滔滔不绝地讲教材，把知识灌输给学生，学生死记硬背、机械练习、高分低能，这导致学生厌学，学习积极性不高，教学效果低下。要改变这种状况，教师必须摆脱注入式的方法，充分发挥每个学生的主动性，培养学生的自学能力、独立工作能力、思维想象能力，发展探索、开拓和创造精神。为此，教师要实行启发式教学。教师的任务不再是注入而是启发。教师不是抱着学生走，而是引导学生走，引导他们去观察、分析、想象。教师不是利用考试分数等强迫学生学习，而是鼓励学生学习。教师的作用就是教会学生如何学。教师与学生的关系也要随之改变。教师"不是无所不知的权威，他对于学生的问题答不出来一点也不必难为情，他可以说我不懂，我们一起来研究吧。不

---

① 金一鸣. 刘佛年教育文集 ［M］. 南京：江苏教育出版社，2010：207 –208.

一定所有的东西都是教师教给学生，教师没有这么大的本领"。①

其次，调动学生学习的主动性，增强学生的学习动力。刘佛年把调动学生学习的主动性，增强学生的学习动力看成是教学改革取得成效的关键和前提。学生学不好，常常是因为缺乏学习的动力。解决这个问题，教师需要做的事情：其一，培养学生的好奇心、求知欲、学习兴趣、学习愿望，也就是学习的动机。好奇心、求知欲是儿童固有的，在一定的条件下，就自然形成了兴趣和需要。问题在于家长、教师如何对待好奇心、求知欲，如果对它们加以压制、打击，就会阻碍它们的发展，如果有意识地培养，就会促进它们的发展。为了培养学生的好奇心、求知欲、学习兴趣，教师要使学生对教学内容充满好奇，引导学生向知识领域探索甚至探险。教师要提出一些学生用原来的知识和方法无法解决的新问题，这样就在心理上造成一个矛盾，再加以引导，就可以培养学生的好奇心和求知欲。教师的课堂教学不仅要让学生了解所学知识的社会价值，而且应富于美感，使学生产生学习的兴趣，享受课堂教学带来的美感和快乐。其二，要鼓励学生，使他们树立学习的自信心。学生对所学的东西没有信心，肯定学不好。要增强学生的自信心，就要给学生规定不同的学习任务。给好的学生的任务应该比较难，但是一个差生，就要给他较容易完成的任务，当他完成以后，就应当给予肯定和表扬，这样他的信心就有了。所以教师要了解每个学生的情况，使每个学生充满了信心前进。这样才能使每个学生都得到发展。其三，要吸引学生参与学习活动。要把课程搞活一些，不要包办，凡是需要学生动脑、动手、动口的，都要让学生自己去做，这样可以发挥学生学习的主动性，培养学生的自学能力。

再次，注重学生创造性的培养。刘佛年指出，当时的教学存在许多问题，严重地阻碍了学生创造性的发展。"其最大的毛病是要学生完全为升学服务。因此，要学生死记硬背，死套公式，根本不去发挥学生的创造性，有时还要压制学生的创造性，不让学生多主动地想一些，动一点，说一点。

---

① 金一鸣. 刘佛年教育文集 [M]. 南京：江苏教育出版社，2010：214.

思想、想象活动自由活泼一点，家长会禁止，教师会禁止，把学生搞得死死的"①。这种普通教育难以适应现代化建设的需要，必须改革。他主张创造性人才应从婴幼儿开始培养，为他们的创造潜能和发挥活力营造良好的氛围。"教师必须引导、启发、鼓励、示范、建议，提供必要的知识，传授必要的技能，供给必要的玩具、器材、场地，甚至在某些情况下还要和儿童一起游戏，帮助他们解决一些困难。如果没有这些条件，儿童不可能主动地、积极地进行一些有益的游戏，不可能把某些有一定难度的游戏进行到底，不可能使创造的难度逐步提高"②。与此同时，教师应把自己的启发、诱导和儿童的主动性、创造性巧妙地结合起来。教师不能代替儿童自己的活动和努力。凡是儿童有能力做的，就让他自己做，凡是儿童自己能想的，就让他自己想，要充分地发挥自己的主观能动性。实施创造教育，对教师提出了更高的要求：教师必须懂得心理学和教育学，自己就是创造者。刘佛年强调，"我们如果要培养学生的创造能力和精神，首先要培养自己的创造能力和精神。教育工作不是一种机械的工作，教育领域是我们教师可以充分发挥创造能力的广阔天地。我们已经有许多教师在自己的教学、教育工作中进行了改革、创造，作出了很有意义的贡献。……你自己创造了，尝到了创造的乐趣，你就会鼓励你的学生也去创造。我希望我们教育界出现很多很多创造型的教师，依靠他们来培养出大量的有创造精神的未来建设者"③。

六、学习方式改革：注重养成正确的态度和方法、学思结合、知行统一

关于学习的改革，刘佛年把它看成能否大面积提高教学质量的关键，提出的思路：改变学习态度和方法、学思结合、知行统一。

（一）学生必须养成正确的学习态度和方法

刘佛年从提高整个中华民族的素质出发，不仅关注优秀学生的学习和

---

① 金一鸣. 刘佛年教育文集 [M]. 南京：江苏教育出版社，2010：313.
② 金一鸣. 刘佛年教育文集 [M]. 南京：江苏教育出版社，2010：321.
③ 金一鸣. 刘佛年教育文集 [M]. 南京：江苏教育出版社，2010：325.

成绩，也非常重视"差生"的学习和成绩，力求使每个学生在德、智、体、美、劳方面得到全面发展，从而大面积地提升教学质量。刘佛年先生把学习态度和学习方法的好坏看成是决定学习成败的两大因素。在学习态度方面，有些学生学习粗心大意，马马虎虎，读书浮光掠影，不求甚解。在作业中经常犯不应有的错误，不肯深入钻研较难的问题，解决问题的能力总是提不高。造成这种学习态度的原因是原来的教师对学生没有严格的要求和严格的训练。这种习惯使学生的学习总是上不去。他认识的总量尽管可能有所增加，但认识的质量却不能提高。在学习方法上，有些学生虽然很用功，但由于方法不对头，学习总是上不去。有很多学生并不真正理解一个定理、一个公式的意义，只是死背硬记，也不能活用它。他们不动脑筋，只是机械记忆，遇到稍微灵活一点的问题，就无法解决。这是由于教师使用注入式教学方法，要求学生死记硬背所造成的。

刘佛年指出，要养成学生正确的学习态度和方法，需要教师做长期、大量和耐心的工作。首先，教师必须实施启发式教学，培养学生分析问题和解决问题的能力。对学生要从严要求，学生不懂、不会，一定要他继续努力，直到弄懂为止。其次要多鼓励学生，尤其是"差生"。教师要用发展的眼光看学生，多看他的闪光之处，多鼓励和赞扬他，就能增强他的学习信心。如果你总是指责学生的缺点和错误，他就会觉得自己一无是处。你的看法和评价就会变成他对自己的评价。教师要有使全班每个学生都能成为优秀学生的坚定信念。因为"教师期望学生成为优才，他就会成为优才；期望他成为庸才，他就会成为庸才"。再次，要因材施教，多照顾学习有困难的学生。"学习上有困难的学生可以学得少一些、浅一些、慢一些，但给他学的那一点，一定要让他学懂、学好。要让他经常有一种经过努力而获得成功的喜悦心情。虽然暂时学得慢一点、少一点，但只要他逐步树立了信心，就会加倍努力，就能迅速赶上来。"①

（二）学思结合

刘佛年对学与思的关系作了辩证的理解，认为我们所要培养的人才不

---

① 金一鸣. 刘佛年教育文集［M］. 南京：江苏教育出版社，2010：175.

仅要有知识和技术，而且要有独立思考的能力。一方面，学和知识是基础，思维活动的引起，概念的产生、判断和推理都离不开学和知识。知识高深的人比知识浅薄的人更能看到问题之所在。另一方面，思考是关键，只有通过独立的智力活动才能真正有效地获得知识，因为"学而不思则罔，思而不学则殆"，学与思是一个统一过程中的两个矛盾方面。教育史上的"实质教育"拥护者和"实用主义者"都割裂了学与思的统一。前者认为只要给学生一些实用的知识和经验，不必去理会认识能力的发展。后者认为不必给学生以系统的科学知识，思维能力是在解决生活的小问题的过程中培养。尽管学与思不断有矛盾，但也不断有统一。"这种情况在今后的教育中是会长期存在下去的。教育工作者的任务就是要经常去克服这两个方面的割裂状态和片面发展状态。"针对二十世纪八十年代的教师盛行注入式教学，学生死记硬背的教育现实，刘佛年先生深刻地指出："学生缺乏独立思考能力是我们要努力克服的一个主要倾向，但同时也要防止脱离掌握知识的过程去发展独立思考能力的倾向。"① 这样的观点对于我们今天仍然存在应试教育的教育界是有警示作用的。

（三）知与行的统一

刘佛年对知与行的问题给予了特别关注，首先指出了知与行相统一的意义，充满了辨证的意味。他引用马克思主义的观点，认为不和实践结合的理论是空洞的理论，不受理论指导的实践是盲目的实践。实践、认识，再实践、再认识，这是认识的一般过程，也是教学应遵循的基本原则。教师向学生传授知识的目的，是为了培养学生独立工作和解决实际问题的能力。"因此学生不仅要理解他所学得的知识，要巩固它，而且要学会运用它，掌握运用它的技能技巧。学生只有深刻地理解了、消化了知识，才能把知识运用到实践中去；反过来说，也只有使学生经常在实践中运用他的知识，他们才能更深刻地理解这些知识，明确知识的作用，对知识产生浓厚的兴趣。"②

---

① 金一鸣. 刘佛年教育文集［M］. 南京：江苏教育出版社，2010：93.
② 金一鸣. 刘佛年教育文集［M］. 南京：江苏教育出版社，2010：93.

其次，刘佛年分析了当时教育界割裂知与行的偏向：一方面，对实践重视不够。部分教师的教学质量较差，直观教具、实地观察、实验、实习、各种独立作业和课外的学科小组的活动太少，导致学生死读书。另一方面，对理论重视不够。有些教师在从事观察、练习、实验、实习时，不在理论知识方面作充分的准备，或是不联系理论知识，不进行深入的分析研究，而是盲目地、浮浅地、机械地进行实践。对这两种现象，刘佛年都持反对态度。

再次，刘佛年指出知与行的矛盾是认识过程的内在矛盾。任何一个矛盾方面都是可以片面地强调、夸大，而把它和另一个矛盾方面割裂开来。其结果是，有脱离实践的读死书的教条主义的方法，也有不系统学习理论知识的"教育即生活"的实用主义的方法。刘佛年先生特别反对这两种做法，强调"教育工作者必须不断地和割裂知与行的这一偏向或那一偏向进行坚决的斗争，应该把两者的有机结合作为自己不懈追求的目标"。①

七、教学评价改革：注重综合素质的考察以及目标与评价结合

在二十世纪七十年代末至八十年代，我国中小学校盛行片面追求升学率的现象。从当时教育部的重要官员的谈话和一些教育文件可以看出这一点。1979 年时任教育部部长的蒋南翔在《中小学教育要面向全体学生》一文中指出："单纯追求升学率，向学校布置升学指标，给升学率高的学校发奖金，对升学率低或者没有学生升学的学校给以不适当的压力等做法是不对的。"② 同年的教育部文件《全国中小学思想政治教育工作座谈会纪要》指出："衡量一所学校办得好不好，要看全体学生德智体的质量……那种把升学率的高低看作是学校办得好坏的唯一标准，是不对的。"③ 教育部、国家教委在 1983 年和 1988 年颁布了两个类似的文件，分别是《关于全日制普

---

① 金一鸣. 刘佛年教育文集［M］. 南京：江苏教育出版社，2010：94.
② 蒋南翔. 中小学教育要面向全体学生［J］. 人民教育，1979（6）
③ 何东昌. 中华人民共和国重要教育文献（1976—1991）［C］. 海口：海南出版社，1998：120.

通中学全面贯彻党的教育方针，纠正片面追求升学率倾向的十项规定》和《关于全日制普通中学端正办学方向，纠正片面追求升学率倾向的督导评估的几点意见》。这表明当时片面追求升学率的倾向是十分严重的。首先，刘佛年分析了片面追求升学率的危害。某些学校为了集中精力应付考试特别重视那些要考的学科，而没有列入考试的科目被忽视，如音乐、美术、体育、劳动技术、思想品德等，学生的知识面得不到扩展，自学能力、实验能力、调查能力、社会活动能力等都得不到培养和发展。换句话说。为了追求升学率而牺牲了学生的全面发展。"可是人是一个整体，德、智、体、美、劳，书本知识和有关能力，实际知识和有关能力，都是相互关联的。任何一方面的残缺都会影响其他方面的发展。从短期看，抓了几门功课，牺牲了其他方面，只要能够考进大学，似乎是值得的。但从长远看，这样做阻碍了青少年的健康发展，包括智力方面的发展，是一种摧残人才的做法"[1]，将给国家的现代化事业带来极大的危害。

其次，刘佛年指出片面追求升学率与考试制度的缺陷密切相关。过去的高考的一大毛病，就是为了高考，教师通过死记硬背、题海战术、猜题等方法训练学生。这样做虽然能使学生在高考中取得好的成绩，但能力很差，造就了"高分低能"的学生。总之，"片面追求升学率就是错误的做法，错误的做法反映了错误的思想"。[2]

再次，刘佛年提出了解决片面追求升学率的策略，改革教学评价的策略：注重学生综合素质的考察，把目标与评价结合起来。具体地说，就是要贯彻德、智、体、美、劳全面发展的教育方针，落实知识、能力和态度的教学任务，让它们成为衡量教学质量的标准，衡量学校好坏、学生好坏的标准，使目标与评价有机结合。"考核结果符合目标的，就算好成绩；不符合目标要求，即使学生能升学，也只能算不好的成绩。所以，进行教改的教师应该严格按照目标出测试题，试题的覆盖面、深度等都要符合目标的要求。……测量的方法应该是多样化的。只有用多样的方法，才能测量、

① 金一鸣. 刘佛年教育文集［M］. 南京：江苏教育出版社，2010：378.
② 金一鸣. 刘佛年教育文集［M］. 南京：江苏教育出版社，2010：378.

评价多项目标的实现水平。同时还必须解决升学考试的问题，要严格按照国家规定的培养目标和各科的教学目标来确定升学考试的题目，使升学考试同按照教学目标进行教育的活动更紧密地结合起来。"① 评价教学效果不仅要看学生的成绩，更重要的是要看学生的能力、态度和综合素质。因为学生有了能力、态度和综合素质，就能独立地分析问题和解决问题，提升学习效率。这样的真知灼见，不仅对二十世纪八十年代的教学改革具有重要的指导价值，而且对二十一世纪的今天我们克服应试教育的弊端，提升教学质量，促进学生德、智、体、美、劳全面发展也具有重要的借鉴价值。

综上所述，刘佛年的中小学教学改革思想和实践是深刻而系统的，包含着很多的真知灼见，不仅在二十世纪八十年代的教育界具有振聋发聩的作用，而且在二十一世纪的今天仍然是值得我们继承的宝贵财富。它对我们确立融教育的目标观、质量观、人才观于一体的完整的教学改革指导思想，改革教材、教法和评价，无疑具有重要的启迪价值。

---

① 金一鸣. 刘佛年教育文集 [M]. 南京：江苏教育出版社，2010：375.

论刘佛年教学改革思想的三维逻辑①

刘黎明，刘筱玮②

　　刘佛年是二十世纪四十年代末至八十年代中国最具影响力的教育理论家和教育改革家。作为教育理论家，他学贯中西，博古通今，具有开阔的国际教育视野和深厚的专业造诣。他精通马克思主义哲学和西方哲学，对中国教育史和外国教育史也非常熟悉。他主持编写的《教育学》是第一部中国自己的马克思主义教育学教材，他担任过中国教育学会副会长、马克思主义教育研究会、比较教育研究会和教育史研究会的理事长，对中国教育理论的发展做出了重大贡献。作为教育改革家的杰出代表，他在二十世纪八十年代亲自带领华东师大的教授专家到中小学开展中、小、幼"一条龙"课程、教材、教法的教改实验，开启了中国中小学教学改革特别是整体改革实验的先河，引领了全国教学改革的发展方向。他构建了一个系统的、逻辑严密的教学改革思想，有力地推动了二十世纪八十年代以来的教学改革，对中国教学改革思想的发展具有里程碑的意义。本文拟从历史逻辑、理论逻辑、价值逻辑三个维度，对刘佛年的教学改革思想进行学理上的探讨。

一、历史逻辑：中国教学改革思想承上启下的核心枢纽

　　刘佛年的"教学改革思想"是中外优秀教育思想滋润下生成的独特的

---

　　① 该文原载于中国人民大学教育学刊，可能有部分改动。

　　② 作者简介：刘黎明（1962—），男，湖南茶陵县人，湖南师范大学教育科学学院副教授，教育史硕士研究生导师，研究方向为西方自然主义教育思想史、高等教育思想史等。刘筱玮（1999—），女，山东德州人，湖南师范大学教育科学学院硕士研究生，研究方向为西方教育思想史。

教改思想形态，上承中外优秀教育思想，下启当代教学改革思想，是中国教学改革思想在现当代得以更好再造、重焕生机的关键环节，是连接优秀中外教育思想和当代教学改革思想的核心纽带。通过考察和梳理刘佛年教学改革思想生成发展的历史脉络，我们不但可以深刻认识刘佛年教学改革思想的作用，而且可以认识中国教学改革思想的赓续发展的内在逻辑。

（一）对中外优秀教育思想的继承和超越

刘佛年的"教学改革思想"不是凭空产生的，而是有其深厚的思想渊源。一方面，他自幼就打下了深厚的中国古典文化和教育的基础，非常熟悉中国教育史，善于借鉴中国教育史上优秀的教育思想，如启发式教学、因材施教、学思结合、知行统一、循序渐进等。另一方面，也是更为根本的方面，他善于从外国教育思想中汲取营养，得到启示。他在阐释自裴斯泰洛齐至布鲁姆以来的国外教育改革家的教育思想对中国教育思想的影响时，在结合国内的教学改革经验的基础上，形成了自己独特的"教学改革思想"。

他认为，我国从清末开始接收国外的教学理论，主要是裴斯泰洛齐和赫尔巴特的教学思想。前者的直观教学思想对我国的电化教学形式有较多的影响，具有恒久的意义。后者对我国明末清初学校的教材和教法影响很大。后来教育界又接受了以注重"从做中学"和直接经验为特征的杜威的实用主义教育思想。"因为抛弃系统的学习，不能生根、发展。"① 二十世纪五十年代苏联凯洛夫的教学思想对我国教学思想的发展影响巨大。他的教学思想与赫尔巴特的教学思想有一致的地方，如强调系统学习知识，系统传授知识，但凯洛夫的教学思想"更深入、更细致、更周到"。尽管按凯洛夫的教学理念实施教学，效果是比较好的，但它不能适应今天教学改革的需要。

二十世纪八十年代，我国教育界开始翻译和引进苏联和美国的现代教学理论，如赞可夫的教学与发展理论、苏霍姆林斯基的全面和谐发展理论、美国布鲁纳的结构主义教育理论等。他们都强调发现法教学，培养学生的智力和能力，突出理论思维的发展。"这对于克服以教师传授知识为中心的

---

① 金一鸣. 刘佛年教育文集［M］. 南京：江苏教育出版社，2010：296.

传统教学思想具有重要意义和作用。但是我们必须要防止极端化和片面化，应该用分析的态度看待外国和前人的东西，在教学中不能有什么一成不变的模式。"可见，刘佛年对待"外国和前人的东西"不是全盘吸收或全盘否定，而是吸取中有否定，批判中有继承，继承中有超越。他强调教学过程是发展的、变化的，而不是机械的、固定不变的。他提出："一般来说，教学过程是传授知识到运用知识的发展过程，但各科的教学不可能有一个同一的过程，每一个学科的教学都有其特点。因此，教学的方式方法应根据具体学科的内容和要求来决定。……此外，教学过程还要根据不同年龄学生的心理、认识特征等因素来决定。"[①] 可见，这种观点是"外国和前人的东西"中所没有的新内容，是对前人研究成果的发展和超越。

（二）对二十世纪八十年代我国教学改革实践经验的总结和反思

刘佛年既是教育理论家，又是教育改革家，这决定了他的教学改革思想不是学校象牙塔中冥思苦想的结果，也不是单纯的教育实践的产物，而是在教育理论与教学实践结合、互动中生成的。他不断地研究教育理论，并把自己的教学改革思想加以提炼并付诸实践，努力地总结和反思中小学教学改革的实验，从中重新加工自己的理论。正是这种理论与教改实践的互动，造就了他的教学改革思想。

一方面，刘佛年不断钻研教育理论，提炼出独特的教育思想。通过他的学术论著、发表在《人民日报》《光明日报》《文汇报》等报纸杂志上的文章，以及他的工作总结、会议讲话、学术报告和为他人著作撰写的前言、序等，深刻地论述了他的教育思想，特别是他的教学改革思想，如教学改革要面向全体学生，反对片面追求升学率，要提升中小学教学质量，促进学生德、智、体、美、劳诸方面全面发展等。尤其是他在北京、湖南、江西、河南、安徽、江苏、湖北、福建、陕西、四川、重庆等地区所作的学术报告，很受欢迎，给人耳目一新之感。这些学术论著、学术报告、文章、会议讲话发自肺腑，所体现出来的教学改革思想深深地影响了当时中国的教育改革者，成了他们教学改革的行动指南。

另一方面，刘佛年总结和反思了当时中小学教学改革的实践经验。他

---

① 金一鸣. 刘佛年教育文集［M］. 南京：江苏教育出版社，2010：297.

从正反两方面辩证地总结了当时中小学教学改革的经验和教训,既肯定了教学改革所取得的经验和成就,并使之升华为理论,又指出了教学改革中存在的问题和不足。

在教学任务上,刘佛年指出,十年来,有些学校提出掌握知识、发展智力和能力的口号,旨在培养学生分析问题和解决问题的能力。在这些能力中以思考能力最为重要,但不能忽视实验、调查能力的培养,尤其是创造能力的培养。在现代社会中,自学能力也非常重要,因为在这样的社会中,一个人必须终身学习,才能适应不断变化的工作和生活。知识和能力构成人的认知因素,要掌握这两个方面,离不开学生主动学习性和积极性的充分发挥,要求学生在教师的主导下,自觉地、独立地、耐心地探索、思考,始终保持浓厚的兴趣和坚强的意志。也就是说,离不开学生的非认知因素。"十年来由这两个因素组成的教学观念,几乎已经在教育学界普遍被接受,而且在不少的学校中,为实现这个观念进行了各种教学模式的实验,取得了一定的效果。但从全国的情况来看,还很难说多数教师已有效地实现了新的教学观念。"[1]

在课程改革方面,刘佛年认为,当时的课程改革的着力点有三个方面。一是增设新课程。二是重视课外活动的开设。课外活动可以让学生根据自己的兴趣参加,发展自己的特长,弥补课堂教学在培养学生某些能力的不足。但也不能只注重活动,忽视课堂教学。三是重视潜在课程的价值。这种课程"就是通过整个学校环境气氛所施加学生的影响,这是一种不言之教。校园优美、干净、整洁、使人愉快。学习和工作都守时、守规则、守秩序,到处有知识的、艺术的壁报,呈现一种文化氛围,使学生想看想学。同学之间团结友爱,师生之间融洽和谐,人人都讲文明礼貌,这种影响潜移默化,它的作用是非常大的,这也是课程的一部分"。[2]

在教学方法的改革方面,刘佛年指出,全国教师不乏像斯霞、袁瑢同志一样的改革者。他们勇于探索和改革,积极试验既能够激发学生学习的主动性、积极性,又能够培养学生自学能力和独立思考能力,发展创造性

---

① 金一鸣. 刘佛年教育文集 [M]. 南京:江苏教育出版社,2010:418.
② 金一鸣. 刘佛年教育文集 [M]. 南京:江苏教育出版社,2010:395.

精神，促进学生全面发展的教育方法。如华东师大、华中师大等单位与中小学合作进行的中小学教育整体改革实验、李吉林的"情境教学实验"、卢仲衡的"中学教学自学辅导教学实验"、魏书生的"六步教学法实验"、马芯兰的"改革小学教学教材教法，调整知识结构、培养能力"实验、顾泠沅的"尝试指导、效果回授教学实验"等。突出这样的教学实验和方法，对于克服过去教学内容陈旧、脱离实际、教学方法刻板单调的毛病，是很有意义的。但这并不等于要排斥旧的内容和方法，而是要在改革中保留一切合理有用的成分。

综上所述，刘佛年通过对二十世纪八十年代我国教学改革经验的总结和反思，汲取了其中的合理内核，为他的"教学改革思想"的形成提供了"源头活水"。正是这种教学理论与教学实践的互动、互证，塑造了他的"教学改革思想"的特性。

（三）它是当代中国教学改革理论的重要基因和直接来源

当代的教学改革理论不是凭空产生的，与此前的刘佛年的教学改革思想有着渊源关系，是融合后者的"视域"而建构起来的。刘佛年的教学改革思想的合理内核，如基础教学改革面向全体学生，反对片面追求升学率；提高教学质量，促进学生德、智、体、美、劳诸方面全面发展；统一要求与因材施教相结合；教学与科研结合；理论与实践相结合；知识、能力、态度相统一等，都会在当代教学改革理论中保留下来，成为当代教学改革理论的重要基因和来源。这体现了教学改革理论发展的连续性。

因为当代教学改革理论作为一个思想领域，它必须从先辈的活动及其遗留下来的材料中进行下一步的创造活动。今天的教学改革理论是过去的历史向前发展的结果。教学改革理论从一种范式转换为另一种范式就必然携带了前一范式的因子。从教学改革思想史发展看，新的理论体系既不同于旧有体系，又有赖于从旧体系的规律出发。不过，它不是亦步亦趋地向前辈学习，而是根据当今教学改革的需要或继承或新创；它也不是非要有别于传统，它可以继承早期理论的因子，但又将其纳入自身体系中加以改造。当代学者对待刘佛年的教学改革思想也应如此。我们对它的研究，既可以直接充实理论自身，也可以通过它使原有的理论体系得到根本性的改造。历史是连续性的。尽管每一个时代都有属于该时代的教学改革思想，但从教学改革的历史来看，每一时代的教学改革思想又总是不断地回归于经典和历史的源头，以寻求教学改革思想当代性重建的原创性本源。因此教学改革思想既有其时代性，又有其历史的连续性。

当代的教学改革理论离不开它的历史，是从过去的历史中获得它的存在，由它与过去的关系，可以勾勒出其思想之本质。历史与现实是交融在一起的，它们具有同一性。离开了历史遗产，当代的教学改革理论就变得难以理解。因为一切历史都是当代史。过去的刘佛年的教学改革思想，就存在于当代教学改革理论之中，是我们当前教学改革的精神的体现。因此，我们应对刘佛年的教学改革思想心存感激，感谢刘佛年给我们留下了宝贵的思想遗产。任何对当代教学改革理论的思考和重建，都暗含着与刘佛年教学改革思想的关联。任何一种真正的教学改革理论都是人类教学改革思想（包括刘佛年的"教学改革思想"）认识史的结晶，都是积淀了人类教学改革智慧的理论成果，因此彰显的是一种厚重的历史感。

当然，我们不应把刘佛年教学改革思想神化。作为一种思想遗产和传统，它在发展过程中存在局限和不足，并非完美无缺。我们完全可以用批判的眼光去审视它，克服它的不足，保留其合理的成分，使之与当代教学改革理论有机融合，以适应当代教学改革理论不断变化的需要。

二、理论逻辑："教学改革思想"的理论建构逻辑

刘佛年以赞可夫的教学与发展理论、布鲁纳的学科基本结构理论、布卢姆的掌握学习理论为根基构建了一个完整的教学改革思想体系，涉及教学改革的指导思想、教学改革的任务观、教学改革的基本维度。

（一）培养德、智、体、美、劳全面发展的人才质量观构成了教学改革指导思想的灵魂

刘佛年的人才质量观，就是按照社会主义现代化建设的要求，培养德、智、体、美、劳全面发展的人才。这既是四个现代化建设的需要，又是他的教学改革指导思想的灵魂。一切教学改革都要围绕学生的全面发展来进行。"如果认为我们只需要抓好尖子生，不要在其他的学生身上多下工夫，

那就错了。要实现四个现代化，必须提高整个中华民族的科学文化水平"①。这个教学改革指导思想的精神实质在于：

1. 要树立整体观念。这个整体观念从三个方面来理解：其一，德育、智育、体育、美育、劳动技术教育要"五育"并举，而非孤立地实施。无论是校长，还是教师，抓工作要有个全面的观念，不仅要抓思想政治工作，而且要抓教学工作，还要抓好体育、美育和劳动教育。唯有如此，才能确保学生的和谐发展。当时有人搞"智育第一"，忽视德育、美育等的做法是错误的。他强调指出："不能在任何时候、任何情况下只抓哪一育，应该全面发展。"② 其二，每个"育"又有全面发展的问题，要注意各"育"之间的关系。德、智、体、美、劳各育的作用是不相同的，不能厚此薄彼，都要重视，都要加强。没有一"育"可以离开其他的育而孤立发展。缺少了一方面，就是一个缺陷，既会对个人的生活、学习、工作不利，也会对社会不利。其三，每育的具体方面都有心理能力的发展问题。一个人的智力、情感、意志都要得到发展，心理能力的发展有高低之分，应从低向高发展，最高的目标就是要发展创造性智力。"论述各育的内在关联和全面发展是刘佛年对全面发展学说的独特贡献，它使中小学教学改革中真正落实学生的全面发展更富有操作性。"③

2. "全面发展是一个终身的问题。"刘佛年认为全面发展的概念既是相对的，又是动态发展的。就其相对性而言，全面发展的程度是依据具体的条件而不同的，是不平衡的。如城里的孩子同农村的孩子发展不一样；知识分子家庭、工人家庭、农民家庭的孩子发展的情况有时也不一样。就其动态发展而言，全面发展要贯穿人的一生所有发展阶段，不仅智育要终身发展，德育、体育、美育、劳动教育都要终身发展。不过，学校里的全面发展最重要，因为它是以后发展的基础。"一个人在离开学校后能不能继续

① 金一鸣. 刘佛年教育文集 [M]. 南京：江苏教育出版社，2010：173.
② 金一鸣. 刘佛年教育文集 [M]. 南京：江苏教育出版社，2010：204.
③ 刘黎明，祁占勇. 论刘佛年的中小学教学改革思想 [J]. 华东师范大学学报（教育科学版），2014（3）：1-9.

发展，关键在于他在学校里有没有受到很好的发展，得到全面的发展"①。刘佛年倡导终身的全面发展的理念颇具新意，是对马克思主义全面发展理论的新探索，它改变了局限于学校教育全面发展的旧观念，能够使培养的人才与不断变化的新科学技术革命相适应。

3. 全面发展与因材施教相结合。这就是说，既要重视每个学生的全面发展，又要针对不同学生的个性特点因材施教，使个人的爱好、特长都得到发展。

4. 全面发展是一个根本规律，不能违背。在刘佛年的视野中，"无论从社会发展的需要看，或是从个人物质和精神生活的需要看，都应该进行全面发展的教育。所以，全面发展是一个客观规律，你照着去做，我们的社会就能前进，你不照着做，社会就不能前进"。②

总之，刘佛年对人的全面发展思想的论述，改变了人们旧的教学观念，树立了德、智、体、美、劳全面发展的新观念，这无疑有助于改变片面追求升学率、"智育第一"的局面，提升了教学质量，促进了学生身心的自由发展和终身的全面发展。

（二）知识、能力、态度构成了教学改革任务观的核心

教学改革的任务问题是教学改革的首要问题，是教师教和学生学变革的根本方向性问题，关系到教学改革的成败。只有这个问题解决好了，教学改革才能顺利进行，教育目的的实现才成为可能。

刘佛年提出了一个完整的教学任务观，就是知识、能力和态度。教学的第一项任务就是获取知识。学生到学校受教育就是为了获得知识。知识之所以重要，是因为它是现代人的重要素养，只有拥有了知识，人才能从事劳动、工作和社会生活。国家在现代化建设中非常尊重知识，尊重文化，把知识看成是宝贵的财富，所以知识特别重要，而且越来越显示出它的重要性。不过，他强调的知识不是杂七杂八地堆积，而是精选的、最基本的概念、原理方面的知识。教学始终要完成的任务，就是把这样的知识传授给学生。

---

① 金一鸣. 刘佛年教育文集［M］. 南京：江苏教育出版社，2010：200.
② 金一鸣. 刘佛年教育文集［M］. 南京：江苏教育出版社，2010：202.

刘佛年强调基本概念、基本原理的学习和传授,有其合理性。因为知识是学生智力发展的基本要素,没有知识,智力的发展是有限的。缺乏某方面的知识,那么他的认知水平、思考水平就得不到发展,只能局限于直觉水平,因为观察渗透着知识。当然,并不是所有的知识都能构成智力发展的基本要素。如通过死记硬背、机械练习、"题海战术"获得的知识,片段的、支离破碎的知识,都不能促进学生智力的发展,相反还会阻碍学生智力的发展。刘佛年视野中的知识不是这种知识,而是反映了科学规律性的知识,它们是由许多科学基本概念、原理、法则所构成的成体系的知识。只有当学生获得了系统化的概念、原理,才能赋予智力活动以丰富的内容,使学生能够进行分析、综合、概括、推理等智力活动,才能有效地促进学生智力的发展。

教学的第二任务是发展学生的能力。对学生而言,学习不是为求知而求知,而是要活用知识,用知识来解决问题、改造世界。如果只有知识而无能力,那只是书呆子,无所作为。知识要发挥作用必须依靠能力。无论是继续学习,还是学得好,抑或是把所学知识运用到实际中解决问题,都要依靠能力。"所以能力的重要性无论怎样强调也不过分"①。在他的视野中,能力也称为智力,包括观察能力、思维能力、想象能力以及分析问题和解决问题的能力。在众多的能力中有三种能力是最重要的。一是自学能力。刘佛年认为,在学校里最重要的不是获得多少知识,而是拥有自己去学习的能力。"这样不管社会怎么变化,一个人都能在新的形势下自学,跟上形势,跟上变化"②。由于自学能力是由许多具体能力结合而成的,因而,自学能力的培养应贯穿于小学和中学。二是独立工作能力。这种能力的培养也很重要,因为一个人不可能总是在教师的指导下工作。许多事情需要自己计划、设计、组织和安排,没有人会告诉你这些工作应该怎么进行。三是创造能力。培养创造能力是世界上许多心理学家、教育学家共同探讨的课题。我们的教师既要使学生掌握现成的观点,运用这些观点,又要使学生具备一定的创造性思维能力。"要十分注意这个东西,要鼓励发展这个

---

① 金一鸣. 刘佛年教育文集 [M]. 南京:江苏教育出版社,2010:327.
② 金一鸣. 刘佛年教育文集 [M]. 南京:江苏教育出版社,2010:257.

东西。"我们的学生常常喜欢标新立异，你给他一个问题，他会提出不同的主张。对于标新立异的学生，教师不能打击他的积极性，而应该鼓励他。教师要很好地注意发展学生的创造性思维能力，"这是教师的一个中心任务"。①

教学的第三项任务就是"态度"，即"通过教学工作，在学生的精神上，心理上产生影响，影响到学生的态度，这是有情感的问题也是有意志的问题"。② "态度"主要涉及学生的非智力因素培养，如学生的好奇心、求知欲、学习的兴趣、学习愿望的培养；学生的学习信心的树立；还包括培养学生坚强的意志力。在众多的"态度"中，刘佛年认为，现代化社会中人们有三种态度是最为重要的，即革新创造精神；开放的态度或精神；重未来的态度③。"态度"在学生的学习活动中起动力作用的，它对于激发学生的新奇感，调动学生的学习主动性、积极性，培养学生坚强的意志力，引领学生主动探索未知领域，无疑具有强大的驱动作用。

刘佛年认为，这三项教学任务是紧密结合的，要全面地完成，不能偏废。教师不仅自己要明确教学任务，也要让学生了解教学目标。学生知道了学习优良的具体标准，才能激发自己去掌握学习的主动权。

（三）教材、教法、学法、评价的改革构成了刘佛年教学改革思想的基本维度

刘佛年从教材改革、教学方法改革、学习方式改革、教学评价改革四个方面，对"教学改革思想"的基本维度进行了深入系统的阐释。

从教材改革看，他着重强调要掌握学科的基本结构和增加教材的难度。学科的基本结构的概念来自美国教育家布鲁纳的结构主义教学理论，是由教材的基本概念、基本法则、基本原理所构成。刘佛年沿用了这一概念，指出当今科学技术迅猛发展，知识成倍增长，学生不可能掌握所有的知识，只有通过学习和掌握学科的基本结构，才能解决知识增长的无限与学生在校学习时间有限这一突出矛盾。学科基本结构具有提纲挈领、驾驭一切的作用，掌握了它就能理解这个学科的全部知识。尽管每一个领域的知识都非常丰富，但它们都可以用这些基本概念和原理去解释、说明和解决。所以，教师的教学不能平均用力，而应把重点放在引导学生通过精密的观察、积极的思考，去掌握一门学科的基本概念及原理，其他可由学生独立地分析和研究。受赞可夫高难度教学原则的影响，他要求增加教材难度，注重知识的逻辑。没有难度，就难以激发学生学习的积极性。不过，他强调增加教材的难度，并不意味着教材越难越好，而是指难度经过学生的努力能够完成。也就是说，难度要限于"最近发展区"，让学生能跳一跳摘到果子。

从教学方法改革看，刘佛年教学方法改革和基本精神体现在如下方面：

一是激发和调动学生的内部潜能，这是提高教学质量的关键。在教学中，教师不能只调动学生的某一方面的力量，而应该全面调动他们的智力、情感、意志力、体力等各方面的力量。唯有如此，才能使学生的各种潜能参与教学，提升教学效果。因此，教师经常考虑的不应只是学生学习成绩的好坏和聪不聪明，而应经常了解学生的好奇心、求知欲、情绪、情感和意志力，并给予扶持和发展。教师要在各种场合鼓励学生的好奇心，激发他们的求知热情。

二是培养和发展各种能力。为了完成教学任务，培养学生的能力是核心，是关键。这种能力指向自学能力、独立工作能力和创造力。因此，教学应由学习现成的知识技能转向能力的培养，尤其是创造性才能的培养。正如他所说："现在强调，学习主要不是学现成的知识技能，而是强调培养能自己继续学习的能力和能解决随时遇到的新问题的能力。所以教学方法的重点应有个转移。"①

三是教会学生如何学习。科学技术的发展引发的知识革命，使教师不能把所有的知识传授给学生，"许多东西需要学生自己学，自己观察，自己思考，自己钻研"。这要求教师要转变过去的注入式教学，代之以启发式教学。"教师的任务不是抱着学生走，而是引导他们去观察、分析、想象。教师不是利用考试分数等强迫学生学习，而是鼓励学生学习。总之，教师的

---

① 金一鸣．刘佛年教育文集［M］．南京：江苏教育出版社，2010：210.

作用是教会学生如何学。"①

四是正确处理面对全班和因材施教的关系。在以往的教学中，少数成绩优秀的学生得到了教师的关注，无论是讲解，还是问答、做题、发表意见，抑或是受到鼓励，都与他们相关。而绝大多数成绩中等或较差的学生，享受不到这种待遇与机会。这与促进学生德、智、体、美、劳全面发展的教学指导思想理念是相违背的。因此，刘佛年强调，教师应针对每类学生、每个学生因材施教，提出不同的问题和任务，让他们都有机会参与自己力所能及的教学活动，并得到一定的成功和鼓励。

从学生学习方法的变革看，刘佛年认为，教学方法和学习方法是相互依存、不可分割的。教师在教学中采用的方式和手段，需要学生的方法来配合，才能达到预期的目的。学习方法改革的着力点在学习态度和学习方法上，这两者决定学习的成败。在学习的态度上，有些学生学习不认真，存在着粗心大意、马马虎虎、浮光掠影、读书不求甚解的现象。在学习方法上，有些学生习惯于死记硬背，对一个定理或公式，既不能真正理解，也不能活用。他们不用头脑思考，只是机械地记忆，遇到稍微灵活一点的问题，就无能为力。这是由于原来教师的注入式教学造成的。这种教师要求学生死记硬背，会背的学生就能获得高分。而现在的许多考试都要检查理解能力和运用知识来解决问题的能力，这时这些学生就一筹莫展了。

要改变学生的学习态度和方法，需要教师做许多长期的、细致的、艰巨的工作。第一，教师应用启发式教学代替以往的注入式教学，着重在培养学生分析问题和解决问题的能力上下功夫。第二，要对学生的学习给予鼓励，尤其是要坚定地期望自己班上的学生都能成为优秀学生。因为教师有什么样的期望，就有什么样的回报。第三，树立学生的信心，让他们在学习上能经常获得成功，体验到成就感。第四，严格要求学生，对不懂、不会的学生，一定要使他继续努力，直到学懂、学会为止。第五，要求学生学与思结合、知与行结合。

从教学评价的改革看，刘佛年认为，要把目标与评价相结合，注重综合素质的考查。"具体地说，就是要贯彻德、智、体、美、劳全面发展的教

① 金一鸣.刘佛年教育文集［M］.南京：江苏教育出版社，2010：214.

育方针，落实知识、能力和态度的教学任务，让它们成为衡量学校好坏、学生好坏的标准，使目标与评价有机结合"①。他要求实施教改的教师要严格按照目标出测试题，试题的覆盖面、深度等都要符合目标的要求；测试、测量的方法不应是单一的，而应该是多样化的。

教学评价改革的目的在于克服片面追求升学率的严重倾向，提升教学质量，促进学生的全面发展。刘佛年对片面追求升学率的危险作了深刻的分析，认为某些学校只注重智育、升学率和要考的科目，忽视了音乐、美术、体育、劳动技术和思想品德，忽视了没有列入考试的科目，割裂了德、智、体、美、劳各育之间的内在联系，不仅使学生的各科能力，如自学能力、实验、调查的能力、创造力和社会活动能力等得不到培养和发展，更为严重的是损害了学生身心的整体发展。因此，改革教学评价势在必行。

三、价值逻辑：彰显刘佛年"教学改革思想"的理论价值和现实意义

任何教育理论的探讨都不能囿于形而上的沉思，而应切入现实的形而下的生活世界，发现现实教育中的根本问题，从而努力去解决这些问题。正因为如此，对教学改革思想史的研究就应努力研究它所具有的那些恒久生命力和普遍性价值的成分，那些蕴含了可以回应当下教育问题以及重建当代教育改革思想的丰富可贵的思想资源。而刘佛年的教学改革思想就蕴含了上述思想资源，它已经成为从传统向当代转换不可或缺的借鉴依凭的民族性教育遗产，成为能够为当代教学改革提供精神导向作用的民族性基础。因此，我们应当以当代性的维度为参考系来评价和探求它的当代价值，既要发现其与当代教学改革思想的契合性，并给予当代阐释和对接会通，也要发现其与当代教学改革思想的异质冲突之处，并给予梳理过滤、筛选改造等，从而最终努力挖掘和转化它所蕴含的普世价值和当代意义。

（一）理论价值：推动当代教学改革思想的发展与创新

1．"五育融合"，促进学生的全面发展

刘佛年的教学改革思想的指导思想就是德、智、体、美、劳全面发展

---

① 刘黎明，祁占勇．论刘佛年的中小学教学改革思想［J］．华东师范大学学报（教育科学版），2014（3）：1-9．

的人才质量观。它是基于当时恢复高考制度后的教育实际情况提出来的。这就是学校、教师都在片面强调智育，追求升学率，割裂了"五育"之间的内在关联，以分数和升学率来衡量教学成功与否，出现了加班加点补课加课的现象。当今的教育现状与刘佛年时代有似曾相识之感，也面临着如何"五育融合"，促进学生全面发展的问题。而这个问题已成为当代教育的核心问题和学术研究的热点。有学者指出："今日中国教育面临的主要问题，不再是'扫盲''教育普及''受教育权'等基础性问题，也不只是'应试教育盛行''学业负担过重''五唯至上'等表层性的'传统问题'，还有走向'教育现代化'过程中面临的各种问题，尤其是深层次的'五育分离'或'五育割裂'的'现代问题'，表现为'疏德''偏智''弱体''抑美''缺劳'导致'片面发展''片面育人'，远离了'全面发展''全面育人'这一教育宗旨。"① 针对"五育割裂"这一深层次的问题，理论界发表了很多论文，提供不同的解答。但到目前为止，理论界没有达成共识，我们不妨看一看刘佛年的解答。

刘佛年在上述问题上的见解很独特，能给我们提供很多有益的启示。首先，"五育融合"，促进学生全面发展。刘佛年对全面发展教育的独立性与联系性作了深入论述，认为全面发展教育由德育、智育、体育、美育、劳动教育构成。它们都各有不同的目的、内容和方法，都具有相对的独立性，但同时它们存在互相渗透、互相制约、不可分割的联系。例如，德育离不开智育，因为世界观是靠智育形成的。而智育也离不开德育，因为如果不培养正确的学习目的和态度、严格的学习纪律、坚强的意志，要想学习好也是做不到的。体育是各育的基础，美育、劳动教育与其他各育也有密切关联。这是因为"个人是一个具有统一性的整体，他的一切方面都处在一定的相互联系中。要发展个性就必须全面地发展它，使各个方面相互适应，形成和谐状态。片面地畸形地发展某一方面，不仅阻碍其他方面的发展，也损害了这一方面的发展"。② 这就告诉我们，五育之间具有不可分

---

① 李政涛，文娟．"五育融合"与新时代"教育新体系"的构建［J］．中国电化教育，2020（3）．

② 金一鸣．刘佛年教育文集［M］．南京：江苏教育出版社，2010：101．

割的联系，它们相互渗透、相互影响，共同服务于人的全面发展。这一论述虽然没有使用"五育并举"的字样，但就精神实质而言，是指向"五育融合"的，与我们今天强调"五育融合"，促进学生的全面发展是相通的。

其次，更为重要的、更有特色的是，刘佛年不仅强调了"五育"的相互渗透和融合，而且还在如下方面作了深刻的论述，作出了独特的贡献。第一，各"育"内部都有一个融合和全面发展的问题。例如，智育除了教语文、数学等工具课外，自然科学、社会科学又分很多学科，扩大了学生的知识面和视野。美育有音乐、美术、美工，若把课外活动包括进去，还有舞蹈、戏剧等等。其他各"育"的内部也都有很多学科。他的结论是："德、智、体等育各有不同的作用，不能说哪个重要一些，哪个次要一些；缺哪一方面都不行，缺任何一'育'都会影响其他的'育'。这几育的各个方面也是不能少的，少了一方面就有缺陷，将来会对一个人的生活、学习、工作带来不利，对社会带来不利。"① 这提示我们，任何"育"内的各门学科的教学不能孤立进行，而应加以整合，使它们相互融合，形成合力，共同促进人的全面发展。这一观点颇具新意，有重要的理论价值。

第二，全面发展和因材施教相结合。刘佛年认为，人的全面发展就是要通过实施"五育"，促进学生德、智、体、美、劳的全面发展。但由于每个人的天赋、个性都是不相同的，因而在坚持促进全面发展的基础上，要满足个体发展的需要，照顾每个人不同的个性发展和特长，从而培育全面发展的有专长的人才。这一观点有助于改变"全面发展就是平均发展、平庸发展"的旧观念，从而树立正确的人才质量观。

第三，全面发展是一个终身的问题。就是说，全面发展不局限于学校教育，而且要贯穿于人生的始终，从小到老都要接受全面发展教育。因此，"全面发展是一个终身问题，智育要终身发展，思想觉悟、美育、体育也要如此"。② 这无疑与终身发展的现代教育理念是相适应的，有助于培养终身教育所需要的全面发展的人才。总之，全面发展是教学改革指导思想中最深邃和原始的内容和精华，构成了教学改革指导思想最本质的向度。

---

① 金一鸣. 刘佛年教育文集 [M]. 南京：江苏教育出版社，2010：197.
② 金一鸣. 刘佛年教育文集 [M]. 南京：江苏教育出版社，2010：199.

2. 深化教学改革的任务观，造就"完整的人"

（1）优化知识结构，突出教学的系统性

首先，既要重视人类的知识成果，也要重视个人的经验。合理的、完整的知识结构既包括人类长期积累的知识成果，如概念、法则、技能、原理等，也包括学生在其他影响下形成的各种经验，如与环境相互作用的经验、与他人交流的经验、认知的经验、情绪的经验等。按照目前时髦的说法，就是"身体的经验"。它们构成了学生学习新知识的前提经验，也就是德国诠释学家伽达默尔所说的"先见"或"前理解"。然而，当下的知识教学只关注人类的知识成果，而不关注甚至排斥个人的经验知识，即"身体经验"。在应试教育支配下的各种学校教育实践中，知识与身体是分离的，前者主宰着后者，其结果是造成"身体缺位"和"身体空场"，学生只能"生吞活剥"教师所传授的概念、原理，而不能融会贯通地掌握它们。刘佛年十分重视理论与实际的联系，指出："学习当然最好从实际出发。研究了实际，从实际中发现了问题，再来学理论，解决问题，这样的学习才是有的放矢"。① "为了加强联系实际，我们的任务不是去削弱理论知识，而是不断地把它和实际结合起来。学习理论必须结合实际，我们不能为理论而理论。"② 这里的"实际"内容十分广泛：一是包括练习、参观、实验、实习、作业；二是包括生产劳动、政治运动、各种建设工作和社会工作的经验；三是身体的经验，虽然刘佛年没有使用"身体经验"这个概念，但他的论述蕴含了"身体经验"的意蕴。他说："一个教师经常考虑的不应只是学生的成绩好坏、学生聪明不聪明，而要经常了解他的兴趣怎么样，情绪怎么样，做事情严肃认真还是马马虎虎，思想健康不健康，体力充沛不充沛，营养丰富不丰富，运动量够不够，休息够不够，家庭关系怎么样，他跟同学的关系怎么样，他对学校的看法怎么样，等等。"③ 这里的论述无疑既包括身体生理层面的经验，也包括心理层面的经验。它们对学生学习理论知识十分重要，因此，刘佛年强调，教师只有对学生各方面情况有充分

---

① 金一鸣．刘佛年教育文集［M］．南京：江苏教育出版社，2010：121.
② 金一鸣．刘佛年教育文集［M］．南京：江苏教育出版社，2010：147.
③ 金一鸣．刘佛年教育文集［M］．南京：江苏教育出版社，2010：213.

的了解，才能教好学生。

其次，反对碎片化教学，加强教学的系统性。刘佛年关于知识教学的一个重要观点就是反对碎片化教学，倡导传授系统的科学知识。因为科学知识本身具有系统性，这种知识的系统性表现为理论的逻辑体系，后面的部分必须从前面的部分归纳或注释出来。"因此，重视科学的系统性和逻辑性，主要在于注意研究每一个理论或定律可以从哪些具体事实归纳出来，或是从哪些理论或定律中演绎出来，从这个理论或定律可以推论出哪些结论，说明和预见哪些新事实"①。可见，知识的系统性主要指反映事物本质联系的系统的概念和原理，而不在于掌握十分全面的、系统的关于具体现象的知识。教师应深入、牢固地掌握基本概念和原理，使学生对这些概念和原理的根据和意义有透彻的了解，因为只有当他们精通了原理，才能有效地对它们加以运用。他把系统性看作教学的基本原则，强调不按系统就不可能教学。在他看来，"破坏了知识本身的系统性，就学不到完整的系统的知识，就不能掌握事物的内在联系，也就不能掌握理论。破坏了学习的系统性，就会造成学习上的困难"。②

刘佛年的上述思想对于帮助我们克服当下碎片化教学的局面，强化知识教学的系统性，是富有借鉴价值的。一些教师无论是教学内容的呈现，还是教学方法的实施，都是围绕考试的内容进行的，考什么教什么，教什么学什么，突出要考的知识，而忽视甚至省略与考试无关的内容。再加上各学科的教学是分科而治，互不关联，这样就人为地割裂了学科知识之间的内在关联。学生获得的只能是碎片化的知识，即一个个知识的结论，而无法获得系统化的概念和原理。由于忽视了学科知识的形成过程和应用方法，学生只能对这些知识死记硬背，不能融会贯通地灵活运用。重温刘佛年系统教学思想，对于解决当下的碎片化教学的问题，树立系统的教学观念，不无裨益。

（2）优化学生的能力结构，突出教学的发展性

发展性是教学改革的根本任务，也是教学改革最根本的价值追求。所

---

① 金一鸣. 刘佛年教育文集［M］. 南京：江苏教育出版社，2010：121.

② 金一鸣. 刘佛年教育文集［M］. 南京：江苏教育出版社，2010：140.

谓发展性，就是通过课堂教学促进学生的认知、情感、意志品质、技能等方面系统的发展，整体地提升学科核心素养和关键能力。这种发展性教学理念与刘佛年的知识、能力、态度相统一的教学任务观是不谋而合的。刘佛年虽然没有提出"学科核心素养和关键能力"的概念，但他所强调的教学要着重培养的四种能力：自学能力、独立工作能力、创造力和预见能力，就其精神实质而言，指向的就是"学科核心素养和关键能力"。刘佛年对这四种能力的重要性作了详细、深入的论述，把它们的培养和发展作为教学的根本任务和价值追求，因为它们是实现四个现代化建设的关键能力。

　　然而，一些课堂囿于知识教学，把知识作为教师教和学生学的唯一对象和终极目的，把学生的能力发展尤其是自学能力、独立工作能力、创造力和预见能力的发展排除在教学任务的视野之外，其结果是学科的核心素养和关键能力得不到培养，"坚持能力为重"的理念得不到落实。"这种单面的对象化教学为了知识而进行的知识教学，无论用什么方式方法进行教学，其教学本质都是'灌输'，其教学价值观都是功利性而不是发展性的。"[①] 刘佛年的教学任务观，对于克服"知识本位观"，优化学生的能力结构，强化学生的能力尤其是关键能力的培养和发展，落实发展性教学理念，无疑具有重要的启示价值。

3. 培养学生的"态度"，彰显教学的情意性

　　刘佛年的教学改革任务观不仅重视规律性知识的掌握和能力的培养，还重视"态度"，即非智力因素的培养。这为我们完善现行的教学任务观提供了一个新视角。我国现行的教学任务主要包括传授基础知识和基本技能，发展学生的智力和能力，培养学生的思想品德。这是大多数《教育学》《课程与教学论》教材对教学任务的阐释。这一教学任务观尽管有重视"双基"教学的优点，但它是一个注重学生理智训练的唯理性教学的教学任务观，其最大的缺点是忽视了学生的态度（非智力因素）的培养，这使得学生的兴趣、动机、情感、意志、自信心得不到重视，主动性和积极性得不到发挥，学习缺乏内在的动力。"在当下的知识学习中，有些教师却过于强调外

---

　　① 郭元祥. 课堂教学改革的基础与方向——兼论深度教学 [J]. 教育研究与实验，2015 (6)：1-6.

显的知识符号的学习，而忽视或遗忘了知识符号背后所隐含、内蕴的人的情感与意志，且忽视或冷落了学生学习的情感和意志，最终导致学生在知识学习中情意边缘化。"① 刘佛年首次把"态度"引入教学任务中，颇具新意，突破了现行教学任务观的局限，对重构包括"态度"在内的完整的教学任务观具有重要的价值。其创造的贡献在于：首先，重视非智力因素的价值。刘佛年认为，人的素质的培养是人的现代化的必需和关键。在素质当中，知识能力固然重要，但精神态度是核心，新社会的人必须具有三种态度，即创造精神态度、开放的态度、放眼未来的态度。为此，教师在教学中对学生的好奇心、求知欲和学习兴趣不仅不该加以压制、打击，而且要有意识加以扶持和培养。教师进行任何教学活动都要使学生有一种新奇感，因为它们在教学活动中起着动力的作用。教师要鼓励学生的革新创造精神。有的学生不满足于墨守成规，而是爱好、迷恋、执着于解决新问题，革新旧的技术，创造新局面，一头钻下去，不管遇到多大的困难和挫折，都百折不挠，坚决干到底。这种兴趣和毅力就是态度或精神。此外，还要重视学生自信心的培养，重视未来态度的培养。这些观点与现代教育心理学对非智力因素认识的精神是一致的。现代教育心理学认为，"人的任何活动都是有目的的活动。人的有目的的创造活动需要一定的动力系统，需要一定的内驱力、情动力、吸引力和意志力。而这一切，都不能依靠理性来提供，它是非理性因素的'专利'"。② 也就是说，智力活动本身无所谓积极性，是非智力因素赋予智力活动以积极性。非智力因素在智力活动中起着内驱力的作用，能够推动认知活动的发展。

其次，重视塑造"完整的人"。现行的教学任务观，由于只重视学生理智的训练和发展，忽视了"态度"（即非智力因素）的培养，因而割裂了人的发展的完整性。其导致的结果是：①影响学生对世界的全面把握。人类对世界的把握方式不是单一的，而是多维的，既需要用头脑理性地洞察世界，也需要用艺术的、宗教的、实践—精神的方式掌握世界。前者依靠的是理性的因素，后者依靠的是直觉、想象、情感、意志和信仰。离开了人

---

① 李润洲. 完整的人及其教育意蕴 [J]. 教育研究，2020（4）：26－37.
② 庞学光. 完整性教育的探索 [M]. 重庆：重庆出版社，1994：38.

的非智力因素，仅仅依靠理性因素，不能使人全面地认识和把握世界。②影响学生的整体性发展。人的整体性发展既依靠理性的精神力量，也依赖于情感、意志等非理性精神力量的充分发展。离开非智力因素的发展，人的发展是不完整的。人要全面发展，必须在加强理性教育的同时，重视非理性精神的建设。③影响人的个性的发展。人的理性精神世界是相同的，这源于人的理性逻辑思维和理性知识是趋同的。而人的非理性因素是不同的，导致了每个人的独一无二和差异性。唯理性教育只重视人的理性因素的发展，造就的人是模式化的，只有共性而缺乏个性①。

刘佛年十分重视学生的整体性发展，反复强调人是一个包括身与心的整体。在心的方面，人既有智力的一面，也有情感、意志、性格等方面。不发展情感、意志、性格等，也难以发展智力。"例如，培养创造革新的精神，不畏艰苦将创造革新的尝试坚持到底的意志，也许是更重要的。培养独立学习和工作的能力是重要的，而培养独立学习和工作的主动精神和坚强的毅力也许是更重要的。"② 由此可见，刘佛年非常重视人的非智力因素的价值和人的整体性发展，他的思想为我们思考人的整体性发展的问题提供了新视角，值得我们重视。

（二）现实意义：为当前的教学改革提供应对之策

1. 真正确立学生在教学中的主体地位。

目前的中小学教学中仍然存在刘佛年所讲的弊端：很多学生死记硬背地学习和理解知识，对于一个定理、一个公式的意义没有真正理解，也不能活用它。他们学习不用思考，只是机械记忆，无法解决稍微灵活一点的问题。③ 死记硬背、机械训练的接受性学习成为他们学习活动的主旋律。教师实行注入式教学，只顾满堂灌，不顾学生的认知特点、经验水平，用繁多的作业和频繁的考试强迫学生学习。教师的讲解代替了学生的思考，学生的主动性和积极性得不到发挥，学生的地位是被动的，而不是主体的。因而，改变学生的被动地位，真正确立学生的主体地位，就成了当前教学

---

① 庞学光. 完整性教育的探索 [M]. 重庆：重庆出版社，1994：38.
② 金一鸣. 刘佛年教育文集 [M]. 南京：江苏教育出版社，2010：305.
③ 金一鸣. 刘佛年教育文集 [M]. 南京：江苏教育出版社，2010：174.

改革迫切需要解决的难题。刘佛年提供的解决策略有：

（1）增加教材的难度。刘佛年认为，学习本身如果缺乏一定的难度，就不会引发学生的任何积极性。相反，"只要教师提出的学习任务和问题有一定的难度，又是学生力所能及的，让学生自己开动脑筋去完成任务和回答问题，常常更能激发他们探索的积极性"。① 当时的教学改革实验也显示，增加教学内容的难度，学习的积极性就会大大提高，学习兴趣愈加浓厚。

（2）调动学生的主观能动性，真正置学生于主体地位。刘佛年认为，如果我们不能把学生的主观能动性发挥出来、调动起来，那么，教育就不可能起作用，这是人的特点。因此，教学改革的重点是调动学生的主观能动性。"所谓主观能动性，指作为一个人，做一件事，总归有一个目标，这个目标要能引起兴趣，有了兴趣才去追求，去追求才有一定信心。这信心往往来自成功。每追求一步取得成功，信心就越来越足，而且是很认真地追求，就是很勤奋，能坚持，能独立思考，具有创造性。"②

（3）倡导启发式教学，落实学生的主体地位。刘佛年强调，教师的任务是启发、引导、鼓励、示范和建议，提供必要的知识，传授必要的技能，供给必要的玩具、器材、场地，还要帮助他们解决困难。但教师不能代替学生的探索和思考。凡是学生自己能做的，你让他自己做；凡是他自己能想的，你让他自己想；凡能解决的问题，你让他自己去解决。如果教师在这些方面做了努力，就能使学生摆脱纯粹被动的死背硬记的局面，提高学习兴趣，增长能力，取得好的成绩。教师要努力去掌握教学艺术，既不要对学生强迫灌输，也不能任其自流，要把教师的指导、鼓励、帮助和学生的主动性、创造性巧妙地结合起来，向学生提出疑难问题，指点学习方法，激发学生的学习兴趣，使学生有更多的机会来自己动手、动脑，自己去探索。这就是教师应努力的目标。

2. 多元整合，深化教学整体改革

课堂教学是促进学生德、智、体、美、劳全面发展的主渠道。如何通过教学整体改革实现学生的全面发展，是当前教学改革全面性的一个重要

---

① 金一鸣. 刘佛年教育文集［M］. 南京：江苏教育出版社，2010：377.
② 金一鸣. 刘佛年教育文集［M］. 南京：江苏教育出版社，2010：352.

课题。我们可以从刘佛年的教学整体改革思想中吸取"营养"和启示。

刘佛年的教学改革的基本维度，蕴含着教学整体改革的意味，他探讨的就是从教学任务到教材改革、教学方法改革、学习方式改革和教学评价改革的教学整体改革。刘佛年对教学整体改革有着丰富的认识和明显的理论自觉，形成了较为系统的教学整体改革思想。其贡献在于：

首先，对教学整体改革概念的探讨。他意识到，教学过程本身是一个系统，由教学目标、教学内容、教学方法、教学评价等诸多要素构成，各要素之间是相互制约、相互影响的。教学要改革的弊端渗透在整个教学系统之中，并非孤立存在于每个要素之中。因此，教学要全面提高质量，"就要在教学过程的每一个环节上下功夫，使教学目标、教学评价、教学措施等方面都取得好的效果"。① 在他看来，进行整体改革，必须掌握整体观念。凡是牵涉一个学校整体的主要方面工作的改革，可以称为"学校整体改革"。"至于各学科本身也是一个整体，它的许多部分也是有机联系的，学科改革也应该掌握整体观念。从严格的科学的意义上说，学科改革就是某一学科的整体改革。"② 由此可见，刘佛年视野中的整体改革是一个相对的概念，既可以是宏观系统，也可以是微观系统，如两个学科之间的横向沟通、某一学科的整体改革等。

其次，教学整体改革的意义：促进人的全面发展。在刘佛年看来，要真正实现人的全面发展和自由发展，教师必须综合考虑教育改革系统内部和外部的各种因素，因为教育改革是一个复杂的系统工程，不能单抓一门学科、一个教学环节、一种教学方法的改革，唯有如此，才能取得好的效果。为此，他提出了基础教育要"夺取大面积丰收"的口号，要求学校和教师要围绕促进学生德、智、体、美、劳全面发展，全面提高教学质量来展开教育教学工作。在教学整体改革的措施上，他强调"各类学科之间，必修课与选修课之间，教材、教法与考试制度之间，课内与课外活动之间，学校教育与家庭教育、社会教育之间，学校与社会之间，小学、初中、高

① 金一鸣. 刘佛年教育文集［M］. 南京：江苏教育出版社，2010：375.
② 金一鸣. 刘佛年教育文集［M］. 南京：江苏教育出版社，2010：390.

中与职校之间……必须密切联系，相互配合，不能偏废"。① 这对于目前如何通过教学的整体改革实现"五育融合"和学生的全面发展，是有借鉴意义的。

再次，为目前的教学整体改革提供精神和理念。教学整体改革是目前教学领域的一个热点，迫切需要精神和理念的支撑。刘佛年的教学改革思想蕴含了这种精神和理念。

（1）要有勇于改革、大胆实验和开辟新领域的精神。刘佛年就是这种精神的践行者。他不仅鼓励年轻的教育科研人员勇于改革、勇于实践、勇于开辟教育科学的新领域，而且身体力行，亲自带领教授、专家到中小学进行教学的整体改革实验。他首创在华东师大附小、附中进行课程与教材、教法的改革实验。据江铭教授回忆，"他不顾身患多种疾病，经常深入我校附小、附中和各区县的中小学听课，进行调查研究，发现教育实际中存在的问题，提出自己的见解"。②

正是在刘佛年的影响下，20世纪80年代中期，中小学的教学整体改革在全国范围兴起，各种整体改革的研究成果报告如雨后春笋般出现了。这一改革浪潮的发起者和推动者正是刘佛年先生。他"以发展教育理论、推动教育改革为己任，从1978年起，先后在《红旗》《光明日报》《文汇报》《教育研究》等报刊上发表二十多篇论文。他的教育主张在教育界产生了很大影响，推动了当时的全国基础教育改革"。③

（2）教学理论研究与教学改革实验互动。他的教学改革思想成果的形成，既得益于教学理论的研究，也得益于对教学改革的实验，正是两者的结合造就了他的教改思想。他也要求教育科研人员和中小学教师走教学理论研究与教学改革实验相结合的探索之路。一方面，他要求教育科研人员不要囿于书斋和象牙塔进行科学研究，而应走出去，到中小学中去了解实际传统，总结教师教改中的大量宝贵经验。另一方面，他要求中小学教师

---

① 刘孝大，访教育家刘佛年教授 [J]．中国教育学刊，1989（4）：13-14．
② 凌云．常在明月追思中——著名教育家刘佛年先生纪念文集 [M]．南昌：江西教育出版社，2004：220．
③ 中国高等教育学会．共和国老一辈教育家传略（第二辑）[M]．北京：高等教育出版社，2015：172．

做些教学研究工作，因为"教育是实际操作的事，要从调查入手，寻找问题，然后去解决问题，在解决问题上，他强调实验"。①

（3）教学整体改革的意蕴与理念。它们包括：①基础教学要面向全体学生，争取"大面积丰收"。这一目标的提出，不仅厘清了基础教育一线教师的一些错误观念，而且极大地鼓舞了基础教育界的士气和信心，引发了一线教师进行教学改革探索的热潮②。②整体教学改革要全面关心学生的成长，促进学生德、智、体、美、劳全面发展。③反对片面追求升学率，减轻学生负担，全面提升教学质量，使每个学生能快乐的生活和学习。他的这些理念，对我们减轻学生的负担，克服片面追求升学率的弊端，全面提升教学质量，促进学生德、智、体、美、劳全面发展，有重要的借鉴价值。

---

① 凌云．常在明月追思中——著名教育家刘佛年先生纪念文集［M］．南昌：江西教育出版社，2004：58.
② 中国高等教育学会．共和国老一辈教育家传略（第二辑）［M］．北京：高等教育出版社，2015：199.

刘佛年的学生"减负"与教学改革思想探析[①]

田景正，张钰珞[②]

刘佛年是我国当代著名的教育家，新中国成立以来，先后担任上海师范大学校长、华东师范大学教务长、副校长、校长等职务，另外，他还在一段时间里承担着推动中小学改革的任务。对于中小学的课程与教学问题，他都有过深入思考和实践研究，撰写了大量的文章。这些文章涉及传统教育与现代教育、人的全面发展、教学任务与教学模式以及普遍提高教学质量等关于教学改革的理论基础、时代要求、改革目标、内容路径等多个方面的问题，反映了刘佛年对于中小学教育教学问题的忧思和深刻洞察。其中，学生减负问题始终是刘佛年教学改革思想的一个中心议题。本文认为，刘佛年在相关的研究中，主要从学生减负与科学教育观的要求、长期以来学校教育教学中学生存在负担繁重的问题，以及如何通过全面的教学改革以达到减负增效等进行了比较全面深入的探析。

一、学生减负是科学教育观的要求

（一）全面发展的教育观与学生减负

刘佛年指出，教育目标的出发点和落脚点是培养全面发展的人，不能把学生培养成全面发展的人，我们的现代化建设就无法实现。那么，何谓全面发展的人以及如何实施全面发展教育？刘佛年对此进行了深入的探讨。首先，他认为学生的全面发展是指德、智、体、美、劳"五育"并举，缺

---

① 该文原转载于教育文化论坛，可能有部分改动。
② 田景正（1966—），男，湖南师范大学教育科学学院教授，教育学博士，博士研究生导师。主要从事教育史及学前教育研究。张钰珞，湖南师范大学教育科学学院硕士研究生。

一不可的发展，各育在促进学生身心发展方面具有不可替代性；其次，全面发展中的各个方面又包含着全面发展的问题。例如，在智育方面，不能只停留在知识层面上，还要拓展学习知识的范围，自然科学和社会科学的知识都要有所涉及；在德育方面，除了培养学生良好的品德，还要注重政治、经济、文化、哲学等方面的教育。德、智、体、美、劳"五育"都有自己独特的功能，不能说谁是主要的，谁是次要的。再次，全面发展的每个方面又有其深度和高度的问题①。刘佛年说，智育方面若只注重知识的广度，易使学生在学习中浅尝辄止，因此还需要进行深入思考，加深对知识理解②。

刘佛年认为，全面发展的教育在理论层面和实施层面均不允许加重学生负担，而现实的教育实践违背了全面发展的教育观，表现在质量观上是人才培养模式深受高考的影响，把个人的发展与成绩排名挂钩，智育被放在突出位置，学生的德体美劳等方面几乎被边缘化，造成学生畸形的、片面的发展。由于升学率作为教学的唯一标准，死记硬背、题海战术作为学生学习的唯一方式，学生负担繁重，苦不堪言。可见，学生负担过重的主要原因之一就是学校在教育理念和实际工作中违背了全面发展的思想和教育方针。对此，刘佛年认为在思想上和实际工作中扎扎实实地推进全面发展教育是治理学生负担繁重问题的根本。在有关文章中，刘佛年强调要防止学生出现过重负担，学校教学中要做到学与思、知与行、一个真理与百家争鸣、社会需要与学生实际、集体与个人、全面发展与培养专长、需要与可能、独立性与联系性的"八个统一"③，使学生摆脱死啃书本、题海战术的机械呆板的学习状态④。总之，刘佛年认为全面发展教育是教育教学工作的方向，只有通过剔除非必要的负担，学生全面发展才可能实现。

（二）现代的知识观与学生减负

现代教学强调把培养学生学习的主动性、积极性和创造性放在首要地

---

① 刘黎明，祁占勇．论刘佛年的中小学教学改革思想［J］．华东师范大学学报（教育科学版），2014（3）：1-9．

② 金一鸣．刘佛年教育文集［M］．南京：江苏出版社，2010：195-197．

③ 金一鸣．刘佛年教育文集［M］．南京：江苏出版社，2010：92-102．

④ 李三福，肖婷．试论刘佛年的基础教育思想［J］．当代教育理论与实践，2015（8）：7-9．

位，树立主体性教学观，而其核心问题是教师具有什么样的知识观，即关于什么知识最有价值和通过什么方式获取知识。可见，现代课堂教学改革在某种意义上讲就是知识观的变革①，学生负担问题与社会和学校的知识观紧紧联系在一起。

对于学生来说，学校是一个学习知识的场所，使学生获取知识无疑是教学中不可缺少的环节，只有具备了知识，学生才具备了从事各种工作或劳动的基础，才能成为一个现代人。那么，学生到底需要哪些方面的知识，学生应该如何在学习中有效地吸收知识，刘佛年对此进行了深入思考。一是认为知识既包括一些经验性的、材料性的知识，也包括人们平常所说的理论知识和技能，因而，学生要掌握基本知识与基本技能，注重知识与技能的结合，为今后进行复杂学习打下坚实的基础；二是认为应把精选的、基本的知识传授给学生，提高教学效率；三是认为不能为知识而知识，为求知而求知，而是要通过所学知识去发展想象能力、自学能力、实践操作能力等各项才能，以更好地为社会发展创造价值；四是认为态度也应视为知识的一部分，态度对学生学习的坚持性或创造性可以发挥重要的作用②。

总之，刘佛年认为，现代的知识观是知识、能力、态度三者融合的知识观③。他指出，只有当广大教师具备科学的知识观，不断更新教学理念，改变教学评价标准，才能把减轻学生负担落到实处，把学生学习动力和积极性的提升放在主要地位，关注学生在学习中满足感的获得。

（三）现代教学思想与学生减负

在如何推进教学改革的思考中，刘佛年强调要以现代教学思想为指导，其中，他对于布卢姆"掌握学习"理论深为赞赏。布卢姆多年进行"掌握学习"的实验，在该实验中，学生在学完一个单元之后，教师按照教学目标对他们进行一次形成性测试，若有些学生对某些试题还未完全掌握，教师就通过制定相应对策，帮助这部分同学进行必要的练习，使他们真正掌握这些内容④。这样的教学模式既重视学生的个别差异，注重因材施教，又

①　王攀峰，张天宝. 知识观的转型与课堂教学改革［J］. 教育科学，2001（3）：28－30.
②　金一鸣. 刘佛年教育文集［M］. 南京：江苏出版社，2010：326－327.
③　金一鸣. 刘佛年教育文集［M］. 南京：江苏出版社，2010：328.
④　金一鸣. 刘佛年教育文集［M］. 南京：江苏出版社，2010：372.

保护了学习成绩不好的学生的学习信心，给学生的学习增添趣味。布鲁姆在教学中还注重师生之间的讨论和互动，考试也不再拘泥于教科书，而是更注重学生思考和创新能力的发展，教师也不再是教死书，而是指导学生看原始资料和其他现实资料。这样的学习脱离了死记硬背的陈旧模式，在很大程度上也有利于减轻学生繁重的负担。

学生负担的繁重导致一部分学生不想学习，因为他们跟不上、学不懂，成绩也老是不及格，逐渐地丧失了学习的信心，走上了厌学的道路。① 刘佛年认为布卢姆"掌握学习"理论还有利于解决如何使绝大部分学生提升学业成绩，即全面发展的问题。对此，他强调教师不能再用落后的教学方法开展教学工作，把陈旧的教学内容灌输给学生，以升学率作为教学评价的唯一标准，而是要求教师教学除了要达到让学生掌握知识的目标以外，还要注意培养学生的能力，使其树立正确的学习态度和人生观、价值观等②。

二、学生负担繁重是学校教学的痼疾

（一）关于长期以来学生负担的问题

学生负担繁重一直是学校教学中的痼疾。中国古代社会，在科举制的驱动下，学子们三更灯火五更鸡，终日被四书五经所包围，缺乏对现实的思考和创造。进入近现代，由于深受传统知识观和教育观的影响，学生负担繁重现象依然没有改变。

对于1949年以后学生负担问题，刘佛年认为也没有解决好，而且不同时期状况也不完全一致。一是在1949年初，学习负担超重，百废待兴，国家急需培养更多的各级各类人才为社会主义建设服务，因而在学校教学方面出现了学生负担繁重问题。由于没有把握好合适的"度"，产生一些失当的教学行为，如某些学校不按教学计划规定，随便增加上课的节数和时数等，学校的学业负担加重，课外活动和体育锻炼时间减少，身体健康状况出现严重问题，精神也处于紧张和焦虑状态③。二是"文革"期间学生劳动

---

① 金一鸣. 刘佛年教育文集［M］. 南京：江苏出版社，2010：421.
② 金一鸣. 刘佛年教育文集［M］. 南京：江苏出版社，2010：357.
③ 金一鸣. 刘佛年教育文集［M］. 南京：江苏出版社，2010：177.

量偏大。在二十世纪六七十年代，在知识青年上山下乡号召下，广大学生积极投身于农业活动中，教学停摆，陷入无序状态，原有的学制、课程、教材被推翻，甚至没有课程设置一说，唯一保留的是劳动课，学业负担在一定程度上转化成了劳动负担①。三是在改革开放以来，随着高考制度的恢复，应试教育问题应运而生，在高考指挥棒下，学生背负着极为沉重的考试和升学压力。在这一背景下，学校在课程设置和培养方式方面都紧紧围绕高考进行，盲目追求升学率，只抓智育，挤掉德育和体育的课程。为了挤出更多复习时间，压缩教材内容，抢进度，满堂灌，题海战术，不给学生留消化时间，无限度地增加学生负担，甚至连节假日都不让休息，使得学生疲于应付，身心备受摧残、苦不堪言。这种情况愈演愈烈，以致初中生，甚至小学生也深受冲击，学校一切教育教学计划围着考试转，学生全面发展成为一句空话。

（二）学生负担繁重的表现及原因分析

学生负担繁重是一个长期的现象，也是一个根深蒂固的问题，为了解决好这一问题，刘佛年对学生负担繁重现象进行了深入观察，深刻剖析了学生负担繁重产生的根源。

首先是教学理念出现偏差。教育工作者们往往会认为增加学科的授课时长，大量地布置习题，频繁地举行测验和考试就能让学生在成绩上实现突飞猛进，殊不知这样会给学生造成严重的学习倦怠。对此，刘佛年讲道："有的同志认为，习题和其他课外作业的分量应该越多越好，将来参加统考时就可以应付各种可能出现的题目，然而，他没有意识到题目是无穷无尽的，即使耗费全部的时间精力去做习题，背习题，也不能保证学生可以解决一切可能出现的问题。有的同志还主张多考，认为多考试能够督促每个学生努力学习，然而，他们没有看到，如果学习的动机只是争分数，争名次，这并不是一件很好的事，所以不应该过分利用竞争性的考试来刺激学习。"②

---

① 卓晴君. 我国中小学劳动教育发展历程概述（上）——新中国成立至改革开放前的历史时期［J］. 基础教育课程，2020（17）：19－28.

② 金一鸣. 刘佛年教育文集［M］. 南京：江苏出版社，2010：178.

　　其次，高考制度的客观影响。刘佛年认为高考作为中等教育向高等院校输送人才的通道，其设计是合理的，但高等学校资源的不足客观上造成了高考"独木桥"现象。学校和教师为了提高升学率和学生的成绩，进行片面化的教学，即高考考什么就教什么，比照着教学大纲进行知识的填鸭式教学。对此，刘佛年痛心地指出，"我们的普通教育太死了，学生稍有一点思想，家长和教师都会禁止"①，教室的教学氛围死气沉沉，学生的创造性发展被扼杀。于是，如何让课堂焕发出生命的活力成为时代的课题②。

　　再次是课程设置不科学。刘佛年认为，我国课程设置不科学也是造成学生负担过重的原因之一。他指出，我国中小学课程不够丰富，课程结构较为单一，致使学生课程学习的选择权太少，难以根据自身的特长和兴趣来选择相关课程，不能满足其个性化发展需求。在教学组织形式上，中小学长期以来过于强调集体自修和集体授课，当天应该看什么书也有硬性规定，把学生的学习时间安排得太死，学生缺乏时间去探究自己感兴趣的学科领域③。另外，课程内容上也存在脱离实际、陈旧、繁琐和重复的现象，某些知识点在不同的年级循环讲解，新的知识点又没有得到及时地补充，在教学上造成了少慢差费的现象，学生的学习热情也有所下降，造成学生心理负担加重，很少有快乐的体验。

（三）学生负担繁重的危害

　　学生负担繁重不仅使学习效果大打折扣，还会让学生的身心发展失去平衡，带来多方面危害，刘佛年在有关文章中对此进行了较详尽的论述。其一是生理方面的危害。在这方面，刘佛年指出，由于繁重的作业占据了大量的时间，从而缩短甚至挤走了学生开展体育锻炼或户外活动的时间，而青少年时期是身体成长的关键期，如果在这个时期不注重身体的保护和锻炼，就会影响一生的体魄和健康④。其二是心理方面的危害。繁重的负担

　　① 金一鸣. 刘佛年教育文集［M］. 南京：江苏出版社，2010：313.
　　② 叶澜. 让课堂焕发出生命活力——论中小学教学改革的深化［J］. 教育研究，1997（9）：3-8.
　　③ 刘佛年. 关于培养学生独立思考和独立工作能力问题的意见［M］//金一鸣. 刘佛年教育文集. 南京：江苏出版社，2010：58.
　　④ 金一鸣. 刘佛年教育文集［M］. 南京：江苏出版社，2010：179.

使得某些学生变得只会死读书，个性发展受到限制，精神生活缺失。同时，由于把课业考试成绩作为评价学生的唯一标准，这往往会挫伤一部分考试成绩较差学生的积极性，打压其自信。久而久之，使其形成自我否定的消极情绪，他们开始讨厌学校、讨厌学习①。其三是对学生全面发展的危害。课业负担的内容更多的是以"智育"为中心，同时，在这些负担繁重的"智育"内容中，学校集中精力应付的是那些中考、高考的考试学科，而没有列入考试的科目被忽视，音乐、美术、体育、劳动技术、思想品德等科目被边缘化，自学能力、实验能力、调查能力、社会活动能力、思考能力和创造能力等因缺乏相应的时间安排等都得不到培养和发展②。换句话说，由于升学率代替了一切，学生的分数和排名代替了学生的全面发展。这种情况短时期内或许会对提升学生分数有成效，可是从长远来看却阻碍了青少年的健康发展，实质上是一种摧残人才的做法，也会给国家的现代化事业发展带来严重的危害。

三、通过全面的教学改革以达到减负增效

（一）减负增效是教学追求的愿景

"减负"就是减轻学生在学习活动中不必要的负担，使学生的学习内容和学习方式符合学生身心发展特征和人才成长规律。"减负"并不是让学生放松学习，而是强调去掉超出学生认知和心理层面可承载的教学内容，排除因过度学习和竞争而产生的负面影响。可见，"减负"并非意味着不留作业，更不是说让学生完全没有学习的压力，"减负"是要把学习的主动权真正交给学生③。实施好"减负"不会带来"减产"，恰恰相反，只有减轻学生不必要且不合理的额外负担，才能以此提高学生的学习效率，促进学生全面发展。

刘佛年认为，减负增效是教学追求的愿景，是培养社会主义建设者的条件，也是推动学生持续性全面发展的基础。对此，他强调教学改革应针

---

① 金一鸣. 刘佛年教育文集 [M]. 南京：江苏出版社，2010：421.
② 金一鸣. 刘佛年教育文集 [M]. 南京：江苏出版社，2010：378.
③ 戴立益. 减负一策：呼唤更有智慧的教学 [J]. 教育家，2018（33）：16–17.

对学生负担繁重这一痼疾，狠抓"减负"的开展和落实，明确教学改革初心，通过改革根本改变"升学率"指挥教学的局面，使学生身心健康全面发展的目标得以落实。

（二）改革课程内容

刘佛年认为，学生负担繁重的主要原因之一就是现有的中小学课程内容上存在比较呆板，知识在不同的年级中有重复，知识流于表面化，知识与能力和态度没有很好地融合等。对此，刘佛年强调学校教学改革应在课程与教材上下功夫，课程内容以分成课堂教学内容、课外活动、潜在课程三部分为宜①。课堂教学内容主要是让学生学习一些知识和技能，例如体育课、语文课、计算机课，学生主要是通过在课堂学习获得必要的知识和技能，但要防止在知识的讲解中"多多益善"的观念和价值取向，在课堂教学设计中一定要抓重点，要抓住知识体系中最本质的东西进行讲解和讨论，简单的知识快速讲解，对于复杂的知识可以通过师生交流进行深入地探讨。教学自始至终使学生处于一种主动积极的学习状态，切不能因知识繁多，讲解不得要领，致使学生学习倦怠②。他认为课外活动应是学生喜欢、能释放天性和能力的活动，课程内容是学生根据其兴趣去选择的，通过活动方式融合学习的知识，因而能很好地克服学生负担繁重的弊端。潜在课程，又称隐性课程，是泛教育思想③影响下课程理念，它扩大了课程的概念，强调环境、制度、文化等社会文化要素的"不言之教"价值。刘佛年认为优美的校园、轻松的文化氛围、友爱的师生关系等都属于潜在课程资源，它对学生的影响是潜移默化的。在潜在课程中，学生轻松愉快地感受文化氛围并深受影响，潜在课程是一种很好解决学生负担的课程形式，他希望学校在这方面应多下功夫。

（三）改革教学方式

注入式、满堂灌、照本宣科的教学方法，面面俱到、巨细不捐、重复讲解，罗列事实的讲解方式同样造成学生严重的心理负担。这种死气沉沉

---

① 金一鸣. 刘佛年教育文集［M］. 南京：江苏出版社，2010：394 – 395.
② 金一鸣. 刘佛年教育文集［M］. 南京：江苏出版社，2010：178.
③ 项贤明. 走出传统的教育学理论体系——泛教育理论的哲学建构［J］. 华东师范大学学报（教育科学版），1996（2）：17 – 29.

的教学方式，早就被陶行知称之为"教死书、死教书、教书死"的"死教育"①，刘佛年也深以为然。他指出，这种注入式、面面俱到的教学方式不仅在教学效率上大打折扣，而且还消磨学生的学习热情，让学生在身心方面感到疲惫不堪。他进一步指出，只是滔滔不绝的把教材讲好，把知识灌输给学生不能算好教师，事实上也没有发挥好教师的主导作用②。好教师应该把激发学生的学习兴趣，促进学生的自学能力、独立思考的能力、创造性思维能力、解决问题能力的发展放在首要地位，培养学生乐于探索、积极思考、勇于实践的精神，"要把学生积极、主动、快乐的学习作为一个基本要求"③。他借助中国古代"学学半""不愤不启，不悱不发"的思想，指出教师在教学中不能够包办替代，不要牵着学生走，要给学生自主思考的空间，鼓励学生进行课前准备、课中讨论、课后反思，在观察、想象、探索与实践中去获得教育的真知，并通过启发式教学激发学生学习的动力，使学生不再感觉到学习是可怕的负担，而在学习中获得满足感和成就感④。

（四）解放儿童，实施创造教育

负担繁重致使学生学习呆板机械，缺乏生气，减负的目的就是要把学生从消极被动课堂中解放出来，培养出朝气蓬勃、活力十足的学生。对此，卢梭指出，决不能让学生过早成为"年纪轻轻的博士和老态龙钟的儿童"⑤。陶行知针对死啃书本的教育，提出了著名的解放学生的头脑、双手、眼睛、嘴巴、空间和时间的"六大解放"⑥。

刘佛年指出，造成死气沉沉教育局面的主要原因之一，就是教学完全是为升学服务。为在升学考试中获取高分，学校大多延长学生学习时间，加重学习任务，单位时间内不断增加学习内容，让学生死记硬背，搞题海

---

① 李忠，张慧凝．"创造出彼此崇拜之活人"何以可能——以陶行知的生活教育为例 [J]．河北师范大学学报（教育科学版），2020（4）：21–27.
② 金一鸣．刘佛年教育文集 [M]．南京：江苏出版社，2010：248.
③ 周险峰．刘佛年创造性教学思想论略 [J]．湖南科技大学学报（社会科学版），2016（4）：167–171.
④ 金一鸣．刘佛年教育文集 [M]．南京：江苏出版社，2010：61.
⑤ 卢梭．爱弥儿：论教育．上卷 [M]．商务印书馆，2011：101.
⑥ 阮素莲．陶行知"六大解放"思想与儿童创造力培养 [J]．江苏教育学院学报（社会科学版），2002（1）：45–46.

战术，反复复习等。教师在教学中不鼓励学生多想、多动、多说，甚至出现自由活泼一点的氛围就认为浪费了时间，把学生搞得死死的，学生失去了思考和发挥创造的机会，思维力和创造性在时间与空间上均受到压制①。刘佛年强调要从根本上改变这种局面，把学生从"课山题海"中解放出来，必须转变观念，实施创造教育。他说："凡是有革新、创造的地方，事业就会有活力，工作就会前进，教育事业也会蒸蒸日上。我们教育工作者是为了社会主义现代化建设服务的，所以我们不能不重视培养有创造能力和创造精神的人。"②

对此，刘佛年专门写了一系列文章，对学校如何实施创造教育进行了深入的论述。首先，他认为创造能力和创造精神要从小开始培养，成人应放下自己的标准去细心观察儿童，从他们看似毫无章法的游戏、故事、探究活动中审视其蕴藏的创造潜力，绝不能将儿童的创造力的发展扼杀在摇篮之中③。其次，指出教师要有意识地培养学生创造精神，在教学过程中，学生提问题，答复问题，发表意见，即使不符合书上说的，只要有点道理，教师就要给予肯定，而不是因为有些瑕疵就批评和否认。只有当学生感受到有足够的思想自由，他们的创造的火焰才可能愈发旺盛④。再次，刘佛年指出，教师要不断学习教育学和心理学方面的知识，深入了解学生的身心发展特点，学习一些前沿的理论和方法，使自己的教学充满了教育的情调和艺术，为学生创造力的发展提供更加广阔的天地。

四、启示

学生负担过重是一个长期以来困扰学校教学工作的老问题。1955年，教育部就发布了《关于减轻中小学生过重负担的指示》，指出过重的课业负担严重损害学生的身心健康，必须加以克服。但之后学生过重负担现象并没有得到根本好转，对此，1964年中共中央、国务院批转教育部《关于克服中小学生负担过重现象和提高质量的报告》，强调要坚决克服中小学校学

① 金一鸣．刘佛年教育文集［M］．南京：江苏出版社，2010：313.
② 金一鸣．刘佛年教育文集［M］．南京：江苏出版社，2010：323.
③ 金一鸣．刘佛年教育文集［M］．南京：江苏出版社，2010：312.
④ 金一鸣．刘佛年教育文集［M］．南京：江苏出版社，2010：325.

生学习负担过重的现象和片面追求升学的思想。改革开放后，随着高考制度的恢复，学生负担繁重的情况更是严重，教育部不断有相关减负的文件发布。刘佛年也正是在这一背景下关注和探讨教学改革和学生减负问题的。一方面，刘佛年对于学校在升学率的引导下，学生负担日益繁重的状况深为忧虑，认为这会对社会主义事业建设者和接班人培养产生影响；另一方面，他强调要以科学的教育教学理论为指导，通过深入开展教育教学改革来减轻学生负担，提高教育质量，使学生获得全面发展。

21 世纪以来，中小学作业数量过多、质量不高、功能异化等问题并没有得到根本解决。同时，不少校外培训机构以抢先学、超纲教、反复练习等方式开展升学和考试，学科知识培训甚至愈演愈烈，这导致学生课业负担更加繁重，也加剧了全社会教育焦虑，冲击了素质教育，学生负担过重已成民族之痛①。对此，2021 年 7 月，中共中央办公厅、国务院办公厅印发《关于进一步减轻义务教育阶段学生作业负担和校外培训负担的意见》，要求各级党委和政府要把"双减"工作视为重大民生工程，确保"双减"落实落地。

在当下全社会落实"双减"的背景下，刘佛年的思想给予我们深刻的启示。一是始终把促进学生全面发展作为学校的根本任务，学校领导和教师要贯彻党的"五育并举"教育方针，立德树人，树立科学的人才观和教育质量观，自觉抵制应试主义的"分数至上"的做法，拒绝以牺牲学生的身心健康发展换取当下教育的短暂利益，牢固树立可持续发展的理念。二是不断深化教学改革，提升教育教学质量。一方面，要改革课堂教学方式，提高课堂教学效率与质量，让学生充分利用课堂学习时间做到学有所得，实现校内的优质学习；另一方面，要建设丰富多元的校本课程，为学生提供丰富的学习资源，确保学生在校内学足学好。三是创新教育教学实践，促进学生积极主动学习，要切实克服死啃书本、机械刷题的做法，把探究学习、问题学习运用到教育教学中，培养学生问题意识和研究能力，使学生在繁重课业面前的应付式学习转变为高度积极的主动学习。

---

① 黄首晶. "学生负担过重沦为民族之痛"困境的反思 [J]. 中国教育学刊, 2014（1）：14 −18＋51.

第五部分　刘佛年大学办学理念与实践

刘佛年的大学理念与办学实践

王 立，张 宁①

刘佛年是华东师范大学的缔造者之一，作为带领华东师范大学继续向前发展的旗手，自 1951 年参与筹建华东师范大学开始，他人生中的 50 年都服务于华东师范大学，贡献于我国的教育事业。刘佛年始终怀揣教育理想，并将其付诸于华东师范大学的建设当中，对当时中国高等教育的发展做出了突出贡献。时至今日，刘佛年先生的大学理念与办学实践仍然闪烁光辉，历久弥新，为当前的教育实践提供一定借鉴。我们永远怀念刘佛年先生。

一、刘佛年的教育与工作经历

刘佛年先生的求学以及工作经历对其教育思想的形成具有关键作用。刘佛年的多国留学经历及工作经历使他具备广阔的教育视野、广博的见识，对于他教育理念的形成及教育改革实践的展开产生了一定的促进作用。

（一）早年求学与工作经历

刘佛年是湖南醴陵人，他的父亲刘约真是一位诗人和学者，在父亲的熏陶下，刘佛年自幼打下深厚的中国古典文化基础。刘佛年从 6 岁起开始接受正规的学校教育，完成小学学业之后于 1925 年考入长沙明德中学，1929 年从长沙明德中学毕业，两年后进入本科，就读于武汉大学哲学教育系。由于受杜威影响，武汉大学将哲学和教育两门学科放到一起，刘佛年在武汉大学期间除了系统学习西方哲学、研读相关著作外，还系统研读了许多

① 作者简介：王立（1983—），河南泌阳人，河南大学副教授，硕士生导师，研究领域：教育历史与文化，教师教育。张宁（1999—），河南周口人，驻马店职业技术学院助教，研究领域：教育史、现代职业教育。

教育方面的著作，诸如杜威的《民主主义与教育》、坎德尔的《比较教育学》，以及行为主义和格式塔心理学等，这些都为他将来的教育事业打下了坚实的基础。

1937—1939 年他先后在英国伦敦大学、剑桥大学、法国巴黎大学攻读研究生，期间他阅读马克思主义著作，参加了两国共产党及英国左派书社组织的一些活动，曾到德国柏林短期考察教育。最终由于经费不足，他不得不在 1939 年 7 月结束了短暂的留学生活，也结束了自己一生的求学阶段。但是这些为他后来传播马克思主义哲学，利用马克思主义哲学发展创新教育事业奠定了基础。刘佛年有深厚的中国古典文化基础，大学期间又曾系统学习西方哲学，后又钻研教育理论。他深厚的文化积累、宽阔的学术视野与敏锐的洞察力都使他十分强调学术领域的百家争鸣、百花齐放。外出留学经历促使刘佛年日后贯通中西方的教育理论，立足中国实际，运用马克思主义哲学解决教育领域存在的问题。

刘佛年于 1940 年初回国，就职于西北大学，后因不满当时的教学环境离职。后来刘佛年在位于安化县蓝田镇的国立师范学院任教授，教哲学概论，由于介绍自然科学的原理，从中引申出马克思主义哲学的唯物辩证法的真理，1943 年国民政府教育部密令蓝田国立师范学院解聘他。刘佛年被迫到醴陵一所中学教英语。这期间他在煤油灯下翻译了爱因斯坦和英菲尔德合著的《物理学的进化》，这一翻译工作为我国物理学发展做出了一定的贡献，或许也一定程度上启发了刘佛年，使他在之后华东师范大学的办学过程中强调文理渗透，主张文理交叉选课、培养复合型人才，与现在的高考文理渗透不谋而合。抗战胜利后，1946 年 9 月至 1949 年 8 月刘佛年任暨南大学教授，用纵谈时事、评论学术的方式，公开向社会特别是向文教界宣传马克思的唯物辩证法观点，揭露帝国主义、封建主义的罪行。正是刘佛年的这种批判精神，促使他敢于在教育改革实践过程中发表文章讲话，针对存在的问题采用全新的视角进行分析，并在教育教学领域掀起思想碰撞与交流的大潮。

从求学生涯到初为人师，刘佛年没有经历太多过渡，但是这段经历使他对于当时的社会和时局有了更多的接触与了解，也在一定程度上使自己的所学之长得以施展。这些宝贵的实践教学经历影响了刘佛年之后在华东师范大学的教育管理观念。

（二）入职华师大

从湖南长沙到上海，这一简单的空间移动对于刘佛年而言却是命运的关键转折点。此后，上海成为了刘佛年一切活动的原点与归宿，华东师范大学成为刘佛年余下 50 年职业生涯的承载单位。

1951 年夏，刘佛年与孟宪承等一起参加华东师范大学的筹建工作，孟宪承与刘佛年在蓝田国立师范学院任教时就已相识，但并不相熟，他们的深入接触是在华东师范大学建立起。1951 年 10 月，中华人民共和国第一所社会主义师范大学——华东师范大学正式成立。孟宪承任校长，刘佛年任教务长兼教育系主任，两人一起共事多年。刘佛年传厂了许多孟宪承的教育理念，并在此基础上有所创新。孟宪承先生学识渊博，对文、史、哲、外文都有很高的造诣，刘佛年亦是如此。孟宪承强调要深入实践搞教育，探究教育理论，曾创办浙江民众教育实验学校以研究民众教育，并且领衔进行了大量教育实验。刘佛年也注重教育理论研究紧密联系实践，曾先后发表数篇论文论述教育理论研究要联系实践的文章，例如《联系实际与系统性》《教学工作中的理论与实践的联系问题》等①。

刘佛年等组成的华东师范大学领导队伍在学科发展和队伍建设方面积极响应教育部号召，从 1953 年开始在教育学、普通自然地理等 7 个专业开设研究生班。1956 年，正当教育学学科建设的关键时期，教育学教师越来越意识到结合中国国情办教育的重要性和迫切性。1952 年至 1956 年，刘佛年先后在《新教育》《文汇报》等报刊上发表批判杜威教育思想的文章，强调中国的教育改革要以中国的实际情况为基础。1957 年，刘佛年任华东师范大学副校长。1978 年他平反后，任华东师范大学校长。

（三）领导华师大

1978 年改革开放的春风吹走了刘佛年的阴霾，迎来了他人生的重要转折，担任华东师范大学校长之后，刘佛年立志要把华东师范大学办成高质量的一流师范大学。

华东师范大学自 1951 年建立至"文革"前的 1966 年学校取得的教育事业成就在"文革"中被全盘否定。拨乱反正之后，学校急需恢复与发展，

---

① 赵洪艳. 创新型人才成长：著名教育家刘佛年的故事［D］. 华东师范大学，2012.

恢复学校管理体制、恢复教学秩序、重振科学研究等。这时，刘佛年临危受命，领导华东师范大学进行一系列的教育改革实践。

二、刘佛年办大学理念

刘佛年任华东师范大学校长前的教育与工作经历对他的办大学理念产生了关键影响。1978 年，已步入花甲之年的刘佛年希望通过自己的努力将华东师大办成综合性研究型的重点师范大学。在刘佛年任校长后的 1978—1980 年，学校中存在着办学方针的分歧，直至 1980 年学校制定出《1980—1990 十年规划纲要》（简称纲要）才得以解决。纲要提出总目标：在党的十一届三中全会的路线指导下，把我校办成高质量、有特色的重点师范大学，并提出在努力提高教学质量的前提下，积极开展科学研究，把学校办成教学中心和科研中心。纲要设想，行政领导管理体制将采取校、院、系三级制，校内分设文、理和教育科学学院。纲要的制定为华东师范大学的新发展指明了方向。刘佛年明确其办学目标，即坚持社会主义方向，努力把我校建成拥有若干一流学科、多学科高水平协调发展、教师教育领先的综合性研究型的重点师范大学。围绕这一办学目标，刘佛年开始逐渐确立了他的大学理念。

（一）把重点高师真正办成重点

师范学校最早产生于欧洲，至今已有 200 余年的历史。尽管其培养方向在不同历史时期具有不同的内容，但它却始终贯穿着一条鲜明的主线——师范性，所以，历史上关于师范学校的研究和争论都与师范性密切关联。[①]针对当时的社会现状：中等学校的师资在数量和质量上均不能满足要求，而重点高师有着优良的条件，可以为师范学校和师范专科学校提供师资，刘佛年认为应该把重点高等师范院校真正办成重点，"如果重点高师要担负这样重的任务，它本身的质量就需要有较大的提高。也就是说，现在很需要把重点高师真正办成重点"[②]。因此重点高师的质量必须得到提升。

刘佛年认为想要把重点高师真正办成重点首先需要保证其生源质量，

---

① 申心刚.改革开放初期高等师范教育改革思想探究——以李继之和刘佛年为例 [J].山西师大学报（社会科学版），2014，41（5）：145.

② 金一鸣.刘佛年教育文集 [M].南京：江苏教育出版社，2010：193.

但是很多成绩与才能十分优秀的学生由于考虑到当时教师的境况（特别是待遇问题）而不愿报考重点高师。解决这一问题需要党和政府积极应对，他指出："要创建高质量的大学，要把大学办活，必须解决学校自主权问题，中央有关部门直接领导的学校不要太多，管得不要太细、太宽，否则对教育事业不利。方针、政策、规划、检查、交流经验等方面工作，领导部门当然要管，但有些具体工作可以让学校做主，从而把事情办得更好。"①刘佛年认为要提高重点高师质量，师范学校必须突破师范框框，主动创造条件，"例如增加新的专业，包括'非师范性'的专业，发展科学研究工作，包括所谓'非师范性'的科研"②。刘佛年关于这一问题的看法使得华东师范大学在办学过程中协调了"师范性"与"非师范性"的关系。重点高师也要明确规定培养目标，"把重点高师的学制增加一年，用来学习外语与中文是很有必要的"，因为这两方面的基础关系到学习的质量，同时也是担任大学老师的要求。其次，基于上文提到的重点高师的任务主要是培养高等学校的师资，刘佛年认为在专业设置方面不能仅限于中学课程有关的内容，"凡是培养大学基础课和部分专业课的师资的专业，只要学校有条件，就应该允许它设立"③。另外研究班、培训班的开设更应该不受限制。刘佛年在1980年与复旦大学、上海交大、同济大学的学校负责人应《文汇报》之邀，参加了高校改革建设有关问题的笔谈，文章发表在1980年6月15日的《文汇报》上，这就是在当时很有影响的上海四所大学负责人有关高校办学意见的谈话。刘佛年在谈话中提出我国大学过去主要是单科性的，今后要注意发展多科性的大学，但是可以多样化，不要搞一刀切。

实践证明，这样一方面可以扩大师范院校的教育职能，增强其自身实力，以吸引更多的人报考师范院校；另一方面可以突破传统师范院校的专业设置界限，以扩大学生的知识面，有利于他们的成长。这对于将重点高师真正办成重点是十分有利的。

（二）办巴黎高师那样的大学

为了把重点高师真正办成重点，刘佛年在1979年出席联合国教科文组

---

① 袁运开. 刘佛年的办校思想与工作实践 [J]. 上海教育，2009（Z2）：68.
② 金一鸣. 刘佛年教育文集 [M]. 南京：江苏教育出版社，2010：317.
③ 金一鸣. 刘佛年教育文集 [M]. 南京：江苏教育出版社，2010：194.

织专业会议之后，去法国巴黎着重考察了巴黎高等师范大学（以下简称巴黎高师）。刘佛年从巴黎返校后，对全校的师生、干部介绍了巴黎高师的办学方针、办学目标以及办学经验，他要求华东师范大学能够吸取巴黎高师的办学经验，师范院校的学生要不怕学问高、水平高，应努力培养学生在学术上有较高水平。

刘佛年认为将国外办学经验介绍到中国的时候需要考虑具体的社会背景，分析利弊得失，然后立足于我国实际，批判全盘吸收国外的经验。为提高学生学科专业知识的质量，刘佛年主张学习巴黎高等师范学校的办学模式，他认为师范大学与综合性大学不是互相排斥而是可以有机结合的。巴黎高师的学生和巴黎大学的学生一起上课，也可去巴黎其他高等院校上课。"巴黎高师的质量很高，但他们很多基础课、专业课也是由巴黎大学负责的，这种发展的趋势并不是偶然的"[1]。刘佛年校长也主张华东师范大学的学生可以跨校听课，学校有的科研项目可与综合性大学协作开展，将师范大学与综合性大学优势结合起来[2]。

另外，刘佛年认为办学要开放，"人要有创造性，眼光就不能太狭隘，不能做井底之蛙"[3]。他在1980年时提到"巴黎高师学生只有四百来人，而从本国和世界各地聘请来的第一流兼课教师就有一千多人。我参观了他们的一个实验室，有二十来个研究人员，本校只有几个，其余都是外单位的"[4]。刘佛年认为要为中国特色社会主义事业培养各种优秀人才，一定要博采众长，广求名师。

刘佛年将巴黎高师作为自己办学的目标，他关于大学的理想蓝图借助巴黎高师描绘得更加具体：提升高等师范教育的办学质量，提升华东师范大学的学术水平，努力将其办成教学与科研双中心，将重点高师真正办成重点。刘佛年在华东师范大学这一方沃土上，乘着改革春风继续书写着自己的大学理念。

（三）超越师范，走向综合

刘佛年校长以高度的热忱投入到华东师范大学的恢复和建设之中。积

① 金一鸣．刘佛年教育文集［M］．南京：江苏教育出版社，2010：317.
② 王建磐．怀念刘佛年［M］．上海：华东师范大学出版社，2004：21.
③ 金一鸣．刘佛年教育文集［M］．南京：江苏教育出版社，2010：227.
④ 金一鸣．刘佛年教育文集［M］．南京：江苏教育出版社，2010：228.

极建立正常的教育教学秩序，坚持师范性与学术性的统一，他认为两者不应偏废，也不应割裂。一方面，我们要努力发挥重点师范大学的特色与优势，为基础教育造就一批素质好、有后劲、能适应"三个面向"要求的师资，为提高基础教育质量服务。另一方面，要通过高水平的学术研究，拿出高水平的研究成果，不仅为国家的教育决策和管理提供咨询建议，为教育事业作贡献，还必须积极发挥学科的潜在优势，努力为经济建设、社会发展与科技进步作出我们应有的贡献。① 重视建设一支高水平的教学和科研学术队伍，积极发展研究生教育，不断提高学校的教育教学的层次、质量和水平。

他认为"师范教育专门化的课程不要搞那么多，放到研究生阶段去（这就不致影响师院教师开展科学研究），本科学生主要打好基础"②。将师范教育专门化的课程放到研究生阶段，"大学首先也要学好基础课程……知识面广一点……过去我们搞的大都是单科学院，所谓综合性大学也只有文理两科……学生当然要学好本专业的基础学科和专业学科，但也要让他们学一点表面看起来与专业无关的东西"③。这时刘佛年主张在师范院校开设"非师范"专业。

"现代大学主要有两个特点：第一个特点是专业化，第二个特点是教学与科研相结合"④。华东师范大学作为当时的重点高师不仅需要培养出高质量专业师资，还要培养教育研究人才，"我们的重点大学也要办成两个中心，一个是教学的中心，另一个是科学研究的中心"⑤。刘佛年主张大力开展科学研究，在教育科学、社会科学和自然科学的某些领域做出较大的成绩，逐步形成华东师范大学的科研特色。他提出"突出重点，加强协作，显示特点，形成中心"。这些主张的提出表达了刘佛年先生对于将华东师范大学办成教学与科研双中心的愿景。刘佛年先生认为，"凡是要进行一个改革，必须要有科学研究随着它一起进行……今后我们教育事业改革也好，

---

① 袁运开. 刘佛年的办校思想与工作实践 [J]. 上海教育, 2009 (Z2): 68.
② 金一鸣. 刘佛年教育文集 [M]. 南京: 江苏教育出版社, 2010: 290.
③ 金一鸣. 刘佛年教育文集 [M]. 南京: 江苏教育出版社, 2010: 226.
④ 金一鸣. 刘佛年教育文集 [M]. 南京: 江苏教育出版社, 2010: 217.
⑤ 金一鸣. 刘佛年教育文集 [M]. 南京: 江苏教育出版社, 2010: 221.

发展也好，提高也好，一定要坚持在科学研究的基础上去搞"①。"大学开展科学研究和培养研究生是分不开的，没有科研就不能带研究生。同时科研促进了教学方法的改变。如果我们的学生只会死记呆背，那是根本不能适应社会的需要的。现代社会需要的许多专家是能够搞研究的人有所发明创造的人。"②

1980 年，从师范教育在整个教育事业中的重要地位出发，根据第四次全国师范教育工作会议精神，联系华东师范大学实际情况，学校明确提出了坚持师范性与学术性相统一的办学方向，以更好地适应经济建设、社会发展与科技进步的要求和改革的形势。这一时期的华东师范大学开始超越师范，走向综合。作为中国高等师范教育另一排头兵的北京师范大学，在2001 年 1 月《北京师范大学"十五"发展规划纲要》中明确提出"到 2015年前后，将北京师范大学建设成为综合性、有特色、研究型的世界知名大学"。由此，可以发现刘佛年当时将师范性大学走向综合的理念符合时代发展潮流，使华东师范大学走在了改革发展的前列。

三、刘佛年的教育实践与改革

任何艰难、困苦都会随时间流逝而逐渐消散。"文革"结束后，刘佛年怀揣他的大学理念继续着他在华东师范大学的教育实践与改革事业，在本科生教育、研究生培养、科学研究等方面都有一定的实践探索。

（一）本科生文理交叉选课，提高人才培养质量

教育上的某些变革，反映了新的技术革命的需要。师范教育的改革同样要与新的技术革命联系起来，在新的技术革命影响下，师范教育面临一定挑战。刘佛年认为新的技术革命带来一种趋势，即大学本科低年级在某种意义上也作为基础教育，"由于科学技术发展迅猛，如果学生不打好基础，知识面不广，搞研究、搞发明是上不去的。何况学科之间相互交叉渗透很多，许多新技术的发展要靠多种专业和学科的组合，更需要基础好，知识面宽"。③

---

① 金一鸣. 刘佛年教育文集 [M]. 南京：江苏教育出版社，2010：216.
② 王建磐. 怀念刘佛年 [M]. 上海：华东师范大学出版社，2004：22-23.
③ 金一鸣. 刘佛年教育文集 [M]. 南京：江苏教育出版社，2010：289.

在本科生的培养上，刘佛年认为师范院校专业设置不能过早，不然会限制学生知识面的拓宽。当今学科的分化与综合日益明显，理科之间、工科之间、理工科之间，甚至传统文科与理工科之间也有相互渗透的现象，这是当下学科的发展趋势。由于相互之间的渗透出现了许多交叉学科或边缘学科。如学理科的需要学管理学、经济学、社会学等社会科学方面的知识。此外，要使教育对象全面发展，除了学习自然科学和社会科学知识外，对人文学科知识的学习也非常重要。衡量一个人的综合素质，不仅要看他的专业技术的掌握程度，还要看其人文知识水平的高低。所以，无论是理工科的学生，还是社会科学类专业的学生，都应当学习哲学、历史学、文学、艺术等人文学科方面的知识。因此他建议，在大学的前两年，课程设置要偏重普通学科，并提倡文、理科学生交叉选课①，主张文理渗透，注意培养复合型人才，多开选修课，为学生的个性发展创造更多的机会，同时强调理论与实践结合，重视教育实践②。

基于此，1979年华东师范大学在刘佛年校长的创意下，部分系实行文科学理，理科学文，文理交叉开课，让"文科学生学点理，理科学生学点文"。为培养一专多能的复合型人才，学校于1979年上半年为文科各系78级学生开设了"高等数学""自然发展史"等理科课程，在"文科学理"方面做了初步尝试。之后又在理科一些系开设了"大学语文""写作"等文科课程，扩大到"理科学文"，实行文理渗透。在具体实施过程中，学校坚持文理科学生均应以各自所学专业课程为主的原则，每学期限修一门文科或理科课程，少数有条件的学生可适当多选一至两门。这一做法拓展了学生的知识面，增强了学生学习的兴趣，有助于复合型人才的成长，取得了较好的效果③。

（二）创建实验班，积极发展研究生教育

由于"文革"影响，改革开放初期，各学科面临十分严峻的人才断层，需要快速补充新生力量，当时的华东师范大学教育学科与其他高校一样，

---

① 申心刚. 改革开放初期高等师范教育改革思想探究——以李继之和刘佛年为例［J］. 山西师大学报（社会科学版），2014，41（5）：146.

② 王建磐. 怀念刘佛年［M］. 上海：华东师范大学出版社，2004：6.

③ 王建磐. 怀念刘佛年［M］. 上海：华东师范大学出版社，2004：6.

年轻师资匮乏。本着多出人才、快出人才、出好人才的精神，全国许多高校创造地的开展各种人才培养实验①。正是在这一氛围下，刘佛年为了加速发展教育科学事业，培养更优秀的具有文科或理科基础的教育学科专业人才，于1980年去北京，就成立教科院和创办教科班向教育部领导请示汇报，顺利地得到了教育部的支持②。

刘佛年校长尝试从本校文理各系77级中选拔38名有志于教育科学研究的学生，组成"教育科学专业班"，请金一鸣为"教科班"的班主任③，1980年10月29日开班，1984年又开办了第二期，两期教育科学专业班各招收34名学生，华东师范大学共举办了这两届教育科学专业班。学生分别先后从77级及79级学完一年半或一年专业课的学生中选拔。只要是想从事教育科学研究，具有坚实的理论知识、掌握一门外语的学生都可以报名。经语文、外语考试后，由各系初审，学校有关部门复核，校长批准，择优录取。专业班第一学期学习教育学，采取讲座形式（学生们不脱离原专业学习），每周集中一次，教育学的学习重点放在教育学总论与教学论方面，刘校长亲自为学生授课。专业班强调学生以自学为主，多看点书，多思考些问题和多动手写文章。从第二学期开始，除了继续学习教育史、教育心理学、教育统计学等基础课外，仍按原专业学完少数几门主要专业基础课。教育科学学院还派教师专门指导学生的教育实践活动，而他们的毕业论文则选择以教育学科与原专业学科相结合为内容的课题④。这种"跨学科"思维招生制度以及人才培养方式的尝试在当时是开创先河的。

实践证明，刘佛年所创立的"教育科学专业班"为改革开放后中国教育科学人才培养开创了新范式，不仅推动了华东师范大学自身的内涵提升和整体变革，而且积累了跨学科招生和多样化培养教育学专业人才的宝贵经验，推进了教育学学科的传承发展。比起纯粹学教育的本科生，他们具

① 蒋纯焦，马慧，孟永红. 改革开放初华东师范大学教育科学专业班研究［J］. 教师教育研究，2021，33（5）：36.

② 蒋纯焦，马慧，孟永红. 改革开放初华东师范大学教育科学专业班研究［J］. 教师教育研究，2021，33（5）：36.

③ 黄书光. 海派教育学人的理论探索与学脉传承——以孟宪承、刘佛年为中心的历史考察［J］. 教育研究，2022，43（1）：98.

④ 王建磐. 怀念刘佛年［M］. 上海：华东师范大学出版社，2004：4.

有一定的学科基础，经过"教科班"的教育学专业训练，自然与原学科知识元素及思维方式，有所融汇与贯通。① 教科班造就了一批跨学科的优秀青年人才，开创了人才培养的新模式，具有一定的过渡性及时代性，为适应当时需要而出现，是在急需缓解改革开放初教育科学人才队伍青黄不接状况下而采取的临时性培养举措。但是这一探索非常具有实践性，刘佛年曾提出"招有实践经验的教师来学习教育理论"的主张。教科班作为第一步的尝试，注重学生要有从事教育工作的经历。后来，刘佛年建议教育部从有实践经验的中小学教师中招收攻读硕士和博士学位的研究生，得到同意后，破格录取青浦县数学教师顾泠沅为在职博士研究生，从而为在职教师攻读研究生开辟了道路②。

刘佛年倡导要积极发展研究生教育，他认为"一个国家要在科学技术上有发展……除培养本科生外，还要大量培养研究生，大量做科研工作"③。在华东师大的办学长期规划中，刘佛年提出改变培养对象的结构，扩大招收研究生、进修生的比例，大量培养研究生。他认为带硕士、博士研究生的导师既要有丰富的教学经验，又要从事科研工作，同时在任何一个专业方向招收研究生，必须至少为研究生开出四门专业课。要把近几年本科毕业生中的优秀生尽量吸收入学，要在调查研究、总结经验的基础上，提出今后各专业研究生的培养方案。刘佛年将研究生教育放在教育改革实践的突出位置，不仅使华东师范大学在教育研究方面取得突出成绩，也推动了整个中国高等师范教育的研究事业向前发展。

（三） 以教育科学研究为重点，大力发展科学研究

为了把华东师范大学办成高质量的、有特色的社会主义重点师范大学，使之既是教学中心，又是科研中心，教学与科学研究相结合，刘佛年提出建立科研机构的意见。"为了争取使华东师大有几个学科能在国内处于先进的地位，成为这些学科领域的重要的研究中心，必须根据四化建设需要，科

① 黄书光. 海派教育学人的理论探索与学脉传承——以孟宪承、刘佛年为中心的历史考察 [J]. 教育研究，2022，43（1）：98.
② 蒋纯焦，马慧，孟永红. 改革开放初华东师范大学教育科学专业班研究 [J]. 教师教育研究，2021，33（5）：39.
③ 金一鸣. 刘佛年教育文集 [M]. 南京：江苏教育出版社，2010：225.

学发展趋向和我校实际，进一步确定几个学科作为整个学校科学研究重点发展方向，并在人员、经费、设备、图书资料等条件方面予以充分的保证。"①

以教育科学为例：1960 年，华东师范大学建立教育科学研究所，负责编译、著述教育科学方面的教材、专著和论文，并进行中小学教学改革实验工作。1961 年 10 月，教育部召开的全国师范教育会议对高等师范教育提出了一系列的方针与措施，其中有 1 条就是"高等师范院校必须进行科学研究，这是提高师范院校教学质量的一个必不可少的条件"。于是，1962 年，刘佛年在《文汇报》上发表题为《开展教育科学研究的几个问题》的文章，针对当时教育科学研究工作远远落后于迅速发展的社会主义教育事业的状况，他从研究工作中的掌握资料、总结经验、进行实验等三个方面提出自己的看法②，并在之后华东师范大学的建设中付诸实践。

刘佛年先生为了加强教育科学研究和培养教育科学人才，对实际情况与形势作了细致的分析研究，认为当时华东师范大学原有的教育科研和教学机构比较分散，虽然展开了一定的工作，但是未能形成一个既相互协作又有分工的整体。要发挥教育科学学科比较齐全的整体优势，承担更重、更大的任务以服务于国家的教育事业，必须把全校的教育科研和教学力量组织起来，统一规划，为此他提出了在华东师范大学建立教育科学学院的意见，经学校党政领导研究、一致同意后上报教育部，得到教育部的批准。华东师范大学于 1980 年 10 月 5 日在全国率先成立了教育科学学院，这一举动在国内高等师范教育，甚至是整个高等教育领域有开创意义。刘佛年校长亲自兼任院长，学院负责领导教育系、心理学系、教育科学研究所、外国教育研究所、现代教育技术研究所、教育情报资料中心和文、理各系教学法教研室（以后部分合并成立中小学课程、教材、教法研究所）的教学、研究和行政工作，附中、附小、附幼作为该院的实验学校。此外，他还积极推动校际交流和教育科学方面的国际交流与合作，积极学习发达国家先进的理论与方法，从而迅速提升了教育科学研究的总体水平，使教育科学

---

① 王建磐. 怀念刘佛年［M］. 上海：华东师范大学出版社，2004：26.
② 吴爱芬. 著名教育家刘佛年：高师教育理论及其社会实践［J］. 上海教育，2009（Z2）：67.

站在全国发展的前沿。这一举措使华东师范大学既加强学术性又坚守师范性，二者保持适度张力，不仅开创了全国高校校、院、系三级结构改革的先河，也有效整合了教育科学研究的队伍，从而形成一个相互合作又有分工的整体，有助于学科的交叉融合，改变了教育科研与教学机构相对分散、学科间各自为政的局面。

与此同时，随着教师研究积极性的逐渐提高，为了研究工作的更好发展，根据实际需要学校先后设置了一批新专业，还先后新建、扩建了一批文、理学科的科学研究机构，从而在组织上保证了科学研究工作的开展①。在《关于学校行政工作的报告》中刘佛年提到："为了适应'四化'建设需要，学校……科研机构在原有基础上经过上级批准，也陆续增加到 8 所 3 室。另外，经学校批准建立的研究室为 17 个单位。"在恢复、整顿过程中，华东师范大学的科学研究有了较快发展。新建了中国史学、现代科学技术、环境科学研究所，新建了古籍整理、自然辩证法及自然科学史等 19 个研究室，有了一支主要从事科学研究的 250 人左右的队伍；还积极与上海社会科学院合作，建立苏联、东欧问题研究所②。

四、结语

从参与华东师范大学的创建，到作为华东师范大学的第二任校长，刘佛年人生中的 50 年都与这所承载着他大学理念的师范院校"紧密相伴"。刘佛年在首任校长孟宪承办学思想的基础上进行了一定的发展。

孟宪承的办学指导思想定位是高师需兼具师范性、高等性、学术性。他认为高师作为专门培养教师的院校，在一定时期内有独立存在的合理性与必然性，但在教学质量和科研水平上，高师要向综合性大学看齐，提高人才培养的质量③；刘佛年同样强调学校的师范性与学术性并重，高等师范学校应向综合性大学看齐，提高人才培养质量。从这一方面看，刘佛年继承了孟宪承一部分的办学思想。但不同的是刘佛年实践了这一想法，建立

---

① 王建磐. 怀念刘佛年［M］. 上海：华东师范大学出版社，2004：3.
② 金一鸣. 刘佛年教育文集［M］. 南京：江苏教育出版社，2010：233.
③ 胡琨. 孟宪承高等师范教育思想及当代启示［J］. 淮南师范学院学报，2012，14（5）：78 -80.

了一批研究所、研究室以及教育科学学院，开创了华东师范大学教育研究新局面。孟宪承主张高师教育人才培养应以复合型人才为目标，增加若干复合专业，如中国文史、史地、生物化学等，以适应今后中学教育发展的方向。这一想法也得到刘佛年的继承与发扬。孟宪承认为高师的核心特色应是培养研究型的高师师资。高等师范院校是培养未来教师的地方，其本身的师资质量成为影响下一代教师的关键因素。但是孟宪承的著作中没有直接提到高等师范学校的教师培养；刘佛年明确提出坚持师范性与学术性并重的办学主张，提倡学科交叉，培养复合型人才，并将这些观点付诸实践。

刘佛年在华东师范大学的改革实践是建立中国特色社会主义教育理论体系的有益探索，顺应了时代的潮流。刘佛年组织建立华东师范大学教育科学学院，使华东师范大学成为中国首个创立教育科学学院的高校，并且大力发展研究生教育。20 世纪 80 年代初，经国务院批准，华东师范大学教育基本理论专业成为全国首批博士学位授权点；1986 年经国务院批准华东师范大学成为设立研究生院（试办）的 33 所高等院校之一，刘佛年组建的教育科学学院在华东师范大学教育发展史上有着承前启后的作用，无论在当时还是此后的华东师范大学发展过程中都有关键意义。他提出师范学校"双中心"的主张以及文理交叉选课、创建教育专业班等经验促使华东师范大学从师范院校变为了综合性研究型的大学，有效提升了办学质量。2017 年 9 月，华东师范大学入选首批国家"双一流"建设高校。在当时的时代背景下，刘佛年提出的教育主张为华东师范大学的发展指明了方向，作为我国的重点师范院校，华东师范大学当时的改革实践促使其他高等师范院校积极借鉴。今天师范院校培养研究生、开设"非师范"专业、开展教育研究已成为常态。刘佛年带领华东师范大学由"文革"后的"迷茫"，逐渐走向"坚定"与"自信"。

"吾生也有涯，而知也无涯"，无论是现在，还是的未来，刘佛年的大学理念与改革实践会一直随着华东师范大学绵延发展。刘佛年用他有涯的生命去追求遥远的未来教育事业的决心是值得敬重的。他的大学理念在他有限的生命中或许还没有彻底实现，但是在未来的漫漫长路上，以华东师范大学为代表的中国高等师范教育建设力量将沿着刘佛年先生的改革实践不断努力、接续探索。纵使改革之艰似蜀道之难，后辈仍会沿着刘老的脚印砥砺前行，努力开创新时代中国特色社会主义高等师范教育发展新局面。

刘佛年高水平师范大学办学理念论析

刘玉杨①

刘佛年是我国现代著名教育家，毕生致力于教育理论研究与实践探索，为教育理论和实践的发展做出了重要贡献。刘佛年于 1914 年出生于湖南醴陵，1929 年考入武汉大学预科，1937 年赴欧洲留学，先后就读于伦敦大学、剑桥大学和巴黎大学；1940 年回国后曾任教于西北大学、湖南国立师范学院和暨南大学。1949 年上海解放后，刘佛年开始参与大学行政管理工作，先后任暨南大学校务委员会常委兼秘书长、上海师范学校校长。1951 年春，国家为加快师范教育的发展，决定成立华东师范大学，刘佛年担任建校筹备委员会常务委员。是年 12 月，华东师范大学正式成立，刘佛年任教务长兼教育系主任，负责学校的教学工作；1957 年任华东师范大学副校长，1978 年起担任校长，直至 1984 年改任华东师范大学名誉校长。2001 年因病逝世，享年 87 岁。

在长期的教育实践活动中，特别是在华东师范大学担任领导职务期间，刘佛年以前瞻性的教育理念推动了一系列改革：他开创了全国高校"校—院—系"三级管理体制改革的先河，率先试行校务委员会领导下的校长负责制，在人才培养、科学研究等诸多领域实施了诸多引领新中国师范大学发展走向的创新举措。刘佛年的师范大学办学思想不仅涉及学校内部建设的组织管理、教学与科研提升和后勤保障等各个方面，同时也包含了对教育在国家建设中的作用、国家教育体系的建构以及各级各类学校相互影响的深刻认识。他的高水平师范大学办学理念对我国现当代高等教育特别是

---

① 作者简介：刘玉杨（1996—），男，河北邢台人，河北大学教育学院博士研究生，研究方向为教育史。

高等师范教育的建设与发展极具现实指导价值。

一、师范大学的办学定位：双中心、高质量、有特色

大学办学定位是高校办学者根据自身学科发展状况和社会经济发展需求而制定的办学目标以及人才培养模式，是高校在复杂的教育系统中形成自身特色和可持续发展的有效战略。办学定位对学校发展具有统领和引导的作用，是大学聚焦任务、功能，提高办学水平的重要手段。办学定位对一所学校的发展极其重要，同时其形成过程也十分复杂，办学目标的制定往往取决于办学者自身对高等教育职能、类型、层次等问题的理解。

在刘佛年看来，教育是国家现代化建设的重要组成部分，教育质量对社会经济、政治、文化的发展有着深远的影响。刘佛年在《对几个教育理论问题的看法》一文中提出"教育规划应是经济和社会规划的组成部分"，而且"教育系统要适应社会发展的需要"，并在国家建设中"起到它应该起的重要作用"①。由此可见，教育必须与社会发展相适应，并承担服务社会发展的重任。在办学的总体指导思想上，刘佛年提出，"首先应当考虑办学必须符合党和国家的最高利益"，面向全体学生，"培养德智体全面发展的合格人才"②。这是刘佛年发展教育理论、探索教育改革所一贯坚持的办学思想。

我国高等教育体系是由不同类型的高等院校构成的，它们共同承担着培养社会所需要的各种专门人才的重任。刘佛年认为，不同类型高校所承担的职责不同，社会对不同类型高校的要求也有区别，但高校之间不存在等级高低贵贱之分。在这种前提下，每所高校应该进行科学定位，明确培养目标和规格，力求办出各自的特色。高校的办学定位，既要聚焦于全局性的发展战略，也要充分考虑个性化的建设条件和学术优势，即办学者必须明确"我办的大学应该培养哪一类人才，社会给我的任务是什么?"③ 在谋求发展的过程中努力完成大学所承担的社会职责，力图在某一类型的高

① 刘佛年. 刘佛年学述［M］. 杭州：浙江人民出版社，1999：148.
② 王自立，范才生. 刘佛年谈办学思想［J］. 江西教育，1982（9）.
③ 金一鸣. 刘佛年教育文集［M］. 南京：江苏教育出版社，2010：407.

校中取得一流的水平，而不能一门心思谋取"升格"。就全国高等师范院校而言，大致可分为师范专科学校、师范学院和重点师范大学。刘佛年认为师范大学在整个教育体系中非常重要，师范大学不仅在培养中小学教师、培训进修教师，还在培养高等学校教师、展开教育研究方面承担着重要任务，因此，"重点高师"决不能办成"第二流的大学"①，而必须立足高起点、追求高定位、力争高水平。

基于上述认识，刘佛年于 1980 年明确提出将华东师范大学办成双中心、高质量、有特色的重点师范大学。双中心是指教学与科研两个中心；高质量是指着重提高教学、科研和师资质量；有特色是指发展重点学科，打造一批具有较大影响力的学科群落②。在刘佛年看来，作为得到国家重点支持的高校，华东师范大学必须致力于"为国家培养大学基础课、部分专业课教师以及科学研究人员；在努力提高教学质量的前提下，积极开展科学研究"③。要努力发挥重点师范大学的特色与优势，造就一批高素质的师资人才；同时高水平的学术研究不仅能够为国家教育决策和管理提供咨询建议，而且还能促进教学内容、教学方法的变革。着眼于人才培养质量的提高，刘佛年形成了全面发展观和文理互通的思想。他认为，未来社会需要的是一专多能的复合型人才，文理学科均应相互选修学科课程以增加学生知识面，培养学生学习兴趣。为了进一步强化办学特色，刘佛年提出加快重点学科建设的主张，"学校要提高教学、科研质量与水平，必须有一批高水平、有特色的学科"④。通过重点攻关一些基础好、有发展潜力的学科，率先打造若干特色显著、影响广泛且具有引领作用的优势学科，进而借助其辐射作用从整体上提升大学的学术水平。

二、师范大学的人才培养：全面发展的创造性人才

在人才培养目标上，刘佛年提出教育的任务是培养各行各业的专门人才，同时随着学科技术的不断革新，新的生产方法与门类不断出现要求

① 金一鸣. 刘佛年教育文集 [M]. 南京：江苏教育出版社，2010：194.
② 金一鸣. 刘佛年教育文集 [M]. 南京：江苏教育出版社，2010：229.
③ 王建磐. 怀念刘佛年 [M]. 上海：华东师范大学出版社，2004：10.
④ 王建磐. 怀念刘佛年 [M]. 上海：华东师范大学出版社，2004：3.

"专门人才"也必须具有快速适应技术变化的能力。刘佛年进一步将这种人才称为全面发展的创造性人才。所谓的全面发展是指"所培养的人应当接受德、智、体、美、劳诸方面的教育，使个性在这些方面得到全面发展"①。刘佛年特别强调要因材施教，使不同的学生在不同的方面得到不同程度的发展。这并不意味着让学生自由发展，而是在兴趣的基础上德、智、体、美、劳各方面得到恰到好处的发展，"既要有广度，也要有深度，有高度"②。刘佛年尤其强调了创造才能的重要性，他认为"一个人要有创造的才能，有创造的智力，这应该是最高的智力"③。所谓创造性是指能够在深入了解某一专业领域的基础上独立进行创造活动，创造性人才是具有独立工作和独立思考能力的人才。在世界科技日新月异的时代背景下，知识技能快速革新，在学校中学到的知识，甚至在学生刚刚离开校门时就已经陈旧，唯有具有独立工作和独立思考能力的个体，才能适应复杂多变的社会。因此，教育必须致力于为未来培养全面发展的创造性人才。

在第一次全国教学学术讨论会上，刘佛年提出了人才培养的"新素质"，即要有新的知识、新的能力和新的态度（精神）。"培养独立学习和工作的能力是重要的，而培养独立学习和工作的主动精神和坚持的毅力也许是更重要的"④。围绕创造性人才培养，刘佛年进一步强调了精神、态度的重要性。从社会发展上看，创造革新意味着改变旧有的规章制度，这不仅需要创造者克服自身知识、能力、眼界上可能存在的缺陷，往往还会遇到他人不理解、不支持的声音，"搞创造革新的人还会碰到很多困难，还会碰到很多挫折，所以搞革新的人如果没有那么一种创造的精神毅力，还是不可能轻易取得胜利的"⑤。因此，在创造性人才的培养上，必须注重培养学生不怕困难、勇于革新的态度和精神，必须使学生能够将创造精神、革新精神与实事求是的精神相结合，能够以开放的态度接受外界有益的东西，

---

① 陈孝大．访教育家刘佛年教授［J］．中国教育学刊，1989（4）．
② 金一鸣．刘佛年教育文集［M］．南京：江苏教育出版社，2010：198．
③ 刘佛年．什么是全面发展［J］．江苏教育，1981（3）．
④ 金一鸣．刘佛年教育文集［M］．南京：江苏教育出版社，2010：305．
⑤ 金一鸣．刘佛年教育文集［M］．南京：江苏教育出版社，2010：308．

进而树立一种为未来而奋斗的改革精神①。另一方面，人的情感意志的发展、培养独立学习的能力，需要思想品质的支持。技术的发展不会使人的思想道德面貌发生根本转变，换句话说，态度将伴随人的一生，要培养紧跟时代步伐的有活力的人才，必须注意培养学生情感、意志、性格的发展。态度包含着情感和意志等多方面因素，属于情感方面，难以衡量和考查，因而容易被人忽视。但事实上，坚强的意志在获得成就的过程中也扮演着十分重要的角色，"一个人要有成就，很重要的是要有强烈的好奇心和求知欲，碰到新的问题肯去追求、钻研，遇到新的任务，肯去完成"②。在实践中，一些学生难以胜任学习任务，很大一部分因素来自自信心的匮乏。因此教学不能只重视发展学生的知识、能力，也必须重视涵育良好的态度和坚强的意志品质。

刘佛年指出，创造性人才和创造性精神应该从小培养。儿童时期是培养创造能力和创造精神的黄金时期，"儿童阶段可以发展的创造力一旦萎缩了，青年、成年阶段应该发展的创造力也就发展不起来"。而且"即使是聪明的孩子，如果我们的教育没有把他的聪明引导到恰当的方向去，没有充分发挥他的潜力，他就没有创造力"③。由此，刘佛年进一步提出，要培养中小学生的创造性，必须培养出具有创造性思维的中小学教师，这也是师范大学之所以要致力于培养全面发展创造型人才的原因所在。刘佛年提出，培养学生的独立思考和独立工作能力并不意味着减少对学生的指导，以至于学生放任自流，在某种意义上，这实际上意味着要进一步加强对学生指导④。刘佛年提出，整个本科阶段须注重打基础，强调学习基础文化课，培养扎实的基础学科知识和广泛的知识面，同时相应地开展科技活动和承担一般性社会科技服务，培养学生动手和运用所学知识的能力。刘佛年认为教育是一个开放性的系统，大学应当与社会结合，提高培养人才的适应性。例如，师范教育要根据社会多方面评价调整教师培养计划。"教育工作不是

---

① 金一鸣. 刘佛年教育文集 ［M］. 南京：江苏教育出版社，2010：307 － 311.
② 金一鸣. 刘佛年教育文集 ［M］. 南京：江苏教育出版社，2010：212.
③ 金一鸣. 刘佛年教育文集 ［M］. 南京：江苏教育出版社，2010：324.
④ 金一鸣. 刘佛年教育文集 ［M］. 南京：江苏教育出版社，2010：63.

一种机械的工作，教育领域是我们教师可以充分发挥创造能力的广阔天地。"① 刘佛年十分关注实验、实习等教育活动对学生创造性的培养。创造并不神秘，刘佛年鼓励教师一定要在工作中找出问题，提出改革的办法，然后大胆去实验，不怕失败，坚持到底就一定能取得成绩，只有教师体验到创造的乐趣才会鼓励学生进行创造。刘佛年的创造性教学思想具有鲜明的时代性、先进性与实践性，对当下师范生培养仍具有极强的指导意义②。

三、师范大学的学校管理：构建权责一体的高效管理体制

刘佛年认为，教育是一个有着复杂内外联系的系统，同时具有明显的开放性、灵活性和高效性。因此，学校改革如果得不到整个教育系统其他要素的支持，往往难以发挥应有的效果；特别是对于大学来说，如果不充分体现其内在的开放性、灵活性和高效性的特征，就很难成为一所一流大学。因此刘佛年认为，"学校的一切工作都要围绕着教学、科学研究，为它服务"③，如高校的后勤工作是为学校教学、科研活动提供强大后盾的重要保障，再如建设一个有条不紊、高效运转的行政管理系统，最终也是要为教学和科研活动的顺利开展提供有效支撑。因此在刘佛年看来，高校系统的开放性、灵活性和高效性特征必然要求构建起权责一致、各方联动的大学管理体制。

首先，集权与分权的适当平衡。就教育系统内部而言，教育行政管理部门和大学需要在集中管理与自主管理之间找到恰当的平衡点，"既要强调集中，也重视权利的下放"④，特别是教育行政管理应当遵照教育规律，给予学校必要的用人权、财务权及教学、科研管理权。大学系统内部要赋予学校管理者充分的自主权，使其能够根据国家方针政策，结合地方发展实际进行创造性的工作。例如，密切大学与其他社会系统的联系、确定大学发展目标、培养人才规格。此外，大学管理者也要依次将权力下放，赋予

① 金一鸣. 刘佛年教育文集 [M]. 南京：江苏教育出版社，2010：325.
② 周险峰. 刘佛年创造性教学思想论略 [J]. 湖南科技大学学报（社会科学版），2016，19（4）.
③ 金一鸣. 刘佛年教育文集 [M]. 南京：江苏教育出版社，2010：244.
④ 金一鸣. 刘佛年教育文集 [M]. 南京：江苏教育出版社，2010：223.

每位教师、每位职员履行岗位职责所需的必要权力，充分发挥个体的聪明才智以及主动性。同时，对于社会主义大学来说，必须严肃对待和正确处理好党政关系，在确保党的领导的前提下，做到党政双方在工作上不缺位、不越位、不错位，尤其党委应集中精力做好党的统一领导，给予校长和行政充分施展办学理念的空间，支持和督促校长办好学校①。

其次，"有权就有责"。以权责统一为原则构建起科学的管理领导体制与校系两级或校院系三级管理体制②。权责一体的大学管理系统还需要一系列制度、规则和奖惩办法予以保障。一是要按照精兵简政的原则，从上到下精简各部门干部队伍，赋予其权力的同时必须承担相应的责任。在刘佛年的带领下，华东师范大学从 1981 年至 1982 年期间进行了学校领导体制改革，试行校务委员会领导下的校长负责制，将原有的十位正、副校长精简为四位。权力的集中和职责的明确使诸多问题的处理更加及时③。二是合理分配各级管理权限。集中学校人事权和房屋、设备的调动、分配权，充分发挥人力、物力的使用效率。制定各级行政单位规章制度，使各级行政机构有职、有权、尽职。不仅要明确校、院、系以及各部门的权限与职责，还要明确每个部门、院系、研究所（室）岗位的职责，确定每个人的基本任务、职责范围和具体工作④。另外，通过完善规章制度来加强不同职能部门之间的配合协作能力，提高办事效率和水平。1978 年至 1980 年，华东师范大学修订了教务工作规章制度。1981 年至 1982 年，学校组织制定了《关于人事管理工作的意见》等四个文件，根据文件对不适应岗位需求的 156 名职工在校内进行了岗位调剂，其中有 50 人被调往校外。为提高教师积极性，学校拟定了《确定与提升教师职称工作试行条例》等五个文件，并于1982 年 9 月开始推行教师工作量制度。此外，学校还在后勤保障、学籍管理、科研管理、财务管理等方面制定了相关条例。三是普遍实施考核制度，个人考核和单位考核相结合，通过物质和精神上的奖励做到奖惩分明，并

① 金一鸣. 刘佛年教育文集［M］. 南京：江苏教育出版社，2010：405.
② 刘佛年. 中国教育的未来［M］. 合肥：安徽教育出版社，1995：211.
③ 金一鸣. 刘佛年教育文集［M］. 南京：江苏教育出版社，2010：274.
④ 金一鸣. 刘佛年教育文集［M］. 南京：江苏教育出版社，2010：251.

在考核的基础上提倡教师、干部、职工在校内外进行一定的流动①。创新聘用和人才管理模式，保证人员能够流动，对于不适合相关岗位的人员能够进行内部调任并保留淘汰机制②。刘佛年主持推行的上述改革举措，极大增强了华东师范大学的管理活力，为构建起风清气正、高效明快的大学管理体制奠定了基础。

最后，关于工作方法上，既要以评价促提升，调动广大教职员工的积极性，又要兼顾职工的实际需求，以促进工作积极性的长盛不衰③。学校除了要对每位职工的工作开展考核，还要对诸如系主任工作、科研工作、重点学科展开定期评价考核。一是要针对不同工作制定恰切的评价标准，二是要有专门的队伍，使用各种科学的方法保证评价的专业性和公正性。科学有效的奖惩制度的建立，使提高教育质量真正成为每位师生共同关心的事。在刘佛年的推动下，华东师范大学首创"学校基金"，通过增产节支的办法改善办学条件、奖励员工。学校规定"基金的60%用于改善教学科研条件，5%用于集体福利，35%用作奖励（建立科研成果奖、教学优秀奖等奖项），改善教职员工生活"。这一举措极大地提高了教职员工办好学校的积极性。时任华东师范大学党委书记兼校务委员会主任施平后来曾回忆说："有一位教师家里想买一只睡床，没有钱买，现在得到奖金24元，立即把床买回家，高兴极了。"④ 这些效果落到了实处，学校教职员工的工作积极性自然显著提高。

四、师范大学的水平提升：特色化与综合性相得益彰

在提高师范大学的办学水平方面，刘佛年曾多次谈到："巴黎高等师范学校是法国学术水平最高的学府，它比巴黎大学难考得多。因此，师范院校的学生不怕学问高，水平高。应当培养学生在学术上有较高的水平"⑤。由此刘佛年提出，"师范院校在专业普通基础和专业基础知识的水平上，应

---

① 金一鸣. 刘佛年教育文集［M］. 南京：江苏教育出版社，2010：271.
② 金一鸣. 刘佛年教育文集［M］. 南京：江苏教育出版社，2010：189.
③ 金一鸣. 刘佛年教育文集［M］. 南京：江苏教育出版社，2010：408.
④ 刘佛年. 刘佛年学述［M］. 杭州：浙江人民出版社，1999：18.
⑤ 金一鸣. 刘佛年教育文集［M］. 南京：江苏教育出版社，2010：250－251.

该向综合大学看齐"①，师范院校并不能因为其师范属性就放弃其他学科领域的开拓和发展，更不能将师范性同提高专业学术水平对立起来。师范院校应该依托其师范属性，通过综合性大学建设广泛涉猎其他专业知识，提高师范人才培养水平。刘佛年提出，多科性是科技发展的必然趋势，"师范学院必然要创造条件，突破狭隘的师范框框。例如增加新的专业，包括'非师范性'的专业，发展科学研究工作，包括所谓'非师范性'的科研"②。刘佛年向来强调广博的基础知识学习，"非师范性"学科可以为学生提供更多必修课和选修课，"非师范性"的科研对于提高教师水平，培养学生的科研能力也是必要的。在刘佛年的支持下，华东师范大学一方面根据师范内涵的变化增加了一批"师范性"专业，如数理统计、图书馆情报学、学前教育学等专业③；另一方面也开设了一些当时并不被看好的"非师范性"专业，例如计算机科学、国际金融等，从而为华东师范大学迈向高水平综合性师范大学打下了学科基础。

在科研工作上，刘佛年提出将重点学科建设和辅助学科结合，突出重点学科，打造科研中心，凸显办学特色。从 1978 至 1980 年，刘佛年组织恢复了原有的教育科学、河口海岸和外国教育等研究所和研究室，还新建了一批现代科学技术、古籍整理等 19 个研究室，形成一支 250 人左右的科学研究队伍。1980 年，刘佛年为了解决教育科学人才匮乏创立的"教育科学专业班"，不仅推动华东师范大学自身内涵提升与整体变革，而且积累跨学科招生和多样化培养教育学专业人才经验④。1981 年起，为加快学校学科建设步伐，刘佛年在华东师范大学实施重点学科建设计划，并根据已有优势学科基础首先设定了第一批共 12 个重点学科，此后又陆续增设。在学科建设步骤上，刘佛年强调应突出优势、分类建设、循序发展。一是优先确保有博士招生权限专业的发展。刘佛年认为，大学必须在保障此类重点学科的人力、物力和财力需要的同时，要对此类重点学科在科研和研究生培养

① 金一鸣. 刘佛年教育文集 [M]. 南京：江苏教育出版社，2010：294.
② 金一鸣. 刘佛年教育文集 [M]. 南京：江苏教育出版社，2010：317.
③ 刘佛年. 刘佛年学述 [M]. 杭州：浙江人民出版社，1999：42.
④ 黄书光. 海派教育学人的理论探索与学脉传承——以孟宪承、刘佛年为中心的历史考察 [J]. 教育研究，2022，43（1）.

上提出高要求，并进行定期考核。二是尽力扶持一些基础较好、具有发展前途的学科，激发这些学科的后续发展潜力。三是其他学科的重点科研项目，要"加强校内外科研协作，提倡科研为经济、文化建设服务"①。在学科建设方面，刘佛年还注意到，大学必须适应现代科技高度综合化、学科交叉渗透的发展趋势，发挥学校多学科共同作战的优势，在不同系所、不同学科之间展开协作，"从相互间的通气交流到采取行政措施，提倡通过协作，形成共同的研究课题"②。在研究机构的设置上要破除僵硬的院系制，灵活设置科研机构，强调以科研课题为中心、以院系为基础建立合作小组或组织。这些小组或组织分开来自成系统，可以独立进行；合起来融为一体，可以形成拳头。

此外，刘佛年还高度重视提高大学的开放性，扩展学校与学校、学校和研究所、学校和工厂之间的学术交流与合作。创建高水平大学就必须广泛接触各种观点、展开多方讨论，在"摩擦"中创造智慧的火花。刘佛年主张学校"首先向国内开放，进行全国性的学术交流活动，在教学上相互兼课，在科研上共同攻关。同时向国外开放，让各国有名的学者、教授来讲学，派本国的专家出国进修，参加各种国际性会议"③。从历史上看，凡是有创造性研究成果的学术和教学中心往往都带有一定的国际性，创建高水平大学就必须提高学校的开放性。刘佛年提出加强科技情报资料工作，主张建立校、系、室三级情报网络。重点科研项目都应有专人做情报资料工作，校科研情报室除为一些重点科研项目开展情报资料工作，为学校领导对科研发展趋势及科研管理经验提供情报咨询外，还应该联通全校情报网，为培养全校情报工作人员做出贡献。

五、师范大学的教育质量：多元合力的系统工程

办学水平的提升，最终必然反映于教育质量上。刘佛年高度重视教育质量的提升，并认为提高教育质量是综合性的工程，要对教学内容、教育

① 金一鸣. 刘佛年教育文集 [M]. 南京：江苏教育出版社，2010：271.
② 金一鸣. 刘佛年教育文集 [M]. 南京：江苏教育出版社，2010：249.
③ 金一鸣. 刘佛年教育文集 [M]. 南京：江苏教育出版社，2010：227－228.

方法、学业考核等因素进行通盘考虑，进而采取积极的教育质量干预举措。在教学上，刘佛年提出了教学三原则，"一、学生的知识技能的基础一定要打好；二、要培养学生养成一种主动探索的学习兴趣和习惯，培养自学能力、独立工作能力、独立创造能力；三、把课外活动当作第二课堂，因为它有助于学生能力的培养，又是巩固和丰富课堂知识的好形式"①。以此为指导，华东师范大学对教学内容和培养方式进行了改革。自 1979 年开始实行文科学理，理科学文，文理交叉开课。1979 年上半年，学校为文科各系 78 级学生开设了"高等数学""自然发展史"等理科课程，在"文科学理"方面做了初步尝试。以后又扩大到"理科学文"，在理科一些系开设了"大学语文""写作"等文科课程，实行文理渗透②。为配合改革，这一时期华东师范大学除完成教育部下达的统编教材编审任务外，还在 1978 年至 1980 年间自编了 222 种教材。在人才培养的方式上，刘佛年力主推动对优秀学生的因材施教与破格培养，允许学生多修、免修和提前毕业，同时利用好选修课、学年作业和学术活动，让学生有机会对感兴趣的方面进行钻研。此外还注重优质科研环境的影响力，让有基础、有才能的学生通过观察甚至参与专家的科研活动，"最尖端的问题，耳濡目染，切磋琢磨，他的起点就比别人高，就容易有发明创造"③。

在实践中，刘佛年发现"有些学生不是有系统地循序渐进地脚踏实地地学习，不注意听课、复习和完成作业，而是妄想在任何问题上都提出自己的独立见解，忽视正课学习，而是另搞一套，以及部分学生所表现出的粗率的思考、浮夸的讨论等风气，都是值得注意的"④，对此，他主张在实现培养方式灵活化的同时，必须加强对学生学习成果的检验。刘佛年提出检查学习的内容和方式要根据培养目标进行改革。知识和能力是不可分割的，"任何教学改革，如果不让学生掌握知识、技能，而侈谈发展能力，没有不失败的"⑤。师范院校必须要提高文理基础知识和学科专业知识的质量。

① 金一鸣.刘佛年教育文集［M］.南京：江苏教育出版社，2010：297.
② 刘佛年.刘佛年学述［M］.杭州：浙江人民出版社，1999：6.
③ 金一鸣.刘佛年教育文集［M］.南京：江苏教育出版社，2010：228.
④ 金一鸣.刘佛年教育文集［M］.南京：江苏教育出版社，2010：93.
⑤ 金一鸣.刘佛年教育文集［M］.南京：江苏教育出版社，2010：287.

教育专业课程要与中小学教育实际相衔接，改进教学和教育实习，要使学生了解青少年的生理、心理和思想状况，让学生在掌握教学技能的同时开展调查研究活动，掌握分析问题和解决问题的能力。因此，对学生的考核既要包含德智体美劳等方面，也必须包括知识基础和思维能力。

提高教育质量的关键是教师。刘佛年对师范大学的师资队伍建设有着深刻见解。他认为，大学一方面要坚持招聘有坚实的专业知识、广博的知识面，具有课堂教学能力、课外活动能力，热爱教育事业，且具有良好思想作风、道德品质的教师；另一方面也要为教师提供多样化职业发展路径。要在对师资队伍进行调查的基础上，明确各级教师进修的要求，明确考核办法和提升标准，同时也要提供多种多样的进修方式，例如脱产进修，参加短期专业学习班，派遣进修、访问、参加学术会议，建立与其他高校的学术交流渠道。此外，刘佛年还进行了大学人事管理制度改革的探索，以达到在流动中广罗人才、优化师资队伍的目的。在刘佛年看来，流动性是大学教师始终保持较高水平和活力的根本。兼职教师常态化，鼓励科技人员、行业突出贡献者在各高校间相互兼职、流动，利用人才市场和全社会力量优化高校师资配置等，都应成为高水平师范大学师资队伍建设的基本举措。

刘佛年的教育主张讲求科学性、发展性，一方面提出改革要建立在科学研究的基础上，另一方面他的教育思想关注人、关注人才、关注社会发展、关注教育的未来①。刘佛年的教育思想还涉及各级各类教育，他认为教育理论工作者必须要深入到中小学校，"认为当时最需要的是既懂得中小学教育，又肯从事教育科学研究的善于思考的人"②。作为华东师范大学创办与早期发展的重要领导者、参与者和见证者，刘佛年在长期教育实践中形成的丰富办学理念已深深镌刻入这所高水平师范大学的发展史。在刘佛年的领导下，华东师范大学确立了高水平师范大学的办学定位，构建起符合自身发展方向与基础特色的办学格局，走上了新的发展之路。刘佛年有关创办高水平师范大学的理论思考与实践探索，至今仍对我国师范大学乃至其他类型高校进一步提升办学水平有着重要的参考价值和现实意义。

---

① 詹梦珍. 刘佛年"知识·能力·创造型教师"培养思想研究［D］. 湖南科技大学，2020.

② 吴爱芬. 著名教育家刘佛年：高师教育理论及其社会实践［J］. 上海教育，2009（Z2）.

培基创新，聚力铸魂：刘佛年大学领导力研究
——兼论"双一流"建设的精神引领

吴俊梅 广少奎①

刘佛年是我国当代著名教育家，1951 年参加华东师范大学筹建工作，1978 年以后担任华东师范大学校长、名誉校长。华东师范大学能够发展成为一所学科齐全、闻名遐迩的国家级重点大学，是与刘佛年卓越的领导力息息相关的。对其领导力进行探讨，对当今大学办学和高校健康发展深有裨益。遗憾的是，目前学界对此问题的关注尚显不足。

关于"大学领导力"，目前学界尚未有统一定义。有学者认为，大学领导力是全部管理要素共同参与、由综合场势产生的整体性影响力，包括思想力、决策力、组织力、资源力、制度力、文化力、校长力等②。也有学者提出，大学校长领导力作为决定大学效能的内在力量和引领大学走向未来的决定性因素，包括前瞻力、决策力、执行力与感召力③。中国科学院课题组基于对领导过程和领导力概念谱系的分析，认为领导力包括前瞻力、影响力、决断力、感召力和控制力④。

综合相关文献，本文将大学领导力界定为：学校领导者在实现办学目

① 作者简介：吴俊梅（1988—），女，山东寿光人，曲阜师范大学教育学院博士研究生，潍坊科技学院教师教育学院讲师，主要从事高等教育史研究。广少奎（1966—），男，山东曲阜人，曲阜师范大学教育学院教授、博士生导师，学庙与传统教育研究中心主任，主要从事高等教育史研究。
② 眭依凡. 大学领导力提升：推进大学治理能力现代化的实践路径［J］. 中国高教研究，2021（1）：10-20.
③ 饶正慧. 民国时期著名大学校长领导力研究［D］. 重庆：西南大学，2013：30.
④ 中国科学院"科技领导力研究"课题组. 领导力五力模型研究［J］. 领导科学，2006（9）：20-23.

标、推动学校发展过程中发挥的综合性影响力量，主要由前瞻力、组织力、决策力与感召力构成。本文即依此框架展开探讨，并结合中国未来大学的发展之道，就"双一流"建设尤须具有的精神引领做些思考。

一、目光高远的前瞻力：明确办学愿景，调整办学思路

大学领导力首先表现为目光高远的前瞻力。这是一种着眼、预测和把握未来的能力，也是励精图治、施展抱负的主体核心力量。大学校长只有高瞻远瞩，具有战略性的思考与规划，才能对学校发展产生强有力的推动。刘佛年从华东师大办学实际出发，明确办学方向，调整办学思路，使华东师大在全国众多大学中脱颖而出。

（一）坚持创办重点大学，引领学校发展方向

明确学校发展方向是办好大学的前提，也是大学校长领导力的重要体现。大学校长要有时代眼光和独到见解，成为学校发展的掌舵者和领航人。刘佛年就是这样的关键领导。建校之初，他就在思考华东师大应该建成什么类型的学校。他曾明言，明确办学目的和方针是校长的使命。换言之，要明确办什么类型的学校，应该培养哪一类人才，社会赋予学校的任务是什么，办学的基本方针和原则是什么。他认为，各类学校都应有自己的目标和规格，体现自身特色，办成该类高校中的一流学校①。

正是基于这样的思考，1978 年，刘佛年就任华东师大校长后，明确提出"下大决心把师范教育搞上去"，要定位学校类型、办出学校特色②。但在当时，针对华东师大要办成什么样的学校，人们众说纷纭，主要形成了两种不同意见。一种意见认为，华东师大重点是培养中学师资，大学教师要集中精力上好课，不必进行高深研究；另一种意见则认为，应该办成一个高水平、有特色的大学，教师要做到教学科研两不误。1979 年，刘佛年在出席联合国教科文组织的专业会议后，专访了享誉世界的巴黎高等师范学校。返校后，刘佛年向全校师生与干部介绍了该校的办学方针、目标及经验。他说："巴黎高等师范学校是法国学术水平最高的学府，它比巴黎大

---

① 刘佛年. 要为校长成为教育家创造条件［J］. 上海高教研究，1988（2）：24－29.
② 金一鸣. 刘佛年教育文集［M］. 南京：江苏教育出版社，2010：前言10.

学难考得多。因此师范院校的学生不怕学问高、水平高。应当培养学生在学术上有较高的水平。"① 事实上，巴黎高师不只培养优秀的教师，还培养出了不少世界著名的科学家、数学家、政治家。在刘佛年不懈努力下，1980年，经校长办公会议扩大会议商讨，审议通过华东师大《1980—1990 十年规划纲要》，纲要明确提出今后十年的奋斗目标：在党的十一届三中全会路线指引下，把华东师大办成高质量、有特色、具有世界影响力的重点师范大学，成为国家级的教学、科研中心②。

面对分歧与质疑，刘佛年用实践证明了某些人的观点是短视的，不能狭隘地认为中学学什么，师范院校就教什么、研究什么，而是应提高学生的专业学习质量③。他还指出，苏联单一的高师模式已不适应我国社会发展实际，应该向综合性大学看齐，提高学校的学术含量与科研水平④。刘佛年的上述观点和做法，极大地解放了人们的办学思想，提升了办学境界，彰显出杰出大学校长可贵的洞察力和前瞻力。

（二）倡导高校自主办学，实现学校办学自由

自主办学是高校有效实施内部治理的前提，有助于治理能力与治理体系现代化。改革开放之初，随着我国经济与社会的加速发展，社会急需大量人才。但在当时，计划模式下的管理体制把高校束缚过紧。高校必须从政府附属中解放出来，扩大高校自主权的愿望和呼声与日俱增⑤。刘佛年是当时国内力倡自主办学的先驱之一。在他的率领和努力下，华东师大成为全国首个实现自主办学的师范大学。

1979 年底，刘佛年与复旦大学、上海交大、同济大学的负责人做客《人民日报》，以笔谈的形式讨论高校建设与改革问题。他指出，要创办高

① 刘佛年. 关于教育理论的几个问题 [J]. 湖南师院学报（哲学社会科学版），1984（3）：1 -7.

② 施平. 共事五载风雨同舟 [M] //王建磐. 怀念刘佛年. 上海：华东师范大学出版社，2004：10.

③ 刘佛年. 要把重点高等师范院校真正办成重点 [N]. 解放日报，1980 - 6 - 12.

④ 罗友松. 出思路重实践强基础 [M] //王建磐. 怀念刘佛年. 上海：华东师范大学出版社，2004：20.

⑤ 孙霄兵. 我国高等学校办学自主权的发展及其运行 [J]. 中国高教研究，2014（9）：9 - 15.

质量的大学，把学校办活办好，就必须解决学校自主权问题。他还指出，近来学校自主权虽有增加，但远远不够，在用人权、财务权和教学科研管理权方面应让学校做主。他举例说，华东师大尝试从社会上招录了一批外语人员，解决了学校燃眉之急，效果颇佳。由此他认为，社会上有不少确有所长而难展其长的人，大学应该怀揽四海，设法把他们调进学校。总之，教育行政部门可用帮助与建议等方式管理学校，不能只用行政手段管理学校①。

随后，为支持创办高质量大学，教育部和上海市教卫办批准了华东师大的报告，扩大学校在人事管理、财务管理、教学管理、基本建设、建立学校基金和对外活动等方面的自主权。如在对外活动中，校长有权代表学校与国外学校、科研单位建立协作关系，彼此交流人员、交换图书资料，聘请外国专家和学者来校任职任教，鼓励员工参加国际学术活动等②。

力倡管理"松绑"，实现办学自主，是切中肯綮的应时之策。这当然得到了全国高校的热切关注，也有一些人表示不解和批评，但刘佛年敢领潮流、敢破禁区，从而使华东师大焕发了办学活力，引领了高校自主的时代之风。

二、刚毅果敢的组织力：变革组织结构，提高运行效率

除目光高远的前瞻力外，杰出大学校长还须具备果敢的组织力。这是推动学校有效变革、高效运行的强大动力。诚如约翰·加德纳所说："现在变化的步伐太快，缺乏适应能力的机构要付出惨重代价，然而大多数领导者所崇尚的还和一千年前一样：接受现有的体系并使它延续下去。这种做法现在已经不太可能了，不断创新才是最为重要的。领导者不必一定是革新者，但领导者必须营造革新的过程。"③ 每所大学都有自身复杂的科层组织。要使内部协调、运行高效，有赖于校长刚毅果敢的组织力。事实上，

---

① 肖关根. 上海四位大学负责人呼吁：给高等学校一点自主权［N］. 人民日报，1979－12－6.

② 施平. 共事五载风雨同舟［M］//王建磐. 怀念刘佛年. 上海：华东师范大学出版社，2004：11.

③ 约翰·加德纳. 论领导力［M］. 李养龙，译. 北京：中信出版社，2007：142.

刘佛年不仅是远见卓识的校长，更是大学组织的变革者、破冰人。

（一）优化领导体制，主张校长真正负责

在争取自主办学的同时，刘佛年提出，校长是否有权是改革学校的先决条件，没有权力就没有责任①。如果校长不能做他应做的工作、负应负的责任，那么如果工作效果不彰，就没有理由归咎于校长②。

1957 年以后，华东师大实行党委领导下的校长负责制。刘佛年指出，加强党的领导当然极其必要，但是学校有两个领导系统、两套领导班子，如果职责不清，工作就很难做好。他从自身出发，带头剖析了领导体制存在的问题：学校正副校长有 10 人，大部分都兼职其他工作，会议多，活动多，头绪多，任务多，职责不明确，且缺少深入群众的工作作风③。他认为，领导体制到了非改不可的时候了。1980 年，依据党中央的重要指示，报经教育部同意，在刘佛年、施平等领导下，华东师大进行了体制改革试点。1981 年，学校召开全校各级党政干部、老教授、中青年骨干教师等各种座谈会，在广泛听取意见和建议的基础上，提出"进一步贯彻党政分开的原则"。同年，在全校教职工代表大会上，讨论通过了《华东师范大学第一届教职工代表大会校务委员会委员、正副主任和校长的选举办法》，随后民主选举产生了校务委员会委员、正副主任和校长。校务委员会不设常设机构，主要听取、审议和批准校长年度工作计划及实施情况，讨论决定学校重大事件，交由校长去组织实施④。

作为华东师大的主要领导者，响应国家号召，知难而上，顺势而为，使华东师大成为全国第一所试行党政分开的高校，改革成效非常显著。如校长拥有了过去由党委掌握的人事权和财权，对外代表学校，对内管理全

---

① 刘佛年. 教育应进行管理体制的改革［J］. 人民教育，1984（7）：4.

② 刘佛年. 要为校长成为教育家创造条件［J］. 上海高教研究，1988（2）：24—29.

③ 刘佛年. 关于学校行政工作的报告［M］// 金一鸣. 刘佛年教育文集. 南京：江苏教育出版社，2010：242.

④ 施平. 共事五载风雨同舟［M］// 王建磬. 怀念刘佛年. 上海：华东师范大学出版社，2004：9.

校；正副校长由 10 人精简为 4 人，职责进一步明确，工作效率显著提高①。

（二）实行科学管理，提高领导管理水平

成功的领导离不开科学的管理，科学的管理是领导者追求的目标。大学校长必须结合学校实际，查找管理工作中的突出问题，健全学校管理制度、职责标准及运行机制。为此，刘佛年勇挑重担，以坚定不移的态度实行管理体制改革。

1981 年，刘佛年就改革学校管理工作、提高领导管理水平做了重要部署，如注重搞好立法工作、实行依法治校，坚持民主集中制、严格行政纪律，改进工作作风、实行科学民主管理，等等。在接下来的一年半时间里，刘佛年进行了一系列大刀阔斧的改革：第一，组建新的领导集体，充实各级行政力量，重新进行系主任班子的选举、调整与增补工作。他知人善任，大胆起用年轻人，抽调懂业务、有能力的中青年干部充实到有关部门，实现了干部队伍的"四化"（革命化、年轻化、知识化、专业化）。第二，各部门实行岗位责任制，明确工作任务和范围。他主持出台部门工作条例，把各项工作落实到人，任何人不得例外。第三，健全规章制度，加强部门间的配合协作。如根据教育部有关文件的精神，在充分调研、试点的基础上，拟定了《〈贯彻高等学校教师工作量试行办法〉的补充规定》《确定与提升教师职称工作试行条例》等五个重要文件②。

为提高组织运行效率，实现有效治理，刘佛年运用变革创新、激发潜能的组织力，建立了懂管理、会决策、能负责的行政班子，逐步形成分工明确、各司其职、各显其能、相互支持的领导集体，推动了学校工作的进步和开展。

三、审时度势的决策力：制定治校策略，深化教育改革

决策力是领导者果断作出科学决策和准确判断的能力。学校要深化教

---

① 刘佛年. 一年半以来学校行政工作的主要情况和下半年学校行政工作的基本打算——1982 年 6 月 21 日在第一届教职工代表大会第二次会议上的报告 [N]. 华东师范大学校刊, 1982 – 6 – 21.

② 刘佛年. 一年半以来学校行政工作的主要情况和下半年学校行政工作的基本打算——1982 年 6 月 21 日在第一届教职工代表大会第二次会议上的报告 [N]. 华东师范大学校刊, 1982 – 6 – 21.

育改革，必然会触及多方利益，也很难完全满足各方需求，这就需要大学校长有变革的勇气与魄力。刘佛年的贡献不仅在于为华东师大操劳校事和培养人才，更在于他能在当年局势尚不明朗的情形下，率先举起改革的大旗，使学校始终走在我国高教改革的前列。

（一）创建新型机构，培养教育科研人才

新中国成立初期，刘佛年即以推进我国教育科研事业为己任。他清楚我国与发达国家在教育科研上的差距，深感亟须奋起直追。但在当时条件下，实施教育改革并非易事。经过缜密分析，他把握主流，分清主次，科学决策，毅然开启了华东师大的创新之路。

在1978年，华东师大只设有一个教育系。这是全校唯一的教育类教学与研究机构，其员工编制受本科生数所制约，难以满足教育科研的发展需要。因此，当务之急是要开设新的一批研究机构。经过两年多审慎思索，刘佛年于1980年提出建立教育科学学院和相关系所的计划。计划经学校研究同意后上报教育部，得到教育部批准，随后迅即实施。刘佛年不辞辛劳，亲自兼任第一任院长。按照计划，在学院之下逐步分设了一批教学和研究机构，如教育系、心理系、教育科学研究所、现代教育技术研究所、外国教育研究所等[①]。这为培养教育科研人才提供了重要组织保障。

同时，刘佛年还主抓教学工作，并且亲自从事教育科研人才的培养。1981年到1985年间，他在华东师大开办了两期教育科学专业班，从77级和79级学生中遴选了一批有志从事教育科研的学生。刘佛年不但亲自给他们上课，还邀请知名教授，如赵祥麟、邵瑞珍、张家祥等，为专业班学生开设专题讲座，讲授各个学科前沿成果[②]。开设教育科学研究班是师范大学培养师资的一个大胆尝试，为全国首创，得到高教界同行的高度关注。这些学生对教育科研兴趣浓厚且学科基础扎实，其中许多人后来成了教育科研的骨干力量，为教育事业做出了巨大贡献。

以上计划看似容易，但在实施过程中却困难重重。但是，刘佛年始终

---

① 金一鸣.一位杰出的教育理论探索者［M］//王建磐.怀念刘佛年.上海：华东师范大学出版社，2004：62.

② 谢安邦.教育学科的泰斗　人才培养的宗师［M］//王建磐.怀念刘佛年.上海：华东师范大学出版社，2004：175.

坚定不移，在争取上级支持和群众理解方面下大功夫，并且狠抓落实。当年建立的系所和学科结构，至今仍能在华东师大的院系结构中寻得踪影，可谓影响深远。

（二）建设重点学科，推动教育教学改革

学科建设是高校发展的龙头，是评判高校整体实力与办学水平的重要标志。重点学科是高校办学之根本，代表着学校的水平和特色，决定着学校的竞争力和发展潜力。学校要提高教学、科研质量与水平，必须有一批有特色、高水平的学科来带动。

1981年，刘佛年明确提出，要抓重点学科建设，争取有几个学科在国内处于先进地位，成为国家级学术研究中心。为此，应根据国家"四化"的建设需要和学校实际，确定基础好、水平高的学科作为学校重点发展方向，在人力、物力、财力上予以充分保障①。在刘佛年直接领导下，经学校反复研究，到1982年，出台了入选重点学科的标准：一是经国务院学位评定委员会批准有权招收博士研究生，且在科研上有较高水平的专业；二是基础较好且有发展前途，争取在1985年之前被批准招收博士研究生的专业。为此，在广泛听取意见的基础上，经校务委员会审议批准，确定了教育基本理论、中国哲学史、中国古代文学、世界经济、基础数学、动物学等12个学科为首批入选学科。随后，各学科迅即制订了三到五年建设规划，明确了科研方向、奋斗目标，学校则尽可能优先为这些提供办学条件。另外，还确定了准备争取第二批重点学科14个，也拟定了相关规划②。

学校汇总上述建设规划后，刘佛年又亲率相关人员进行实地调研，了解实际情况，提出修改意见，敦促尽快落实，并定期检查其执行情况。以上做法受到上海市教育部门党政领导的充分肯定。可以说，华东师大能发展成为国家级重点师范大学，是与刘佛年狠抓重点学科的重大决策分不开的。

（三）倡导文理交叉，注重专业依情设置

刘佛年对发达国家大学的专业设置非常熟悉，也有过专门考察。在充

---

① 刘佛年. 1981—1983年华东师范大学学校工作的打算［N］. 华东师范大学校刊，1981 - 4 - 1.

② 刘佛年. 学校行政工作报告［N］. 华东师范大学校刊，1982 - 2 - 18.

分借鉴国外做法的情况下，刘佛年提出，学专业不能忽略打基础，基础包含哪些内容，专业何时开始分，专业学到何种程度等诸多问题，都需要从实际和需要出发，从人力、物力、财力等方面去考虑①。倡导文理交叉，注重专业设置，是刘佛年领导决策力的又一重要表现。

为使学生获得宽厚的基础知识，刘佛年主张专业不能设置过窄过早，大学一、二年级要多注意普通学科，文理科生要互相学习，如理科生可以学习文科的经济学、社会学、文学、历史、艺术等课程②。其实早在1979年，在刘佛年倡导下，部分系就开设了文理交叉课，为文科系开设了"自然发展史""高等数学"等理科课程，在"文科学理"方面进行了初步尝试，之后逐渐扩大到"理科学文"，为理科生开设"写作""大学语文"等文科课程。在具体实践中，学校强调文理科生在以各自所学专业为主的前提下，每学期可选择一门文科或理科课程，少数有条件的可适当多选一至两门③。

在涉及专业设置是否要根据国情而定时，刘佛年指出，我国是一个农业大国，专业设置要考虑农业生产，还要把生命科学搞好，例如防止环境污染、研究生态平衡、发展遗传工程等都很重要。生产要发展，除了抓技术问题还要抓管理，抓经济数量方面的东西，所以预算、统计等方面的专业要加强。另外，根据我国国情，政治专业也要加强，要加强与精神文明特别有关系的社会科学的研究④。以上种种思路和举措，既有利于学生拓展专业知识、打牢学科根基，也为学校培养实用型、专业型、复合型人才打下了坚实的基础。

古人云："不谋万世者，不足谋一时；不谋全局者，不足谋一域。"刘佛年立足国情校情，多谋善断敢为，由此推动了华东师大的教育教学改革。今天华东师大科学研究如此强劲，乃至成为有国际影响力的大学，不能不

---

① 刘佛年. 关于高等教育科学研究问题 [J]. 上海高教研究，1981（1）：3-8.

② 刘佛年. 关于教育理论的几个问题 [J]. 湖南师院学报（哲学社会科学版），1984（3）：1-7.

③ 袁运开. 刘校长的办学思想与工作实践 [M] // 王建磐. 怀念刘佛年. 上海：华东师范大学出版社，2004：6.

④ 赵士启. 记刘佛年教授回湘讲学 [M] // 王建磐. 怀念刘佛年. 上海：华东师范大学出版社，2004：79.

说与刘佛年当年的科学决策关系甚密。

四、凝心聚人的感召力：做事求真求实，做人尽善尽美

在所有领导力构成要素中，领导者的感召力是非权力性影响力的最高境界，是最具凝聚性与持久性的力量，也是大学校长成为学校灵魂的重要因素。沃伦·本尼斯指出："随着我们对构成有效领导力的技巧和策略进行的研究不断深入，你就会明白：为什么说领导力永远是艺术和科学的复杂混合体。"① 可以说，刘佛年之所以在华东师大深孚众望，不仅仅因为他是学校的主要领导，也不仅仅因为他对教育事业贡献卓越，更因为他具有可敬可亲的人格魅力，具有凝心聚人的强大感召力。这种感召力使团队成员深受感染、备受鼓舞，自觉携手并肩、共渡难关，实现了学校的可持续发展。

（一）廉洁奉公、率真正直的道德品质

郭豫适曾盛赞刘佛年是一位高洁之人，是人们心中的楷模。他回忆说："刘校长对人生责任、人生价值的理解和态度，是属于那种坚持多给予少索取、坚持把国家和集体利益放在首位的人，在个人和集体利益关系上，他争取个人的志趣和事业的需要相统一、相结合。"② 事实的确如此。刘佛年工作上尽职尽责、廉洁奉公；生活上勤俭节约、艰苦朴素。

"文革"之前，刘佛年居住在师大一村一幢建校初期建造的二层楼房里。该处地势低洼，人员又多，生活很不方便，但刘佛年安之若素。"文革"结束后，一村新建了许多住房，学校打算给他改善住房条件。但他考虑到师大住房紧张，应优先考虑生活上更为困难之人，故多次婉言拒绝，直到去世也未换新宅。此举在校园里被传为佳话。还需一提的是，刘佛年是改革开放后华东师大的第一任校长。当时一般大学教师的工资每月几十元，他的工资三百多。然而，他生活十分简朴，大部分工资都缴了党费，

---

① 沃伦·本尼斯，罗伯特·汤森. 领导力 [M]. 方海萍，等译. 北京：中国人民大学出版社，2008：1.

② 郭豫适. 心中的楷模 [M] // 王建磐. 怀念刘佛年. 上海：华东师范大学出版社，2004：49.

一直坚持了数十年①。

不仅如此，刘佛年还率真正直、敢说真话。1973 年，正是"四人帮"横逆之时，有人搞了一场"考教授"的闹剧。当时，刘佛年已被借调到《教育学》编写组，但还是被通知回来参加考试。针对这种恶劣行径，刘佛年和不少教授都以"交白卷"的方式予以抵制，表现出"士可杀不可辱"的铮铮铁骨和"威武不能屈"的高贵人格②。1978 年，当时很多学校开设提高班或重点班来培养尖子生，导致学校整体教育质量下降。刘佛年直白地指出，如果认为只需要抓尖子生，不要在其他的学生身上下功夫，那就大错特错了。为实现四个现代化，提高整个中华民族的科学文化水平，必须尽最大努力提高全体学生的水平，争取高教事业的全面发展。③

（二）严于律己、宽以待人的处事风格

刘佛年一生严于律己、宽以待人，这是他伟大人格的重要表现，也是为人钦佩的重要原因。他的学生回忆，华东师大建校初期，刘佛年担任教务处处长，负责全校教务工作，非常忙碌。但他从来都以上课为第一要务，每一堂课都精心准备。在上课期间，他从未因其他工作而误课，从不会迟到早退。刘佛年和蔼可亲、平易近人。当学生有问题时，他都是循循善诱、耐心回答，从不训斥责备。刘佛年把学生看成心爱的弟子，时刻鼓励他们积极上进、学多学好。他用自己的心灵和行动感动着每一位学生，树立了"学高为师，身正为范"的教师形象。④ 1981 年，在华东师大第一届教职工代表大会上，他严肃地批评说，有些领导班子成员不能适应工作任务，存在不深入群众和实际的作风问题。为此，他首先作了深刻的自我检讨，坦言对于群众的呼声和要求体会不深；继而带领班子成员推动管理体制改革，

---

① 邱善葆．学高为师身正为范［M］//王建磐．怀念刘佛年．上海：华东师范大学出版社，2004：153－154.

② 吕型伟．一代学人永驻人间［M］//王建磐．怀念刘佛年．上海：华东师范大学出版社，2004：129.

③ 刘佛年．突破教学上的一个难题——谈如何夺取"大面积丰收"［N］．文汇报，1978－10－5.

④ 吴铎．永生的教师形象．王建磐．怀念刘佛年［M］．上海：华东师范大学出版社，2004：52.

改进工作作风，使学校面貌焕然一新①。

刘佛年身为校长，但从不以权威自居。他应邀作学术报告，报告之前先开小型座谈会，充分了解大家想法，及时整理自己思路，针对问题给予自己的阐释。刘佛年参加各种研讨会，总是非常虚心、耐心地听取各方意见。金一鸣教授曾说，刘校长的文章和讲话既有深刻的思想、发人深省又极其通俗易懂，发言总是怀揣着对教育改革和发展的责任感、对教师和学生的高度信任，充满着激情，鼓励大家去实践、去改革、去创新，为国家教育事业献计策、谋发展②。

（三）治学严谨、勇于创新的工作态度

刘佛年是一位学识渊博、治学严谨的学者，被誉为学界泰斗。他早年留学欧洲，精通英语，还熟悉法语、德语和俄语，主修过哲学、教育学等专业，可谓博学多才。顾明远先生回忆说："刘老治学严谨、好学的精神，是年轻人学习的榜样。他身为校长，从来没有忘记读书，时刻关心了解国际教育的新动向。有一年本人到华东师大外国教育研究所资料室查阅资料，发现每本外文书上都有刘老的借阅记录，不禁使我惊讶，而且从心底里产生一种钦佩之情，同时也感到无比羞愧，深感应向刘老学习。"③ 1961 年，刘佛年受命主编全国统编教材《教育学》，他和编写组历时三年才完成讨论稿并在实践中试用。由于当时的政治原因，直到 1979 年，该书修订后才由人民教育出版社正式出版，成为全国师范院校的通用教材，影响甚大，嘉惠至今。

作为大学校长，刘佛年勇于创新，大胆起用年轻人，为他们制订详细的人才培养方案。同时，在改革学校管理体制中，他多次做年轻同志的工作，给予他们充分鼓励，希望他们敢立潮头，走到学校领导工作岗位上，使学校领导团体更加专业化、年轻化。

---

① 刘佛年. 关于学校行政工作的报告［M］//金一鸣. 刘佛年教育文集. 南京：江苏教育出版社，2010：242.
② 金一鸣. 一位杰出的教育理论探索者［M］//王建磐. 怀念刘佛年. 上海：华东师范大学出版社，2004：65.
③ 顾明远. 润物细无声［M］//王建磐. 怀念刘佛年. 上海：华东师范大学出版社，2004：97.

综上所述，刘佛年求真求实，与人为善。他廉洁奉公、率真正直的道德品质，严以律己、宽以待人的处事风格，治学严谨、勇于创新的工作态度，数十年始终如一。这种春风化雨般的魅力深深影响着全校师生员工，早已沉淀成了学校宝贵的精神财富。华东师大奉"求实创造，为人师表"为校训，不能不说熔铸了刘佛年校长特有的精神气质。

五、任重道远，贵在引航："双一流"建设的精神引领之思

由上可见，刘佛年不愧为我国当代著名教育家。他把一生奉献给了教育，为社会主义教育事业作出了重大贡献，对华东师大更立下了永载校史的巨大功绩。他以目光高远的前瞻力谋划学校发展，以刚毅果敢的组织力优化领导体制，以审时度势的决策力推动教育改革，更以聚人凝心的感召力鼓舞着、激励着每一位学人。这种领导力辐射出的巨大魅力，载之史册，耀于当今，启在未来，对于我国教育事业发展深有裨益。

研究刘佛年的大学领导力，当然首先是要致敬刘先生对我国高教事业所作出的巨大贡献，但绝非仅为发思古之幽情，而是要见贤思齐，为我国高校"双一流"建设提供未来精神引领之思。校长是学校的灵魂，领导力是学校发展的最深层动力。我们认为，高校"双一流"建设需要汇聚多方力量，尤其需要学校领导者勇立潮头、表率群伦。具体说，就是领导者应具有汇聚群体力量、激发各方活力的组织力，有排除发展阻碍、担肩擘划之责的决策力，有亲和各方人心、勇领时代潮流的感召力，尤须具有阔植全球视野、对标国际强校的前瞻力，唯其如此，高校领导者才能领时代之潮，导发展之径，引群体之向，聚各方之力。

推进"双一流"建设事业前途漫漫，任重道远。要使我国高教事业真正跻身世界一流之列，从高校领导到教职员工，都应该从刘佛年大学领导力中汲取营养、获得动力、提升境界、阔步向前。倘能如此，则我国"双一流"事业盛景有望，宏运可期！

素养全面，多措并举：
刘佛年人才培养思想研究

广少奎，庄倩钰①

刘佛年是我国当代著名教育家，长期担任华东师范大学校长与名誉校长，对华东师范大学的建设、发展和壮大作出了巨大贡献。他始终重视学校的人才培养问题，形成了内涵丰富、独具特色的人才培养思想。可以说，今天的华东师范大学能够成为一所学科齐全、实力雄厚的国家级重点师范大学，是全校师生勠力同心、艰苦奋斗的结果，其中也有刘佛年先生的巨大功劳。事实上，刘先生不仅有体系严谨、内容丰富的人才培养思想，更有高瞻远瞩、真抓实干的人才培养实践。本文即立足于刘佛年卓有成效的办学实践，就其人才培养思想加以专门探讨。

一、何为人才、何谓人才：刘佛年人才思想理论探述

所谓人才，一般是指具有一定的专业知识或专业技能，能够胜任某些岗位要求、取得工作业绩的人。与一般员工或属员不同，人才通常指能够进行创造性劳动并对所属单位作出贡献的员工。在长期教育实践中，刘佛年形成了一整套有关人才的重要观点。

（一）新型劳动者与高级专业者：人才结构两大类型论

作为高校主要领导者，刘佛年对于人才的重要性是有清醒认识的。他将人才分为两种类型：一是大量的有一定文化素养的劳动者，二是一定数量的高级专门人才。刘佛年认为，培养大量有文化的劳动者，对于国家建

---

① 作者简介：广少奎，曲阜师范大学教育学院教授、博士生导师，研究方向为中国教育史。庄倩钰，曲阜师范大学教育学院硕士研究生。

设具有极其重要的意义。他指出："中小学生中如果多数在德育、体育、美育等方面发展好，在智育方面又能取得优秀成绩，在职业教育中也受到很好的训练，他就能成为人才。"① 这不仅有助于提升科学文化水平与道德修养，而且有利于提高社会文明程度，促进整个社会的共同进步。

在刘佛年看来，人的全面发展既是社会进步的客观需要，也是加快国家现代化建设的迫切要求。为此，他对人的全面发展做了详尽的阐述。他认为，首先，要正确处理全面发展中学与思、知与行、社会需要与发展可能、集体与个人、全面发展与培养专长、独立性与联系性等多方面的矛盾；其次，全面发展是让受教育者身与心、知识与才能等各方面都能得到发展，缺一不可，不能偏废；再次，"五育"各自着眼点不同、内容不同、作用不同，但没有轻重之分、高下之别；最后，全面发展要兼顾每一方面的广度、深度与高度，不能"一俊遮百丑"。总之，刘佛年强调，教师不仅要教导学生掌握知识，还应当"注意发挥学生某一方面的特殊才能，能钻得深些，有一定造诣。"②

除上述外，刘佛年还从技术革新的角度对其人才理论进行了高瞻远瞩的说明。他指出，国家不仅需要大量有素质、有文化的一般劳动者，更需要具有开创性的杰出人才；不只需要一般意义上的人才，还需要有专长、善创造、敢创新的专门人才。在刘佛年看来，专门人才是建设"四化"的中坚力量，是我国科学技术发展的重要支柱，是科学技术获得强大生命活力的根本保障。这类人才在改革开放之初尤为社会所需要，因为他们具有突出的科研能力和创新能力，在一定领域内能够有所突破，能极大地推动科研进步与技术革新，进而加快"四化"建设速度。总之，专家型高级人才对国家发展和社会进步贡献尤著，但此类人才数量严重不足，高校对此责无旁贷，需要仔细发掘、重点培养，力争早出快出。

（二）知识、能力与态度：人才素养三维结构论

改革开放之初，我国领导人就明确提出了教育要面向现代化、面向世

---

① 刘佛年. 关于教育改革中的几个问题——刘佛年同志在全国普通教育整体改革研讨会上的讲话（节录）[J]. 基础教育，2014，11（2）.

② 刘佛年. 谈谈全面发展的方针和教学改革的问题——1980 年 7 月 27 日在全国重点中学工作会议上的报告. 教育部普通教育一司编. 中学教育经验选编 [M]. 北京：人民教育出版社，1980：16.

界、面向未来。要实现"三个面向",就需要有大批高素养的人才。刘佛年结合高校教育实际,将人才具备的素养主要分为知识、能力与态度三方面。

1. 既宽且长、博专结合的知识素养

社会发展的日新月异,学科知识的迅速膨胀,以及现代科技的进步与生产技术的革新,要求人才必须具备多方面的知识、眼界和学科素养,并且不断提高自己的能力,才能适应社会环境的更新迭代和工作性质的迅速变化。对此,刘佛年敏锐地指出:"只有有了知识,才能成为一个现代人,才能从事劳动,从事各项工作,从事社会生活。"[①] 在他看来,真正的人才不仅要理解知识、消化知识,明确知识的作用,还必须能够正确地运用知识,才能为投身社会主义建设打下良好基础。从这一观点出发,刘佛年不赞同以往"轻知识、重能力"的观念。他认为,知识无疑是能力的基础,是能力得以发展的源泉;能力当然极其重要,"但不能由此贬低知识的重要性,否则所谓的有能力只是一句空话。"换言之,如果没有宽厚的知识素养为基础,所谓人才就不可能适应变动的社会,更不可能发展出相应的能力。

在肯定知识重要性的前提下,刘佛年将人才所应具备的知识分为基础知识与广博知识两大类。对于中小学而言,所谓基础知识就是各门课程所传授的基本知识以及由此培养出的基本技能;对于高等学校而言,基础知识则既包括文理基础知识,也包含学科专业知识。刘佛年语重心长地指出,在高校教学中,基础知识要有一定的深度与广度,要培养学生着重掌握基本原理,各科文化知识,并进行技能训练,具备运用知识的能力,能够适应现代科技发展,掌握社会"迅速发展的新成就"。除书本基础知识外,新型人才还要掌握一定的劳动知识,具备相当程度的劳动技能。刘佛年非常赞同"教育必须与生产劳动相结合"的理论。在他看来,新型人才不能是传统意义上"四体不勤"的读书人,而应是在生产劳动中学习知识,提高技能,形成能力的人。

除强调基础知识外,刘佛年认为,人才还要有广博的知识视野,才能适应现代社会知识结构综合化、知识运用灵活化、知识生产专业化的趋势。刘佛年主张,人才要在掌握基本知识、基本原理的基础上,学习专业知识

[①] 刘佛年. 知识 能力 态度 [J]. 教育研究, 1985 (7).

以及与专业相关的边缘学科知识与综合性学科知识，即所谓"文理之间，理论与应用之间，学科间都要互助渗透"，以此提升人才的实践能力，丰富知识视野，厚植专业根基，拓宽思维方式。同时，还要不断掌握新知识，"勇于批判地吸收世界各国的先进的知识和技术"，为我国现代化建设事业做出应有贡献①。

2. 终身学习、独立工作、敢于创造的能力素养

刘佛年认为，学习知识是为了解决问题、发展能力，因为"知识本身不是目的"，所以"发展能力才能使知识有用"。能力是人才继续学习、运用知识解决实际问题的保证。在刘佛年看来，人才应该至少具备如下三种能力：

首先是自学的能力。刘佛年认为，知识是无限的，学生在有限的课堂时间里学完所有知识是不可能的；学校只是学习的起点，是培养人的学习能力之场所，走出校门后的学习才至关重要。在他看来，"在现代化的社会中一个人所用到的知识，从学校学的只是一小部分，大部分是离开学校以后自己学的。"② 正因如此，社会生活中的学习将永无止境，要成为真正的人才，就必须学会在社会中学习。因此，每一个人在中学时，都应当具备自学能力与良好的学习习惯，为顺利走向社会打下坚实基础。同时，现代社会科学技术高速发展，知识革新突飞猛进，要求学习者必须不断更新知识与理念。这就需要人才必须具备一定的自学能力，能够进行自我管理，有足够的空间和时间自我学习。人才有了自学能力，随时随地都可以进行学习；他们一旦具备了渴望学习的素养，就能够知道"怎么去学习，怎样去找参考书，订自学计划，怎么读书，参考各种文献，怎样写摘录，怎样写读书笔记，怎样钻研问题"。③

其次是独立工作的能力。独立工作能力向来为刘佛年所重视，是其人才培养思想中的关键要素。刘佛年认为，现代意义上的人才，要能够在没

---

① 刘佛年. 教育思想的发展与改革［J］. 上海高教研究，1986（4）.

② 金一鸣. 刘佛年教育文集［M］. 南京：江苏教育出版社，2010：327.

③ 刘佛年. 谈谈全面发展的方针和教学改革的问题——1980 年 7 月 27 日在全国重点中学工作会议上的报告. 教育部普通教育一司编. 中学教育经验选编［M］. 北京：人民教育出版社，1980：36.

有教师指导的情况下，通过发现问题、初步分析、做出假设，经过独立的实验、调查、研究等一系列步骤，最后验证方案、解决问题。在这一整个流程中，需要具备独立设计、调查、实验、操作、组织、管理、检查等能力，也要有独立判断、推理、评价、决策的能力，由此方可称为真正的人才。

最后是革新创造的能力。刘佛年认为，革新能力及创造才能是人才开展创造性工作的关键，要灵活地综合运用知识来解决问题，激发自身"学习、思考、创造的兴趣"[1]，培养自身创造能力，以此开拓新局面、创造新技术、面对新事物、迎接新挑战。

3. 革新、开放、前瞻的态度素养

所谓态度，是人们对特定对象（人、观念、情感、事件等）所持有的稳定的心理倾向。这种倾向蕴含着人们的主观评价以及由此产生的行为倾向性，表现为一个人面对事物或挑战时所应具有的心理准备、正面心态和积极意向。刘佛年认为，真正的人才，必须具有严谨、科学、良好的态度。在此方面，他认为以下三点尤为重要：

首先是革故鼎新的态度。面对剧烈变化、充满挑战的时代环境，人才应主动接受新事物，突破传统的思想模式、理论框架和原理观念的束缚，革新旧技术，开创新思路，尝试新方法，创造新局面。刘佛年曾撰文指出："创造革新如果没有一种极大的积极性，没有一种冲破旧的东西的胆量，没有一种坚持到底百折不挠的毅力，没有一种不计个人利害的思想品德，没有高度的思想觉悟，不可能真正把一件大的革新和改革进行到底。"[2] 创造革新需要人才有一种解放思想、不惧困难、不计较个人得失、勇于做出牺牲的品质。只有具有这种精神与毅力，才能冲破障碍险阻，推动社会进步。此外，革新创造还要同科学精神相结合，必须从实际出发，实事求是，这是从历史中总结出的经验教训。

其次是开放的态度。刘佛年认为，人才要对"外面的新事物、新信息

---

① 刘佛年. 教育思想的发展与改革 [J]. 上海高教研究，1986（4）.

② 刘佛年. 贯彻"三个面向"，培养具有新的素质的人才. 中国教育学会、中央教育科学研究所编. 三个面向与教育改革中国教育学全第一次全国学术讨论全文集 [Z]. 北京：教育科学出版社，1984：69–76.

都感兴趣，都去研究，乐于接受各种进步的有益的思想、知识、经验"①，即必须具有面向世界的开阔胸襟、明辨择善的"拿来主义"的态度与批判学习的精神。当今社会发展迅速，革新每天都在发生，需要人才接受进步思想，研究新事物，辨别新信息，吸收新知识，开阔新眼界；还要求必须在学习本国的知识、技术、思想的同时，有分析、有批判地学习国外的先进知识、管理经验、学术思想、文化艺术，并结合本国实际加以吸收利用。

最后，是重视未来的态度。刘佛年认为，研究过去是为了总结经验，吸取教训；研究现在则是为了立足实际，进行改革，面向未来。所以，我们所培育的人才，必须具有对未来各个方面的情况做调查、预测、规划的态度，还要有从实际出发，逐步实施的信念，并且有了解事物的现状与趋势的心理，有决心、毅力与严谨的科学态度投入到工作中的精神。

二、植根理论、立足实践：刘佛年人才理论根源探析

刘佛年的人才观是其教育思想体系重要的内容，是一定时代背景下理论思考与教育经历融合汇通的结果，是长期教育实践活动下产生的结晶。刘佛年致力于人才教育，一方面借鉴吸收先进的教育理念，另一方面立足中国教育实际，由此为其人才观奠定了深厚的根基。

（一）中西结合、广植根基：人才理论的学理基础

1. 传统教育思想的熏陶

刘佛年幼年在父亲的教导下饱读诗书，对《论语》《孟子》等传统经典有着浓厚的兴趣。传统教育思想对刘佛年人才观产生了深刻而潜移默化的影响。在他看来，中国传统教育思想具有如下突出特点：

第一，注重道德教育。先秦儒家思想注重培养德才兼备的君子。刘佛年认为，道德教育对人才发展具有至关重要的作用，因此，他主张学生应自觉主动，学会反省自身，即像古人那样"行有不得，反求诸己"，鞭策自己不断追求更高的道德境界。作为人才的培养者，教师则应"以身作则""言行一致"，提高自身修养与育德水平，以促使学生形成正确的人生观、

---

① 刘佛年．贯彻"三个面向"，培养具有新的素质的人才．金一鸣．刘佛年教育文集 ［M］．南京：江苏教育出版社，2010：309.

价值观和世界观。

第二，强调全面发展。儒家既重视人才的品行，也注重培养学生的志向，提出一系列教育理念，主张德才兼备。受此影响，在培养内容上，刘佛年也强调对人才进行多方位教育，注重德、智、体、美、劳全面发展，兼顾理论知识与教育实践。他明确指出："我们给予下一代的教育应该尽可能是全面的、广博的，他不仅需要受德、智、体、美、劳动、基本生产技术等方面的教育，而且在每一方面都应当是比较全面的。"①

第三，注重广博知识。儒家要求学生要具有丰富的知识储备，对各种知识都有所涉猎，进而对某一特定的知识领域进行钻研。这种思想与刘佛年人才知识素养论有异曲同工之妙。刘佛年认为，人才要了解和学习各方面的知识，拥有专业知识和技能，构建完整的知识体系，同时要发挥自身才能，对某一领域深入的研究，做出一定的成绩。

2. 杜威教育理念的启发

刘佛年在国立武汉大学读书期间，就接触过西方哲学及教育思想；留欧学习期间，对西方教育家的思想进行了更为深入的探究，对杜威、布鲁姆等人的教育思想都有关注。其中，刘佛年著述探讨最多的是杜威。

刘佛年对杜威教育思想持批判吸收的态度，他反对实验主义教育思想，并对杜威教育思想的"儿童如何学""教育目的"等问题做出自己的分析。关于"儿童如何学"，刘佛年明确指出，杜威实验主义的缺点在于废弃书本与课堂教学，仅仅依靠活动学习经验，不仅会摒弃原理与理论，而且忽略了理论与实践的联系。刘佛年强调，学生要发展，就要在学校课堂中系统的训练，"按逻辑的次序，从基础出发，有步骤地进行学习，"② 掌握系统的理性知识，构建完整的知识体系。在课堂中学习知识，将实践中所得的经验进行分析、综合，寻求规律，再在通过实践反复验证，在实践中考察，这才是真正的"从做中学"。

基于此，刘佛年进一步指出，儿童学习以一定经验为基础，教师要"引导儿童去做一些组织、分析、综合经验的研究工作，"启发他们思考，

---

① 刘佛年. 关于个性全面发展教育的几个问题 [J]. 学术月刊, 1957 (1).

② 刘佛年. 论杜威 [M] // 金一鸣. 刘佛年教育文集. 南京：江苏教育出版社, 2010：33.

让"他们发现那些规律、理论。"① 并且"使它在实际生活中有应用的机会，用它来解决实际问题。" 为此，刘佛年提出要专门设置一系列的活动，以便儿童动手应用，进行系统而全面的学习。

在"教育目的"方面，刘佛年批判杜威"教育无目的"与"教育即生长"的教育思想，认为杜威将教育的目标与儿童的成长混为一谈。在刘佛年看来，制定教育目标并不等于压迫儿童，更不是忽视儿童的需要与兴趣。教育目的与教育手段的对立只存在于专制主义的教育中。我们国家的教育不仅不存在这种矛盾，并且"了解儿童，尊重儿童的教育方法完成我们的教育目标。"②

3. 马克思主义理论的洗礼

刘佛年人才观极富时代与中国特色，这与他系统学习马克思理论是分不开的。刘佛年早年留学期间，就阅读了大量马克思经典作家的著作，对唯物论和辩证法有了解，为他人才观的形成带来了积极的影响与启发。新中国成立后，刘佛年以认真、严谨的态度对马克思主义理论进行了系统研习，成为了一名坚定的马克思主义教育者，并将马克思主义理论运用到教育理论与教学实践中。

在理论研究方面，刘佛年主持编写的《教育学》是新中国第一部社会主义教育学教材，用马列主义、毛泽东思想的立场、观点、方法去研究教育，研究教育的历史发展，研究教育的现状，作出理论性的结论。它推翻了凯洛夫在《教育学》中所形成的框架，奠定了新中国社会主义教育学教材编写的基本框架与原则，是我国社会主义教育学理论构建的基石。在编写《教育学》过程中，刘佛年指出，"要在辩证唯物主义认识论的基础上构建教育理论，"③ 即在马克思主义理论指导下对人才进行知识教育、艺术教育与道德教育，他强调知识教育、艺术教育与道德教育的内容属于意识形态，由物质生活生产方式决定，所以要分析三者时代性和阶级性，但唯物论认为知识、艺术与道德有绝对标准，因此在教育过程中要引导学生学习

---

① 刘佛年. 论杜威［M］//金一鸣. 刘佛年教育文集. 南京：江苏教育出版社，2010：34.
② 刘佛年. 论杜威［M］//金一鸣. 刘佛年教育文集. 南京：江苏教育出版社，2010：28.
③ 凌云. 常在明月追思中——著名教育家刘佛年先生纪念文集［M］. 南昌：江西教育出版社，2004：41.

优秀的历史文化，让学生"有机会接触古往今来真正有价值的学术思想。"刘佛年强调，只有深入地理解与掌握马克思主义的思想与方法，才能在教育理论的探讨与教学实践的过程中，独立地分析问题，解决问题。如对教育本质的论述，他曾撰文指出，教育是由政治、经济决定的，但"教育还受其他社会现象的影响，"作为一种培养新人的活动，还应当从"培养人"的角度考虑，要注重"研究教育与儿童身心发展的关系和规律。"① 这段话深刻地揭示出了教育的广泛性——教育既与社会各种现象有外部关联，也与其本身存在的各种因素相关联。这种教育与社会发展的外部关联、教育与个人身心发展的内部关系，是研究教育本质的关键。

在实践方面，刘佛年提出教育理论联系实践，即在进行理论教学的同时，以实践经验为基础，并利用实践中获得的新经验丰富发展理论。他在《联系实际与系统性》《教学工作中的理论与实践的联系问题》《青浦经验的重要意义》等文章中，多方面阐述了教育工作中理论与实践的关系，进一步将马克思主义与教育相结合。此外，刘佛年在各级各类学校进行教育实践，积累了丰富的教育教学经验，在教学工作中深入领会马克思主义理论。

（二）积累经验、不懈探索：人才理论的实践基础

刘佛年在长期的教育实践中积累的教育工作经验，为其人才培养思想的形成和发展奠定了重要的基础。他在华东师大任教时，突破传统教育学科人才培养模式，创办教育科学专业班，为教科班学生构建了超前的课程体系，配备高水平师资队伍，为学生制定研究方向，培养一大批优秀的教育学人才。在青浦县数学教研组的教学实践中，刘佛年分析教育实践过程，吸取教育经验，得出采取"效果回授"与"效果调节"相结合的方法进行授课，使教学效果更加显著。

刘佛年遵循教育规律，从教学工作的实际出发研究教育，长期的任教经历使其深谙学校教育实际，了解学校教育存在的问题，并探寻解决方法，这些都为后来的教育改革提供了建议。他一方面强调人才培养不应局限于课堂上的内容，要躬亲实践，在具体的课外学科活动中思考与深化知识；

---

① 赵士启.关于教育理论的几个问题——刘佛年教授回湘讲学摘要［J］.湖南师院学报·哲学社会科学报，1984（3）.

另一方面主张教学评价多元化，不仅使用成绩检测，还要对学生的能力、态度与兴趣加以衡定，从而打破教学评价等于学生成绩评价，"让学生学的活一点"，为"国家四化培养有用的人才。"①

作为一名优秀的教育工作者，刘佛年积累了众多的教育实践经验，并形成系统的理论。可以说，刘佛年是我国教育史上把教育理念和教育实践结合得比较出色的教育家之一。他一生卓越的教育实践，培育了一大批优秀的教育学者及优秀人才，推动了我国教育事业的快速发展。

三、多措并举、多方共育：刘佛年人才培养途径探析

现代社会的发展对人才提出了新的任务，也提出了新的挑战。正如刘佛年所指出的："人才要有应对新问题的能力，创造和革新的精神能力，具有更广博的知识，善于搜集和处理各类信息，有终身学习的习惯，独立思考的精神，独立工作的能力，有足够的自信心与毅力，有进取心。"② 这就要求必须对人才进行专门的培养，为国家实现"四化"培养有思想有文化的劳动者与高级人才。

（一）设立专门学校

刘佛年认为，培养大批的"尖子"人才，需要良好的外部条件，更需要有组织、有计划的培养；否则，"再好的人才，没有适当的条件，也出不来。"③ 因此，要为培养一流人才创造环境，为他们的发展提供必要条件。首先，国家要提高中小学的教育质量，发展学生才智潜力，并选拔有能力的学生"进行专门的培养，为他们提供各种必要的条件"；其次，大力发展高等师范教育，创办重点高等师范院校，招收优秀的学生，规定培养目标，延长学制，进行专业训练，为培养人才提供优秀的师资。大量培养高校研究生，大量做科研工作。再次，要把优秀人才尽量吸收到研究生院，派学术造诣深、有声望的教授指导，提高培养质量，为成为"尖子"人才创造条件。刘佛年从上述三个方面阐释了应关注尖子人才的培养环境。这在华

---

① 刘佛年. 青浦经验的重要意义 [J]. 上海教育·中学版，1986 (5).
② 刘佛年. 教育思想的发展与改革 [J]. 上海高教研究，1986 (4).
③ 刘佛年. 为培养"尖子"人才积极创造条件 [N]. 新汇报，1980 - 1 - 15.

东师大教科班课程安排中也有所体现。除教育学基础课程和应用课程外，刘佛年特安排一系列学科前沿讲座，一方面旨在夯实学生教育学科理论基础，以指导教育实践；另一方面经过教育领域优秀教师指导，开拓学生视野，吸收教育学科最新研究成果，为人才的发展提供条件。

（二）改革教学方法

刘佛年认为，教育要面向现代化，培养现代化建设的人才，应"在保留传统教育的一切仍然有益的教学方法的基础上，发展适合现代化要求的教学方法。"① 在他看来，改革教学方法的关键在于教师。第一，教师要充分调动学生学习的主动性，激发学生的学习动力，有意识地培养学生的求知欲与好奇心。第二，教师要进行启发式教学，注重启发、引导、帮助学生，学生在自主学习时，教师要引导学生进行观察、分析与想象，教会学生如何学习，以此发挥学生积极性，给予学生肯定与鼓励，增加学生自信心。第三，教师要引导学生将理论与实际相结合。在传授书本知识时，首先要明确学生的学习目标，使学生将理论与实践相联系，现实与未来相结合。其次，教师要通过说明、举例、练习等方法把知识概念、原理的来龙去脉讲清楚，使学生通晓知识。第四，教师要带领学生参加有关的社会实践，在实践中运用知识与理论，在知识与理论的指导下，寻求事物的规律。最后，教师要有意识地培养学生自学能力与独立工作能力，学生只有学会制订学习计划，找资料，做调查，将来才会独立做研究。

（三）营造学术氛围

刘佛年深知营造学校学术氛围的重要意义，学术上百家争鸣、自由探讨，这是作为研究性大学的一种必备条件，也是"培养有创新精神的人的基本保证。"② 良好的学术氛围对学生有着潜移默化的影响，使之产生学术兴趣，形成研究动力，创造出源源不断的学术成果。

为此，刘佛年主张，在学校层面，一要重学术。坚持学术活动日制度，开展多项科研活动，如举办各种学术讲座、学术竞赛、教育培训，促进学校学术水平提高。二要重开放。对内，各学校、研究所、工厂之间进行学

---

① 刘佛年．教育思想的发展与改革［J］．上海高教研究，1986（4）.
② 刘佛年．为培养"尖子"人才积极创造条件［N］．新汇报，1980－1－15.

术交流，在教学与科研上共同进步；对外，邀请各国专家讲学，并派本国专家出国进修，吸收国外优秀资源，要为"四化"培养优秀人才，应"博采众长，广求名师"。

在教师层面，教师应努力钻研专业业务，不断提高自身学术水平；教师之间要相互交流经验，对学术问题允许有不同见解，营造开放自由、兼容并蓄的学术环境，以促进学术发展；鼓励学生大胆探索，敢于提出新见解与新尝试，通过摆事实讲道理的方式表达自己的新观点。

另外，刘佛年批评"学术禁区"和"学阀活动"，认为这样做不出成绩，其结果是永远出不了人才，因此，要"在学术上让人自由发展，形成不同学派"，允许发表不同的学术见解，"这样'尖子'才能源源不断而来。"①

（四）破格选拔人才

刘佛年指出，要充分发挥人才才能，为人才发展提供广泛空间，就要打破论资排辈、依流平进、墨守成规的传统人才观，拓宽人才培养的方式与思路，破格选拔人才。他主张，真正有能力的人才，可以跳级，到高层次的学校就学；对于大学的优秀人才，学校要重新制订教学计划，因人而异，因材施教；对于有一定成就的高学历人才，则可以率先进入学术领域深造，充分发挥他们的才能。

刘佛年是这样说的，也是这样做的。他尊重人才，注重真才实学，善于发现人才，不拘一格选拔人才。他在华东师大创办教科班，要求挑选的学生"要有较好的专业基础，较好的书面和口头表达能力"；热爱教育学科，致力于"教育学科的教学和研究工作。"② 这一遴选人才的标准，使一大批优秀人才脱颖而出，既促进了教育学科的改革与发展，又为培养和造就优秀的教育学科人才提供了可资借鉴的经验。

（五）推行创新教育

刘佛年认为，培养创新性人才就要进行创新教育。为此，他明确主张：

---

① 刘佛年. 为培养"尖子"人才积极创造条件 [N]. 新汇报，1980 - 1 - 15.
② 金一鸣. 一位杰出的教育理论探索者 [M] //王建磐. 师表：怀念刘佛年. 上海：华东师范大学出版社，2004：61.

第一，创新性人才要从小就开始培养，发展孩子们的创造性才能。应该承认每个儿童都有创造的潜力，并且要及时呵护、培养、发展儿童的这种潜能。幼儿时期的创造力发展是十分重要的，对以后创造力发展打下基础，因此，要注重对儿童的创新教育。第二，教师要实施创造性教学。采用启发式的教学方法，学生领会教材中的基本知识、概念、理论，运用创造性思维打破框架的束缚，解释现象、解决问题。同时，鼓励学生进行课外活动，发挥学生自身的创造性解决实际问题。以此激发学生学习积极性，发掘学生潜力。第三，教师也要受创新教育，成为创新型教师。刘佛年指出，教师"要培养学生的创造能力和精神，首先要培养自己的创造能力和精神。"[1] 教师要充分利用教育环境发挥创造能力，在教学、教育工作中进行改革、创造，教师"自己创造了，倡导了创造的乐趣，"就会鼓励学生创造，以此培养创新性人才。第四，教师要注重学生的主观能动性。教师要帮助学生制订学习目标，引起学生的兴趣，为学生学习提供必要的条件，进而激发、鼓励、引导学生，使他们的主观能动性得以发挥。在这一过程中，教师在学生已经掌握知识技能的基础上，培养他们良好的能力、态度。第五，教师培养学生，不仅要让学生有"创造所必需的知识和能力"，更要培养学生的创新精神，要鼓励学生提出新问题、新见解与新思路，对学生提出的创造性建议与努力给予支持与肯定，从中培养学生不计个人得失的品格与脚踏实地的科学精神。

---

① 刘佛年. 谈谈创造教育［J］. 上海教育·小学版，1985（3）.

坚持师范传统与高等教育学科建设相结合
——刘佛年的高师办学实践与探索①

覃红霞，乔雯嘉②

　　刘佛年教授是我国著名的教育家和教育学家，他不仅是我国第一部社会主义教育学教材的编撰者，也是社会主义教育学理论与学科体系建设的奠基人。值得关注的是，这位教育理论与实践家不仅关注基础教育与师范教育的发展，同样也关注高等教育与高等教育学的发展。从上海师范大学校长到筹建华东师范大学；从华东师范大学校长到名誉校长，这位马克思主义教育理论家在高等教育实践中对高等教育理论产生了浓厚的兴趣，他是扩大大学办学自主权的率先发起者，亲自参与和倡导了中国高等教育学科的建立，更为师范大学发展高等教育学科提供了指导与方向。

一、主持华东，敢为人先：高等教育的管理者与实践者

　　1951年，刘佛年怀着对祖国和教育事业的一片赤忱，积极投身到创建华东师范大学的工作中，也由此结下了他与高等教育的不解之缘③。郭豫适评价道，"刘校长对学校的深情，是跟他对国家和教育事业的忠诚紧密交融的，爱国和爱校在教育家刘佛年的身上体现得很深邃、很完美。"④ 1978

---

　　① 该文原转载于教育文化论坛，可能有部分改动。
　　② 覃红霞，女，湖北鹤峰人，厦门大学教育研究院副院长，高等教育发展研究中心教授，博士生导师，主要从事高等教育政策研究（厦门 361005）；乔雯嘉，女，辽宁沈阳人，厦门大学教育研究院研究生，主要从事高等教育历史研究（厦门 361005）。
　　③ 1951年，刘佛年参加筹建华东师范大学，任教务长、副校长；1978年，任华东师范大学校长；1984年，任华东师范大学名誉校长。
　　④ 郭豫适．心中的楷模［C］//王建磐．师表：怀念刘佛年．上海：华东师范大学出版社，2004：44.

年，刘佛年担任华东师范大学校长后，躬亲实践"大学校长应该成为社会主义的教育家"①的观点，坚持社会主义方向，努力将华东师大建设成为拥有多个一流学科、多学科高水平协调发展、教师教育领先的综合性研究型的重点师范大学②。"一位大学校长就是一个总设计师，他必须是一位清醒的、敏锐的观察家，能够准确地洞察社会的需要和时代的发展趋势，并据此来制订学校发展的目标、规划以及培养人才的规格。"③刘佛年便是如此。

（一）大学办学自主权的率先发起者

"大学校长当得好不好，有一个先决条件，就是校长真正能对他的工作负责，才能去评定他的工作好坏。"④刘佛年认为，校长要有权才有责，要让校长真正负起责来，就要解决高校办学自主权的问题。自主权正是大学校长能够按照教育规律进行创造性工作的前提。1979年12月6日，刘佛年同复旦大学校长苏步青、同济大学校长李国豪和上海交通大学党委书记邓旭初在《人民日报》上发表了名为《给高等学校一点自主权》的文章，呼吁给高等学校一点办学自主权，并得到了党和政府的积极回应。1980年，刘佛年在《文汇报》高校改革建设的笔谈中也提到："要创建高质量的大学，要把大学办活，必须解决学校自主权问题，中央有关部门直接领导的学校不要太多，管得不要太细、太宽，否则对教育事业不利。……有些具体工作可以让学校作主，从而把事情办得更好。"刘佛年对高校自主权问题的认识是深刻的，他不主张无限制的自主，而是强调有限的领导。他主张大学要有办学的自主权，并不是完全不需要上级的领导。相反，刘佛年强调国家要在一些高等教育重大事项的决策和宏观指导上加强领导、发挥作

① 刘佛年. 要为校长成为教育家创造条件［J］. 上海高教研究，1988（2）：24-29.
② 1980年，华东师范大学制订《1980—1990十年规划纲要》，提出总目标为：在党的十一届三中全会路线指导下，把我校办成高质量、有特色的重点师范大学。主要任务是为国家培养大学基础课、部分专业课教师以及科学研究人员，在努力提高教学质量的前提下，积极开展科学研究，把学校办成教学中心和科研中心。引自施平. 共事五载风雨同舟［M］//王建磐. 师表：怀念刘佛年. 上海：华东师范大学出版社，2004：8.
③ 刘道玉. 改革与治校［M］//余立. 校长——教育家. 上海：同济大学出版社，1988：107.
④ 刘佛年. 要为校长成为教育家创造条件［J］. 上海高教研究，1988（2）：24-29.

用，只有这样大学校长才能真正办好学校①。在刘佛年校长的呼吁下，教育部和上海市教卫办扩大了华东师大在教学管理、人事管理、财务管理、基本建设、建立学校基金和外事活动等方面的自主权②，在当时的国内大学首开先河，也为华东师大的进一步改革提供了较为宽松的环境。

（二）高等教育改革的实践者

为华东师大的发展定基调，是刘佛年校长上任后的头等大事。华东师大在建校之初就集中了一批学界名流，为学校建成高水平大学提供了有力条件。然而，70 年代末期校内对于办学方针的分歧却阻挡着华东师大前进的脚步。1977 年邓小平强调：“重点大学是办教育的中心，又是科研的中心”，但学校内部在具体办学方向上却存在争议，部分人认为华东师大主要培养中学教师，因此所培养的教师能够掌握一定教学方法，讲清楚中学课程就够了，不必进行科学研究能力的培养。③ 刘佛年敏锐地认识到了这一观点对于高师的发展有很大危害，他指出：“师范院校应把学生的专业学习质量提高，不能让学生只有理解高中教材的水平”④，只有这样才能更好地实现师范教育的使命。刘佛年强调高等师范教育必须将科研与教学相结合，这不仅为华东师大的发展定下了基调，更为师范教育的整体质量提升打下了基础。在教学上，刘佛年认为文理渗透的培养模式是培养复合型人才的关键所在。他在华东师大开展通识教育，在部分系试行文科学理、理科学文的培养模式。在科研上，刘佛年十分重视学科建设，尤其是重点学科的建设。他提出先建设出一批特色鲜明、水平高超的重点学科，通过这些学科推动华东师大整体办学水平提升的主张，并付诸实践⑤。

在探索高师发展道路的过程中，刘佛年积极借鉴国外经验。1979 年，

---

① 郑启明. 爱教爱校的刘校长［M］//王建磐. 师表：怀念刘佛年. 上海：华东师范大学出版社，2004：37.

② 施平. 共事五载风雨同舟［M］//王建磐. 师表：怀念刘佛年. 上海：华东师范大学出版社，2004：8.

③ 施平. 共事五载风雨同舟［M］//王建磐. 师表：怀念刘佛年. 上海：华东师范大学出版社，2004：8.

④ 赵士启. 关于教育理论的几个问题——刘佛年教授回湘讲学摘要［J］. 湖南师院学报（哲学社会科学版），1984（3）：1-7.

⑤ 刘迪. 刘佛年：奠定教育学教材编写基本框架与原则［N］. 文汇报，2021-6-22（7）.

在出席联合国教科文组织专业会议后，刘佛年亲自考察了巴黎高等师范大学的办学情况。巴黎高等师范学校作为师范大学，却是法国学术水平最高的学府，水平比巴黎大学还要高。由此，刘佛年指出"师范院校的学生不怕学问高，水平高。应当培养学生在学术上有较高的水平。"① 关于巴黎高师办学方针和经验的学习和借鉴，大大开拓了刘佛年等华东师大管理者的眼界，也为华东师大指明了师范大学的办学道路。结合华东师大的实际情况，刘佛年提出重点高师要"真正办成重点"，就不能局限于开设那些与中学课程有关的专业。他认为师范大学应当扩大学科设置的范围，在条件允许的范围内设立一些能够培养大学基础课和部分专业课的师资的专业。除此之外，他还主张师范大学应当积极开设研究班和培训班，从而将重点高等师范大学办成教学和科研的两个中心②。

为把华东师范大学办成教学和科研的两个中心，刘佛年提出了"师范性与学术性相统一"的办学思想，即对于重点高师而言，师范性与学术性不应偏废，也不应割裂。1980 年，在刘佛年校长的主张下，根据第四次全国师范教育工作会议精神，华东师大明确提出了坚持"师范性与学术性相统一"的办学方向，从而使华东师大的发展更加适应国家建设的需要③。为了贯彻"师范性与学术性相统一"的办学方向，刘佛年在改革上敢为人先，勇于"突破狭隘的师范框框"，为提高师范大学的教学质量创造条件。于是，他率先在华东师大开设了一批新的专业，并设立了一批新的研究机构④，在保证师范性的同时，大大提高了华东师大的学术性，更为高等教育学这一新学科在华东师大的萌芽提供了沃土。

---

① 赵士启. 关于教育理论的几个问题——刘佛年教授回湘讲学摘要 [J]. 湖南师院学报（哲学社会科学版），1984（3）：1–7.

② 刘佛年. 高师教育的展望 [J]. 上海高教研究，1985（2）：85–87.

③ 袁运开. 刘校长的办学思想和工作实践 [M] // 王建磐. 师表：怀念刘佛年. 上海：华东师范大学出版社，2004：1.

④ 1979 年 5 月，在与庆祝建校二十八周年大会同时举行的华东师范大学第一次学术报告会上. 刘佛年校长讲话回顾总结这一段的工作时提到：学校规模由原来的 10 系发展为 14 个系，恢复重建研究所 4 个、研究室 20 个，编辑出版了《物理教学》等刊物 25 种。此外还创办了电子仪表分校、业余大学和夜大学，恢复了函授教育。引自引自施平. 共事五载风雨同舟 [M] // 王建磐. 师表：怀念刘佛年. 上海：华东师范大学出版社，2004：8.

（三）强调科学研究，创立教育科学学院与教育研究班

为了加强教育科学研究和培养教育科学人才，刘佛年对实际情况与形势进行了细致的分析。他综合考察并总结各国师范大学发展的办学经验，认为向综合性大学的发展方向是师范大学发展的必然趋势。与此同时，师范大学在发展的过程中又要保持其师范教育的特点，如"在校内设教育学院，专门负责为愿当教师的学生开设教育类课程和在职教师的继续教育"①。在学习借鉴结合华东师大的实际情况，刘佛年认为必须把全校的教育科研和教学力量组织起来，形成一个相互协作又有分工的整体，从而更好地发挥教育科学学科的整体优势，并提出了建立教育科学学院的意见。1980年，在刘佛年的积极倡导和其他领导的支持下，全国第一个教育科学学院在华东师大成立，并由刘佛年亲自兼任院长，在组织上保证了教育科学研究工作的开展。

在科学技术迅猛发展、日新月异的时代，刘佛年对师范教育的发展看得格外深远，他意识到师范教育应当做到与时俱进，适应未来发展的趋势。"多科性是科技发展的必然趋势，是无法抗拒的"②。基于对科学技术发展趋势的判断，刘佛年率先开始了师范大学培养多科性教育学人才的求索之路。通过对国外高师的实地考察和经验总结，刘佛年发现："目前先进的工业国家，基本上是综合大学培养高中和高校师资的。英、美等国的综合性大学设立教育学院（师范学院），是不招本科生的，而是吸收其他科系的本科毕业生再到教育学院攻读至少一年，以取得教师资格，或继续攻读，以取得教育硕士、博士等学位。因此，这种教育学院也叫教育研究生学院"③。为培养具有文科或理科基础的教育学科专业人才，在刘佛年的建议下，华东师大开始了组建教育科学专业班的尝试，从各系学生中选拔出有志于从事教育科学研究的学生参加专业班，于1980年10月29日开班。专业班采取

① 金一鸣. 一位杰出的教育理论探索者［M］//王建磐. 师表：怀念刘佛年. 上海：华东师范大学出版社，2004：56.
② 刘佛年. 从新的技术革命看师范教育的改革［M］//金一鸣. 刘佛年教育文集. 南京：江苏教育出版社，1984：288.
③ 罗友松. 出思路重实践强基础［M］//王建磐. 师表：怀念刘佛年. 上海：华东师范大学出版社，2004：20.

自愿报名、各系推荐的办法,由学校有关部门审核,校长批准,择优录取。教育学的学习重点放在教育学总论与教学论方面,并由刘佛年校长亲自为学生们上课①。从文、理各系招收学生组成教育科学专业班的做法在我国实属首次,这种做法为在更宽广的范围内选拔教育科学研究的接班人创造了条件。这些学生在毕业后大多成为了教育科学研究与教育管理的骨干人才,其中就包括后来从事高等教育研究与教学的唐安国和谢安邦。

二、共建学科,齐头并进:高等教育学科建设的倡导者

对教育改革和教育科研关系的深刻认识是刘佛年关注并支持高等教育科学研究的主要原因。作为华东师范大学校长,刘佛年长期投身高等教育办学改革与实践中,对教育研究的重要性有非常深刻的认识。在此基础上,他认为高等教育改革也必须强调高等教育科学研究,"我国高等教育正处在一个大的发展和变革的时期,从教育思想、教育体制到教育内容、教育方法和手段等许多方面都要进行改革,以适应我国社会主义现代化建设的需要。但是改革必须同时进行科学研究"②。作为教育理论家,刘佛年校长以推动全国高等教育学科的发展为己任,在中国高等教育学科初创时期,他是最为热心的支持者和倡导者,与潘懋元先生一起推动了全国高等教育学科的建立。在他们的带领下,厦门大学和华东师范大学率先成立了高等教育研究组织并共同发起了中国高等教育学会的第一次筹备会,促成了第一批高等教育学科研究生的培养。可以说,刘佛年为高等教育学科建设与发展作出了不可磨灭的贡献。

(一) 创办学科:开创师范大学高等教育研究先河

1978 年 5 月,厦门大学高等教育科学研究室(即厦门大学高教研究室)正式成立,标志着中国高等教育学科的建立。潘懋元先生曾深情地回忆:

---

① 专业班第一学期学习教育学,采取讲座形式(学生们不脱离原专业学习),每周集中一次。专业班强调学生以自学为主,多读点书,多思考些问题和多动手写文章。从第二学期起,除继续学习教育史、教育心理学、教育统计学等基础课外。仍按原专业学完少数几门主要专业基础课。教育科学学院还派教师专门指导学生的教育实践活动,而他们的毕业论文则选择以教育学科与原专业学科相结合为内容的课题。引自袁运开. 刘校长的办学思想和工作实践 [M] // 王建磐. 师表:怀念刘佛年. 上海:华东师范大学出版社,2004:1.

② 刘佛年. 关于高等教育科学研究问题 [J]. 上海高教研究,1981 (1):3 - 8.

"'文革后'，我重新提倡高等教育理论，在中国建立高等教育学新学科……刘佛年教授就是其中最热心提倡与支持者"①。刘佛年校长不仅提倡与支持高等教育学科的建立，还直接推动了高等教育学科的发展。1979 年 6 月，在刘佛年教授的号召下，华东师范大学（当时为上海师范大学）也成立了自己的高等教育研究会，并由刘佛年亲自担任理事长。在他的直接指导下，华东师范大学高教研究会成立后不久就组织了高等教育问题座谈会。华东师范大学副校长周冰原、袁运开，教务处处长郑启明，教育系教授张文郁、讲师张仁杰等参加了座谈会，对当时高等教育的许多问题进行了热烈讨论，并对高等教育科学研究的重要性达成了共识②。当时新创刊的《教育研究》杂志专门派记者参与了这场座谈会，并以《要开展高等教育的研究》为题择要发表了座谈会上部分学者的发言，旨在"引起大家对高等教育研究的重视，并且希望有更多的同志来研究高等教育问题"③。

在建立教育科学学院后，刘佛年提出要组织力量开展高等教育理论研究工作，具体可以先建立一个高等教育研究室，再逐步发展。1982 年，华东师范大学成立了高等教育研究室，并由时任教务长的郑启明教授任研究室主任，开始了高等教育学科在华东师大的发展之路。华东师大的高等教育研究室为高等教育学科发展作出了重要贡献。谢安邦教授指出："如果最早的《高等教育学》教材（1984 年）是潘懋元编的，第二本无疑就是华东师大编的《高等教育学》（1985 年）了"④。郑启明与薛天祥两位学者主持编写的这部《高等教育学》教材极大地丰富了我国早期的高等教育理论研究。作为早期的高等教育学科教材，这部著作为建立我国高等教育理论体系作了初步尝试。刘佛年更是亲自为其作序，表明了自己对高等教育学科发展的期待，"'高等教育学'是以揭示高等教育客观规律为主要任务的一门教育学科，如果它所阐明的基本概念、基本原理符合客观规律，则用这

①　潘懋元. 高等教育学的开创者［M］∥王建磐. 师表：怀念刘佛年. 上海：华东师范大学出版社，2004：92.

②　李均. 中国高等教育研究史［M］. 广州：广东高等教育出版社，2005.

③　佚名. 要开展高等教育的研究——上海师范大学高等教育研究会座谈当前高等教育问题［J］. 教育研究，1989（3）.

④　谢安邦，岳英，荀渊. 见证建设学科，潜心培育英才——谢安邦教授专访［J］. 苏州大学学报（教育科学版），2018，6（2）：103－109.

些理论观点来研究改革实践中的种种问题，就会是很有成效的"①。

（二）筹备学会：共同筹备建立全国性高等教育研究组织

"建立具有中国特色的社会主义高等教育理论体系，不是一件容易的事。这需要高教界的同志们从我国的实际出发，对高等教育中的各方面问题做长期的研究工作，才能形成这一理论体系"②。为加强全国高教研究机构和组织之间的联系，在 20 世纪 70 年代末 80 年代初，刘佛年就考虑成立全国性的高教研究组织——"中国高等教育学会"。当时任厦门大学副校长兼高教研究室主任的潘懋元也萌生了通过建立起全国性的高等教育研究组织把高等教育研究力量联合起来的想法。③ 早在 1964 年初，刘佛年便在参加中央教科所的教育理论研究班子时与潘懋元相识，并结下了深厚的情谊。④ 恰逢潘懋元来上海访问，刘佛年同他商谈了此事，潘懋元十分赞成。1979 年，潘懋元在中国教育学会年会上所作的《必须开展高等教育理论研究》的报告，引起了学界的广泛关注，成立全国性高等教育研究组织一事更是得到了教育部和中国教育学会领导的支持。会后，经刘、潘两位学者和两校高教研究室具体商定，以华东师范大学高等教育研究会和厦门大学高教研究室的名义向国内部分高校发出召开筹备会的通知。

1979 年 10 月，中国高等教育学会第一次筹备会在上海举行，刘佛年亲自主持会议，并联合上海市高教局和四所高等学校向全国高等教育界发出了《成立全国高等教育学会倡议书》。这次会议对于中国高等教育学会的成立意义重大。会议上确定了由华东师范大学高等教育研究会和厦门大学高教研究室共同负责全国高等教育学会的筹备工作，并以筹备会的名义拟定了《关于筹备成立全国高等教育学会的报告》，报请中国教育学会审批，报送教育部。

---

① 刘佛年.《高等教育学》序［M］//金一鸣.刘佛年教育文集.南京：江苏教育出版社，1984.

② 刘佛年.《高等教育学》序［M］//金一鸣.刘佛年教育文集.南京：江苏教育出版社，1984.

③ 潘懋元.潘懋元教育口述史［M］.北京：北京师范大学出版社，2007.

④ "直到 1964 年初，我奉召参加一个教育理论研究班子，他是这个班子的组长，才有机会认识这位教育界的泰斗，聆听他的高论，交流思想观点，建立亦师亦友的感情。"引自潘懋元.高等教育学的开创者［M］//王建磐.师表：怀念刘佛年.上海：华东师范大学出版社，2004：92.

与此同时，在刘佛年和上海市教育局余立副局长的支持下，上海市高教界的学者们积极开展高等教育科学研究活动，成立了上海市高等教育研究会，并由刘佛年任理事长。此外，刘佛年还在华东师大举办了高等教育培训班，吸引全市各有关高校负责人员和研究人员广泛参加，并专门编辑出版了《上海高等教育研究》期刊等。在中国高等教育学科建立初期，刘佛年与潘懋元两位学者一同发起、筹备并倡议成立"中国高等教育学会"，以联合高等教育研究力量共同为建设具有中国高等教育理论体系奋斗。这在中国高等教育研究的历史上具有重要意义。

（三）合作培养：高等教育研究后备力量人才教育

在中国高等教育学科成立早期，高等教育研究力量不足的问题十分严重，亟需培养高等教育学科的高层次专门人才。刘佛年认为："大学开展科学研究和培养研究生是分不开的，没有科研就不能带研究生"①。他十分看重研究生培养对于科学研究的重要意义，尤其是高等教育这一新兴学科的研究生培养。潘懋元也同样认识到高等教育学科研究生培养的急迫性。由于学科自身的特殊性，潘懋元指出高等教育学科不能走老学科先培养本科生再培养研究生的人才培养道路②。高等教育学科的研究生培养与科学研究应当同时进行，由师生共同进行高等教育学科的创建。两位志同道合者就此而创了高等教育学科人才培养史上的一段佳话。

1980 年，教育部为了发展研究生教育作出了一项重要决定：高等学校具备一定条件但尚无硕士点的专业，可以先招收研究生，待有 3 年培养硕士生的经验后，可以申请硕士学位授予权。这一决定为华东师范大学和厦门大学招收高等教育学科研究生消除了政策障碍，但两校仍不具备单独培养高等教育学科研究生的能力。华东师范大学是当时全国教育学科师资力量和研究水平最强的单位之一，教育学科师资力量雄厚，但缺少高等教育学科的师资。而厦门大学高等教育学师资力量有限，独立培养高等教育学科研究生十分吃力。为尽快解决高等教育学科研究人员不足的问题，潘懋元致信华东师大教育处处长郑启明，希望委托华东师大协助培养高等教育学

---

① 刘佛年. 关于高等教育科学研究问题 [J]. 上海高教研究，1981 (1)：3 - 8.

② 李均. 中国高等教育研究史 [M]. 广州：广东高等教育出版社，2005.

研究生，并提出了两校合作培养高等教育专业研究生的提议①。这一提议得到了华东师大教育科学学院负责人的认同和支持。在进行多次协商后，两校确定了"分别招生，合作培养"的合作方案：即两校招收的高等教育学专业硕士研究生，第一年在华东师大培养，学习教育理论的课程，第二、三年在厦门大学继续学习高等教育专业的课程，并完成硕士学位论文。该方案得到了刘佛年校长的大力支持，两校签订了合作协议，并付诸实施②。

1984 年，高等教育学被国务院学位委员会增列为独立的二级学科。此后，厦门大学和华东师范大学也先后获批高等教育学博士学位授予点。随着两校高等教育学科的发展，都具有了独立培养高等教育学研究生的师资力量，开始了分别全程培养高等教育学科研究生的新阶段。但值得铭记的是，中国 1982、1983 两个年级的高等教育学科研究生正是在刘佛年教授的支持下，由华东师大和厦门大学合作培养的，这在中国高等学科发展史上更是一件不可忽略的历史史实。

三、师范特色、独树一帜：师范大学高等教育学科的领路人

刘佛年极早地认识到中国的高等教育学科建设只有坚持走自己的路，才能建立起具有中国特色的高等教育理论体系。早在学科初创时期，师范大学和综合大学就构成了中国特色高等教育理论体系的建设共同体。两类高校高等教育学科的培养目标和研究内容虽各有侧重，却共同繁荣了我国高等教育学科体系与发展。以厦门大学为代表的综合大学，从高等教育改革实践中形成理论体系，在高等教育领域以理论研究、问题研究和学科建设见长；而以华东师大为代表的师范大学，立足师范教育底色，具有深厚的教育学研究传统，在学科建设、人才培养与科学研究上形成了师范大学的特色和优势，成为师范大学高等教育学科建设的典范。

---

① 潘懋元信中写到："我室明年准备招收 2 名教育专业的研究生，研究方向是高等教育，由于我校没有教育系，给研究生上教育专业基础课程有困难。所以，我们想将这 2 名研究生委托上海师大培养一年，即让他们在一年级时候到你们那里与教育学院招收的研究生一起上一年专业课，二年级会厦大高教研究室，再读一点书，并做论文……如果你们有兴趣，我们两校也可以合作培养几名高等教育专业的研究生。"引自李均. 中国高等教育研究史［M］. 广州：广东高等教育出版社，2005.

② 李均. 中国高等教育研究史［M］. 广州：广东高等教育出版社，2005.

（一）生成逻辑：为建设"完备的教育学"而设立

高等教育学是一门应用性极强的学科，以研究和解决高等教育改革与发展中的实践问题为主要任务。高等教育学科通过对实践问题的研究来积累知识，从而逐渐构建起学科知识理论体系。作为中国第一个高等教育研究机构，厦门大学高教研究室以"研究高等教育问题，研究学校教改问题，为学校服务，推动学校发展"为目标①，体现了综合大学高等教育学科以实践、问题研究和服务发展的生成逻辑。与之不同的是，华东师大高等教育学科的生成过程更强调建设"完备的教育学"。师范大学以培养基础教育学校的教师为主要目标，其原有的教育学名为"教育学"，实为"普通教育学"，主要研究儿童教育，并非"完备的教育学"。1979年，在华东师范大学高教研究会组织的高等教育问题座谈会上，就有学者指出"传统的教育学只以中小学为研究对象，较少对高等教育进行探讨。这是教育科学还处在幼年阶段的一种表现"。刘佛年最早认识到了师范大学原有的教育科学门类不够全面，并指出"华东师范大学作为重点师范大学，在教育科学研究领域里，门类应当尽可能齐全，不能没有高等教育理论研究，而这恰是我校的一个薄弱环节"②。师范大学由此开始了以建设完备的教育学科为内生逻辑的高等教育学科建设之路。师范大学中的高等教育学科体系和研究内容突破了传统学校教育的藩篱，更拓宽了其教育科学研究的范畴。

（二）师范传统：师范大学高等教育学科的特色

在华东师大高等教育学科建立初期，刘佛年就指出，高等教育学科要从学校特色出发，培养高等学校教师和科学研究人员。比较厦门大学潘懋元主编的《高等教育学》与华东师大郑启明、薛天祥两位学者主编的《高等教育学》便能看出两校高等教育学科建设的偏重点。潘先生主编的《高等教育学》分为总论、分论、体制以及历史与方法四大部分，主要有两大研究特色：一是突出了高等教育的特殊性，虽然潘懋元先生考虑到部分读者可能没有学习过普通教育学或教育原理，因此适当简述了教育的一般原

---

①　潘懋元. 潘懋元教育口述史［M］. 北京：北京师范大学出版社，2007.

②　郑启明. 爱教爱校的刘校长［M］//王建磐. 师表：怀念刘佛年. 上海：华东师范大学出版社，2004：37.

理，但强调高等教育的特殊问题，揭示高等教育活动的特殊规律是该书的基本目的，并在各章节中深刻地体现了这一基本特色；二是强调高等教育的历史与研究方法，这是潘懋元先生《高等教育学》中独有的组成部分，反映出综合大学高等教育学科人才培养强调"学术性"，意在培养高等教育学理论研究者，注重研究方法和研究能力的培养①。郑、薛两位教授主编的《高等教育学》则更强调体系的系统性与各学科之间的联系，正如刘佛年在前言中所指出的，"高等教育学是教育科学的一个分支学科，它与普通教育、成人教育等都有密切关系，在理论知识上高等教育学与教育基本原理、教育心理学、青年心理学、教育发展史、教育经济学、教育社会学、教育管理学等学科也有密切关系。在具体的叙述中要应用这些学科的知识，各门学科之间出现相互渗透、相互交叉的情况，是在新学科形成过程中常常发生的现象"②，两位教授的《高等教育学》强调教育原理的应用，具有较强的理论性和逻辑性，体现出师范大学高等教育学科人才培养更强调"师范性"和应用理论解决实际问题的能力③。

刘佛年在谈及高等师范教育发展时曾说："我校原来的主要的（甚至是唯一的）任务是培养中学教师，这几年研究生的规模发展很快，培养大学师资和科研人员成了同等重要的任务"④。可以说，师范传统与高等教育学科的融合推动了师范大学中高等师范教育研究的发展。在师范大学高等教育研究传统和当前研究发展趋势之间寻找平衡，正是以华东师大为代表的师范大学不断追寻的，而教师教育研究便充分体现了这一平衡。谢安邦教授指出，作为师范院校高教所独有的研究优势和研究传统，教师教育研究是其他非师范院校的高等教育学科做不了的。因此，师范大学高等教育学科要坚持将教师教育做下去，并做出成绩。坚持师范大学的传统、发展高等教育学科是刘佛年校长所坚持与倡导的，师范大学与综合大学在高等教育学科建设上虽然有所差异，却共同构成了我国高等教育学的基本特色与重要组成部分。

① 潘懋元. 高等教育学［M］. 北京：人民教育出版社，1984.
② 刘佛年.《高等教育学》序［M］∥金一鸣. 刘佛年教育文集. 南京：江苏教育出版社，1984.
③ 郑启明，薛天祥. 高等教育学［M］. 上海：华东师范大学出版社，1984.
④ 刘佛年. 高师教育的展望［J］. 上海高教研究，1985（2）：85－87.

第六部分　刘佛年师范教育、教师教育思想

改革与创新：
刘佛年的师范教育思想及其现实意义①

赵国权，陈　云②

刘佛年，湖南醴陵人，20 世纪我国著名的教育家、哲学家，曾任华东师范大学校长和名誉校长。早年毕业于武汉大学哲学教育系，后短暂留学于英国、法国、德国，归国后曾在湖南醴陵的开明中学任教，之后受朋友邀请，执教于上海暨南大学。新中国成立后，刘佛年受命参加华东师大的建校筹备工作，此后他便一直在华东师范大学执教，开启了他跌宕起伏的华师岁月。在半个多世纪的从教生涯中，无论从教育理论还是教育实践来说，刘佛年都为我们留下了非常宝贵的精神财富。本研究在系统研读刘佛年的著作、文章基础上，借鉴学术界的相关研究成果，力图相对完整地呈现出刘佛年的师范教育思想体系，以对当前教师教育改革提供重要参照。

一、刘佛年的师范教育思想形成有着深刻的历史背景

马克思主义认为，一个人思想的形成是客观因素与主观因素、内因与外因交互作用的产物。个人所处的时代是其思想形成的外因，也是影响其思想发展的客观因素；个人成长历程是其思想形成的内因，也是影响其思想发展的主观因素。可以说，任何一位大师思想的形成和发展，都是对这一哲学逻辑的基本遵循，教育家刘佛年的师范教育思想亦是如此。

（一）激烈变动的时代背景

一个人生活的时代成为驱动其思想形成的外部动力，纵观刘佛年的一

---

① 该文原转载于黑龙江教师发展学院学报，可能有部分改动。
② 作者简介：赵国权，信阳学院特聘教授，硕导。陈云，河南大学教育学部 2020 级研究生。

生，他生活的年代正处于中国社会激烈变动的时期。刘佛年诞生于20世纪初，逝世于21世纪，历经一个世纪的时代变迁，他的成长伴随着国家危亡兴盛与社会变革，因此他的师范教育思想也随着时代发展而发展。概括起来，刘佛年师范教育思想的形成至完善历经三个阶段，即新中国成立前的萌芽阶段、新中国成立后的形成阶段以及改革开放后的发展阶段。

在新中国成立前，国家正处于革命向新民主主义革命过渡阶段，文化教育也处于新旧交锋的旧民主主义状态。在这样的时代背景下，刘佛年既受中国传统文化的熏陶，又受西方先进思想理论的影响，尤其是马克思主义思想的影响，这也成为他个人思想由教育改良转向教育革命的重要转折。刘佛年曾著文评述杜威和罗素的教育改造社会的改良主义在中国是行不通的，他以陶行知为例，证明中国知识分子只有走革命之路才是正确的选择。他还曾在《唯物论与教育》一文中具体论述了如何用马克思主义指导知识教育、艺术教育和道德教育，这不仅使马克思主义思想内核贯穿其师范教育思想的始终，而且也使他的师范教育思想添上了革命性的色彩。

新中国成立后，我国的文化教育进入"百花齐放"的新阶段，各级各类的教育都发生了翻天覆地的变化，我国的师范教育也迈上了新的历史发展阶段。由于国际形势的影响，我国从借鉴苏联模式转向开始探索构建自己的社会主义师范教育体系。从1951年第一次全国师范教育会议的召开到《师范学校暂行规程》和《关于高等师范学校的规定》的颁布，最终在我国形成师范学校、师范专科学校和师范院校组成的三级师范教育体系[①]。而在这一时期，刘佛年在参照苏联的经验下，协助孟承宪教授致力于华东师范大学的建设工作，探索建设中国独立的高等师范教育，一系列的教育实践工作也促使了刘佛年师范教育思想的形成。

十一届三中全会后，我国进入了以经济建设为中心的全面改革开放时期，教育事业迎来了春天，高等师范教育也随之迎来前所未有的发展机遇。改革开放后，国家提出实现"四个现代化"的战略目标，1983年10月1日邓小平为景山学校的题词"教育要面向现代化、面向未来、面向世界"成

---

① 詹梦珍. 刘佛年"知识·能力·创造型教师"培养思想研究［D］. 湘潭：湖南科技大学，2020.

为新时期教育改革的指导方针，因此恢复和重建师范教育也成为教育工作的重中之重。与此同时，在国际上，尤其是进入 20 世纪 80 年代，新技术革命迫切要求改革传统教育思想，出现了以苏联赞可夫的"教学与发展"理论、美国布卢姆的"掌握学习"理论及斯金纳的"程序教学"理论等为代表的教育改革思想，这些新颖的教育理论也成为我国进行师范教育改革不可缺少的理论支撑。可以说，相对稳定的政治环境催生着教育理论的创新，新生的科学技术革命催促我国各级各类教育变革，原有的师范教育体系亟待建立新的教育模式以适应经济发展对人才的需求。在这一新的历史变革时期，重新回到工作岗位的刘佛年积极投身于师范教育恢复和改革的工作之中，"下大决心把师范教育搞上去。"①

（二）跌宕起伏的个人成长历程

一个人的成长历程是一个人思想形成的根本动力，个人成长历程与当时时代背景共同作用助推其思想的形成与发展。因而，要全面而又深入解读刘佛年的师范教育思想，除追根时代发展路径外，还要溯源其成长历程，从刘佛年的成长历程中可以看出影响其思想形成的因素可以具化为家庭教育、求学经历以及从教经历三个方面。

首先是家庭教育因素，家庭环境成为刘佛年师范教育思想形成的根基，它在无形中慢慢影响到其思想的形成。刘佛年于 1914 年 4 月 1 日出生于湖南醴陵一个书香家庭，其父刘约真是一位文人，幼年参加过科举考试，住过县里的渌江书院，饱读四书五经，对传统儒学和佛学有过深入的研究。在父亲的影响及教育引导下，刘佛年在童年时期就随父亲学习《论语》《孟子》等，打下了深厚的古文及国学基础，即使在求学时，他也对儒释道经典著作抱有很大兴趣，因此刘佛年的教育思想或多或少的有中国传统教育文化的影子。除此之外，刘佛年的父亲也是一位反帝反封建的革命战士，接受过旧民主主义革命思想的熏陶，参加过同盟会和进步文学团体"南社"的活动。父亲的这些革命经历潜移默化地影响着刘佛年思想的形成，这也就不难理解刘佛年教育思想中带有革命性色彩的缘故。

其次是求学经历，刘佛年早年丰富的求学经历是他一生宝贵的资源，

---

① 金一鸣．刘佛年教育文集 [M]．南京：江苏教育出版社，2010：10.

成为助其思想形成的原生动力。从刘佛年求学轨迹上看，既有国内求学经历，又有国外留学教育实践；既接受过中国传统私塾的学堂式教育，又接受过具有先进教育理念的现代学校教育。刘佛年在私塾式学堂启蒙，后在长沙楚怡小学接受道尔顿制模式的学校教育，中学阶段在长沙明德中学接受了比较保守的中国传统式的学校教育。中学毕业后，刘佛年来到武汉大学开始进行系统的哲学教育学习，在这里他继续研读中国传统哲学著作，开始涉足西方哲学教育理论，为他之后进行教育研究打下了坚实的理论基础。1937 年秋，刘佛年选择出国留学，继续对哲学教育进行深入的学习和研究，先后辗转于伦敦大学、剑桥大学、巴黎大学进行学习，还曾到德国柏林进行短期的教育考察。这些早年的学校教育经历，也对刘佛年教育思想的形成和教育改革实践产生了深远的影响。

再就是从教经历，刘佛年的从教经历并不平坦，但一线丰富的教学实践成为植根于其教育思想的源泉。1939 年，回国的刘佛年开启了自己的从教生涯，他先后在西北大学、湖南国立师范学院从教，但因种种原因被迫离开学校。之后，他流转在家乡开明中学当了两年中学英文教师，这是他一生中很宝贵的中学教学实践，也让刘佛年对教师以及教师工作有了更为全面深刻的认识。1946 年在朋友的推荐下他来到上海的暨南大学任教，这一时期的任教经历让他的思想产生巨大变化，马克思主义哲学思想成为他师范教育思想的重要渊源之一。解放后，国家为加速发展师范教育，决定在大夏大学、光华大学的基础之上建立华东师范大学，刘佛年受命参加筹建工作。1951 年 12 月，华东师范大学正式成立，刘佛年任教务长及教育系主任。此后，刘佛年一直在华东师范大学工作，而这也成为他职业生涯中具有里程碑意义的工作阶段，在这里刘佛年开启了他"跌宕起伏"的华师岁月。在华师的工作经历中，刘佛年不仅构建和丰富了其师范教育思想体系，还见证了中国社会主义师范大学由建立到重建形成特色，为中国的师范教育体系的构建作出了重要贡献。

二、刘佛年的师范教育思想内涵丰富

作为在新中国成长起来的教育家，刘佛年不仅把一生献给了教育事业，而且在长期的教育研究和教育实践中，他还根据时代变化的特征，紧紧抓住改革和创新两个逻辑主线，构建了一套颇有特色的师范教育思想体系。

（一）坚持"师范性"和"学术性"相统一的办学方向

自清光绪二十三年（1897 年）盛宣怀在上海创办南洋公学师范院以来，中国师范教育已有百余年的历史。在这百余年的历史中，"师范性"与"学术性"之争一直贯穿于中国师范教育的发展史中。在 1922 年的"壬戌学制"审查会上，"独立派"与"合并派"对师范学校是升为师范大学还是综合大学的争论成为会上"辩论最久"且"最烈"的议题，此后师范教育的办学方向始终处在"师范性"和"学术性"何为第一的争论之中。所谓"师范性"，是指师范院校的教育专业性和教育特征，解决教师"如何教"以及"如何成长"的问题，是师范教育区别于其他各类教育的本质特征，这也是"师之所依"的根本。而"学术性"，主要是指教师学术上的造诣[1]，解决教师"教什么"的问题，决定教师的知识结构和技能结构，这也是教师"道之所存"的原因。从"师范性"和"学术性"的内涵看，两者之间存在着明显的边界，这也就造成师范院校在办学目标定位上的徘徊。"师范性"与"学术性"二者之间的矛盾在不同时期呈现不同的表现形式，在新中国成立初期，师范大学是否需要单独设置成为高等师范院校办学亟待解决的问题。在经过院系调整后，高等师范院校单独设置已是大势所趋。但随着国家教育布局调整及稳定发展后，尤其是改革开放后，高等师范院校内部如何办学又成为新的热点话题，具体来说就是"师范院校是办成综合大学还是办出师范特点来，或者说是发展师范性还是把质量提高到综合大学水平"的问题[2]。华东师范大学作为我国第一所社会主义高等师范大学，针对师范院校的办学方向问题也在校园内掀起了热烈的讨论。经过多次的争论和教学改革尝试，师范性和学术性相统一的办学思想确立下来，华东师大也便开启了师范性和学术性并重的发展之路，而这一办学方向也是刘佛年提倡并在实际工作中坚持的一项重要原则。

为了加强师范院校的学术性，刘佛年在《开展教育科学研究的几个问

---

① 袁振国. 从"师范教育"向"教师教育"的转变［J］. 中国高等教育，2004（5）：30 – 32.

② 金一鸣. 刘佛年教育文集［M］. 南京：江苏教育出版社，2010：294.

题》的文章中提出："教育科学的研究工作应走在教育实践的前面，使它在教育建设中起更大的作用"①。他十分重视教育科研对教育改革的作用，认为"教育事业需要有大的发展，教育质量需要有大的提高，这就要进行教育改革，而任何改革离开科研都是不能顺利实现的"②。除了在思想上提出把学术性放在与师范性同等地位外，刘佛年在实际工作中也积极倡导提高院校师生教育科学研究水平。1960 年 10 月，在刘佛年等人的倡导下，华东师范大学成立全国第一所教育科学研究所，刘佛年担任所长，下设普通教育、教育理论、心理学、教育编译 4 个研究室③，为师生开展教育科研工作、加强学术修养提供了良好的平台。改革开放后，刘佛年承担华东师范大学的重建工作，在办学方向上明确提出"师范性与学术性相统一"的办学思想④。在此思想引领下，他进一步提出师范院校要突破狭隘的师范框架，不能局限于原有的师范培养模式，同时师范院校要根据社会发展的需要，树立新的教育理念，扩大师范教育内涵，向高水平多科性的方向发展。

为了贯彻"师范性与学术性并重"的办学方向，刘佛年一方面继续发挥师范院校"师范性"特色和优势，并根据师范教育内涵的更新，创造性地创办"跨学科的教育科学专业班"，为基础教育造就一批素质好、有后劲、能适应"三个面向"要求的师资⑤；另一方面加强教育科学研究，提高师范院校的学术研究水平，为此他在全国率先成立教育科学学院，统筹教育科学的研究和教育科学人才的培养，让学校的学术性整体得以全面提升。在刘佛年的办学思想以及创新性的工作实践中，华东师范大学走上了一条"既是教学中心，又是科研中心"的师范大学发展之路，对我国师范教育改革与发展产生了深刻而广泛的影响。

（二）以培养复合型人才为教育目标

"培养什么样的人"是一个国家全部教育实践活动的前提和基础，是一

---

① 金一鸣. 刘佛年教育文集［M］. 南京：江苏教育出版社，2010：171.
② 金一鸣. 刘佛年教育文集［M］. 南京：江苏教育出版社，2010：186.
③ 华东师范大学校史党史编委会. 华东师范大学大事记（1951—1987）［M］. 上海：华东师范大学出版社，1991：135.
④ 袁运开. 刘佛年的办校思想与工作实践［J］. 上海教育，2009（Z2）：68 - 69.
⑤ 袁运开. 刘佛年的办校思想与工作实践［J］. 上海教育，2009（Z2）：68 - 69.

所学校在办学时应然回答的问题，它规定着一所学校对人才培养的定位和规格要求①。教师作为人才培养的教育活动发起者，对于"培养什么样的教师"问题不仅事关高水平教师队伍的建设，更关涉人才培养的质量。而对于教师培养目标的定位也不是一成不变的，它随着社会发展的需要而不断地调整适应，具有一定的阶段性特征，因此刘佛年对于师范院校培养目标内涵的认识，也是在国家和社会发展的需求下不断转变和丰富完善的。

建国初期，巨大的师资缺口无法满足国家教育事业发展的需求，1951年教育部在全国第一次师范教育会议上就提出要在"五年内培养百万小学教师"。这样，"为基础教育培养师资"也成为当时师范院校的当务之急。刘佛年在《人民教师是光荣的岗位》一文中，特别强调教师工作的重要性，提出："应该尽一切努力把年青的一代，教育培养成为有社会主义觉悟的有文化的劳动者"②。这就意味着我国基础教育事业的发展有赖于优质教师的培养，培养定向性的中学教师也成为师范院校所面临的急需完成的重点任务。虽然这一时期基于师资供给不足的现状，刘佛年对师范教育的关注侧重于培养中学教师，但是随着社会的发展，他对师范教育培养目标的认识也在发生着深刻变化。十一届三中全会后，党的工作重心转移到社会主义现代化建设上来，国家对人才的需求呈现出新的发展趋势。新的时代为人才培养目标赋予了新的内涵，师范学校培养目标也得以重新构建。刘佛年根据时代发展趋势及社会需求，从素质、类型、层次、质量上对师范学校培养目标进行了多维度思考和探索，确定了以复合型人才为导向的培养目标。在人才培养素质上，刘佛年认为，"人的素质培养是实现现代化的关键，也是建设优良师资队伍的必然要求，社会主义现代化所需要的人才素质也是教育工作者所应具备的素养，具体可以分为三个模块：一是知识（扎实的基础知识 + 较广博的知识 + 吸收新的知识）；二是能力（自学能力 + 独立工作、思考的能力 + 革新创造的能力）；三是态度即精神（革新创造的精神 + 开放的态度或精神 + 重未来的态度）"③。在人才培养类型上，刘佛

① 石中英．"培养什么人"问题的 70 年探索［J］．中国教育学刊，2019（1）：51 –57.
② 金一鸣．刘佛年教育文集［M］．南京：江苏教育出版社，2010：134.
③ 金一鸣．刘佛年教育文集［M］．南京：江苏教育出版社，2010：314 –315.

年认为师范院校要打破培养目标类型单一的培养格局，提出多元化的人才类型培养要求。在他看来，师范院校尤其是重点高等师范院校要向综合大学看齐，应该办成教学和科研的两个中心。师范院校除了培养基础教育各学科教师之外，还要培养一部分人成为教育科学研究人员，充实教育科学研究队伍。在人才培养层次上，刘佛年将师范院校分成三类："一类为两年制师专，专门培养初中师资；一类为四年制师范院校，专门培养高中师资；一类为五年制师范院校，其中四年进行大学某一专业教育，一年进行教育科学的训练。"① 在人才培养质量上，刘佛年认为"培养业务水平高的教师，既有专业知识，又有教育的知识和技能，就会具有课堂教学的能力、课外活动的能力和做思想教育工作等多种能力，此外还要有良好的思想作风和道德品质"②。这也意味着在培养教师上不再追求数量，而是要向优化教师培养质量转变，教师的知识结构和能力也从单向型走向复合型。可以说，刘佛年以培养素质、类型、层次、质量四个维度为逻辑起点，重新定义了师范教育的培养目标，而这一丰富动态的培养目标也对我国师范教育改革提供了借鉴。

（三）构建开放灵活的师范教育培养体系

从世界师范教育发展史上看，师范生培养体系大都经历了从经验模仿到单一封闭再到多元开放的三个演进阶段。我国师范教育是近代社会政治、经济和文化教育变革的产物③，近代新式教育的兴起直接推动了我国师范教育的产生。中日甲午战争后，我国开始向日本学习，效仿日本建立近代学校制度，独立封闭的师范教育培养体系初见端倪。光绪二十九年（1903年），清政府颁布了我国第一个实际推行的新学制即"癸卯学制"，在这个学制系统内明确提出了将师范学堂分为初级师范学堂（专门培养小学教师）和优级师范学堂（专门培养中学教师），师范教育也便成为一个独立的系统，这也是师范教育"独立性"的由来。新中国成立后，我国全面开启学苏模式，于是在借鉴苏联师范教育培养模式的基础上，形成了中国特色的

① 金一鸣.刘佛年教育文集［M］.南京：江苏教育出版社，2010：289.
② 金一鸣.刘佛年教育文集［M］.南京：江苏教育出版社，2010：295.
③ 刘捷，谢维和.栅栏内外：中国高等师范教育的百年省思［M］.北京：北京师范大学出版社，2002：47.

单一封闭的师范教育培养体系。之后，因为复杂的国内外政治环境，我国师范教育一直在相对封闭的环境中独立地发展着。伴随国内改革和对外开放，我国与其他国家的政治关系日趋和缓，加上社会经济发展的需求，原有的师范教育无法与改革开放后教育事业发展新需求相适应，单一封闭的师范教育培养体系亟待转型，一些有识之士针对此状纷纷提出改革方案。刘佛年认为，我国在师范教育培养体系上应突破原有的封闭定向的体系，构建灵活开放的师范生培养模式以适应社会发展的需要。师范教育应该面向世界而具有开放性，这也是贯彻"三个面向"教育战略目标的应有之义。刘佛年指出："我们的大学基本上处于一种闭关自守状态，学校与学校、学校和研究所之间很少有学术交流和合作，各自画地为牢，而现在凡是有名的学术和教育中心，都带有一定的国际性，都是各国人才荟萃的地方。"①他主张在培养师资上走"输入与输出"的双向路线，一方面让各国有名的学者、教授来讲学，另一方面可以将本校优秀的毕业生送到其他国家进修，以此提高学生的专业素养与学术水平。

　　师范培养机制的开放性不仅意味着师范院校自身在培养质量上的改革，还表明在师资培养渠道上的多元化。刘佛年认为，构建开放性的师资培养机制，首先要调整师范院校的层次和布局，指出："为了适应城乡普通教育、各种专业教育和职业技术教育的发展，师范教育应该要多层次、多规格发展。"②其次，他主张单一、独立的师范院校要向综合性大学转型。他明确提出"为了提高教学质量，师范学校必然要创造条件，突破狭隘的师范框框，例如增加新专业，包括"非师范性"专业，发展科学研究工作，包括所谓"非师范性"的科研③，以此来适应新形势下对人才质量的要求。再就是，他主张在师资培养渠道上的非师范化，即打破原有的由师范院校独自培养师资的培养模式，使综合大学和其他专科大学也能够培养师资。也就是说，在培养师资的途径上从单一走向多元化，他提出："在综合大学里将来要考虑开设教育学的课程，供有志于从事中学教育的学生攻读，除

　　①　金一鸣. 刘佛年教育文集［M］. 南京：江苏教育出版社，2010：227 - 228.
　　②　金一鸣. 刘佛年教育文集［M］. 南京：江苏教育出版社，2010：289.
　　③　金一鸣. 刘佛年教育文集［M］. 南京：江苏教育出版社，2010：317.

此之外在专业大学中也会开设教育科学课程，或者设置培养中等专业学校师资的示范班，这些都不是一种无稽的设想，西方有些国家早已这样做了，这种做法可能成为一些国家的趋势。"①

师范教育的开放性就意味着在培养师资的课程内容上不能只限于与中学课程有关的内容，还要增加一些"非师范性"的课程，构建多元、综合的课程内容，这对提高师范生的培养质量是很有必要的。刘佛年认为，"越是要学习高深的学问，越要打下广阔而深厚的基础，不能过早地进入狭隘的专业知识领域，国外大学的本科一、二年级主要学普通基础课，文、理、技术的基础课，都要选学"②。在这一理念倡导下，华东师范大学修订了教学计划，"文科专业加强了文史基础，理科专业普遍加强了数理基础，同时让'文科生学点理，理科生学点文'，各专业也都在高年级设置了选修、提高课程，供同学们在教师指导下选读"③。这种做法不仅有利于学生加强基础理论知识的学习，扩大知识面，还有利于学生跨学科、跨专业学习，促进新兴学科、边缘学科的建立和发展，"如高等教育学、比较教育学、教育经济学、教育社会学、现代教育技术学等"④。

（四）尝试本科＋研究生的课程培养模式

通过对新中国师范教育课程体系建设的梳理，它大致经历了初探→丰满→恢复→改革四个阶段，是在伴随着师范教育的培养目标和社会发展需求不断地变化而进行着改革与发展的，刘佛年的师范教育课程体系理论也随之而逐渐发展和完善。

在新中国成立初期，我国基础教育薄弱、师资队伍严重匮乏，这使培养基础教育师资成为师范院校的主要任务。在这一阶段，刘佛年体会到："教学计划中规定的政治科目、教育科学和一般文化学科、专业科目和教育实习组成完整体系的合理性，也是培养合格的人民教师之必需。"⑤ 进而他认为，培养人民教师不只是培养其在学科上的专业知识，还应注重教师在

---

① 金一鸣.刘佛年教育文集［M］.南京：江苏教育出版社，2010：318.
② 金一鸣.刘佛年教育文集［M］.南京：江苏教育出版社，2010：304.
③ 金一鸣.刘佛年教育文集［M］.南京：江苏教育出版社，2010：230.
④ 金一鸣.刘佛年教育文集［M］.南京：江苏教育出版社，2010：4.
⑤ 金一鸣.刘佛年教育文集［M］.南京：江苏教育出版社，2010：71.

实际教育工作中的教学能力和社会活动能力，因此他创造性地在课程设置上提出师范教育实习制度，这一制度也为我国新生师范教育课程体系的初步形成提供了重要的实践依据。在中苏关系破裂后，我国开始迈上了独立探索师范教育课程体系的建设之路，迈入丰富师范教育课程体系理论的阶段。根据 1958 年中央颁布的《关于教育工作的指示》，刘佛年等人为华东师范大学制定了新的课程计划。依据这个课程计划，华东师大的课程设置发生了新的变化："一是除政治理论课外，每学年均设了形势与任务课；二生产劳动、科学研究列入教学计划；三既注意加强基础理论课，又注意加强联系实际的活动，文科的社会调查列入了教学计划，理科的生产知识课加强，生产实习、野外实习、教育实习都加强了。"① 这些变化也反映出这一阶段课程设置重视理论与实际相结合，虽然增设了形势与任务课、生产劳动课程等，但总体课程设置上还是集中在教育学科知识本身，在丰富课程体系的同时，也凸显了课程类型单一、学科本位色彩严重等特点。1978年，返回工作岗位的刘佛年立志要办好一所重点师范大学，他率先恢复华东师范大学教育系，并着重对教育系进行教学改革，开启了突破师范教育学科本位的课程体系建设之路。在刘佛年提出的新课程体系中，他主张"放大本科阶段的培养目标，逐步增加研究生的培养，课程中要加强理科课程和教育统计与测量，加强外语，原有的教育课程也要分化，更新内容，以跟上时代的步伐"②。除了在加强学生的教师专业知识的同时他还重视增强对学生学术素养的培养，主张本硕衔接的课程体系。他提出："要继续重视和加强基础课的教学，注意各专业学科之间的相互渗透，开阔学生的知识面，在打好基础的前提下，引导学生从各自实际情况和志向出发，在某些方面提高，为此，必须要加强学生重要基础课的考核，进一步抓好各类选修课程的建设，注意本科高年级课程同硕士研究生课程的衔接，吸收高年级优秀学生参加教师的科学研究工作。"③ 值得一提的是，为了培养具有综合素养的教育人才，刘佛年开创性地提出新的人才培养方式，从 77 级和

① 金一鸣. 刘佛年教育文集［M］. 南京：江苏教育出版社，2010：152.
② 金一鸣. 刘佛年教育文集［M］. 南京：江苏教育出版社，2010：6.
③ 金一鸣. 刘佛年教育文集［M］. 南京：江苏教育出版社，2010：281.

79级各系高年级学生中招收有志于从事教育科学方面教学和研究工作的学生，创建教育科学专业班，采用带有本科＋研究生性质的课程设置，构建了递进式的理论与实践课程体系（见"第二期教育学科专业班的课程体系表"）。课程设置主要围绕教师的两个能力，即专业能力和学术能力：既包括教育学专业的基本知识（属于教育学本科学习的课程），以此加强学生的教育专业基础知识，又包括不同研究方向的综合课程（属于研究生性质的课程），以此提高学生的教育研究能力。该课程体系以专业基础课程为基础，以分组课程（根据学生的选择指定的综合课程，不指单独一门课程）为主体，并开设了数理统计、计算机初步的跨学科课程，构建了跨学科跨学段融合的培养体系，体现了师范性与学术性并重的特征。虽然教科班只开设了两期，但是它在人才培养上为创建新的课程培养体系积累了宝贵的经验，这也为之后师范院校改革课程模式提供了新的范式。（见表6-1）

第二期教育学科专业班的课程体系（具有本硕一体化培养性质）表①

课程模块	课程	学时
共同课程	教育基本理论	1学年，3学时/周
	专业外语	1学年，4学时/周
	数理统计	1学年，3学时/周
	计算机初步	第一学期，2学时/周
分组课程 （选修课程） 任选一门选修	考试与评价	第一学期，3学时/周 第二学期，4学时/周
	心理咨询	
	教育规划	
	教育实验	
	现代教育技术	
	情报咨询服务	
论文与实习		教育实习（2周） 毕业论文（4周）

---

① 蒋纯焦，马慧，孟永红．改革开放初华东师范大学教育科学专业班研究［J］．教师教育研究，2021（5）：35-40．

三、刘佛年的师范教育思想对当今师范教育改革具有重要的借鉴价值

刘佛年同武汉大学原校长刘道玉、华中科技大学原校长朱九思、华中师范大学原校长章开沅、西北师范大学原校长李秉德一样，都属于同时代的教育家型校长，都是对教育有着系统的理论研究，拥有独特的治校理念，并取得卓越的办学成就，在教育思想与教育实践领域同时产生重大社会影响的大学校长①。刘佛年在特定时代里所形成的清晰明确的办学目标、新颖丰富的师范教育体系对华东师范大学的发展以及全国师范教育改革作出了巨大贡献，对现今的师范教育改革也颇具有借鉴价值。

（一）师范院校综合化：多元并进，构建动态分流的高融合培育共同体

刘佛年在师范院校改革之路中贯彻着"师范院校综合化"的办学理念，对此，他反对传统师范院校局限在"师范性"的办学概念上，指出师范院校要顺应时代潮流重新确定师范院校的办学方向。当前，师范教育综合化是师范教育改革与发展的必然趋势，也是师范教育改革的必然选择。然而在推动综合化的过程中，却出现了四种病态现象：一是师范教育边缘化，使得办学倾向"去师范化"；二是功利性综合化，过分追逐办学效益最大化；三是借壳式综合化，将师范教育资源挪用到非师范教育专业；四是办学同质化，导致师范教育特色消失②。这种病态现象，旨在综合化过程中将"师范性"与"学术性"割裂开来，未能谋求"师范性"与"学术性"的统一。

因此，师范院校在谋求向综合性大学转型时，首先需要厘清师范院校"综合化"内涵及导向。师范院校走综合化发展的道路，是师范院校应对时代发展的一种积极尝试，根本目的是培养综合性人才以满足基础教育对师资的新要求。但这并不意味着师范院校要将大规模扩展非师范性专业、非师范教育学科作为院校发展的重心，并非要削弱师范教育本身的专业性，

<hr>

① 王珏. 近代教育家校长的办学特征及其当代启示：基于教育管理学视角 [J]. 教育发展研究，2016（8）：33–38.
② 龙宝新. 教师教育力提升与"双一流"背景下教师教育综合化改革研究 [J]. 教育科学研究，2021（9）：93–96.

甚至走向师范教育边缘化和办学同质化的道路上去。师范院校应保持师范教育的主体性地位，确保师范院校坚持以师范教育为主业，寻找适合自身师范教育特色和优势的生长点，强化其师范教育功能，在此基础上允许有适度的非师范专业、非师范教育学科的加入。

其次，师范院校在向综合性大学转型时，其成功的关键在于"师范性"与"学术性"的相互融合。谢安邦在《师范论》中指出："每当改由大学培养师资，或出现综合大学化的倾向，教育专业水平就会被忽视、削弱。"①这个问题一直困扰着师范院校的转型，刘佛年也提出师范性是一个师范院校应具备的特点，不能把师范性同争取提高专业学术水平对立起来，因此如何促进师范院校"师范性"与"学术性"统一成为师范院校转型工作的重点。"师范性"与"学术性"相融合不是简单的相加，而是相互促进、双向推动的过程，在推进二者融合时应坚持多元并进、动态分流、内外融合的原则。一方面在内涵发展时要关注非师范专业与师范专业在培养师资上的联手合作，促进教育学科与其他学科之间的融合，以此促进师范生知识结构的综合获得，提高其专业学术水平。另一方面在外延发展时鼓励师范院校与综合大学合作，走与综合大学共同培养师资的联盟路线，加强两者之间在培养教育人才的动态流动，这样在培养人才上既保持师范院校的专业性，又更好发挥综合性大学培养学生学术性能力的优势。

再就是，师范院校在师资培养上注重多元协同发展，打破传统师范院校"封闭"培养师资的陈旧体系，营建与外部联合、资源共享的培育共同体。2018 年，国务院在《关于全面深化新时代教师队伍建设改革的意见》中就明确指出，要加大对师范院校的支持力度，推进地方政府、高等院校、中小学"三位一体"协同育人。其中，联动中小学进行教育研究与实践曾是刘佛年实施师范教育改革与实验的重要工作之一。他提出"要组织包括大学部各专业在内的多方面力量，同华东师大的附属小学和附属中学同志们一起，通力协作，深入进行长期的、系统的、综合性的调查研究和实验工作"②。在他的推动下，"附小、附中进行了整体综合改革和语文、数学、

① 谢安邦. 师范论 [M]. 北京：中国建材工业出版社，1997：69.
② 金一鸣. 刘佛年教育文集 [M]. 南京：江苏教育出版社，2010：232.

外语学科的'一条龙'实验"①。除了将中小学作为实践基地纳入培养教育人才的工作链之外，师范院校还要寻求地方政府的支持，扩宽资源流动共享的渠道，构建开放、协同、联动、融合的培育共同体。

（二）人才培养多元化："杂交"育才，形成文理学科交叉的复合型培育"培养基"

传统师范院校培养师资的方式为"定向性师范"，注重学生对教育学科知识的学习，而随着师范院校办学方向的重新定位，传统单一、集中的师资培养目标已经无法适应师范院校发展的需求。刘佛年在改革开放后从多维的角度重新定义了培养目标的内涵，提出复合型人才培养计划，这一极具前瞻性的人才培养计划，也对之后师范教育改革有极大的借鉴意义。

所谓复合型人才是指具有两个（或两个以上）专业（或学科）的基本知识和基本能力，能够自如运用知识解决实际问题，具有广泛适应性的人才②。这也表明复合型人才在知识、能力、综合素养上有了更高的要求。那么如何实现复合型人才培养目标呢？首先，在知识体系上，构建"一体两翼"的知识框架，以教育学科为主体，其他基础学科尤其是文理学科为两翼，实现文理学科与教育学科的耦合，形成多学科支撑的知识体系。多学科支撑的知识体系不仅能增强师范生文理知识的厚度，扩宽学生的知识面，增强学生的学术品质，还能助推教育学科品质提升③，这是实现复合型人才培养目标的关键。其次，在能力方面，既关注学生的教师技能的培养，同时要注重学生创造性思维能力的培养。一方面开展不同的课外活动，为学生提供更多的教育实践与教育实习的机会，加强与中小学一线的联合培养，优化师范生实践培养体系；另一方面建设教育实验研究室，开展各种形式的教学研究活动，加强学校与学校之间的学术交流，培养学生的创新精神。师范院校要尽可能地做好资源分配，为培养复合型人才搭建良好的"营养基"以供学生多种可能性地发展。最后，在综合素养上，由于师范教育的

---

① 金一鸣．刘佛年教育文集［M］．南京：江苏教育出版社，2010：7.

② 倪志梅．从高校复合型人才培养看人才培养模式的改革［J］．教育与职业，2012（9）：27 -28.

③ 龙宝新．教师教育综合化的内涵追究与科学路径［J］．湖南师范大学教育科学学报，2019（4）：98 -105.

特殊性，是培养未来"人类灵魂工程师"的场域，要将教师素养和师德教育放在重要的位置并贯穿于人才培养的全过程，这是师范人才教育链条的核心精髓①。作为新世纪的师范院校，在培养人才方面不能局限在只培养学生的知识体系上，还应在学生的"师范人格"的素质方面下功夫、下力气，这是师范教育在培养目标上的应有之义。

（三）课程体系模块化：弹性选择，探索多元课程模式的高水平培育生态链

随着我国基础教育改革的不断深化、新一轮课程改革的全面启动，师范教育课程体系的改革成为师范教育改革的重要抓手。我国传统的师范教育课程体系多以学科本位为核心，在课程设置上往往类型单一，课程结构以教育学科知识为主，其基本结构是教育学＋心理学＋教学法＋教育实习，这样的课程体系已经无法适应知识经济时代的需要，师范学院的课程体系必然要进行创新性的改革来迎接当代社会发展带来的挑战。通过对刘佛年师范教育课程体系的梳理，其前瞻性的课程体系设计对当今的师范教育课程体系改革仍有重要的启示。

一方面在课程体系设计上，应打造横向联合、纵向衔接的科学合理的课程生态链。所谓横向联合即合理安排课程体系内部的逻辑结构。课程体系改革要突破教育学科本位的课程结构，建构综合化的课程框架——学科教学专业课＋教育专业课＋通识课程＋教育实践实习。在搭建基本框架后，还要形成学科体系内部统一的逻辑结构，让它们自然和谐地融入课程体系的学习之中，推动课程体系合理发展。因此它应从学科教学专业课程需要出发，同时考虑学科专业课与教育专业课、通识课程、教育实践实习的横向融合关联度，促进学科体系内部逻辑结构不断完善。纵向衔接即构建本硕一体化的课程培养模式。随着师范院校向综合性大学的转型，原有的只培养基础教育的学科教师的课程培养模式无法满足学校对人才培养多元化的要求，课程培养模式亟需创新。刘佛年在教育科学研究班提出的具有本硕一体化的课程培养模式虽然有一定的时代性，但对综合性师范大学提供

---

① 宫炳成．回归本原：高等师范院校人才培养的必然选择［J］．黑龙江高教研究，2014（12）：23－26．

了新的培养模式。在新的时代发展需求下，综合性师范大学在课程体系设计上应探索本硕一体化的衔接式的课程培养模式。如"4＋1""4＋2"式等课程模式，这种课程模式将本科与硕士的学习衔接起来，即前四年完成本科学士学位基础公共课程和专业课程，后一年或两年完成教育专业课程（含教育实习），获教育专业硕士学位①。这种分段衔接的课程设计不仅仅是对学生培养年限做"加法"，更是为了将师范教育课程与学科课程更好地有机整合，完善师范教育学生培养与质量保证体系，这也是师范大学走向高水平发展的必然之路。

另一方面，在课程设置上应了解学生的弹性需求，增加学生课程选择的可能性，确定必修＋选修性质的课程模块。模块化的课程设计规定了学生必须完成最低要求的课程学习，同时也可根据个人的兴趣和需求选择适合自己专业发展的模块。将课程设计为必修的模块＋选修的模块，既能保证所有师范专业学生达成人才培养基本要求，又使学生在专业口径上有充足的个人发展空间，为他们提供多样化选择的可能。

---

① 万明钢．教师教育课程体系研究——以师范大学教育学院教师教育课程体系建构为例[J]．课程・教材・教法，2005（7）：83－87．

刘佛年高等师范教育思想研究①

梁尔铭②

刘佛年，湖南醴陵人，国立武汉大学毕业后入学海书院学习，又赴伦敦大学、剑桥大学和巴黎大学留学。新中国成立后，刘佛年先生参与了华东师范大学的创建，后曾任华东师范大学校长，并长期从事高等师范教育改革的研究与实践工作③。在积极探索高等师范教育改革的过程中，刘佛年先生抓住高等师范教育改革的实质，对我国高等师范教育领域进行深入研究，在国内外教育界有着较大影响。本文通过重温刘佛年先生的高等师范教育改革思想与实践，试图为当今我国高等师范教育领域的改革提供参考和借鉴。

一、高等师范教育应该遵循教育规律

新中国成立后，国内教育界各项事业渐入正轨。其时中央教育部对高等师范教育尤为重视，在 1951 年 8 月召开的第一次全国初等教育和师范教育会议上提出"每一大行政区至少建立健全的师范学院一所"。其实早在这次会议召开之前，中央教育部就决定在南方筹办一所高水平的师范大学，以便与北方的北京师范大学相互呼应。为贯彻中央教育部的精神，华东大区教育部于 1951 年 7 月成立了华东师范大学筹备委员会并于同年 8 月设立了筹备委员会的办事处。刘佛年先生此时受命出任华东师范大学筹备委员

① 基金项目：江西省社会科学"十三五"（2018）规划一般项目"中国现代高等教育体系建构的历史变迁研究"（18JY20）。该文原转载于教育文化论坛，可能有部分改动。
② 作者简介：梁尔铭，男，广东高要人，博士，教授，硕士生导师，研究方向：中国传统与现代教育。
③ 金一鸣. 刘佛年学述 [M]. 杭州：浙江人民出版社，1999：247 –251.

会委员，并兼任办事处主任。

在刘佛年先生等委员的努力下，华东师范大学于 1951 年 10 月正式成立。华东师范大学成立后，国内教育界全面开始了学习苏联的浪潮。时任华东师范大学教务长的刘佛年先生积极投身到这场浪潮中，带领广大师生开展了一系列诸如推行教研组活动、建立教育实习制度和修订教学计划等教育改革活动①。苏联教育模式对于同为社会主义国家的中国来说有着较好的参考价值，刘佛年先生在华东师范大学第三届教育实习总结中曾屡次提及②但在学习苏联教育模式的过程中，刘佛年先生也发现其存在着水土不服的情况，因此主张在"借鉴苏联教育模式的同时，也要学会变通，要联系中国的教育实践，在实践中有所发展和创新"③。特别是"各科的教学只有和我国社会主义革命、社会主义建设的实际、生产斗争的实际密切结合，学生所获得的知识才不是片面的书本的知识，而是比较完全的知识""因此各科教学改革的一个重要方面就是加强联系实际"④。

到改革开放春风吹遍神州大地后，我国高等师范教育才获得了重新发展的机会。在国家政策的引导下，全国各地不但将许多此前撤销或停办的高等师范院校重新复办，还陆续新建了一批高等师范院校。1977 年全国仅有高等师范院校八十余所，次年即猛增至一百五十余所，到 1980 年全国已有高等师范院校一百七十所⑤。此后，高等师范院校更是如雨后春笋般涌现，基本上满足了我国当时中等教育发展对师资数量的需求。

无论办学规模抑或教育质量，这一时期我国高等师范教育都上升到新中国成立以来的一个新高度。然而在繁荣景象的背后，诸多与时代发展不相适应的问题也逐渐显现。我国现代高等师范教育体系乃从外国移植而来，在办学过程中曾参考过许多国家的经验。新中国成立以前，我国高等师范教育领域先后学习过日本、德国、美国，新中国成立后又主张向苏联学习。

---

① 金一鸣. 刘佛年学述［M］. 杭州：浙江人民出版社，1999：23.

② 刘佛年. 华东师范大学第三届教育实习总结［M］//金一鸣. 刘佛年教育文选. 上海：华东师范大学出版社，1999：67－79.

③ 赵洪艳. 创新型人才成长：著名教育家刘佛年的故事［D］上海：华东师范大学，2012：23.

④ 刘佛年. 联系实际与系统性［J］. 学术月刊，1958（10）：49.

⑤ 刘佛年. 要把重点高等师范院校真正办成重点［N］. 解放日报，1980－6－12（1）.

二十世纪五十年代初建立的高等师范教育体系，到改革开放之初已历时三十余年。由于新中国成立后相当长一段时期内缺少对外开放的氛围，教育界内许多学者难以了解其他发达国家高等师范教育的真实发展状况，因此对当时我国高等师范教育应如何发展的问题缺乏清醒认识。刘佛年先生为此指出："社会是不断发展的，新的形式、新的需要不断出现，新的矛盾、新的问题也会不断发生"①。如果不能适应我国改革开放后的新环境，则高等师范教育的教育功能将难以有效发挥。

刘佛年先生回忆，新中国成立初期"总结的新民主主义教育中的规律也许并不怎么丰富，但都是经过实践检验的，在我国的一定的历史条件下是行之有效的"。然而从1950年代初号召全面学苏后，我国教育界开始"用阶级分析的方法研究教育的社会本质，但对现代资本主义教育只强调它的反动性，缺乏全面的、深入的分析，特别是对生产力的发展和教育的关系很少涉及"②。而从1958年到1960年开展对苏联教育模式的批判，也没有完全解决苏联教育模式与中国实际情况相结合的问题。"文革"结束后，广大教育工作者一致呼吁按照教育规律办事。刘佛年先生为此强调，"不仅要重申那些在我国经过实践检验的教育规律，还要研究和掌握新的规律"③。

刘佛年先生呼吁高等师范教育一定要遵循教育规律，显然是以自身经历结合教育理论而提出的理性判断。在这基础上，刘佛年先生更强调对教育规律进行研究，"不论是研究自然现象，还是社会现象，对其规律性的认识是最基本的前提条件，这既是方法论的范畴，也是认识事物的必要环节"④。在主张学习外国先进经验的同时，刘佛年先生也指出"研究国外的东西无论如何应该立足于自己的实际，要研究我们的实际情况，要总结自己的经验、教训""如果不从我们的实际出发，照搬人家的东西，其结果总是不好的"⑤。这一点反映了刘佛年先生的实事求是精神，是刘佛年高等师

① 刘佛年．改革与提高［J］．华东师范大学学报（教育科学版），1983（1）：1.
② 刘佛年．三十年来我国对教育规律的探索［J］．教育研究，1979（4）：36.
③ 刘佛年．三十年来我国对教育规律的探索［J］．教育研究，1979（4）：38.
④ 申心刚．改革开放初期高等师范教育改革思想探究［J］．山西师大学报（社会科学版），2014（5）：145.
⑤ 刘佛年．关于高等教育科学研究问题［M］//金一鸣．刘佛年教育文选［C］．上海：华东师范大学出版社，1999：224.

范教育思想的要义。

二、高等师范教育必须研究教育科学

　　刘佛年先生对教育科学素有研究，早在国立武汉大学就读时就选择了哲学教育为专业。在大学期间，刘佛年先生不但熟悉哲学方面的知识，"在教育方面也系统地读了些书，如杜威的《民主主义与教育》、盖茨的《教育概论》、坎德尔的《比较教育》，以及桑戴克、苛勒等行为主义和完形主义的心理学"①。后来在国立暨南大学工作期间，刘佛年先生又开设了教育哲学课程，并以杜威的《民主主义与教育》为教材。在工作之余，刘佛年先生还积极从事教育科学研究，先后发表了《杜威教育思想的再认识》、《进步教育与民主政治》和《唯物论与教育》等多篇教育类学术论文②。

　　新中国成立后，任教于华东师范大学的刘佛年先生致力于教育理论联系实践问题的研究。刘佛年先生在研究教育理论方面，"始终同实践紧密联系""早就悟出了教育学这门学科它有很强的实践性""在从事学术研究和指导学生当中，非常注重要他们下到教育第一线去，要去了解教育第一线的情况，要去总结那些最优秀教师们的经验"③。1957年1月，刘佛年先生就个性全面发展教育问题在《学术月刊》发表了相关文章。文章从学与思、知与行、一个真理与百家争鸣、社会需要与学生实际、集体与个人、全面发展与培养专长、需要与可能、独立性与联系性八个方面对苏联教育模式的代表凯洛夫教育学进行了反思④。虽然在1958年教育大跃进后处境渐趋艰难，但刘佛年先生并没有放弃对教育科学的研究。当时华东师范大学教育学专业的青年教师缺乏资深教师指导，刘佛年先生就带领他们一起阅读教育学经典书籍，"读那个《大教学论》，赫尔巴特的，杜威的，斯宾塞的，布卢姆的，每个星期读一次，每个星期谈一次，他每次都来，一来就是半

　　① 金一鸣.刘佛年学述［M］.杭州：浙江人民出版社，1999：7.
　　② 金一鸣.刘佛年学述［M］.杭州：浙江人民出版社，1999：15－17.
　　③ 赵洪艳.创新型人才成长：著名教育家刘佛年的故事［D］.上海：华东师范大学，2012：22.
　　④ 刘佛年.关于个性全面发展教育的几个问题［J］.学术月刊，1957（1）：50－56.

天"①。刘佛年先生带领青年教师读教育学著作主要是为了培养青年教师，却无形之中为后来编写《教育学》教材打下了基础。

1961 年 2 月，时任中共中央宣传部部长周扬在上海召集各高校举行了文科教材座谈会。这次文科教材座谈会召开的原因，正是为了摆脱苏联教育模式的影响，其中一个重要任务就是要重新编写一本《教育学》教材来取代当时国内普遍使用的凯洛夫编著《教育学》教材。按照文科教材座谈会的安排，刘佛年先生负责《教育学》的编写工作。经过两年多的奋斗，刘佛年先生主编的《教育学》（讨论稿）基本成型。虽然《教育学》（讨论稿）在"文革"中被认定为"毒草"，但其作为新中国成立后编著的第一本以马列主义和毛泽东思想为指导的《教育学》教材，基本满足了二十世纪七十年代末至八十年代中期全国教育学科的教学需要，为日后高等师范院校各种《教育学》教材的编著提供了宝贵的经验。二十世纪八九十年代，国内教育界重新编写了一批《教育学》教材，基本都参考了刘佛年先生编著的《教育学》（讨论稿）框架②。

在根据上级安排编写《教育学》教材的同时，刘佛年先生又积极呼吁高等师范院校开展教育科学研究。1962 年 2 月，刘佛年先生在《文汇报》上发表文章，主张加强我国马克思主义教育科学的研究。他指出，"教育科学的研究工作应该走在教育实践的前面，对实践起一定的指导作用"③。刘佛年先生认为，其时教育科学研究工作远远落后于迅速发展的社会主义教育事业。要做好教育科学研究工作，首先要注重作为科学研究基础的资料工作，其次要把总结的社会主义教育经验提升为理论体系，最后要积极参加各种实验工作。以上三方面都需要理论作为指导，因此刘佛年先生强调认真学习马克思列宁主义和马克思列宁主义经典作家的教育理论是顺利开展教育科学研究的一个重要关键。

改革开放后，刘佛年先生先后出任华东师范大学校长和名誉校长，对

①　赵洪艳. 创新型人才成长：著名教育家刘佛年的故事［D］. 上海：华东师范大学，2012：24.

②　储培君. 社会主义教育学的奠基人［J］. 上海教育，2009（Z2）：69.

③　刘佛年. 开展教育科学研究的几个问题［M］//金一鸣. 刘佛年教育文选. 上海：华东师范大学出版社，1999：162.

于高等师范教育需要研究教育科学的愿望终于有机会落到实处。1979 年 5 月，刘佛年先生在《文汇报》上发文表示，"为了实现社会主义的四个现代化，教育事业需要有大的发展，教育质量要有大的提高""这就要进行改革，而任何改革离开科研都是不能顺利实现的"①。此外，刘佛年先生还指出，"我国过去也有过一些改革的尝试，有的取得了较好的效果，有的则有始无终或以失败告终，原因之一就是忽视了教育科研工作"②。他敏锐地察觉到，当时我国在教育科学研究方面已经远远落在了发达国家的后面，"只有通过学习吸收发达国家在教育科学研究方面先进的理论、方法，才能迎头赶上"③。刘佛年先生认为，"进了师范大学教育科学必然是重点"，希望教育科学"可以办成像美国哥伦比亚大学，在美国的上世纪二三十年代那样"④。

在刘佛年先生等人的努力下，华东师范大学在 1980 年成立了我国第一个教育科学学院。华东师范大学教育科学学院的成立，打破了原来分割式的行政框架，构建了一个齐全的教育学学科体系。在组建教育科学学院的同时，刘佛年先生还多次建议从不同的专业来选拔人才，以便协同不同专业的人才来开展教育科学研究。1980 年 10 月，华东师范大学在刘佛年先生的支持下率先举办了教育科学专业班。教育科学专业班从学校不同专业的三年级学生中招募有志者在四年级转学教育科学并在毕业时撰写教育科学方面的毕业论文，这批学生毕业后大多数成为教育科学研究与教育管理的骨干人才⑤。华东师范大学教育科学学院的成立和教育科学专业班的举办，基本实现了刘佛年先生关于高等师范教育必须研究教育科学的构想。

————————

①　刘佛年. 教育改革和教育科研［M］//金一鸣. 刘佛年教育文选. 上海：华东师范大学出版社，1999：180.
②　刘佛年. 教育改革中的教育科学研究工作［M］//金一鸣. 刘佛年教育文选. 上海：华东师范大学出版社，1999：296.
③　谢安邦. 教育学科的泰斗人才培养的宗师［M］//王建磐. 怀念刘佛年. 上海：华东师范大学出版社，2004：175.
④　赵洪艳. 创新型人才成长：著名教育家刘佛年的故事［D］上海：华东师范大学，2012：27.
⑤　袁运开，王铁仙. 华东师范大学校史（1951—2001）［M］. 上海：华东师范大学出版社，2001：157.

三、高等师范教育需要突破封闭体系

起源于欧洲的师范教育至今已有两百余年的历史，师范性即是其鲜明特征。在未进入高等教育领域之前，以师范性为鲜明特征并没有影响师范教育的发展。然而师范教育进入高等教育领域后，就出现了师范性与学术性之间的争论。清末新政后建立的中国现代高等教育体系中，高等师范教育的发展始终伴随着这种争论。新中国成立之初，我国仿效苏联教育模式建立了独立设置的高等师范教育体系。这种高等师范教育体系以培养中学教师为目标，其课程设置也基本参考中学的课程设置。

独立设置的高等师范教育体系建立之初，便引发了国内教育界关于高等师范教育的师范性与学术性之间关系的争论。1956 年前后，国内高等师范教育领域出现了两种不同意见：一种意见主张高等师范教育应该"面向中学"，另一种意见主张高等师范教育需要"向综合大学看齐"①。两种意见之间的争论非常激烈，甚至影响到高等师范教育的正常发展。为了解决这个问题，教育部先后在 1960 年 4 月和 1961 年 10 月召开了师范教育改革座谈会和全国师范教育工作会议。师范教育改革座谈会提出要使高等师范院校的文化科学知识水平相当于综合大学的程度，全国师范教育工作会议也认为高等师范院校和综合大学各有不同的任务，不必过多争论关于高师与综合大学的比较问题。时任教育部部长杨秀峰指出，"师范院校应把学生的专业学习质量提高，不能让学生只有理解高中教材的水平""师范院校在专业普通基础和专业基础知识的水平上，应该向综合大学看齐"②。两次会议过后不久，刘佛年先生所在的华东师范大学就将学制改为五年，以解决高等师范学校师范性与学术性协调的问题。

经过两次师范教育相关会议，国内教育界关于高等师范教育师范性与学术性问题的争论曾暂告一段落。但随着改革开放后高等师范教育的迅猛发展，这一争论又重新在国内教育界出现。为了解决这个问题，刘佛年先

---

① 顾明远. 中国教育路在何方——顾明远教育漫谈 [M]. 北京：人民教育出版社，2016：108 – 109.

② 赵士启. 关于教育理论的几个问题——刘佛年教授回湘讲学摘要 [J]. 湖南师范学院学报（哲学社会科学版），1984（3）：3.

生主张高等师范教育应该做到师范性与学术性相统一。刘佛年先生指出，"师范性与学术性应该是统一的，两者不应偏废，也不应割裂"①。他强调，"师范性是一个师范院校应当具备的特点，但是，不能把师范性同争取提高专业学术水平对立起来，两方面都要提高，哪一方面也不能降低"②。他认为，高等师范院校需同时注意学生的师范性与学术性，既要使学生掌握一名教师必须具备的教育专业知识技能，又要培养学生拥有较高的学术水平。在刘佛年先生的领导下，华东师范大学从 1980 年起就一直坚持师范性与学术性相统一的办学方向。

为了达到高等师范教育师范性与学术性的相统一，刘佛年先生还建议"少数有条件的高等师范院校可以办五年，前四年主要学专业理论知识，也要搞些教育的训练""后一年主要学习教育专业课程并在中学实习"③。同时，为了适应新形势下城乡普通教育、各种专业教育和职业教育的发展，刘佛年先生主张高等师范教育的设置也要多层次和多规格："现在两年制师专培养初中师资，将来可以发展为师院来培养""现在四年制师范学院培养高中师资，将来一部分师院可以改为五年制，四年进行大学某一专业学习，一年进行教育科学的训练""师范大学的研究生教育主要培养高师的师资"。而且高等师范教育的课程开设不能把注意力局限于中学里开设的几门课程，"发展师范教育要想得深远一些"④。

除了高等师范院校外，刘佛年先生认为综合大学和其他专科大学也可以参与师资培养工作，以后也需要开设教育学科。事实上，当时国内教育环境较改革开放前已渐行改变，有许多从综合大学和其他专科大学毕业的学生在从事着中学教育工作。这些毕业生在大学期间接受了较好的基础学科和专业学科教育，但往往因就读学校性质的问题而缺乏教育学、心理学和教学法方面的教育。这对从事中学教育事业来说不能不算是一种缺陷，

① 袁运开.刘佛年的办校思想与工作实践［J］.上海教育，2009（Z2）：68.
② 赵士启.关于教育理论的几个问题——刘佛年教授回湘讲学摘要［J］.湖南师范学院学报（哲学社会科学版），1984（3）：4.
③ 赵士启.关于教育理论的几个问题——刘佛年教授回湘讲学摘要［J］.湖南师范学院学报（哲学社会科学版），1984（3）：4.
④ 金一鸣.刘佛年教育文选［M］.上海：华东师范大学出版社，1999：243.

所以刘佛年先生认为今后综合大学也应该开设教育学科。同时，刘佛年先生还预料到日后高中教育阶段会出现大量的职业类学校。这些职业类学校的专业课师资难以由普通高等师范院校来培养，"所以在专科大学中将来也会开设教育科学课程，或者设置培养中等专业学校师资的训练班""当然也可以像另一些国家的做法，设立技术师范学院"①。

刘佛年先生主张高等师范教育要突破封闭体系，不但高等师范院校需要进行改革，其他综合大学和专科大学也需要进入培养师资的队伍中来。特别是关于职业类学校专业课师资培养的设想，在当时看来是非常超前的想法，后来却基本都实现了。这从侧面反映了刘佛年先生对高等师范教育体系有着充分认识，为高等师范教育突破封闭体系做出了巨大贡献。

四、高等师范教育亟待提升办学水平

刘佛年先生一直重视高等师范教育的办学质量，主张高等师范教育需要积极提升办学水平，认为掌握教学规律、改进教学方法是提高高等师范教育办学质量的最有效的途径②。早在华东师范大学初建之时，刘佛年先生就以教务长的身份积极进行教学改革，并指导学校相关部门建立了教育见习和教育实习制度。这在新中国高等师范教育领域中是一个伟大的创举，对提升高等师范教育的办学水平有巨大的推动作用。与此同时，刘佛年先生还要求加强培养学生的独立思考和独立工作能力，认为应该从加强学生的学习指导、解决图书资料问题、加强对学生进行思想教育等方面入手③。刘佛年先生的主张，与当时教育行政部门的想法基本上是一致的。1961 年10 月召开的全国师范教育工作会议，其主要目的就是加强高等师范教育领域的建设。会议主张"高等师范院校必须进行科学研究"，认为"这是提高师范院校教学质量的一个必不可少的条件"④。时任教育部副部长周荣鑫也

---

① 刘佛年. 高师教育的展望 [J]. 上海高教研究，1985（2）：86.
② 吴爱芬. 著名教育家刘佛年：高师教育理论及其社会实践 [J]. 上海教育，2009（Z2）：67.
③ 刘佛年. 关于培养学生独立思考和独立工作能力问题的意见 [M] // 金一鸣. 刘佛年教育文选. 上海：华东师范大学出版社，1999：108 – 109.
④ 金长泽，张贵新. 师范教育史 [M]. 海口：海南出版社，2002：83.

在会议总结中强调，高等师范教育"要提高教育质量，培养合格的教师，还要搞其他方面特别是基础理论的科学研究"。

"文革"开始以后，刘佛年先生因各种原因无法直接从事高等师范教育办学质量提高的工作，却一直没有放弃对此的探索。改革开放初期，刘佛年先生又重新开始探索提高高等师范教育办学质量的途径。当时"不少地区的中等学校的师资，无论在数量和质量上都不能满足要求，这就需要大力发展高等师范教育"①。1979 年 12 月，刘佛年先生在《人民日报》上呼吁"教育部门要多用建议、帮助之类的方法来管学校，不要只靠行政手段来管学校"②。他指出，"国外有的教育部门主要是到下面搞调查研究，提出建议，组织交流和给学校提供帮助""我们的教育部门能在这方面多做些工作，大家肯定是欢迎的"③。1980 年，刘佛年先生又在《文汇报》主持的高校改革建设有关问题笔谈上发表意见，再次强调："要创建高质量的大学，要把大学办活，必须解决学校自主权问题，中央有关部门直接领导的学校不要太多，管得不要太细、太宽，否则对教育事业不利。方针、政策、规划、检查、交流经验等方面工作，领导部门当然要管，但有些具体工作可以让学校作主，从而把事情办得更好"④。

在高等师范教育体系中，重点高等师范院校比一般高等师范院校的要求更高，因此应高度关注办学质量。刘佛年先生指出，相对于培养初中师资的师范专科学校和培养高中师资的一般师范学院而言，重点高等师范院校担负着非常重要的任务，主要是为一般师范学院和师范专科学校提供师资，因此重点高等师范院校本身的质量就需要有较大的提高。要做到这一点，首先需要提高重点高等师范院校的生源质量。重点高等师范院校生源质量有待提高，其中重要原因之一是教师在社会上没有得到应有的尊敬和重视，但"对于重点高师来说，明确它的培养目标，也会有助于吸收优秀

---

① 刘佛年. 要把重点高等师范院校真正办成重点 [N]. 解放日报，1980 - 6 - 12（1）.
② 刘佛年. 教育行政部门不要只用行政手段管学校 [M] //金一鸣. 刘佛年教育文选. 上海：华东师范大学出版社，1999：185.
③ 刘佛年. 教育行政部门不要只用行政手段管学校 [M] //金一鸣. 刘佛年教育文选. 上海：华东师范大学出版社，1999：185.
④ 袁运开. 刘佛年的办校思想与工作实践 [J]. 上海教育，2009（Z2）：68.

学生"①。刘佛年先生认为,既然重点高等师范院校的主要任务是培养一般师范学院和师范专科学校的师资,那么它的专业课程就不能仅仅比照中学课程来进行设置。同时,重点高等师范院校不能只办成教学中心,还应该以办成科研中心为发展目标。如果重点高等师范院校不搞科研,"就不能培养出胜任大学教学工作的毕业生,就不能办研究班",而且科研任务和科研"也不能只限于与中学教学有关的方面"②。

刘佛年先生又提出,改革开放以后许多高等师范院校过于强调专门化课程,导致挤占了教育训练的时间。不但教育学、心理学和教学法的课时比二十世纪五十年代大为减少,而且也不像五十年代那样重视教育实习。除此以外,教育训练本身也存在不少问题,教育学、心理学的教学也脱离实际,教学法的课程内容则很琐碎。刘佛年先生提出,高等师范教育"应该多重视中学优秀教师的教学实践,并予以录音、录像,加以研究,将其精华吸收到教学法课程里来""要增加教育实习的时间,以便巩固师范学生的专业思想,毕业后也可以较快地适应教育工作"③。高等师范教育办学质量的提高,"并不限于基础知识和专业知识的方面,教育学科的知识、技能以及从事教育的专业思想也要提高"④。

为了解决高等师范院校毕业生刚参加工作时的困难,刘佛年先生还建议"可以在毕业后第一年的见习期内,认真加强对见习教师的辅导,把辅导的工作量计算在辅导教师的教学工作量之内,对辅导工作提出具体明确的要求,进行严格的检查"⑤。同时,高等师范院校"也要派出教育学、教学法的教师巡回辅导,结合实际开讲座、组织讨论会、介绍优良经验,解决新教师经常遇到的问题"⑥。对于那些已经在大学本科毕业想去中学从事教育事业的人,则"在教育学院中进行一年的培训,其中大量时间是在中学实习,一边学理论,一边实践,考核合格才发给高中教师文凭"⑦。

---

① 刘佛年. 要把重点高等师范院校真正办成重点 [N]. 解放日报, 1980 – 6 – 12 (1).
② 刘佛年. 要把重点高等师范院校真正办成重点 [N]. 解放日报, 1980 – 6 – 12 (1).
③ 金一鸣. 刘佛年教育文选 [M]. 上海: 华东师范大学出版社, 1999: 244.
④ 刘佛年. 高师教育的展望 [J]. 上海高教研究, 1985 (2): 86.
⑤ 刘佛年. 高师教育的展望 [J]. 上海高教研究, 1985 (2): 87.
⑥ 刘佛年. 高师教育的展望 [J]. 上海高教研究, 1985 (2): 87.
⑦ 刘佛年. 高师教育的展望 [J]. 上海高教研究, 1985 (2): 87.

刘佛年先生提出要提升高等师范教育办学水平的主张，在当时高等师范教育办学质量有所下降的背景下无疑是一场及时雨。他所提出的提升高等师范教育办学质量的设想，都具有实际操作的可行性。这些意见在当时曾遭到教育界许多专家及教育行政部门领导的批评，但后来都逐步付诸实施。实际上，刘佛年先生为提高高等师范教育办学水平所提出的问题和解决办法，对我们今天高等师范教育依然有着参考和借鉴的意义。

五、结语

刘佛年先生是一名伟大的教育学家，为我国高等师范教育做出了巨大的贡献。新中国成立以后，高等师范教育面临着许多新形势下的挑战。在应对这些挑战的过程中，刘佛年先生对如何发展高等师范教育进行了深入思考。作为这一时期对我国高等师范教育有着深入研究的教育学家，刘佛年先生有着高度的教育实践敏感性，能够对高等师范教育领域中存在的各种问题进行细密地剖析并提出了许多很有价值的建议。他认为高等师范教育应该遵循教育规律来办学、必须研究教育科学、打开封闭的培养体系和提升办学水平。从我国高等师范教育的发展历程来看，我们更要学习刘佛年先生的精神，为我国高等师范教育的发展贡献自己的一份力量。

刘佛年师范教育管理思想与实践①

申国昌，白静倩②

新中国成立初期，全国师范教育与新中国教育建设的实际需要极不相称。如何满足教育发展对师资的巨大需求，办好正规的师范教育、树立师范教育必要的标准成为刘佛年任华东师范大学校长期间的重要使命。几十年里，他投身师范教育事业，对师范教育管理进行了精辟的阐述和具体的实践，逐步形成了具有时代底色和个人特色的师范教育管理思想，并以该思想为指导在华东师大实施了一系列办学构想和重大决策，又在长期治校实践中进一步丰富其内涵，为我国基础教育的快速发展和实现普及义务教育作出了历史性的贡献。因此，考察刘佛年师范教育管理思想的内在意蕴及实践路径，对于推动师范院校管理改革、提升师范教育质量、推进教育现代化、建设教育强国具有重要的理论价值和实践意义。

一、刘佛年师范教育管理思想的基本内涵

师范教育管理是师范教育事业的基础性工作，更是提升教育质量的内在驱动力，对于把准发展方向、办好师范教育等意义深长。任华东师大校长以来，刘佛年在一系列的讲话、报告、谈话中，对师范教育管理进行了深刻论述，覆盖了师范教育管理的各个基本方面，形成了指导师范教育管理和发展的基本思路。

第一，办学方向观：思想引领，师范立身。在历史发展的坐标中，正

---

① 该文原载于教育文化论坛，可能有部分改动。

② 作者简介：申国昌（1967—），山西山阴人，华中师范大学教育学院二级教授、博士生导师，国家教育治理研究执行院长，主要教育史与教育政策。白静倩（1997—），河北邢台人，华中师范大学教育学院博士研究生，主要研究教育史。

确的办学方向是师范教育发展的指航针，我们可以从中明其趋向。刘佛年认为师范教育要在注重政治引领、坚持党的领导的基础上，坚持社会主义办学方向。要立足教育实际、凭依师范立身，坚持师范性的发展方向。在办学方向上，刘佛年特别强调办学方向的重要性和特殊性，多次指出师范教育要坚持社会主义的办学方向，要办好社会主义教育。正如他所言，"我们的社会主义教育是由中国共产党所领导，以马克思列宁主义思想作指导，为广大劳动人民、为社会主义服务的"①。因此，为培养社会主义建设者和接班人，他主张，坚持党对师范教育工作的全面领导，贯彻党的教育方针，坚持社会主义办学方向，深入推进师范教育管理体制机制改革，加强政治思想教育，提高师生政治觉悟，引领师范教育发展。同时，师范教育的发展要立足实际，发展师范性。基础教育要想发展，补充合格教师是当务之急。而合格教师的培养，关键在于师范教育。根据师范大学与综合大学、其他单科性院校的不同办学定位，刘佛年明确提出"师范性是一个师范院校应当具备的特点"②，师范大学的根本任务是为国家教育事业发展培养教师。教师培养是师范教育的核心任务和中心工作。师范大学的一切活动，包括管理活动，都应该围绕这一中心展开，这是师范教育管理的根本旨归。"未来教育的质量的成败主要看教师的质量""培养什么样的学生，就要有什么样的师资"③。刘佛年将师范大学的前途和国家、民族的未来联系在一起，强调师范教育要坚持社会主义的政治方向和为教育事业培养教师的发展方向，这是师范教育得以发展并取得成就的根本保证。

第二，发展理路观：教研师并重，质量兴校。提高教育质量，是师范教育管理工作的重要任务。刘佛年强调师范教育管理要重视教学、重视科研、重视师资，牢牢抓住教学改革、科学研究和师资培养这三个纽带和核心，加强对这三项工作的领导与管理，"把重点高师真正办成重点"④。在教

① 彭康. 关于两类社会矛盾问题的座谈 [J]. 学术月刊, 1958（4）: 10 - 27.
② 赵士启. 关于教育理论的几个问题——刘佛年教授回湘讲学摘要 [J]. 湖南师范学院（哲学社会科学报）, 1984（3）: 1 - 7.
③ 华东师大教育科学学院教育科学资料中心编. 新技术革命与教育 [M]. 上海：华东师范大学出版社, 1984: 6.
④ 金一鸣. 刘佛年教育文集 [M]. 南京：江苏教育出版社, 2010: 193.

学方面，要坚定政治立场，明确改革方向和步骤，管理好教学过程。思想标准是进行教学改革的基本条件，首要工作是要通过思想政治教育使师生为教学改革做好思想准备，"贯彻党委领导下的群众路线的工作方针"①，落实党的教育方针，把好政治方向。继而要抓好教学内容的改革，这是教学改革的中心环节。教学内容的改革又必然推动教学方法的改革。在这一过程中，要处理好理论与实践联系的基本问题，推动教学改革的顺利进行。在科研方面，刘佛年提出，"我们的重点大学也要办成两个中心，一个是教学的中心，另一个是科学研究的中心"②。他认为，要提高教育质量，就要进行改革，"而任何改革离开科研都是不能顺利实现的"③。在科学研究发展过程中，一方面领导部门要对科学研究做好组织规划，基础研究与应用研究并重，重视科研成果转化，推动师范教育科研进展。另一方面要加强对科学研究的管理工作，逐步建立科研项目的报批和检查制度，制定科研工作条例，配备必需的科研人员、设备、图书资料，落实科研成果奖励，等等，提高科学研究管理水平和工作效率。在师资方面，刘佛年认为"提高教育质量的关键是教师的水平问题，教师的业务水平高，就能培养出好学生来"④。针对现有教师水平不高的问题，刘佛年强调要采用各种办法提高，如组织教师上进修学校，开展各种形式的教学研究活动，建设一支既有专业知识，又有教育知识和技能的高水平教师队伍。同时他认为也要提高对党政管理干部、思想政治工作队伍等专门老师的重视，充分肯定政工队伍在师范教育管理中的中流砥柱作用，把师资培养和教师队伍建设放在师范教育的重要位置。刘佛年把保证教学质量、提高科研水平和加强师资力量作为师范大学发展的内在理路，主张教学、科研、师资三位一体，这一发展理路观不仅在过去适用，也为今天的师范教育发展提供有益参照。

第三，管理模式观：以法治校，科学民主。师范大学是在党委和行政部门领导下进行工作的，管理工作是完成师范教育任务的重要条件。在师

① 金一鸣. 刘佛年教育文集［M］. 南京：江苏教育出版社，2010：127.
② 刘佛年. 关于高等教育科学研究问题［J］. 上海高教研究，1981（1）：3-8.
③ 金一鸣. 刘佛年教育文集［M］. 南京：江苏教育出版社，2010：186.
④ 赵士启. 关于教育理论的几个问题——刘佛年教授回湘讲学摘要［J］. 湖南师范学院（哲学社会科学报），1984（3）：1-7.

范大学管理上，刘佛年反对官僚主义，主张以法治校、科学民主。他认为
"管理工作是推动和协调学校各部门和各方面工作，使之有条不紊地、高效
率地进行运转保证的枢纽，是有效开展教学和科学研究的可靠保证"①。那
么，大学管理者如何做好管理工作呢？刘佛年提出，学校领导干部要根据
上级党委的决议和行政部门的指示，不仅要向师生提出任务，而且要完善
管理体制机制，善于运用正确的管理方法，去领导他们完成任务。一是要
加强理论学习，提高管理水平。他认为"成功的管理工作应当是符合客观
事物、反映客观规律的"②。师范教育管理要以马列主义、毛泽东思想为根
本遵循，分析和处理管理工作中的各种思想问题和实际问题，深入认识师
范教育管理的客观规律，提高师生员工的思想认识和管理水平，保证党的
教育方针的贯彻执行。二是以法治校，搞好立法工作，建立规章制度。他
认为建立健全规章制度是师范教育管理机制建设的基础性工作，更是为师
范教育管理提供法律保障。他坚持把以法治校、以规治校融入学校各项管
理工作中，让规章制度成为规范和指导师生员工行为的重要依据，组织师
生员工学习各项管理制度，让师范教育管理有章可循，有规可依，营造以
法以规管理的法治氛围。三是民主集中，健全组织机构，完善管理体制。
他提出要在管理工作中贯彻民主集中制原则，建立校系两级的管理体制，
实行集中和分散的分级管理办法，对学校的各类人员、经费、房屋和物资
的管理，既有集中统一的管理，又要下放一部分管理权，将工作条例中规
定的各项工作落实到每个人身上。四是改进作风，科学管理，发扬民主。
他认为师范教育管理要有科学性，如果没有科学的、正确的管理方法，就
不能做好管理工作。学校要对行政工作人员进行思想政治教育和业务工作
培训，让他们掌握科学管理方法，建立科学统计制度，建设能进行科学管
理的领导班子。师范教育管理更要发扬民主，走群众路线，实行从群众中
来，到群众中去的管理方法。师生员工是学校的群众，学校领导干部要深
入群众，善于倾听师生群众的各种意见，形成一套了解、解决和处理群众

①　刘佛年. 1981—1983 年华东师范大学学校工作的打算 [N]. 华东师范大学校刊, 1981 - 4 - 1 (3).
②　刘佛年. 1981—1983 年华东师范大学学校工作的打算 [N]. 华东师范大学校刊, 1981 - 4 - 1 (3).

意见和要求的办法，发扬民主。刘佛年的师范教育管理模式观渗透着法治思想，把以法治校作为管理体制改革的重要手段，有力推动了师范教育管理的规范化和制度化发展。

第四，服务保障观：做好后勤，夯基强校。师范教育发展必须要有坚实的保障作为基础，刘佛年对此尤为重视。他认为师范教育管理必须认识到后勤工作的重要地位，"后勤工作是教学、科学研究工作的强大后盾，必须十分重视后勤工作，充分发挥后勤工作对教学、科研提供物质条件的保障作用"①。在组织分工上，刘佛年严格坚持党的统一领导，要通过思想政治工作和制度、方法上的改进，使各部门各单位的后勤职工和干部都树立"为教学、科研服务，为师生员工生活服务的观点"②，同时要搞好各个职能部门的合作共事关系，为师范教育事业保驾护航。在工作开展上，刘佛年提出"后勤工作要密切配合教学和科学研究工作的开展，主动服务，保障供给，为教学、科研提供物质条件，为师生员工的生活服务，努力改善办学条件"③。一是有计划、有重点地进行校园建设。后勤领导部门要系统研究确定校园总体布局，全面规划基本建设项目，逐步展开校园建设，既要满足教学和科研用房，又要解决师生员工的生活用房。二是加强实验室的建设和管理。刘佛年强调要抓好设备供应管理工作，清产核资，建立账、卡和各项规章制度，落实实验室和大型仪器的专职与兼职人员。做好实验室的规划和建设工作，实行分级管理；建立电教中心，统一管理全校的扩音、录像、幻灯、投影等电教设备和器材，满足全校教学、科研需要。三是加强图书资料和情报工作，这是后勤保障的又一重要环节。图书馆应以专业化和现代化为方向，逐步进行建设和改革。积极建立有关教学、设备和外事工作的情报资料队伍，积极开展业务活动。办好出版社，整顿印刷厂，办好校办厂，更好地为教学科研服务。四是提高总务、后勤部门的工作质量和服务质量。要分期分批地对总务、基建部门的职工进行专业训练，

①　刘佛年. 1981—1983 年华东师范大学学校工作的打算［N］. 华东师范大学校刊，1981 - 4 - 1（3）.

②　金一鸣. 刘佛年教育文集［M］. 南京：江苏教育出版社，2010：238.

③　刘佛年. 1981—1983 年华东师范大学学校工作的打算［N］. 华东师范大学校刊，1981 - 4 - 1（3）.

加强培养；做好学校各项设备管理维修工作；搞好校园绿化，创造良好环境；加强医疗卫生和保健工作。做好后勤工作，健全保障机制，是贯彻落实为师范教育发展服务这一使命的基本措施和行动保证，是保障师范大学发展，提高师范教育质量的根本基石。

二、刘佛年师范教育管理思想的实践探索

学所以益才也，砺所以致刃也。为了推动华东师大的革新和发展，刘佛年将其师范教育管理思想运用到办学治校的实践中，实施了一系列改革举措，逐步实现了对立足时代、扎根中国的社会主义师范教育的探索，在见证中国师范教育发展的同时，也为扎根中国大地办师范教育积累了丰富的经验，作出了突出的贡献。

第一，大力开展整风运动，进行社会主义教育。坚持社会主义办学方向是发展师范教育、建设教育强国的重要前提。在马克思主义认识论的基础上，刘佛年认为"我们社会主义国家的教育事业正在经历一场历史上最伟大的革命"①。担任华东师范大学校长后，他发现学校内部存在着各项矛盾，教育工作中存在着种种问题，"最根本的矛盾是教育不能完全适应政治经济的需要，不能很好地为政治服务，生产服务"②，基于此，他主张开展整风运动，揭发教育脱离政治和生产的一切缺点，通过进行社会主义教育解决矛盾。他在学校里放手开展对包括领导作风在内的一切工作中的错误缺点自我批评，采用团结——批评——团结的方法，鸣放、辩论的方法去解决师范教育管理中的各项矛盾，这使得学校的管理与领导工作得到极大的革新。针对青年学生的政治状态、思想状态不能适应国家的需要这一问题，他加强政治思想教育工作，"让学生在政治斗争中、社会工作中、生产劳动中进行锻炼"③；对于教学脱离实际的现象，大力进行教学改革；对于教师思想落后状态，大力整风；对于学校工作中的问题，坚持社会主义的政治挂帅，到处插红旗，等等。在一年的师范教育管理实践中，教师和行

① 刘佛年. 教学工作中的理论与实践的联系问题 [J]. 学术月刊, 1959 (3)：31－34.
② 金一鸣. 刘佛年教育文集 [M]. 南京：江苏教育出版社, 2010：111.
③ 金一鸣. 刘佛年教育文集 [M]. 南京：江苏教育出版社, 2010：112.

政领导者、学校的党团组织、学生中的党团干部敢于引火烧身，欢迎群众
对自己进行尖锐的批评；学生养成了民主的习惯和风格，敢于发表不同的
意见，进行批评，敢于自由思想，大胆辩论，坚持真理，学校里形成了浓
厚的民主氛围。刘佛年也深刻地认识到，"进行这样一个大的改革，不充分
发动群众是不可能成功的"①，在学校发展民主生活应该十分注意，要健康
地发扬民主，"培养正确的批评态度"，"对任何问题的鸣放与争辩都必须有
计划、有领导地进行"②。刘佛年在师范教育管理实践中为解决两类社会矛
盾问题所作的实践探索，不仅增强了师生的思想意识，提升了学校工作的
效率和教学的效果，更为振兴师范教育，实现教育强国的宏伟目标奠定了
思想基础。

　　第二，展开管理体制改革，力求提高工作效率。优化行政机构布置和
整体布局，改革学校领导体制和制定规章制度，是完善师范教育管理体制
和建设一流师范大学的要求。刘佛年认为，"管理体制改革是诸项改革的前
提。教育改革也是如此。不进行管理体制改革，教育改革就很难进行"③。
在担任华东师大校长期间，他陆续改革领导体制，调整学校行政机构，促
进学校教育管理体制改革。首先是改革领导体制，这是做好管理工作的基
本前提。刘佛年在1980年《关于学校行政工作的报告》中指出行政领导部
门的工作问题：一是现行学校领导体制党政不分；二是领导班子成员负担
过重，缺乏深入群众、深入实际的作风；三是缺乏科学管理，领导水平不
高④。据此，在第一届教职工代表大会第一次会议后，刘佛年便组织进行领
导班子的选举、调整和整顿工作，做到权力集中、职责明确，同时注意改
进领导作风，在工作中加强联系群众，深入实际，较好地提高了工作效率。
其次是改革管理工作。为完成教育部提出的"搞好调整，提高质量"这一
中心任务，刘佛年在华东师范进行了管理工作改革。按照精兵简政的原则，
健全、充实和调整各部门和系、所干部班子，向革命化、知识化、专业化、
年轻化方向迈进。在发挥各部门的职能作用，加强各部门协同配合的同时，

---

① 金一鸣. 刘佛年教育文集 [M]. 南京：江苏教育出版社，2010：118.
② 金一鸣. 刘佛年教育文集 [M]. 南京：江苏教育出版社，2010：115.
③ 刘佛年. 教育应进行管理体制的改革 [J]. 人民教育，1984 (7)：4.
④ 金一鸣. 刘佛年教育文集 [M]. 南京：江苏教育出版社，2010：241 –242.

制定规章制度。仅 1981 年，先后制定并试行了《关于人事管理工作的意见》《〈贯彻高等学校教师工作量试行办法〉的补充规定》《确定与提升教师职称工作试行条例》等多个文件，初步拟定了 1981—1990 年华东师大的"五定"（定任务、专业设置、学制、发展规模、人员编制）方案（草案），等等。通过管理工作改革，华东师大在刘佛年的领导下，学校各项工作在由乱到清的基础上，逐步迈入稳步发展的轨道。

第三，着重抓好中心任务，逐步提高教育质量。刘佛年把提高教育质量视为师范大学生存与发展的根柢，而提高质量的根本标准是学生的全面发展，这是社会主义现代化建设对师范教育的基本要求。提高教学质量、科研水平和师资水平是学校行政工作的中心任务，也是把华东师大办成高质量有特色的社会主义重点师范大学的内在要求。刘佛年在 1982 年第一届教职工代表大会第二次会议的报告中指出，第一次会议以后，"我们全面贯彻了党的教育方针，认真改革了教学计划，加强了学生智能培养，努力开展了科学研究，抓了师资队伍建设"①。其一，在教学工作方面，进一步明确了大学本科的培养目标，修订教学计划，在改进教学的同时，注重对学生学习的指导，加强对研究生工作的领导，组织开展相关课题研究；严格执行考试制度、升留级制度和研究生学位制度，以保证教学质量。如华东师大授予 1977 级学士学位 1153 名，毕业率 97%，硕士学位 91 名，毕业率81.2%，可见教学质量的提高。其二，在科研工作方面，集中使用人力、财力和物力，发挥学科优势和学校专业特色，以点带面促进教学质量和科研水平的提高。1982 年经校务委员会审议批准了包括教育基本理论等在内的 12 个首批重点学科，学校各部门尽可能地优先在人员、设备、书刊、经费各方面为重点学科建设提供条件。在抓好基础理论研究的同时，也开始重视应用研究，如成立教育科学学院，增设研究机构，增加经费，建立教育科学资料中心，加强教育试验工作。同时注重加强校内外协作，如参加上海高校计算机情报资料检索网络系统的合作研究，等等。此外，抓紧了图书期刊的采编、流通、供应和阅览，以满足教学科研需要。其三，在师资培养方面，明确了各级教师的进修要求，制定了全面贯彻教师工作量制度

① 金一鸣. 刘佛年教育文集［M］. 南京：江苏教育出版社，2010：275.

的补充规定，明确了考核办法和提升标准。同时，从多方面为教职工创造条件，如鼓励教师参加短期专业学习班，在校内创办外语、计算机原理与算法语言和青年职工文化学习班；鼓励教师赴国内外院校进修、访问，参加校际、国际学术交流活动，等等。刘佛年领导下的华东师大，坚持走以提高质量为核心的发展道路，为师范教育发展提供质量保障。

第四，做好后勤保障工作，稳步开展各项事业。后勤工作繁琐复杂，极易忽视，但在师范教育管理中的重要性却不容小觑。刘佛年注重加强对后勤职工的思想政治教育，健全和完善后勤职能机构，改进后勤工作方法，尝试民主办后勤，使得华东师大的后勤工作坚持以为教学科研服务、为师生员工服务的宗旨，这为教学科研工作的开展和师生员工生活条件的改善提供了有力保障。一是努力为教学科研工作做好后勤保障。为满足提高教学质量和科学水平的需要，刘佛年带领后勤部门进行了恢复、充实、更新、提高和新建实验室的工作，采取"逐年有重点地配备的方针"，推动了华东师大实验室的现代化建设①。他组织展开对学校设备的摸底清查，在管理体制、使用办法、管理干部、实验员队伍的建设等方面做出了极大改进，有效提高了管理水平。他在经费分配方面增加教学、科研方面的比例，同时建立了"预算包干制度、基金制度、奖金制度和增收节支提成办法"②，有力推动了教学改革和科学研究的进行。二是努力为师生员工生活做好后勤保障。师生员工生活得到保障，才能有充沛的精力去完成教学、科研、学习、后勤等各项任务，才能推动学校的建设与发展。在刘佛年的领导下，后勤职工和干部在学校的基本建设和修建工作、膳食、财务、绿化、总务、医疗、公共卫生、交通运输、幼儿入托、保卫等方面投入了极大的精力，使得学校的面貌得到了极大的改善。如成立生活服务部，在办好食堂的基础上，扩大服务范围，增加膳食种类供应，增加招待所服务项目等；在1977级学生毕业后，对全校宿舍进行调整，原7人间调整为6人间，8人间改为7人间，等等。后勤工作有序地开展，为师范教育管理扫清了障碍，保证了学校事业发展的基本需要。

---

① 金一鸣. 刘佛年教育文集［M］. 南京：江苏教育出版社，2010：238.
② 金一鸣. 刘佛年教育文集［M］. 南京：江苏教育出版社，2010：240.

三、刘佛年师范教育管理思想及其实践的当代价值

刘佛年师范教育管理思想是在试验和实践的基础上，结合先进的教育管理理念而提出的行之有效的办学理念，不仅在实践中推动了华东师大教育事业的发展，而且为丰富我国教育思想理论宝库作出了独特贡献，更为新时代教师队伍建设、振兴师范教育提供了诸多有益启示。其当代价值主要表现在以下几个方面：

第一，立场坚定，坚持党的正确领导。坚定的政治立场，是保证师范教育管理沿着正确方向发展的首要前提。强调师范教育管理的政治立场问题，实则探讨的是师范教育为谁服务的根本问题。无论是在从事教育研究的过程中，抑或是师范大学的管理实践中，刘佛年始终将培养国家建设所需要的合格师资放在首位，强调人才培养要满足教育发展需要，服务国家建设需求。刘佛年明确提出，在社会主义社会的师范大学，"党的正确领导是学校教育能够走正确的道路、能顺利发展的保证；必须大力加强思想工作、政治工作。要政治挂帅，要到处插红旗"①。

坚持和加强党对教育工作的全面领导，全面贯彻党的教育方针，就是坚持马克思主义对师范教育管理的指导地位不动摇。管理者在参与师范教育管理的实践中，要贯彻落实党的教育方针政策，既要自觉学习马克思主义和中国特色社会主义的理论精髓，指导师范教育管理工作的开展，提高师范教育管理的科学性、高效性和先进性；又要明确师范教育管理的目的在于培养社会主义建设的合格师资，服务教育事业长远发展和教育强国伟大建设。历史证明，在各个历史阶段，我国师范教育事业之所以取得长足进步，最根本原因在于始终坚持和加强党的领导。坚持党对师范教育事业的领导，就是充分发挥党的政治优势，深化对教育管理规律的认识，在全面建设社会主义现代化国家、向第二个百年奋斗目标进军新征程的重要时刻，为师范教育事业发展提供政治保证。

第二，定位明确，办出师范教育特色。合理的办学定位是师范大学发挥优势、建成教师教育领先的中国特色世界一流大学的必然选择。建设世

---

① 金一鸣. 刘佛年教育文集［M］. 南京：江苏教育出版社，2010：113.

界一流大学，尤其是师范类高校，需要合理定位，扬长避短，以特色优势学科为建设出发点，以一流学科带动大学整体发展，建设成特色鲜明、行业引领的世界一流单科性大学。在华东师大的管理实践中，刘佛年把师范性视为师范大学的本质属性，要把华东师大办出师范特点。刘佛年的实践经验表明，师范大学必须发挥自身的独特优势，立足于师范教育特色、树立教育行业引领力，才能真正实现师范大学的内涵式发展和可持续发展。

师范院校应如何办？是办成综合大学还是办出师范特点？自 20 世纪 50 年代至今，一直是争论的问题。时下，师范大学仍面临趋同发展、定位模糊的困境，刘佛年提出的师范教育办学方向观，对于师范大学建设一流具有重要启迪。要建成教师教育领先的世界一流大学，师范大学应根据历史办学优势和未来教育需求明确办学定位，明晰师范特色。我们要清楚地认识到，当前我国教师教育体系仍无法满足新时代教育事业发展的需要，师范大学在师范教育中发挥着中流砥柱作用。这就要求师范大学发展师范性，明确学校和学科发展定位，明确人才培养目标定位，"大力培养造就一支师德高尚、业务精湛、结构合理、充满活力的高素质专业化教师队伍"①。

第三，掌握方法，提高师范教育质量。提高质量是开展师范教育管理工作的根本落脚点，而掌握科学的管理方法是其中的必然要求。刘佛年的师范教育管理思想中蕴含着丰富的方法论思想：宏观层面要发挥马克思主义的指导作用，有关于师范教育发展战略的研究，包括师范教育办学模式、师范教育体制和机制转型，师范教育质量保障等；中观层面要坚持理论与实际相结合、师范性与革命性相结合的基本原则；微观层面具体到师范教育管理的实践操作上，包括师范大学的定位、教学管理与行政管理的探究、师范院校内部管理如何做到密切联系群众，等等。运用这套研究方法，刘佛年对华东师大的发展现状、突出问题和实践进路进行了科学研判和深入分析，有力推动了华东师大的教育管理改革，并给予我们以下启示。

要提高师范教育质量，就要进行改革，必须使师范教育同社会发展相结合。师范教育改革是一项复杂的、艰巨的任务。要保证改革的顺利进行和健康发展，就必须进行教学改革，就要有科研工作的配合，更需要一流

---

① 习近平. 摆脱贫困 [M]. 福州：福建人民出版社，1992：172.

的师资队伍。教学改革应紧扣教育事业的发展需要，明确"为谁服务"的问题，处理好理论与实际的联系，提高教学质量。科学研究既要研究属于基础理论的课题，也要从实际出发，研究和解决教师改革实践中的各种问题，不能离开为教育现代化服务这个大目标。更为重要的是，要做好各院系师资队伍的现状分析，制定师资队伍培养的规划，并落实各项措施，为教学和科研提供中坚力量。提高师范教育质量，要在师范教育管理中将学校的未来融入推进教育现代化、建设教育强国的国家发展伟业中，形成上下联动、同频共振的科学管理体系。

第四，调整结构，推进治理现代化。治理结构优化是师范大学教育管理逻辑演进的必然趋势，也是时代语境下推动师范教育治理体系和治理能力现代化的内在要求。刘佛年坚持在师范教育管理中渗透法治思想，提倡走群众路线，坚持科学民主的管理原则，对于师范大学深化内部治理机构改革具有借鉴价值。当前，师范院校内部存在着官僚主义色彩浓郁，机构臃肿人浮于事，管理水平参差不齐，治理理念因循苟安等问题，只有推动大学内部治理结构改革，才能推进师范教育治理现代化进程。

建设中国特色、世界一流的师范大学，需要以内部治理结构改革为突破口，具体而言，要从三个方面入手。一是简政放权，坚持党委领导、校长负责、民主管理，推进机构改革和职能转变，充分发挥各部门积极性与主动性，减少行政审批，优化办事流程，形成高效、通畅的行政运行机制。二是放管结合，在放权的同时强化监管，健全监督机制，尤其是建设民主监督机制，实现师生员工对学校事务的民主参与、民主管理、民主监督，发挥群众力量在治理体系中的作用，形成办学合力。三是优化服务，在做到放管结合的同时，优化学校的物理环境，加强各项基础设施建设，同时要营造良好的制度环境，健全各项服务机制和财政保障制度，为师范教育治理提供制度保障。同时，要注重促进治理理念和体制创新，增强教育治理的规范化、体系化和科学化，实现教育治理对师范教育发展的保驾护航。

第五，夯基固本，加强保障机制建设。叠叶与高节，俱从毫末生。健全的体制机制是师范教育事业得以顺利发展的必要保障，也是师范教育管理的重要内容。刘佛年注重发挥后勤工作的效用，推动学校各项基本建设工作，不仅调动了后勤职工的积极性，树立对后勤保障的正确思想认识，而且有力推动了教学和科研工作的进展，为师范教育事业发展巩固了根基。这就要求教育保障机制要与师范教育事业发展要求相适应，要为提高师范教育质量提供有力保障。

随着师范教育事业向纵深化发展的同时，对师范教育保障机制提出了新要求。破解体制机制障碍，健全师范教育保障机制，是基于师范教育事业发展的价值判断和本质要求，是保障师范教育发展的科学路径。要坚持加强全员思想政治教育，为师范教育发展提供思想保障；要坚持走以质量为中心的内涵式发展道路，为师范教育发展提供质量保障；要坚持加强教师队伍和政工队伍建设，为师范教育发展提供队伍保障；要坚持推动学校基本建设工作，为师范教育发展提供硬件保障；要坚持财政投入稳定增长，为师范教育发展提供经费保障；要坚持全面推进法治建设，为师范教育发展提供法律保障；要坚持做好学校卫生与保卫工作，为师范教育发展提供环境保障；要坚持做好师生医疗服务工作，为师范教育发展提供医疗保障，等等。师范教育发展必须要有坚实的保障机制作为基础，要充分认识到健全教育保障机制的重要意义，为师范教育发展夯基固本。

岁月不居，时节如流，刘佛年先生参与华东师范大学建校筹备已逾70年。作为中国当代著名的教育家，刘佛年担任校长期间，为华东师大倾注了自己全部的精力与热情。他在担任华东师范大学校长的教育实践中，深刻回答了师范教育管理的办学方向、发展理路、管理模式等一系列重要问题，逐步形成了颇具特色且可资借鉴的师范教育管理思想，这奠定了华东师大此后发展的基础，也奠定了许多华东师大代代相传的优良办学传统。当今，中国特色社会主义进入了新时代，振兴师范教育、建设教育强国、实现中华民族伟大复兴仍任重道远，攘臂前行坎坷波折，但正是因为有像刘佛年这样伟大的教育家恒兀兀以穷年地努力，才使得中国师范教育发展和建设教育强国的未来之路阳和启蛰。

论刘佛年的教师观：地位、角色和职责①

刘黎明，刘崔华②

刘佛年是我国当代著名教育家，对推动高等教育、师范教育、普通教育、幼儿教育、教育原理、创造教育、教学改革思想等的发展作出了巨大的贡献，教育界对这些方面作了较多的探讨，但对他的教师观缺乏论述。本文将从教师的地位和作用、教师角色、教师的职责三个方面对刘佛年的教师观作些学理上的探讨。

一、教师的地位和作用

刘佛年对教师的地位和作用的见解是深刻的，他主要从三个维度来进行阐释。

（一）人民教师是为青少年一生的发展奠基的工作

青少年时期是一个人的理想、人格、个性、信仰、观点、爱好、习惯等形成的时期，也是可塑性最大的时期。这一特点决定了他们在青少年时期所受的教育的影响是最显著的，为他们一生的发展奠定了基础。他们在这个时期所学到的知识、技能，无论是对他们进一步的学习，还是以后的工作都具有重要的作用。这种奠基的工作是由教师来完成的。目前国家既需要数量很大的教师，更需要许多优秀的教师。然而，当时对教师工作的重要性的认识是不足的，有些人看重物质条件的作用，而忽视人的作用，

① 该文原载于《教育与考试》期刊，可能有部分改动。
② 作者简介：刘黎明（1962—），男，湖南茶陵县人，湖南师范大学教育科学学院副教授，教育史硕士研究生导师，研究方向为西方自然主义教育思想史、高等教育思想史等。刘崔华（1998—），男，湖南茶陵县人，云南师范大学教育学部硕士研究生，研究方向为西方教育思想和高等教育思想史。

认为国家的建设、生产力的发展的主要依靠力量不是人，而是原料、机器等物资条件。刘佛年反对这种"见物不见人的倾向"，指出不同的人掌握同样的原料和机器，产生的结果是迥然不同的。原料、机器等物资条件的作用和价值，取决于人的素质的高低。因此我们的党、政府和整个社会，重视人的素质的培养和教育，重视教师的作用和价值。因为有社会主义觉悟的、有文化的劳动者的培养依赖于教师的教育来实现。

（二）人民教师是光荣的岗位

人民教师不仅是为青少年成长奠基的工作，也是光荣的岗位。上课、改作业、辅导、做日常思想工作构成了教师每天生活的主旋律。尽管教师每天的工作很琐碎，但正是通过这些具体的、细致的工作，才使年轻一代不断发展，使他们在思想、知识、人格、个性都日益成熟，成了各行各业的积极分子、先进人物和模范人物，为国家的建设和发展作出巨大的贡献。"培育工作做得越细致，具体，花儿开得越茂盛，果实结得越丰硕。"[①] "没有优秀的教师，提高教学质量是不可想象的。"[②] 在刘佛年看来，教师的水平是决定教育质量的关键因素。教师的业务水平高，就能培养出好的学生，反之，亦然。"所谓业务水平，就是要有坚实的专业知识，有比较广博的知识面。同时，要热爱教育事业，懂得一点教育科学。这样，既有专业知识，又有教育的知识和技能，就会具有课堂教学的能力、课堂活动的能力和做思想教育工作等多种能力。此后，还要有比较好的思想作风、道德品质"[③]。针对当时的教师水平不高的现状，他强调，应用各种办法来提高教师水平。一方面要选拔优秀的中学毕业生进高等师范，培养新型的教师；另一方面，要组织原有教师上进修学校，开展各种形式的教学研究活动，以提高现有教师的水平。总之，教师是光荣的工作，理应是受到全社会的充分的尊重和关怀。

（三）人民教师是充满快乐和幸福的职业

刘佛年认为，教师工作是很复杂、细致的工作，需要教师认真地对待，

---

① 金一鸣. 刘佛年教育文集［M］. 南京：江苏教育出版社，2010：135.
② 金一鸣. 刘佛年教育文集［M］. 南京：江苏教育出版社，2010：134.
③ 金一鸣. 刘佛年教育文集［M］. 南京：江苏教育出版社，2010：295.

负责任地完成。尽管教师的工作很平凡、很辛苦，但他们乐在其中，其乐融融。因为这种工作是一种很吸引人的工作，能实现自己的人生价值。优秀的教师，对他的学生寄予厚望。学生的点滴进步，哪怕很小的进步都会让他感到兴奋，学生仍旧存在的缺点，哪怕很小的缺点都会让他感到忧虑。学生的成长变化，经常让他们的心灵受到激动。教师从学生的成长变化中，体会教师职业的尊严以及由此带来的职业的快乐和幸福。教师上好了一堂课，深深地吸引了学生的注意，那么他也会感到很愉悦，脸上发出会心的微笑。经过调查，证明教师所授给学生的知识都被学生掌握了，能力得到了发展，这时候，教师的辛劳就会消失，快乐就会充满他的心胸。经过教师的努力，有缺点的学生全都变成了好学生，不仅克服了缺点，而且发扬了优秀的品质，这时候的教师是幸福的。

二、教师角色观的建构

（一）教师是学生学习潜力的唤醒者和激发者

在刘佛年的视野中，学习潜力又称智力潜力，它是指学生在学习和智力发展方面所具有的潜在力量或潜在能力。刘佛年深信并反复强调学生的学习潜力是巨大的，体现在每个学生身上是不相同的。"他可以在文学方面有高智力，在数学方面没有高智力；他可以在文学、数学方面没有高智力，而在动手操作方面很有智力。智力是多种多样的。因此，人的智力发展的潜力是巨大的，这可以从这些实验中得出理论上的一个结论"①。这些实验既包括苏霍姆林斯基、布卢姆的教育实验，也包括顾泠沅的教育实验。它们证明了人的学习潜力是巨大的。布卢姆的教育实验表明，百分之八十、九十的学生经过教师的努力，都可以掌握教学内容，获得很好的成绩。百分之七十的学生可以达到优秀。这无疑"证明成绩分布不符合智力常态分布曲线，任何人都能取得优秀成绩，这就打破了遗传决定论"②。

学生的学习潜力是巨大的，它以潜在的方式内蕴于学生的内部世界，需要教师去唤醒、去激发，教师应扮演好学生学习潜力的唤醒者和激发者

---

① 金一鸣. 刘佛年教育文集 [M]. 南京：江苏教育出版社，2010：351.
② 金一鸣. 刘佛年教育文集 [M]. 南京：江苏教育出版社2010：350.

的角色。

首先，教师要树立一个重要的信念：学生的学习潜力是巨大的。这个信念会激励教师去努力唤醒学生的学习潜力。刘佛年强调，每一位优秀教师、教育家的教育教学都是以这一信念为前提和基础的。这个信念构成了优秀的教育家从事教育活动的动力之所在。如果没有这个信念，也就难以成为优秀的教师、教育家。他们的本领就是不淘汰不合格的学生，而是把他们教育成好学生。所以"人的学习潜力是巨大的"是一个重要的结论。基于此，教师对学生的潜能可以不断地挖掘下去。由此我们可以说，教育改革是一个无止境的过程。按照刘佛年的理解，人的潜在学习力量要发展成为现实性，需要教师去唤醒。通过教师的唤醒，学生的学习潜力会得到充分发展。"因为尽管遗传有差异，但是人的可变性很大，即受教育的可变性很大，因此不能根据智商，限制学生的学习只能达到某一程度。"①

其次，实施有一定难度的教学。教师无论是提出的问题，还是布置的学习任务，都要求有一定的难度。这个难度就会与学生原有的认知结构的内容构成矛盾和冲突，就会激起学生的好奇心、求知欲，推动学生去探究，去发现。他以顾泠沅小组的以探究、辅导为中心的教改实验来阐释这一点。刘佛年认为，顾泠沅的这个教改实验尽管不能硬搬到各科教学中去，但方法的基本精神具有普遍的意义，教师在教学目标的引领下，创设一定的问题情境或提出一定的教学任务，只要这些问题和任务有一定的难度，又是学生力所能及的，就可以激发学生去努力探究的兴趣。这种兴趣构成了学生学习的动力。然后，学生阅读教材，温习有关旧课，并在教师的引导下，通过观察、思考，逐步解决提出的问题和任务，得出一般的结论。在这里，学生是在积极地探索，而非被动地听课。学生的自学、观察、思考的能力得到充分的发挥。此外，学生还要运用一般的结论做解决具体问题的练习，培养灵活解决问题的能力。这一具有一定难度的教学过程，能激发学生的学习潜能，彰显学生求知的热情和探究的精神。

再次，充分调动学生的主观能动作用。刘佛年认为，主观能动性，就是指人在做任何事情时是在目标的引领下进行的，目标引发人的兴趣，使

---

① 金一鸣. 刘佛年教育文集［M］. 南京：江苏教育出版社，2010：354.

人朝着某一目标去追求成功。"每追求一步取得成功，信心越来越足，而且是很认真地追求，就是很勤奋，能坚持，能独立思考，具有创造性"。他看到了人的主观能动性在环境与人交互作用中的价值，充分肯定了人的主观能动性的动力作用，认为不通过人的主观能动作用，或者忽视人的主观能动性，环境就不能对人起多少积极作用。教师不能对学生满堂灌，实施注入式教学，因为注入式教学忽视了学生的主观能动性，既不能影响他们的整个素质，也不能促进他们的发展，只能培养出脑子拥有死知识的人。因此，他要求教师不仅要重视环境的作用，更要重视学生的主观能动性。因为"我们不能把他的主观能动性发挥出来，调动起来，我们的教育就不能起作用，这是人的特点。"①

（二）教师是教学与科研的结合者

教学与科研相结合是教师神圣的使命，关系到教学改革的成效。教学改革的复杂性，决定了教学与科研相结合的必要性。刘佛年认为，教学改革受教学内部和外部诸多因素的制约，是一项复杂、细致的工作，不能搞一刀切和一窝蜂，必须和教学研究工作密切结合，通过调查、总结、实验，稳步前进。他把教师既搞教学，又搞科研，看成是"坚定不移的方针"②。他特别强调："科学研究要走在改革的前面，而且要贯彻改革的全过程，教育理论要指导教育改革的实践。"③ 这就要求教师必须搞科研，通过科研引领教学的发展方向，探索提高教学质量的规律。他认为，解决当时教学与科研相脱节的办法，就是理论工作者要深入到中小学去；中小学教师都能做些教学研究工作。事实上，他也是这样做的。在对华东师大附中、附小的教育实验中，他要求师大从事中小学教育、教材、教法研究的人员，不应关起门来搞科研，而应深入附中、附小教学第一线，与附中、附小教师一起解决教学的实际问题。另一方面，"附中、附小的教师要既会教书育人，又能进行教改实验，开展科学研究"④。因此，教师应扮演教学与科研的结合者。

---

① 金一鸣. 刘佛年教育文集［M］. 南京：江苏教育出版社，2010：352.
② 金一鸣. 刘佛年教育文集［M］. 南京：江苏教育出版社，2010：251.
③ 王建磐. 师表——纪念刘佛年［M］. 上海：华东师范大学出版社，2004：37.
④ 王建磐. 师表——纪念刘佛年［M］. 上海：华东师范大学出版社，2004：27.

首先，明确研究的维度，对课程、教材、教法、评价的改革展开研究。在课程教材改革研究方面，刘佛年强调增设电子计算机课、劳动技术课，设置一定的选修课，加强课外活动，修改某些学科的教材等。课程、教材改革是大事，能给教育科研带来很大的动力。因此，需要发动各方面的力量参与研究。这些力量包括有经验的教师、各学科专家，教育学和心理学专家等方面力量，"课程增加了，教材改革了，教师跟不上去，学生接受不了，也不行，所以培训教师、编写新教材，包括各种辅助的教学资料和学生参考资料，都要协调进行"①。

在教学方法方式的改革研究方面，刘佛年认识到，教学的方式、方法不是单一的，而是多种多样的，如何掌握、选择需要作很多的研究和实验。教学方式方法改革的目的之一，就是要消除学生死背呆记、机械练习、高分低能等现象。教师在教学中，一定要启发式指导，摆脱注入式的方法，让学生主动地参与教学，培养学生的多种能力，如自学能力、独立工作能力、思维想象能力，发展他们的探索、开拓和创造精神。为了确保大部分学生能学好，有必要加强对教学过程的管理。任何一个单元的教学，都要从教学大纲和学生的实际出发，制订出包括知识、能力、态度等方面的具体的教学目标。为了确保教学改革的效果，教师应不断地从学生那里获得信息反馈，针对没有学好的学生，及时给补救，力图使学生通过补救达到合格、优秀的水平，并在此基础上为学生继续前行指明方向和路径。开学考试，尤其是大学入学考试构成了中小学教学的指挥棒。死记硬背、题海战术都是为适应一定的入学考试方法的需要而产生的。因此对入学考试和录取方法的改革势在必行。教学方法的改革，离不开教学技术如幻灯片、录音带、录像带、电视、电影、电子计算机等。虽然它们不能完全代替教师的作用，但可以作为教师工作的重要辅助工具，也是学生自学的重要工具。因此，很有必要在教改中研制这些现代教育技术。

其次，掌握教育科学研究的方法。刘佛年认为，教师在日常生活中、教学工作中、班主任工作中观察到的、想到的东西很多，必须经常把它们记录在笔记本中，对于工作中发现的问题和经过思考以后形成的设想更应

① 金一鸣. 刘佛年教育文集 [M]. 南京：江苏教育出版社，2010：341.

特别重视，写下来。然后在改革实践过程中进行研究和探讨，给予它们细致地观察、分析、比较、评价，把得到的结果和有关的资料都写下来。日积月累，不仅可以显露改革效果，而且可以使经验上升到理论的高度，最终就能完成改革实践的报告，获得结论。这种方法是一般教师都可以用的方法，它不需要使用对照班级、标准测验、统计分析。

再次，彰显教学与研究结合者的榜样力量。刘佛年认为，我国有许多教师热心教育科研，一边教学，一边研究，不断改进自己的工作，进行实验，积累资料，形成观点。袁瑢和斯霞同志就是其中的突出代表。例如，袁瑢同志对语文教学不断改革，精益求精，之后进行了"提高识字效率"试验（1960 年）和"发展学生智能"试验（1979 年）。由于在这过程中提出了周到的方案，做了非常踏实的工作，取得了较好的成果，它们被整理成很有系统的、有资料、有理论的总结，起到了很好的示范作用。全国教师中不乏像斯霞、袁瑢同志一样的改革者。他们正在探索、发展一些新的教学方式、方法，乃至课程、教材的改革。试验的主要内容是能激发学习的主动性、积极性，丰富学生的知识，培养自学能力和独立思考能力，发展创造精神，促进全面发展的教学内容和方式方法。突出这样一些教学内容和方式方法，旨在克服教学内容陈旧、脱离实际、教学方法死板单调的毛病。但应采用一些新的内容和方法，并不等于要排斥旧的内容和方法，以前教育中一切合理的有用的东西仍然可以保留。

（三）教师是创造性教学的承担者

教师要肩负创造性教学的重任，成为创造型教师。这是刘佛年的重要教育理念。这一教育理念的确立与他对学生创造力的培养的重要性的认识密不可分。刘佛年认为，儿童的游戏、图画、手工、劳动、讲故事、唱歌、讨论问题等蕴藏着巨大的创造潜能。换言之，每个儿童都有创造性的潜能。

既然如此，教师就应尽可能去培养每个儿童的创造性。"你培养它，它就成长；不培养它，它就萎缩。在儿童的阶段可以发展的创造力一旦萎缩了，青年、成年阶段应该发展的创造力也就发展不起来。"①。这就是说，创造力是要经过培养才能提高的。即使是聪明的孩子，如果我们的教育没有

---

① 金一鸣. 刘佛年教育文集［M］. 南京：江苏教育出版社，2010：324.

把他的聪明引导到合适的方向，没有使他的潜力得到发挥，他就没有创造能力。而"创造能力、创造精神对我们'四化'建设，对我们办好一个企业或办好一个学校，以及造就创造才干的人才显得是多么重要！"①

培养学生的创造力的重任落到了教师身上，需由教师去完成。如果要培养学生的创造力和精神，教师首先要培养自己的创造能力和精神。教育工作不是一种机械的工作，而是充满着创造性，教育领域是我们教师可以充分发挥创造力的广阔天地。刘佛年强调："你自己创造了，尝到了创造的乐趣，你就会鼓励你的学生也去创造。我希望我们教育而出现很多创造型的教师，依靠他们来培养大量的有创造精神的未来的建设者。"② 由此可见，教师应扮演好创造型教师的角色。

首先，应增补创造性思维和创造教育的知识。刘佛年认为，创造性教育离不开创造性思维和创造教育的知识，后者支持前者。教师要进行创造教育，首先需要看一点有关的书籍和文章，或者听一点有关的报告。有些教师尽管是从师范学校毕业的，学过心理学、教育学，但过去的心理学、教育学教材有关创造教育的知识实在太少，应尽可能地增补。

其次，由"再现型"教学走向"创造型"教学。传统的教学是"再现型"教学，其基本内涵是：教师将编写在教材中的前人积累的知识传给学生，在学生的头脑里"再现"出来，使学生领会和记住这些知识，并能按照书本的要求来应用。这种"再现型"的教学是基础，很有必要，但它越来越不适应科技发展的需要。因为在技术发达的社会，经验和社会的发展越来越需要创造型人才。这种变化向学校教学提出了新的要求，一是要有自学能力，能独立掌握教材中没有学过的新知识、新资料；二是要有独立工作能力，能够自己设计、组织、执行、总结各种新的工作；三要有革新创造的能力，就是能在现成的知识、经验之外，想出新的更好的方法、方案、意见等，这种能力特别重要③。而过去的教学对这些能力的培养和训练是不够的，为了确保学生具有创造的精神和能力，需要进行"创造型"教

---

① 金一鸣. 刘佛年教育文集［M］. 南京：江苏教育出版社，2010：323.
② 金一鸣. 刘佛年教育文集［M］. 南京：江苏教育出版社，2010：325.
③ 金一鸣. 刘佛年教育文集［M］. 南京：江苏教育出版社，2010：289.

学，就是引导学生提出新的问题，作出新的答案，不受老框框的束缚。

再次，改革教学内容和方法，培养学生的创造力。刘佛年指出，当时教学的最大毛病就是为升学服务，不去发展学生的创造力。教师只是要学生死记硬背，死套公式，根本不去发挥学生的创造性，不让学生多主动地想一想，动一点，说一点。假如某个学生在某方面有点创造性的发展，就说不行，会分散精力，要他放弃。

因此，必须对过去的教学进行改革，改革的旨趣就是要发展学生的创造力。在刘佛年看来，学校的任务的重心是培养学生运用所学知识解决实际问题的能力，尤其是要培养创造力，而不能只是让学生掌握书本知识。学生有了创造力，就能够立足于社会，从事任何职业都能运用自如。我们对于这种创造能力的培养予以更多的考虑。我们可以通过对学生提出各种各样的新问题，甚至有一些难度的问题，来引发他们的兴趣，激发他们的求知欲，让他们自己去分析、研究和解决。换句话说，在教学中，教师既要让学生掌握教科书的知识，又要培养学生不囿于教科书、有突破教科书的能力。而更高级的要求，就是要培养学生的创造能力。"用已学过的知识、习惯了的方法解决不了的问题，必须换一种方法、换一种原则、换一种思维方式才能解决。这就需要创造性，需要综合各方面的知识，突破旧有习惯的束缚。这是更高的要求"①。因此，无论是教学内容，还是教学方法，都必须进行改革，要使学生学会查资料，做调查，自己讨论解决问题的方法。对于这方面的活动，学校应有更多的组织。教师应该改变注重死记硬背的教学方法，实行启发式教学，使学生有机会讨论。

最后，尽可能鼓励学生去创造。刘佛年认为，培养学生的创造力要从小抓起。因为创造性教学不仅指创造社会上没有的某一件东西，而且也包括创造其原来知识体系中所没有的东西。创造性对每个人、每个年龄阶段都有其发挥的地方。所以创造性教学应从幼儿园开始。儿童的最初的创造性是幼稚可笑的，也许没有什么社会实用价值。但是我们应尽力保护这种幼稚的创造能力和精神。"因为没有这些幼稚的能力和精神做基础，在成年以后就不可能作出那些对社会有贡献的创造。这么一想，你就会非常尊重、

① 金一鸣. 刘佛年教育文集［M］. 南京：江苏教育出版社，2010：388.

爱护那些幼稚的创造，而毫不觉得它们有什么可笑。"①

刘佛年要求教师对学生的创造性行为尽可能地给予鼓励。学生提问题，答复问题，发表意见，即使与书上说的、教师讲的相左，只要有点道理，就要给予肯定。教师应允许学生犯错，而不加以批评和讽刺，也不对学生所提出的问题置之不理。这样做会使学生感到有创造的自由，思想也就比较解放。具体到小学低年级的语文课上，"教师在引导学生组词造句时，鼓励学生自由组词造句；在复述每段内容时，鼓励他们用自己的语言；在教学的最后还要求学生就课文的主题自己编一段故事。我看着就是创造"②。

对儿童的创造活动，教师除了鼓励外，还要提供能使儿童的创造活力充分发挥出来的必要条件。"教师必须引导、启发、鼓励、示范、建议，提供必要的知识，传授必要的技能，供给必要的玩具、器材、场地，甚至在某些情况下还要和儿童一起游戏，帮助他们解决一些困难。"③ 如果没有这些条件，儿童对游戏不会持积极主动的态度，也不可能去完成有一定难度的游戏，更不可能使创造的难度逐步提高。不过，刘佛年强调，教师的帮助不能越俎代庖，而应尽可能引导儿童自己去想，自己去说，自己去做。这就构成了矛盾：既要引导、帮助，又不能过分教导和帮助。"正因为如此，教书就要努力去掌握教学的艺术，正确处理好这种矛盾，既不要强迫灌输的教育，也不要任其自流的教育，要把教师的教导、帮助和儿童的主动性、创造性巧妙地结合起来，这就是我们的努力目标。"④

四、教师是理论与实际的结合者

刘佛年认为，理论联系实际是马克思主义者一贯的立场和方法。任何人要获得对事物的知识，不能只读书，还必须把从读书中获得的理论与实际相结合。用毛泽东的话说就是"有的放矢"，用理论之矢，来射实际之的，也就是以理论为指导来研究实际问题。更具体地说，就是用理论中的原理、立场、观点、方法来正确地解释和解决实际问题。我们不能为理论

---

① 金一鸣. 刘佛年教育文集 [M]. 南京：江苏教育出版社，2010：323.
② 金一鸣. 刘佛年教育文集 [M]. 南京：江苏教育出版社，2010：324.
③ 金一鸣. 刘佛年教育文集 [M]. 南京：江苏教育出版社，2010：321.
④ 金一鸣. 刘佛年教育文集 [M]. 南京：江苏教育出版社，2010：321.

而学理论，学理论不是为背诵理论著作中的词句，否则不能获得真知识。各科的教学应与我国社会主义革命、建设和生产斗争的实际密切结合，唯有如此，学生所获得的知识才是比较完全的知识，而不是片面的书本知识。因此各科教学的一个重要使命就是加强联系实际。教师应扮演好理论与实际相结合的角色。

首先，要把马列主义的理论与实际问题的解决相结合。当我们对一种理论精通了，并知道如何去运用它解决实际问题时，这种理论就成为我们分析问题、解决问题的观点和方法。我们学习马列主义理论的旨趣不是去掌握十分渊博、全面、系统的知识，而是为了学会马克思主义者分析问题和解决问题的观点和方法。"有重点地、深入地研究马克思主义者如何运用这些观点和方法，解决某几个具体问题，往往也能使我们学会这个理论，从而掌握它的观点和方法。解剖一两麻雀，只要做得深入、彻底，对于我们掌握某一种理论、观点、方法，常有很大的作用。"①

其次，改革学科体系，加强与实际的联系。刘佛年指出，旧的学科体系只注重理论，与实际相脱节，应进行重大的改变。教学大纲和教科书脱离实际，根本不能用了，必须重建新体系。要把和实际的关系比较密切的部分作为重点，可以增加它的分量；要把与实际关系比较小的部分，就减少或全部削掉它的分量。为了更好联系实际，可以颠倒原来学科中的某些部分的次序，把后面的部分提到前面来讲授。要改变先讲原理，后讲原理的应用的做法，先讲实际中的内容，如现象、实物、过程，然后从理论上加以解析，再回到实际当中去，解决实际中的问题②。

再次，教师教学的重心应放在阐明知识在生产和其他社会实践中的应用。许多应用性的知识重视不够，需要加强，但不能削弱理论知识，如果学生缺乏对理论的学习，或者少学理论，只对生产的、应用的知识进行学习，就会导致他们对生产的理由以及为什么要采用这样的方法、过程难以理解，只能对应用的知识死记硬背。

最后，教师应重视在社会实践中有重要意义的知识。刘佛年认为，有

---

① 金一鸣. 刘佛年教育文集［M］. 南京：江苏教育出版社，2010：121.
② 金一鸣. 刘佛年教育文集［M］. 南京：江苏教育出版社，2010：119.

些知识是系统的理论知识中有机组成的部分，即使对今天的实践还缺乏作用，也是应该学习的。因为理论知识是有逻辑性的，它可以通过概念、判断、推理等从已有知识中推论出一些新的知识。这些知识必须等到一定的时期以后，才能从实践中得到证实①，因此，学生对知识的学习需兼顾今天、明天和后天实践的需要。教师应教育学生目光长远，不能狭隘地理解理论联系实践，否则，就会导致理论工作落后，影响社会实践的发展。

三、教师的职责

（一）促进学生身心的全面发展

刘佛年对学生身心的全面发展做过精深的研究，明确界定了学生全面发展的内涵，这就是"按社会主义建设的要求，使受教育者德、智、体、美、劳全面发展，充分发展，自由发展"②，教师的职责就是促进学生身心的全面发展。

第一，应树立整体发展的观念。在刘佛年看来，全面发展由德育、智育、体育、美育、劳动教育构成。它们是一个有机的整体，各育之间是相互联系、相互渗透的。没有一育离开其他的育可以孤立发展。一方面，学校里的每一项教育活动都不能说它只在一育方面起作用，不能说这个教育活动只发展德育，那个教育活动只是发展智育的。例如，上一堂课，不仅对智育产生影响，还会对德育产生影响，因为教学具有教育性。另一方面，德、智、体中每育的发展都离不开其他方面的发展。没有一个育，不论是德育，或智育，或其他育，可以孤立发展而发展得好的。"如果我们在进行德育时，不利用美育手段，不利用文字、艺术、音乐、故事、小说、电影等等，怎么能打动学生的心呢？怎么能使抽象的道德概念成为强烈的情感的东西呢？如果不通过体育锻炼和其他各种活动，把他们的体质搞好，锻炼他们的意志、性格，怎么能使学生变得很坚强，把在思想道德上应该做的事，排除万难、坚持到底呢？这说明德育的发展离不开其他各育。其他

---

① 刘佛年. 刘佛年学述 [M]. 杭州：浙江人民出版社，1999：93 – 94.
② 金一鸣. 刘佛年教育文集 [M]. 南京：江苏教育出版社，2010：392.

智育、体育、美育等也都是如此"①。因此，教育者应树立整体发展的观念，既要抓思想政治工作，也要抓教学工作，还要抓体育、美育、劳动教育，唯有如此，才能保证学生全面的和谐的发展。

第二，树立每个"育"都有全面发展的问题的信念。刘佛年在马克思的"全面发展观"和毛泽东的"全面发展观"的基础上，提出人不仅要德、智、体、美、劳全面发展，而且应在每一"育"内部也要全面发展，这意味着对应各"育"的每一个学科都是重要的，不能厚此薄彼，否则，会影响人的全面发展。智育，拿现在课程表与一百多年前外国中学的课程表对比，课程门类增加了，学习的范围扩大了。从前欧美的中学预备学校的课程非常简单，学的范围很狭窄，局限于拉丁文、希腊文、几何学、宗教。而现在的课程范围扩大了，学的东西增多了，学生的知识视野不断拓展。其他的"育"也是如此。如德育除了道德品质教育外，思想政治教育包括政治、经济、法律、社会、哲学等许多学科。体育和美育儿网也有丰富的内容，所以每一个"育"又有全面发展的问题。教师的职责在于确保每一"育"内部的全面发展。

第三，重视五育共同的心理基础，确保心理能力的全面发展。学生的心理能力也有一个全面发展问题，既包括学生的智力因素发展，也包括学生的自信心、情感、意志等非智力因素的发展。学生心理能力的发展有高低之分，教师要确保学生的心理能从低到高的发展。例如对创造力的发展就应该如此。"别人创造的知识，我们能去理解它，这固然重要，但还不是最高的。最高的是要去创造知识。一个人要有创造的才能，有创造的智力，这应该是最高的智力。我们要发展，最高的目标就是要发展这种创造性的智力，而这一点恰恰是过去教育中很不注意的地方。过去我们认为，这个学生不死记硬背，能理解教材，就算是一个好学生。但是现在不能这样看了，不但要能理解，还要能表现一些创造的才能。现在国外教育界、心理学界，都在研究这个问题，因为大家都在争着要培养有创造能力的科技人员、管理人员等等。现在最重视的是能发明、能创造、能革新的人"②。

①　金一鸣．刘佛年教育文集［M］．南京：江苏教育出版社，2010：205.
②　金一鸣．刘佛年教育文集［M］．南京：江苏教育出版社，2010：199.

第四，遵循教育的"最基本的规律"，反对片面追求升学率。刘佛年认为，教育学要讲有什么基本规律的话，全面发展就是最基本的规律①。这是教育者应该遵循而不能违背的规律。然而，当时的教育教学违背了这一规律。教育者崇尚的是"智育第一"，把升学考试成绩作为衡量学生好坏、老师好坏、学校好坏的唯一的质量标准，出现了加班、加点、大量补课加课、注重死记硬背、题海战术的现象。这种片面追求升学率的做法，偏离了人的全面发展这个教育的"最基本的规律"，割裂了"五育"之间的内在关联。刘佛年强调，作为教育工作者，应为国家的未来发展着想。"为了提高全民族的素质，要尽我们的责任去改革这种状况，要促使学生全面发展。我们不是反对争取升学，而是反对把升学率的高低作为衡量教学质量的唯一标准，反对那种因追求升学率而使学生畸形发展以及搞题海战术、死记硬背的做法"②。他要求教师对德育、体育、美育、劳动教育有真正的、实际的体会，不能把目光只盯住"智育"，要能真正地感到不搞德、智、体、美、劳全面发展不行。国家、政府颁布的方针，如果我们个人没有从社会实际中真正领悟它的正确性，就不可能很好地贯彻执行。

（二）落实"知识、能力、态度"的教学任务

刘佛年提出的教学任务观涉及知识、能力和态度，围绕着这三项任务，教师的职责在于按照这些任务去施教，力求在学生身上落实规定的任务。

第一，切实完成传授知识的教学任务。知识的获得是教学的重要任务。不过，刘佛年所指的知识不是知识杂乱的堆积，而是经过专家精心选择的最基本的知识。教师的职责就是要把学科中的基本概念、基本原理教给学生，因为它们具有强有力的迁移作用。在他看来，任何学科都有它最基本的东西，它们构成了教学的重点。就知识性学科而言，都有它的理论体系，贯穿于体系之中的是最基本的概念和定律。如果学生真正掌握了这些最基本的概念和定律，那么，一门学科中的全部内容也就迎刃而解了③。

第二，切实完成发展学生能力的教学任务。发展学生的能力构成了教

① 金一鸣. 刘佛年教育文集 [M]. 南京：江苏教育出版社，2010：195.
② 金一鸣. 刘佛年教育文集 [M]. 南京：江苏教育出版社，2010：393.
③ 金一鸣. 刘佛年教育文集 [M]. 南京：江苏教育出版社，2010：171.

学的第二项任务。尽管传授知识很重要，但它本身不构成目的。对学生而言，获得知识不是为知识而知识，而是要活用知识，用所学知识解决实际问题，改造世界。这离不开能力的参与。"继续学习要靠能力，学得好要靠能力，把所学知识运用到实际中去解决问题还是要靠能力，所以能力的重要性无论怎样强调也不过分"①。因此，"我们的教师应该在发展智力方面下很大的功夫，有意识地引导学生发展智力"②。这里的智力指的就是能力，主要涉及观察能力、思维能力、记忆能力、想象能力以及分析问题和解决问题的能力等。在这众多的能力中，刘佛年十分看重创造性思维能力的培养和发展，把它称为教师的一个中心任务。因为"我们有的学生非常喜欢标新立异，你给他说一个问题，他会提出另外一种主张，标新立异，同你的主张不一样。遇到好标新立异的学生，我们有时就会阻拦他：你十几岁怎么就能标新立异啊？如果他是写在考试卷上，就会批评他：你为什么不照教科书上写？为什么要标新立异？这就打击了他的积极性。但如果是一个重视创造性能力的教师，他会考虑这个问题：他是标新立异了，也可能没有什么道理，但他这种精神是可贵的。要是他标新立异能够言之有理，持之有故，尽管证据不足，但他能提出一个假设，这一点还是很好的，因此，不仅不能打击他，而且应该鼓励他……教师要很好地注意发展学生的思维，这是教师的一个中心任务"③。很显然，刘佛年是非常重视学生创造性思维能力的培养，把它视为教师的中心任务。

第三，切实完成发展学生"态度"的教学任务。发展学生的态度，构成了教学的第三项任务。在刘佛年看来，这个态度指的是学生的非智力因素，能对学生的精神、心理产生影响。教师要着眼于发展学生的三种态度。

1. 革新创造的精神。有些人能够突破墨守成规、固步自封的状态，对解决新问题、革新旧技术、创造新局面有一种爱好、迷恋、执着，一头钻下去，能够克服困难，百折不挠，坚决干到底。这种兴趣和毅力就是态度。

2. 开放的态度或精神。刘佛年反对闭目塞听、夜郎自大、井底之蛙的

① 金一鸣. 刘佛年教育文集 [M]. 南京：江苏教育出版社，2010：327.
② 金一鸣. 刘佛年教育文集 [M]. 南京：江苏教育出版社，2010：256.
③ 金一鸣. 刘佛年教育文集 [M]. 南京：江苏教育出版社，2010：256.

态度，而是倡导开放的态度，即对外面的新事物、新信息都感兴趣，都去研究，乐于接受各种进步的有益的思想、知识和经验；要不断地吸收新知识和新信息，开阔知识的视野，向本地区、本国和全世界各国学习。

3. 重未来的态度。因为现代化社会的变化日新月异，如果不能对未来进行预测，采取措施，未雨绸缪，社会就将遭受非常严重的后果。"现在我们搞社会主义现代化也同样需要一大批面向未来的建设者。他们也研究过去，是为了取得经验教训，也研究现在，是为了从现在的实际出发进行改革，但他们是面向未来的，总是考虑国家20年、30年、50年以后的情况，是有建设美好未来的远大理想的"①。因此，他要求教育者要注重这三种态度或精神的培养，激发学生对革新、开放、预测的兴趣，鼓励他们不断进取，克服困难，达到成功。

第四，促进学生"知识、能力、态度"的整体性发展。在刘佛年看来，知识、能力和态度是不能孤立发展的。"教学任务的三个方面是结合在一起的，要全面地完成，不能偏废"②。过去，教师在考虑教学目标时，对知识性目标比较重视，而对能力和态度这两个方面的目标容易忽视。缺乏整体性的教学目标，是难以有效地指导我们的教学。刘佛年指出，"双基"教学固然重要，但它如果不同发展智力结合起来，所学的知识和技能就是死的，不能灵活运用，而同发展智力有机结合，得来的就是活知识。能够灵活运用技能，也就是能力。从这个意义上说，发展智力、能力非常重要，但很明显，智力发展同"双基"教学密不可分，因为智力发展是在各种"双基"教学的过程中得以实现的。

人的身与心的发展构成了人的发展的整体和全貌。在心的发展方面，既包括学生智力因素的发展，也包括学生情感、意志、性格等因素的发展。两者相互制约，相辅相成。后者构成了前者发展的动力和基础。没有后一方面的发展，也就没有前一方面的发展。可见智力和态度是有机结合的。例如，培养学生的创造能力固然重要，而培养学生勇于创造的精神，将创造革新的尝试坚持到底的不畏艰苦的意志，也许却是更重要的。培养独立

① 金一鸣. 刘佛年教育文集 [M]. 南京：江苏教育出版社，2010：315.
② 金一鸣. 刘佛年教育文集 [M]. 南京：江苏教育出版社，2010：164.

学习和工作的主动精神和坚强的毅力比培养独立学习和工作的能力的本身也许是更重要的。"新技术的发展将有利于发展人的某些品质，例如工作的主动性、独立性、责任心、合作精神，民主精神等"①。因此，促进学生"知识、能力、态度"的整体性发展，是教师义不容辞的重要使命。

（三）实施整体性教学改革，造就"完整的人"

刘佛年根据促进人的全面发展的人才质量观，"知识、能力、态度"的教学任务以及教学过程的系统性等，提出了整体教学改革思想，旨在通过整体性教学改革的实施，造就"完整的人"。在他看来，教学过程是由众多因素组成的系统，包括教学目的、教学内容、教学方法、教学评价等因素，各个要素之间是相互制约、相互影响的。教学要改革的弊端不是孤立地存在的，而是渗透在整个教学系统之中。只有从整体上对教学的弊端进行改革，才能达到预期的目标。进行整体改革，需要改革者掌握整体观念。"至于各学科本身也是一个整体，它的许多部分也是有机联系的，学科改革也应该掌握整体观念。从严格的科学的意义上说，学科改革就是某一学科的整体改革"②。因此，他强调，要确保真正实现人的全面发展和自由发展，提升教学质量，就必须综合考虑系统内部和系统外部的各种要素，在教学过程的每个环节上下功夫，而非单抓一门学科、一个教学环节、一种教学方法的改革。唯有如此，才能确保教学目标、教学内容、教学方法、教学评价等方面都取得好的效果。

由于教学目标的改革"在落实'知识、能力、态度'教学任务"中已作论述，因而在这里不再赘述。这里着重从教材、教学方法、评价等方面阐释刘佛年的整体教学改革思想。

首先，课程教材的改革。

1. 补充新知识。刘佛年对当时整体性改革的学校适应现代科技发展的需要，补充新知识的经验进行了总结，指出现代科技发展带来了许多新知识和新技术，与此相适应，不少整体改革的学校增补了不少新课程，如计算机课、思维训练课等，有的还设了一些选修课，或把一个学科分成几种

---

① 金一鸣. 刘佛年教育文集［M］. 南京：江苏教育出版社，2010：305.
② 金一鸣. 刘佛年教育文集［M］. 南京：江苏教育出版社，2010：390.

类型的课，如语文可分为阅读课、写作课、说话课、写字课。在课时方面，有的学科增加了课时，有的则减少。

2. 增加教学内容的难度。刘佛年认为，当时教改实验的一个新动向就是教学内容增加难度，由此带来了一个变化，就是学生的学习兴趣浓厚了，积极性增强了。这说明在教材内容中增加难度是可行的。这就像摘果子要跳一跳才有味道。越是容易拿到的东西，就越不能引起学生的兴趣。过去教育学上的所谓量力性原则、可接受性原则，抽象地讲，也是不错的，但遗憾的是没有提到要有一定的难度，要经过努力才能接受的教材，才能激发学生的积极性①。当然，增加一定的难度，并不意味着教材越难越好，而是要根据具体情况而定。"增加一定的难度，不是说任何难度都可以，太难了就不行。"② 这也就是说，难度的分寸限于"最近发展区"。他还强调要灵活地处理教材。"现在全国只有一种教材，实际上不可能统一，对统编教材，有的地方可能要增加、补充、改编，有的地方甚至要降低，还要搞乡土教材。所以教材在统一中要有灵活性，要随着社会的发展、各地的条件、学校的特点而不断变化。"③

3. 让学生掌握学科中的基本概念和基本原理。刘佛年认为，基本概念和基本原理是一门学科重点的教学内容，也是教师教学的重点之所在。因此，教师的使命就是要努力讲好基本概念和基本原理，让学生掌握它。"就是真正理解它，知道这个概念是怎么产生的，在这以前人们有些什么概念，后来为什么不行了，为什么要有一个新的概念产生。这个新概念是什么意义，这个新的原理有什么意义，这个新概念又如何去解释一些新的现象，为什么旧的概念不能解释，怎么才能解释好。把这些教给学生，学生就掌握了这个概念了。"④ 学生真正掌握了这些基本概念，就能通过少数分类的习题的解决，学会解决各种问题。因为基本概念、原理具有强有力的迁移作用，能够使学生举一反三，触类旁通。由此，学生学的理论就活了，学的概念和原理也活了，就真正掌握了，也就不再需要搞题海战术了。

---

① 金一鸣. 刘佛年教育文集［M］. 南京：江苏教育出版社，2010：206.
② 金一鸣. 刘佛年教育文集［M］. 南京：江苏教育出版社，2010：206 – 207.
③ 金一鸣. 刘佛年教育文集［M］. 南京：江苏教育出版社，2010：207.
④ 金一鸣. 刘佛年教育文集［M］. 南京：江苏教育出版社，2010：207 – 208.

其次，教学方法的改革。

1. 教学方法应注重学生身心各种能力的调动。刘佛年认为，教学方法不仅要调动智力因素的积极作用，而且要发挥非智力因素的动力作用。他说："赞可夫提出的培养能力的问题，很重要，但我想，还可作些补充。我觉得我们现在只是强调培养能力还不够，我们的教学方法应该注意调动学生全部身心的各种能力，包括智力、情感、意志、体力各方面的力量。要把这个作为教学方法改革的目标。这样，教学效果才会更好"①。也就是说，教学要取得好的教学效果，光抓能力是不够的，还必须强调学生的非智力因素的积极性，这既是教学方法改革的目标，也是教师在教学方法的改革中应下功夫的地方。因为人是一个整体，其构成的因素既包括智力，也包括情感、意志等非智力因素。在教学中，要调动各方面的因素，单单调动智力是不够的。刘佛年指出："我们看到有些人智力不差，知识也较渊博，但成就不大，就是因为其他方面有问题。有些学生智力不差，但就是学不好。为什么学不好？你不去了解他的情感、意志、身体健康情况，就不会理解他学不好的原因。"② 因此，教师应对学生的各个方面进行全面了解，经常考虑的不应只是学生成绩的好坏、学生聪明不聪明，而要经常了解学生的好奇心、求知欲、兴趣、情绪、意志、与同学的关系、对学校的看法等方面的状况，全面调动学生身心各方面的力量。唯有调动学生身心各方面力量，才能确保学生身心各方面的力量参与教学活动，发挥它们的整体效应，达到最佳的教学效果。

2. 注重启发式教学，教会学生学习。刘佛年认为，教师不应把学生当成接受知识的容器，填鸭式地把知识全部灌输给学生。教师的任务不再是注入而是启发，他应充分地调动学生的积极性，让他们自己学，自己观察，自己思考，自己钻研。凡是学生能解决的问题，都让学生自己去解决。教师不能包办代替，他的任务不是抱着学生走，而是引导学生走，引导他们去观察、分析、想象。教师不是利用考试分数等强迫学生学习，而是鼓励

① 金一鸣. 刘佛年教育文集 [M]. 南京：江苏教育出版社，2010：210.
② 金一鸣. 刘佛年教育文集 [M]. 南京：江苏教育出版社，2010：212.

学生学习。总之,"教师的作用是教会学生如何学"①。如果教师注意了这些方面,就能使学生摆脱纯粹被动地死记硬背的局面,激发学生的求知欲,提高学习兴趣,增长能力,获得好的成绩。

3. 面对全体学生与因材施教结合。刘佛年分析了当时的在这方面脱节的状况,指出不少教师只关注少数优秀学生,无论是讲解,还是回答问题、做题、发表意见,抑或是受到鼓励,都是针对这些优秀学生的,而成绩中等或较差的学生却得不到这种待遇。因此好的学生越来越好,差的学生越来越差。他要求教师改变这种状况,"做到教学面对全班学生,对不同水平的学生提出不同的问题和任务,让每类学生、每个学生都有机会参与他们力所能及的教学活动,并得到一定的成功和鼓励,多数中等的、稍差的学生的成绩就会还有提高,达到优良水平"②。换言之,要把面对全体学生与因材施教相结合,使每类学生、每个学生都能在自己已有的知识、能力的基础上,得到个性化的、最佳的发展。

再次,教学评价的改革。

1. 目标与评价结合。教学评价要服务于教学目标,目标与评价相结合。考核的结果要以目标来衡量,符合目标要求的,就算好成绩;不符合目标要求的,即使学生能学,也只能算不好的成绩。因此,教学改革者应严格按照目标出测试题,试题的覆盖面、深度等要与目标要求相适应,测试方法应不断改进,使之具有一定的科学性。应尽可能用多样化的方法去测量、评价多项目标实现的可能性。同时要兼顾升学考试问题的解决,升学考试题目必须严格按照国家规定的培养目标来确定,使升学考试与按照教学目标进行的教学活动有机结合。

2. 反馈与补救相结合。这种评价方法是指在一段教学结束之后,立即进行不记分的"诊断性"测试,了解学生学懂的地方,会应用的地方,不懂的问题、不会的问题。得到这种反馈的信息以后,教师自己或利用学生小组的力量立即进行补救,使那些不懂、不会的学生真正学懂、学会,然后才进行下一个单元的学习。这种做法能确保多数学生获得很好的成绩。

---

① 金一鸣. 刘佛年教育文集 [M]. 南京:江苏教育出版社,2010:214.
② 金一鸣. 刘佛年教育文集 [M]. 南京:江苏教育出版社,2010:376.

许多原来成绩不好的学生，因为成绩提高了，无论对学习，还是对学科，充满信心和兴趣，从而更加勤奋学习。随之而来的是教师也改变了对"差生"的看法。如果能在新学科的教学之前，对原已学过的、与新学科相关的知识也来一次测试，取得反馈并进行相应的补救，效果会更好。反馈与补救相结合，使学生学习的每一步都获得成功，千百万教师的教学经验证明是行之有效的措施。它证明只要教学得法，学生的成绩是可以提高的。

综上所述，刘佛年对教师观的论述是系统的、深刻的。首先，他对教师的地位和作用给予充分的肯定，认为教师的工作能为学生一生的发展奠基，是一个光荣的岗位和职业，同时又是充满快乐和幸福的事业。因为教师的劳动是创造性的，富于职业的尊严，能从学生的成长变化中体悟到成就感，获得快乐和幸福。其次，他对教师角色的建构，改变了"师者，传道、授业、解惑也"的教师职业定位，也改变了"园丁""蜡烛""人类灵魂的工程师"传统教师角色观，赋予了教师角色以新的内涵，这就是"学生学习潜力的唤醒者和激发者""教学与科研的结合者""创造性教学的承担者""理论与实际的结合者"。这一教师角色观反映改革开放的二十世纪八十年代社会变革对教师角色的诉求，也反映了教育改革对新教师角色的呼唤，体现了时代特色。它对我们今天重塑教师角色观，无疑提供了宝贵的思想资源和财富。再次，刘佛年论述的教师的三大职责，即促进学生身心的全面发展、落实"知识、能力、态度"的教学任务和实施整体性教学改革，造就"完整的人"，不仅为教师的使命和担当指明了方向，也为当代教师的使命和担当的建构提供了有益的借鉴。

试述刘佛年的教师教育思想[①]

杜学元[②]

　　刘佛年作为我国著名的教育家，在其学习和工作过程中形成了自己独具特色的教育思想，其教师教育思想是其教育思想的重要组成部分，并且形成了完整的体系，本文对其教师教育思想做一梳理。其教师教育思想由论教师的地位、论职前教师教育、论职后教师教育、论办好重点师范大学、论高等师范教育的改革和未来发展等五个方面组成。

一、论教师的地位

　　他认为应该正确看待教师职业、认识教师地位，教师地位非常重要。

（一）教师决定着青少年成才与否

　　他针对1959年高中毕业生报考大学专业时很多不愿从事教师工作提出了不同看法，认为：教师工作是国家建设工作的重要组成部分，是必不可少的。认为当时"人们对它的重要性是认识不足的"[③]。在同样的生产条件下不同的人会产生迥然不同的结果便是所受不同教育的缘故。因此"我们的党、政府和整个的社会，才那么重视人民的教育问题"，进而重视教师培养问题。加之青少年是受教育的最佳时期，可塑性最大，其受教育的好坏对其后发展影响极大。所以，应该尽一切努力把青少年培养成为有社会主义觉悟的有文化的劳动者。这就离不开优秀的教师。"没有优秀的教师，提

---

　　①　该文原载于教育文化论坛，可能部分内容有改动。
　　②　作者简介：杜学元，四川师范大学文化教育高等研究院。
　　③　刘佛年.人民教师是光荣的岗位［M］//金一鸣.刘佛年教育文集.南京：江苏教育出版社，2010：134.

高教学质量是不可想象的"①。

（二）教师是一种扭转乾坤而极不平凡的伟大事业

他对当时较为流行的对教师工作性质的误解进行了剖析。他说：有些青年认为教师工作很平凡、很琐碎，"他们没有看到，正是通过这样一些具体的、细致的工作，年青一代才一天天地成长起来。……培育工作做得越细致、具体，花儿开得越茂盛，果实结得越丰硕"②。因此，教师通过培养一代代的人去改造自然、改造世界，因而是扭转乾坤而极不平凡的伟大事业。针对有些青年错误认为教师工作单调枯燥、不需要了不起的知识、本领和素养，进而认为"上师范大学毫无意义"，他指出："对一个真正认真负责的教师来说，教师工作是一种最吸引人的工作。优秀的教师，对他的学生总是抱着很大的希望。他为自己学生的每一点，哪怕是很小的进步而感到兴奋，也为他们仍旧存在的缺点感到忧虑。学生的成长变化，经常激动着他们的心灵。"③ 因而教师工作是极不平凡的伟大事业。

（三）认为教师有很强的职业幸福感

他说："教师是幸福的。世界上是否有人比他更幸福呢？也许有。但是教师自己感到他是世间最幸福的人。……教师的工作是光荣的工作。"④ 他满怀热情和殷切希望地向高中毕业生中决心参加人民教师伟大行列的青年朋友表示热烈的欢迎。

（四）教师对教育教学质量有决定性意义

他认为，教师素质的好坏直接决定着教育教学质量的提升与否。他举自己参加听教师公开课的例子加以说明。他说：在听一些教师的公开课时发现有的教师提问往往只关注几个学生，即是说"教师就是与这么几个学生发生相互作用。这几个学生是班上最好的学生，而多数的学生都没有和

---

① 刘佛年. 人民教师是光荣的岗位［M］//金一鸣. 刘佛年教育文集. 南京：江苏教育出版社，2010：134.

② 刘佛年. 人民教师是光荣的岗位［M］//金一鸣. 刘佛年教育文集. 南京：江苏教育出版社，2010：135.

③ 刘佛年. 人民教师是光荣的岗位［M］//金一鸣. 刘佛年教育文集. 南京：江苏教育出版社，2010：135.

④ 刘佛年. 人民教师是光荣的岗位［M］//金一鸣. 刘佛年教育文集. 南京：江苏教育出版社，2010：135.

教师发生相互作用，教师就不了解他们的反馈，因此这些学生原来不懂的通过教学活动还是不懂"①。所以他认为，老师上课不能专门关注最好的学生回答问题，而应多叫那些不举手的、成绩比较差的学生，多给这些学生机会和鼓励，多关注这些学生的反馈，这样整个学生才会获得发展。可见，教师素质的高低在教育教学方法上一定有所体现，这直接影响着学生的学习自信心和学习积极性，进而影响着学生是否成才。

二、论职前教师教育

既然教育地位如此重要，就应该培养好师范生，搞好职前教师教育。他认为，师范生应该具备较为全面的素质，毕业后才能胜任教育工作。因此，高等师范院校一定要加强对师范生全面素质的培养。

（一）论职前教师教育的内容

他主张师范生应接受"五育"，尤其对德育、智育和体育有很深入的论述。

1. 论德育

他十分重视德育，认为应加强对师范生的政治教育、道德教育和思想教育，以培养政治素质过硬、道德素养崇高、思想素养正确的师资。

（1）论政治教育

1959 年，他在《提高教学质量的几点体会》中强调政治教育的重要性。他说："政治挂了帅，教学工作才能有正确的方向，才能正确贯彻党的教育方针。"② 他深刻地认识到："只有加强政治思想教育，提高师生的政治觉悟，才能发挥师生在教学上的干劲和钻劲。……师生的政治觉悟提高了，就能在教学上鼓足干劲、力争上游。……时时记住政治是灵魂、统帅。"③

---

① 刘佛年. 大面积提高教学质量的探讨［M］//金一鸣. 刘佛年教育文集. 南京：江苏教育出版社，2010：356.

② 刘佛年. 提高教学质量的几点体会［M］//金一鸣. 刘佛年教育文集. 南京：江苏教育出版社，2010：153.

③ 刘佛年. 提高教学质量的几点体会［M］//金一鸣. 刘佛年教育文集. 南京：江苏教育出版社，2010：153.

（2）论道德教育

一是主张用无产阶级的道德观武装师范生。他认为道德是有阶级性的，主张用无产阶级的道德观武装我们的师范生，促进社会发展。① "在学校中必须加强马克思列宁主义的政治教育和思想教育"②。在社会主义初级阶段，"人们的思想很复杂、混乱，学生会受到各种思想影响"③。因此必须加强师范生的马克思主义教育、社会主义教育和共产主义教育。二是对培养道德的方法进行了系统论述。强调遵循从认识到信念的培养途径，强调德育工作者应与时俱进、不断学习；主张通过实践去锻造师范生的道德，向师范生进行宣传和谈话以强化其马克思主义道德观，教师必须用正确的思想去培养师范生；反对师范生无意识地去发现道德标准，反对脱离实际的教条主义的教学方法和强迫纪律等。

（3）论思想教育

他认为，师范大学生的思想教育也十分重要。一是主张师范生必须树立专业思想。他说："专业思想是否巩固对学习有很大的影响。"专业思想不巩固，就会浪费时光，学得不牢。"专业思想巩固了，钻研的精神有了很大的发挥，功课才学得比较好。"④ 二是主张师范生必须树立教育信念。认为有信念同没有信念大不一样。"它不仅影响教师工作的情绪和信心，同时也直接影响学生的情绪和信心。"认为好的教育家"是那种把大量学习一般或较差的学生培养成为成绩优秀者的教师"⑤。为此，他重视师范生教育信念的培养，要求师范生应忠诚党的教育事业，为成为优秀的人民教师不断努力。

---

① 刘佛年. 实用主义教育思想批判提纲［M］//金一鸣. 刘佛年教育文集. 南京：江苏教育出版社，2010：89.
② 刘佛年. 联系实际与系统性［M］//金一鸣. 刘佛年教育文集. 南京：江苏教育出版社，2010：119.
③ 刘佛年. 十年来教育观念的变革［M］//金一鸣. 刘佛年教育文集. 南京：江苏教育出版社，2010：417.
④ 刘佛年. 提高教学质量的几点体会［M］//金一鸣. 刘佛年教育文集. 南京：江苏教育出版社，2010：153－154.
⑤ 刘佛年. 在普及义务教育中提高教学质量［M］//金一鸣. 刘佛年教育文集. 南京：江苏教育出版社，2010：374.

2. 论智育

扎实的专业知识和广博的文化科学知识素养是师范生必不可少的。于是主张加强对师范生的智育。

（1）论知识教育

一是认为知识教育十分重要。他说："不学习人类所积累的一切有用的知识，就不可能建设社会主义以及共产主义。所以必须教育青年认真读书。任何轻视读书的想法都是有害的"①。因此他认为"教育工作的一个重大任务是传授知识"②。二是认为经验在知识学习中具有重要性，要求教师应处理好感性知识与理性认识、直接经验与间接经验的关系，两者都应重视而不能偏废③。三是重视教育学、儿童心理学和教育心理学知识等凸显师范教育学科特色的知识传授。他说："人们也已经给心理学，包括儿童心理学、教育心理学恢复了名誉。……要理解儿童的身心发展，必须认真学习这方面的知识"④。主张"师范院校应该迅速恢复心理学方面的课程"⑤。通过教育学、儿童心理学和教育心理学的知识的传习，师范院校的师范性便可较为凸显。四是主张教师讲解知识时，要联系实践，注意处理好一系列问题，如要处理好加强实用性知识的教学时不能削弱理论知识的传授、要处理好联系实际与尊重知识的必要性问题、处理好解决当前的社会实践中问题的知识与系统知识的学习问题。

（2）论发展智力

他认为，智育一个重要的任务是发展学生的智力。一是强调发展智力

① 刘佛年．教学工作中的理论与实践的联系问题——学习《毛泽东同志论教育工作》的体会之一［M］//金一鸣．刘佛年教育文集．南京：江苏教育出版社，2010：138.
② 刘佛年．教学工作中的理论与实践的联系问题——学习《毛泽东同志论教育工作》的体会之一［M］//金一鸣．刘佛年教育文集．南京：江苏教育出版社，2010：136.
③ 刘佛年．教学工作中的理论与实践的联系问题——学习《毛泽东同志论教育工作》的体会之一［M］//金一鸣．刘佛年教育文集．南京：江苏教育出版社，2010：136—139.
④ 刘佛年．了解儿童世界［M］//金一鸣．刘佛年教育文集．南京：江苏教育出版社，2010：265.
⑤ 刘佛年．了解儿童世界［M］//金一鸣．刘佛年教育文集．南京：江苏教育出版社，2010：265.

的重要性。他说："发展智力在教学中的确具有重要意义。"① 因为在教学中发展智力是学好知识、掌握技能，形成能力的前提，因而具有重要的意义。二是强调发展智力应与学习基础知识和基本技能相结合，以便获得活的知识②。三是强调在获得"双基"过程中要发展学生的观察力、记忆力、思维力和想象力③。同时认为，智力的各组成部分都十分重要，不能有所轻视。"没有一种智力是不重要的。……我们教师应该在发展智力方面下很大的工夫，有意识地引导学生发展他的智力"④。四是强调对学习差的学生更应培养其智力。他批评了当时在教师中十分流行的"学习差的学生"不用培养其智力"让他死背一点算了"⑤ 的错误看法，认为所谓学习差的学生一个很大的特点就是其智力没有得到发展、不知道怎样运用其思维力和其他智力，加强对此类学生智力的培养尤其重要⑥。

（3）论能力培养

他认为："智力同技能结合起来，就成为很有用的能力。当我们从事某种活动，发展了某种技能，而这种技能又是包含着某种智力因素的，这就成为一种能力"⑦，强调师范大学生应具备各种各样的能力，比如记笔记的能力、读书的能力、作文的能力、写大纲的能力、计算的能力、实验的能力，等等。他特别强调应培养自学能力和独立工作的能力。他说："总起来讲，有两种能力更重要：一种叫自学能力，一种叫独立工作的能力。"⑧

---

① 刘佛年. 有关发展学生智力的一些问题［M］//金一鸣. 刘佛年教育文集. 南京：江苏教育出版社，2010：254.
② 刘佛年. 有关发展学生智力的一些问题［M］//金一鸣. 刘佛年教育文集. 南京：江苏教育出版社，2010：254.
③ 刘佛年. 有关发展学生智力的一些问题［M］//金一鸣. 刘佛年教育文集. 南京：江苏教育出版社，2010：255—256.
④ 刘佛年. 有关发展学生智力的一些问题［M］//金一鸣. 刘佛年教育文集. 南京：江苏教育出版社，2010：256.
⑤ 刘佛年. 有关发展学生智力的一些问题［M］//金一鸣. 刘佛年教育文集. 南京：江苏教育出版社，2010：258.
⑥ 刘佛年. 有关发展学生智力的一些问题［M］//金一鸣. 刘佛年教育文集. 南京：江苏教育出版社，2010：258.
⑦ 刘佛年. 有关发展学生智力的一些问题［M］//金一鸣. 刘佛年教育文集. 南京：江苏教育出版社，2010：256.
⑧ 刘佛年. 有关发展学生智力的一些问题［M］//金一鸣. 刘佛年教育文集. 南京：江苏教育出版社，2010：257.

（4）论培养好奇心与求知欲

他认为：尽管"好奇心、求知欲是人所固有的，儿童在其发展过程中，在一定环境下，就自然发展了这种兴趣和需要"①，但我们不能挫伤它，一旦挫伤它就会影响与此相关能力的发展。强调"对学生的好奇心、求知欲和学习的兴趣，不仅不该加以压制、打击，而要有意识地加以培养。教师上课（或进行任何教学活动），都要使学生有一种新奇感。……教师应该把上课变成一种永远引起学生很大兴趣的向知识领域探索甚至探险的活动"②。反对教师只教现成的答案，认为这样会影响学生求知欲的发展。

（5）论培养信心

他认为："学习要有信心，假若对学习没有信心，肯定是学不好的。"③因此，信心的培养对于师范生是很重要的，它直接影响着将来从教后如何去培养学生的自信心。于是他主张师范生应掌握培养自信心的方法，一是要注意教育的方式方法，慷慨地鼓励与肯定；二是明白不同学生有不同的学习基础，所以学习的进步与否不能一刀切，要同他的过去多作比较；三是给不同学生不同的学习任务且需要经过努力方能完成，完成后即加以肯定，以此增强其信心。

（6）论意志力的培养

他说："学习是个艰苦的劳动，这就需要有坚强的意志才能完成"④。只有具备永不放弃坚强的意志力才能学好。所以说，"培养学生的意志力是教师的一个很重要的任务"⑤。他提出教师一方面要爱护、关心、了解、体贴学生，知道他的困难何在、问题何在；另一方面，又要对学生提出既合理

---

① 刘佛年. 有关发展学生智力的一些问题［M］//金一鸣. 刘佛年教育文集. 南京：江苏教育出版社，2010：258.
② 刘佛年. 有关发展学生智力的一些问题［M］//金一鸣. 刘佛年教育文集. 南京：江苏教育出版社，2010：259.
③ 刘佛年. 有关发展学生智力的一些问题［M］//金一鸣. 刘佛年教育文集. 南京：江苏教育出版社，2010：260.
④ 刘佛年. 有关发展学生智力的一些问题［M］//金一鸣. 刘佛年教育文集. 南京：江苏教育出版社，2010：260.
⑤ 刘佛年. 有关发展学生智力的一些问题［M］//金一鸣. 刘佛年教育文集. 南京：江苏教育出版社，2010：261.

（即能够做到的）又严格的要求，让学生一定要按最好的标准来完成任务，这样就能培养好意志力。

（7）论创造精神、开放态度和未来眼光的培养

在中国教育学会第一次全国学术讨论会上，他提出师范生应具有新的素质。其新的素质包括：一是要有新的知识，二是要有新的能力，三是要有新的态度或精神。他说："三个方面都是一个新人所不可缺少的，其中知识和能力都很重要，但我认为最核心的是态度，即精神。培养人的素质，不能只局限于知识、能力，而更应重视其精神。"[1] 为此，他特别强调创造精神、开放精神和未来眼光的培养。关于创造精神，他说"我们在学校培养学生，不仅要让他有进行创造所必需的知识和能力，而且要培养他的创造精神"[2]，并主张创造精神必须和科学精神相结合[3]。关于开放精神，他说："开放的态度是对外面的新事物新信息都感兴趣，都去研究，乐于接受各种进步的有益的思想、知识、经验。要搞改革、创新，没有这种精神不行。"[4] 认为搞开放不只是学学外语和一些外国的知识，而更应该培养开放的精神、开放的胆识，即便学习外国经验，"必须以马列主义为指导，必须要有分析、有批判地学习……而且还要结合实际来学，不能简单搬用，要把它变成中国的东西"[5]。关于未来眼光，他说："现在我们为发展生产、实现四个现代化而奋斗，这同样需要目光远大，放眼未来。"[6] 于是倡导师范大学生搞一点着眼于未来的研究。"要让学生了解，无远虑者必有近忧。……要使学生不是只注意当前的问题，只关心眼前的利害，而是要深谋远

① 刘佛年. 贯彻三个面向，培养具有新的素质的人才［M］//金一鸣. 刘佛年教育文集. 南京：江苏教育出版社，2010：307.
② 刘佛年. 贯彻三个面向，培养具有新的素质的人才［M］//金一鸣. 刘佛年教育文集. 南京：江苏教育出版社，2010：308.
③ 刘佛年. 贯彻三个面向，培养具有新的素质的人才［M］//金一鸣. 刘佛年教育文集. 南京：江苏教育出版社，2010：309.
④ 刘佛年. 贯彻三个面向，培养具有新的素质的人才［M］//金一鸣. 刘佛年教育文集. 南京：江苏教育出版社，2010：309.
⑤ 刘佛年. 贯彻三个面向，培养具有新的素质的人才［M］//金一鸣. 刘佛年教育文集. 南京：江苏教育出版社，2010：310.
⑥ 刘佛年. 贯彻三个面向，培养具有新的素质的人才［M］//金一鸣. 刘佛年教育文集. 南京：江苏教育出版社，2010：311.

虑，为未来的社会铺路，为后人造福"①。

他特别强调，对师范大学生的各种心理能力都要注意培养，不能机械割裂；对师范大学生素质的培养也必须考虑其整体性，"知识能力固然重要，但精神、态度是核心，新社会的人必须有创造精神，又必须有开放的态度，而且必须能放眼未来。这三种态度是密切联系的"②。

3. 论体育

他认为："人是一个整体，人的身心各个部分构成一个整体，我们要搞好教学，仅仅发展智力还是不够的，一个人的心理活动还要依靠他的身体状况。"③ 因此，他也很重视体育。他说："体力很重要，搞任何工作身体不健康、精力不充沛不行，真正要学习好、工作好，就是要精力充沛嘛。身心健康，这样的人才能搞出东西来。"④ 又说："还有一个根本的东西，就是要把学生的体力发展好。学生精力充沛、身体健康才能搞好学习。"⑤ 他在任华东师范大学校长期间，十分重视体育。他说："要重视体育工作，要求学生每天有一定时间的课外体育锻炼，……有计划地推行国家体育锻炼标准。在教工中也要开展工间操和工余体育锻炼等。"⑥ "要重视和加强学生的体育教育，特别要抓好早操、课外体育活动和推行体育锻炼标准"⑦。

4. 论"五育"的整体性

他认为，除上述"三育"外，还应该重视美育和劳动技术教育。他说："大家一致认为：按社会主义建设的要求，使受教育者德、智、体、美、劳

① 刘佛年. 贯彻三个面向，培养具有新的素质的人才［M］∥金一鸣. 刘佛年教育文集. 南京：江苏教育出版社，2010：311.

② 刘佛年. 贯彻三个面向，培养具有新的素质的人才［M］∥金一鸣. 刘佛年教育文集. 南京：江苏教育出版社，2010：311.

③ 刘佛年. 有关发展学生智力的一些问题［M］∥金一鸣. 刘佛年教育文集. 南京：江苏教育出版社，2010：254.

④ 刘佛年. 谈谈全面发展的教育方针和教学改革的问题［M］∥金一鸣. 刘佛年教育文集. 南京：江苏教育出版社，2010：213.

⑤ 刘佛年. 有关发展学生智力的一些问题［M］∥金一鸣. 刘佛年教育文集. 南京：江苏教育出版社，2010：261.

⑥ 刘佛年. 学校行政工作报告［M］∥金一鸣. 刘佛年教育文集. 南京：江苏教育出版社，2010：272.

⑦ 刘佛年. 一年半来学校行政工作的主要情况和下学年度学校行政工作的基本打算［M］∥金一鸣. 刘佛年教育文集. 南京：江苏教育出版社，2010：281.

全面发展，充分发展，自由发展，这样一种人就是质量高的人。现在的问题是，我们主观上这样认识是一件事，做出来的结果又是一件事，讲的和做的还有很大距离"①。于是强调"我们的教师要体会德育、体育、美育、劳动教育的重要，要有实际体会，真正感到不搞德、智、体、美、劳全面发展不行"②。他主张要加强对学生全面素质的培养，尤其不能轻视德育、体育、美育和劳动技术教育。他说："中小学生中如果多数在德育、美育、体育方面都发展得很好，在智育方面又能取得优秀成绩，在职业教育中也受到很好的训练，他就能成为人才。"③ 华东师范大学作为师范大学就应担负起让这些学生成才的使命，他说："作为高等师范学校，我们的责任更重了，我们要为国家培养大批高质量的教师，……在德、智、体、美诸方面对学生进行严格训练，提出严格要求，培养他们成为又红又专的优秀教师。"④

（二）论职前教师教育培养质量的保障问题

他认为，教师教育培养质量的保证除了前述所主张的应该吸引更多的优秀青年报考师范专业外，培养过程至关重要。为了保证培养过程的质量，他提出如下主张：

1. 论加强马列主义、毛泽东思想的指导和党对师范教育工作的领导

在 1958 年的"教学中谁起主导作用"的论辩中，他既不赞成学生起主导作用，也不赞成教师起主导作用，他强调起主导作用（或称领导作用）的应该是共产党。他说："究竟是提倡学生的主导作用对呢？还是提倡教师的主导作用对呢？我们的回答是，都不对。谁应该在教学工作中起主导作用（或称领导作用）呢？应该是党。只有党才能领导教学工作，使它走上正确的道路。在过去一个时期中由于脱离了党的领导，教学工作就犯了忽

---

① 刘佛年. 在全国普通教育整体改革学术讨论会上的发言［M］// 金一鸣. 刘佛年教育文集. 南京：江苏教育出版社，2010：392.

② 刘佛年. 在全国普通教育整体改革学术讨论会上的发言［M］// 金一鸣. 刘佛年教育文集. 南京：江苏教育出版社，2010：393.

③ 刘佛年. 在全国普通教育整体改革学术讨论会上的发言［M］// 金一鸣. 刘佛年教育文集. 南京：江苏教育出版社，2010：394.

④ 刘佛年. 在庆祝华东师范大学建校 30 周年大会上的讲话［M］// 金一鸣. 刘佛年教育文集. 南京：江苏教育出版社，2010：264.

视政治、厚古薄今、脱离生产实际等错误。"① "成绩都是由于广大师生在教学改革过程中受了党的教育,在共产党的领导下,兴无灭资,解放思想,鼓足干劲才取得的。所以说起领导作用的应该是党,必须加强党在教学工作上的具体领导。"② 要求大家要贯彻中共中央和国务院所颁布的《关于教育工作的指示》的精神,教学工作"应该贯彻党委领导下的群众路线的工作方法",也就是采取党委领导之下教师与学生结合的方法③。

在华东师范大学建校 30 周年庆祝会上,他强调加强马列主义、毛泽东思想的指导和共产党对师范教育工作的领导。他说:"实现我们的目标是不容易的,但又是完全可以做到的。只要我们始终不渝地坚持以马列主义、毛泽东思想为指导,坚持贯彻执行三中全会以来的路线、方针、政策,在教育部、中共上海市委、上海市政府的领导下,全体师生员工团结一致共同努力,我们一定能在不远的将来把我校办成为高质量有特色的重点师范大学,为祖国的四化建设作出更大的贡献。"④

2. 论教育教学过程的保障问题

为了培养高水平师资,教育教学过程十分关键。为此,他认为,要编制好教学计划、教学大纲和教科书,选配好高质量的师资,采用适切的教育教学方法,做好见习、实习等工作和完善考试制度等,以保证高质量师范生的培养。

(1)论编制好教学计划、教学大纲和教科书

编制好教学计划,对于搞好教育教学工作十分重要。1953 年,他作为华东师范大学教务长,对当时的教学计划作了研究,认为还存在着一定的问题。"一些系或年级的教学计划还是过重了。许多学生忙于做练习或课外作业,而没有时间进行教科书的钻研和参考书的阅读,所以我觉得教学计

---

① 刘佛年. 教学工作中的群众路线问题 [M] //金一鸣. 刘佛年教育文集. 南京:江苏教育出版社,2010:125.

② 刘佛年. 教学工作中的群众路线问题 [M] //金一鸣. 刘佛年教育文集. 南京:江苏教育出版社,2010:126.

③ 刘佛年. 教学工作中的群众路线问题 [M] //金一鸣. 刘佛年教育文集. 南京:江苏教育出版社,2010:127.

④ 刘佛年. 在庆祝华东师范大学建校 30 周年大会上的讲话 [M] //金一鸣. 刘佛年教育文集. 南京:江苏教育出版社,2010:264.

划本身还有一定的问题。"① 为此，他大胆地加以补救，采取了一些临时措施，完善了教学计划②。但他认为这只是临时性的，修改教学计划必须提上日程。他说："关于准备修改教学计划的问题，教育部已来通知，二月间我们将开始讨论，现在需做些准备工作，找一些资料使讨论进行得更好。"③只有修改好了教学计划，才能在其指导下编好教学大纲和教科书。

关于编制好教学大纲。他认为是对教学计划的具体落实。教学大纲应该随着教学计划的改变而有所改变。他说"现行各科教学大纲之所以要修改，这是因为教学计划改变了，教学大纲必须进行修改"④。认为编制教学大纲，可以对教学起针对性的指导。强调"修订大纲不是为了备用，而是对教学提出基本要求。教学目标是最重要的，它为评价教学提供依据"⑤。还认为教学大纲可以为教学确定好具体目标，以便对教学进行评价。强调在《教学大纲》中要确定好教学目标，应注意其层次性⑥。同时强调要制定好教学大纲必须深入调查研究，掌握好情况。他说："我认为，无论是修订，还是重新制订，都得有一个先决条件，那就是广泛的调查研究工作。只有摸清了情况，才能做到心中有数"⑦。主张每隔三四年就做这样一次广泛、全面的调查分析工作，以使编写的教学大纲更具针对性。使难易程度更加合理、分量更加合理。

关于编订好教材。他认为应在充分调研分析和修改教学大纲的基础上编写或修订教材，注意知识的难易程度和分量，使教材更具有针对性。他

---

① 刘佛年. 关于培养学生独立思考和独立工作能力问题的意见［M］//金一鸣. 刘佛年教育文集. 南京：江苏教育出版社，2010：58.

② 刘佛年. 关于培养学生独立思考和独立工作能力问题的意见［M］//金一鸣. 刘佛年教育文集. 南京：江苏教育出版社，2010：58.

③ 刘佛年. 关于培养学生独立思考和独立工作能力问题的意见［M］//金一鸣. 刘佛年教育文集. 南京：江苏教育出版社，2010：61.

④ 刘佛年. 关于制定教学大纲的几点想法［M］//金一鸣. 刘佛年教育文集. 南京：江苏教育出版社，2010：385.

⑤ 刘佛年. 关于制定教学大纲的几点想法［M］//金一鸣. 刘佛年教育文集. 南京：江苏教育出版社，2010：387.

⑥ 刘佛年. 关于制定教学大纲的几点想法［M］//金一鸣. 刘佛年教育文集. 南京：江苏教育出版社，2010：387－388.

⑦ 刘佛年. 关于制定教学大纲的几点想法［M］//金一鸣. 刘佛年教育文集. 南京：江苏教育出版社，2010：385.

说："我们发现有些教材不太适合实际情况，也就是说，在难易程度和分量等方面，有些教材不是那么恰当，这样下去，对提高广大学校的教学质量是不利的，这是经过调查得出来的结论。"① 他主张，所编教材要在实践中去使用并不断完善。"今后各单位或者个人所编写的新教材，推荐单位应将教材在几种不同情况的学校中试用，并进行测量和统计分析。"② 只有在试用的基础上不断完善，这样的教材才能大面积铺开。

（2）论选配好高质量的师资

一是认为师资队伍在学校办学中有独特作用，必须建设好师资队伍。他在华东师范大学建校 30 周年大会上说："我们深深体会到，要办好一个大学，任务是极其艰巨的，但又是非常光荣的。今后我们面临的任务将更艰巨、更光荣。要完成新的任务，必须创造许多条件，特别重要的是要有一支高质量、高水平的教师队伍，要有一个能执行党的方针政策的、团结的、有战斗力的领导班子，和一支精干的思想政治工作队伍。"③ 认为从事教育教学的教师队伍、负责落实教育方针的领导班子和从事师生思想政治工作的思政队伍都应配强，才能完成艰巨而光荣的办学任务。

二是强调教师对教学质量的提高起直接作用，因而必须加强教师队伍建设。他说："教学质量的提高，主要还是通过教师来完成的，教师是个很重要的因素。教师的业务水平首先是一个问题，过低的水平是不行的。"④ 教师只有能胜任教学工作，才能把学生教好。除业务水平外，教师思想品德更加重要。他说："教师的业务水平固然重要，但是教师的思想品德更重要。教师是用什么思想进行工作，用什么方法进行工作，这是个带根本性的问题，业务水平合格的教师，不一定就能取得好的教学成绩。"⑤ 所以，

① 刘佛年. 关于制定教学大纲的几点想法［M］//金一鸣. 刘佛年教育文集. 南京：江苏教育出版社，2010：385.

② 刘佛年. 关于制定教学大纲的几点想法［M］//金一鸣. 刘佛年教育文集. 南京：江苏教育出版社，2010：389.

③ 刘佛年. 在庆祝华东师范大学建校30周年大会上的讲话［M］//金一鸣. 刘佛年教育文集. 南京：江苏教育出版社，2010：264.

④ 刘佛年. 关于制定教学大纲的几点想法［M］//金一鸣. 刘佛年教育文集. 南京：江苏教育出版社，2010：386.

⑤ 刘佛年. 关于制定教学大纲的几点想法［M］//金一鸣. 刘佛年教育文集. 南京：江苏教育出版社，2010：386.

加强师资队伍建设既要注意教师的业务水平，更要注意教师的思想品德。

（3）论采用适切的教育教学方法

关于教育教学方法，他认为灵活多样，主张"根据教学目标和教师、学生、设备等方面的条件，选择最适宜的方法，要随机应变"①。教师在使用教育教学方法时，要求教师讲清教学的具体任务，随时给学生帮助、提示和启发；教师对学生应多加鼓励；既统一要求，又因材施教；注意启发性，分清重点；培养学生的独立思考能力，反对抱着走和嚼烂喂；在学懂基础上施教，以效果而不是进度为目标。

（4）主张做好见习、实习等工作，既巩固专业思想，又培养师范生的教育教学实践能力

他认为师范生对教育实践的接触和了解是从教育见习和教学实习开始的。所以他十分重视师范生的教育见习和教学实习工作。认为教育见习和教育实习有利于"巩固和加强学生的专业思想"②。通过教育见习和实习活动，又能增强师范生的教育教学实践能力，对于保证师范生的质量起到了积极的推动作用③。

（5）正确认识和执行考试制度和评价制度

他认为，要保证师范生培养的质量，必须正确认识和执行考试制度和评价制度。

关于考试制度，一是认为必须明了考试制度的本意，掌握考试制度的精神实质，不能为考试而考试。1954年，他对推行口试和四级分制明确指出要防止形式主义。强调考试中的试题必须包括教学的全部主要内容④。强调教师出的试题必须全面、系统，而且必须辅导学生进行全面系统的复习。

---

① 刘佛年. 在全国普通教育整体改革学术讨论会上的发言［M］//金一鸣. 刘佛年教育文集. 南京：江苏教育出版社，2010：396.
② 刘佛年. 提高教学质量的几点体会［M］//金一鸣. 刘佛年教育文集. 南京：江苏教育出版社，2010：154.
③ 刘佛年. 华东师范大学第三届教育实习总结［M］//金一鸣. 刘佛年教育文集. 南京：江苏教育出版社，2010：75 - 76.
④ 刘佛年. 掌握新考试制度的精神，防止形式主义［M］//金一鸣. 刘佛年教育文集. 南京：江苏教育出版社，2010：66.

反对教师"随随便便出一些试题"①，反对"以复习题作考试题，代学生做答案"，反对教研组"不去认真检查教师所出的试题是否全面、系统，是否包括了重要的、原则的东西，是否符合教学大纲的要求"② 的形式主义签字的做法。二是认为口试和四级分制有其长处，关键是如何执行。如果"正确地应用了口试与四级分制，就能真正检查出学生在知识的掌握程度和学习方法上有哪些具体的优点和缺点，也能真正检查出教师的教学内容和方法有哪些具体的优点和缺点。因此考试之后必须进行认真的具体的分析和总结。"③

关于教育评价制度。一是认为评价有终结性的、形成性的和诊断性的三类，但不同的评价作用不同。认为对教学最有用的是形成性评价。因为"它可以对教学过程的每一单元的效果进行反馈，及时矫正"④。二是认为当时流行的考试方法基本上不能解决问题。"到一个学期末，教师随便出几个题目让学生考考，然后打打分数。这不是真正的评价。真正的评价应是按照教学要求，点点地进行测量，考查学生是否真正达到要求。"⑤ 三是主张应以教学大纲为标准进行测量和评价。他说："只有以教学大纲为标准进行测量、评价，才能解决问题。"⑥ 四是倡导对教材评价工作加以研究。他认为，评价教材，既要看教材内容的科学性，还要看教材与实际需要的适合度。"编教材要调查研究，审定教材也要注意实验，注意调查，否则是不行的。"⑦

———————————

① 刘佛年．掌握新考试制度的精神，防止形式主义［M］//金一鸣．刘佛年教育文集．南京：江苏教育出版社，2010：66.

② 刘佛年．掌握新考试制度的精神，防止形式主义［M］//金一鸣．刘佛年教育文集．南京：江苏教育出版社，2010：66.

③ 刘佛年．掌握新考试制度的精神，防止形式主义［M］//金一鸣．刘佛年教育文集．南京：江苏教育出版社，2010：67.

④ 刘佛年．关于制定教学大纲的几点想法［M］//金一鸣．刘佛年教育文集．南京：江苏教育出版社，2010：388.

⑤ 刘佛年．关于制定教学大纲的几点想法［M］//金一鸣．刘佛年教育文集．南京：江苏教育出版社，2010：388—389.

⑥ 刘佛年．关于制定教学大纲的几点想法［M］//金一鸣．刘佛年教育文集．南京：江苏教育出版社，2010：389.

⑦ 刘佛年．关于制定教学大纲的几点想法［M］//金一鸣．刘佛年教育文集．南京：江苏教育出版社，2010：389.

三、论职后教师教育

他主张摸清家底，加强教师的职后培养，以便做强教师队伍。

（一）论摸清家底是加强教师职后培养的前提

他在《行政工作的报告》中特别强调，作为一个领导，一定要深入调研，摸清家底，以便加强师资队伍建设。他说："加强师资队伍的建设，必须对师资队伍的状况进行认真的调查和科学的分析。这样，才能在领导思想上有个清晰的估价和认识，并据以制订师资培养的全面规划。"① 他介绍了他多次对教师队伍情况深入调查，才对教师的培养、使用等根本问题有较为深入的了解。

（二）针对师资队伍所存问题，提出整改措施

他对当时教师的职后培训和进修提高仍不十分满意。他说："广大教师的培养和提高是十分紧迫的任务，而且在不同程度上都带有补课的性质。因此，我们在 1979 年就要求各系对广大教师实行'三定'，给他们定方向、定任务、定要求，制订规划，使他们的培养提高有个长期的奋斗目标，克服了过去教师方向任务多变的错误做法，使教师的任务保持相对稳定，以有利于他们在业务上较快地恢复、提高和成长"②。即根据不同对象和情况提不同要求。对老教师"主要是通过带研究生，指导中、青年教师和著书立说来发挥作用和提高自己"；对中年骨干教师"主要是结合为研究生、本科生开课，或负责搞科研等压担子的办法来培养提高"；对青年教师"主要通过补课和考试，取得助教职称"③。

重视开阔教师的眼界，派遣教师出国进修学习、短期考察、参加高级学术会议或应邀讲学，以增强国际视野。还积极创办各种形式的培训班以提升教师素养。"在校内，由业余大学、校工会和有关各系举办了脱产半脱

---

①　刘佛年. 关于学校行政工作的报告［M］//金一鸣. 刘佛年教育文集. 南京：江苏教育出版社，2010：235.

②　刘佛年. 关于学校行政工作的报告［M］//金一鸣. 刘佛年教育文集. 南京：江苏教育出版社，2010：236.

③　刘佛年. 关于学校行政工作的报告［M］//金一鸣. 刘佛年教育文集. 南京：江苏教育出版社，2010：236.

产和业余的外语学习班。……让更多的教师学习外语，尽快提高外语水平"①。他认为这些是快速提高在职或在岗教师业务水平的有效办法。

四、论办好重点师范大学

（一）认为要提高师范生的水平，就必须加强师范院校的建设

他认为，要提高师范生的水平，就必须加强师范院校的建设，于是提出"要把重点高等师范院校真正办成重点"，以便更好地履行培养师资的重任。他说："发展、巩固、提高中等教育是面临的重要任务。目前不少地区的中等学校的师资，无论在数量和质量上都不能满足要求，这就需要大力发展高等师范教育。"②

（二）对师范院校要有层次眼光

他分析了当时全国高等师范院校，认为应考虑其层次性，要有层次眼光。他说，师范院校大致可分为三种类型：一类是师范专科学校，一般学制为二年，培养初中师资；一类是一般的师范学院，学制四年，可以培养高中师资；还有一类是部属的重点师范大学或学院，在"文革"前学制是五年，当时为四年。于是主张后一类重点高师为师范学院和师范专科学校提供师资。③

（三）论重点高等师范院校应名实相符

为了让名实相符，他提出一定要把重点高等师范院校真正办成重点，赋予它为师范学院和师范专科学校提供师资的任务。他说："如果重点高师要担负这样重的任务，它本身的质量就需要有较大的提高。也就是说，现在很需要把重点高师真正办成重点。"④ 为此，一是应当让这类学校能招到质量较优秀的学生，二是要让教师在社会上得到应有的尊敬和重视，三是

---

① 刘佛年.关于学校行政工作的报告［M］//金一鸣.刘佛年教育文集.南京：江苏教育出版社，2010：237.

② 刘佛年.要把重点高等师范院校真正办成重点［M］//金一鸣.刘佛年教育文集.南京：江苏教育出版社，2010：193.

③ 刘佛年.要把重点高等师范院校真正办成重点［M］//金一鸣.刘佛年教育文集.南京：江苏教育出版社，2010：193.

④ 刘佛年.要把重点高等师范院校真正办成重点［M］//金一鸣.刘佛年教育文集.南京：江苏教育出版社，2010：193.

明确规定重点高等师范院校的培养目标，四是延长学制一年以弥补当时高等师范院校招收的学生素质不佳的问题，五是专业设置不宜只限于与中学课程有关的方面，六是重点高等师范院校应该办成教学和科研的两个中心①。他反对当时社会上某些人认为"即使是重点高等师范院校，它的任务也只能是以培养中学教师为主，只能设与中学有关的专业，从事与中学有关的科研，基建、设备、师资进修机会都应该首先照顾他类重点学校，然后才轮到重点高等师范院校"② 的错误观念，认为高等师范院校不是第二流的大学。

五、论高等师范教育的改革和未来发展

（一）论高等师范教育的改革

他对高等师范教育的改革发表了自己的看法。主要有：

一是主张高等师范教育也要多层次、多规格。"现在两年制师专培养初中师资，将来可以发展为师院来培养。现在四年制师范学院培养高中师资，将来一部分师院可以改为五年制，四年进行大学某一专业教育，一年进行教育科学的训练。师范大学的研究生教育主要培养高等师范院校的师资。我希望某些师范的学生能有一定比例报考研究生，以便为高等师范院校补充合格的师资。要培养研究生，学校就要开展科学研究，不能把注意力局限于中学里开设的几门课程"③。他甚至在 1982 年就明确指出师范大学应加大硕士甚至博士研究生的培养力度，以为高层次教师做准备。

二是师范学院的培养目标，要看中等教育的发展趋向。主张"发展师范教育要想得深远一些。师范学院的培养目标，要看中等教育的发展趋向。培养什么样的学生，就要什么样的师资，要求各类中等学校学生具备什么

---

① 刘佛年. 要把重点高等师范院校真正办成重点［M］//金一鸣. 刘佛年教育文集. 南京：江苏教育出版社，2010：194.

② 刘佛年. 要把重点高等师范院校真正办成重点［M］//金一鸣. 刘佛年教育文集. 南京：江苏教育出版社，2010：194.

③ 刘佛年. 从新的技术革命看师范教育的改革［M］//金一鸣. 刘佛年教育文集. 南京：江苏教育出版社，2010：289—290.

素质，高等师范院校毕业生也就要具备同样素质"①。他对当时"有些中学教师不合格。即使合格的教师中也有一些人知识面窄，新的知识少，动手能力差，课外活动指导不了"② 提出了批评，主张师范学院少开专门化课程，有的可放到研究生阶段去，本科学生主要打好基础，相应增加科技活动、承担科技服务，使他们有动手和运用所学知识的能力；部分师院可招收有工作经验的学生，培养成为中等学校专业课、技术课师资。

三是主张适当增加凸显师范性课程的课时并对教育训练进行改革。他说："多年来，专门化的课程挤压了教育训练。教育学、心理学、教学法的课时比 50 年代显著减少，由一年减到半年。学校和各系都不像 50 年代那样认真地抓教育实习。这是一个大问题。"③ 于是主张要增加教育实习的时间，增加教育学、心理学、教学法的课时，加强教育训练，以便巩固师范学生的专业思想和较快地适应教育工作的能力。

四是倡导采取切实有力的提高教师的地位和待遇办法，如提高起点工资级别、实行教龄津贴、浮动工资和奖金、改善住房、医疗条件等吸引优秀高中生报考师范院校④。

（二）论高等师范教育的未来发展

1985 年他预言未来高等师范院校教育的具体体制形式等有如下一些大的趋势：

一是高等师范院校的培训范围将扩大。他认为："幼教和小教师资的培养．将来会作为高等师范院校的任务，过去这些师资在中师培养，今后将转移到师专然后还要升格至各到师院。……现在初中教师是在师专培养的，将来也要转移到师院。……至于部分条件较好的师院（师大），今后将会增

① 刘佛年．从新的技术革命看师范教育的改革［M］//金一鸣．刘佛年教育文集．南京：江苏教育出版社，2010：290.
② 刘佛年．从新的技术革命看师范教育的改革［M］//金一鸣．刘佛年教育文集．南京：江苏教育出版社，2010：290.
③ 刘佛年．从新的技术革命看师范教育的改革［M］//金一鸣．刘佛年教育文集．南京：江苏教育出版社，2010：290.
④ 刘佛年．从新的技术革命看师范教育的改革［M］//金一鸣．刘佛年教育文集．南京：江苏教育出版社，2010：290.

加培养研究生、进修教师的任务。"①

二是师范学院将努力提高文理基础知识和学科专业知识的质量，教师必须教学与科研并重，高等师范院校必须拓展专业。"不搞科研的大学教师不能成为真正的好教师，不能培养学生的科研能力。专业太少的学校不能组织各学科的科研协作，不能扩大学生的知识面，因而不能培养出好的高中教师。为了提高教学质量，师范学院必然要创造条件，突破狭隘的师范框框。"② 一定会增加新的专业，包括"非师范性"的专业，发展科学研究工作，包括所谓"非师范性"的科研。并且"非师范性"科研对于提高教师的水平、培养高年级学生和研究生的科研能力是必要的。

三是综合大学和其他专科大学有培养师资的职能。他说："以后综合大学和其他专科大学里可能开设教育学科。……在综合大学里将来会考虑开设教育学的课程，供有志于从事中学教育的学生攻读。……今后除原有的中专外，还会出现大量的职业高中，这些学校中的专业课师资从哪里来呢？恐怕主要只能从各种专科大学中培养。所以在专科大学中将来也会开设教育科学课程，或者设置培养中等专业学校师资的师范班。"③

四是教育学科的训练将要加强。"教育学科的教师必须有较广较厚的文理基础知识和某一学科的专业知识，加上教育学科的知识和实际经验。所以教育学科的教学和研究人员必须在研究生阶段培养，而不是在本科阶段培养。……师范学院的学生如果只学了现在的教学计划中那么一点点教育学、心理学、教学法，只进行四到六周的教育实习，就去独立负责教书育人，他的教学能力和热爱教育事业的思想感情都是远远不够的。为了培养高中教师，……教育专业的训练是一定要加强的。"④

综上所述，刘佛年先生在自己的师范教育实践中形成了完整的教师教

---

① 刘佛年. 高师教育的展望［M］// 金一鸣. 刘佛年教育文集. 南京：江苏教育出版社，2010：316 – 317.

② 刘佛年. 高师教育的展望［M］// 金一鸣. 刘佛年教育文集. 南京：江苏教育出版社，2010：317.

③ 刘佛年. 高师教育的展望［M］// 金一鸣. 刘佛年教育文集. 南京：江苏教育出版社，2010：317 – 318.

④ 刘佛年. 高师教育的展望［M］// 金一鸣. 刘佛年教育文集. 南京：江苏教育出版社，2010：319.

育思想，其教师教育思想不仅理论化，而且体系化。他对教师地位的充分肯定，论职前教师教育强调应"五育"全面发展并提出了一系列保证师范生"五育"发展的设想，重视职后教师教育，论办好重点师范大学，论高等师范教育的改革和未来发展，其思想深邃，政治站位高，现实针对性强，尽管其思想产生于30年前甚至70年前，对于当前高等师范教育的改革与发展仍具有很强的指导性。他37年前对高等师范发展的预测几乎都变成了现实。他强调高等师范教育要政治挂帅、加强共产党对高等师范教育的领导，强调高等师范院校学生要德智体美劳全面发展，强调加强师资队伍建设尤其是教师的思想建设、业务能力的提升，强调提升教育教学质量，强调学生均衡而有质量的发展，……这些观点对我们今天办好教师教育很有启发和借鉴意义。我们要珍惜刘佛年先生留给我们的宝贵遗产，不断地学习、研究和总结，继承其遗志，进一步搞好教师教育工作。

刘佛年"知识·能力·创造"型
教师培养研究①

夏永庚，詹梦珍②

　　刘佛年先生是当代知名教育家，对新中国高等师范教育和教育学科的建设和发展做出了重要贡献。从 1951 年开始，参与新中国第一所社会主义师范大学"华东师范大学"的组建，历任教务长、副校长和校长，为华东师范大学的建设和发展打下了坚实的基础。到今天，华东师范大学的教师教育在全国一直是领头羊，教育学科是双一流学科，是世界知名高水平大学。系统总结刘佛年先生的教师教育思想并在当前的师范教育实践中进行创造性发展，既是对刘佛年先生的纪念，更是在当前"两个一百年"转折发展时期，进一步加强和改进教师教育的需要。笔者在对刘佛年先生关于教师教育文献的系统梳理和研读基础上，将他的教师教育思想总结概括为"知识·能力·创造"型教师培养，这种范型的教师，不仅在当时具有先进性，也是当前依然需要大量培养的。

一、"知识·能力·创造"型教师的建构

　　作为培养教师的师范大学，首先要明确培养什么类型的教师，应该具备什么样的素质和能力结构。在长期的师范教育工作探索中，我们发现，刘佛年先生逐渐聚焦在了"知识"、"能力"和"创造"三个关键词上，也就是必须具备广博的知识、优异的教育教学能力、良好的创新精神与创造能力，才能够为国家的建设和发展培养出大量的优秀人才。

---

　　① 　该文原载于教育文化论坛，可能部分内容有改动。
　　② 　作者简介：夏永庚，湖南科技大学教育学院副教授，教育学博士，主要从事课程与教学论研究。詹梦珍，湖南科技大学教育学院硕士，主要从事教育学原理研究。

（一） 知识型教师

新中国成立伊始，百废待兴，需要大量的建设人才。但当时民众的文化素质水平极其低下，文盲占了一大半，教师队伍极其缺乏。从这些现实情况及教师培养和发展的基本规律来看，无疑首先必须立足于知识的传授和传播。刘佛年先生认为一个师范生，必须在广博的文化知识和扎实的专业知识两个方面下功夫。

1. 广博的文化知识

教师的基本任务是传授知识，当然首先就得自己有丰富的知识。刘佛年先生认为"我们讲现代教学时仍应重视知识，当然它不是杂七杂八的堆积，而应是精选的、最基本的知识，这样的知识传授给学生，始终是教学要完成的一个任务"①。基础知识对于师范生而言尤为重要，所以一方面，他鼓励优秀的高中毕业生报考师范专业，进而成长为优秀的教师；另一方面，注重师范生的基础知识素养的培养。在当时的文化背景下，他认为教师应具备的基础知识内容实际上是比较广泛的，包括语言文字知识、政治知识、劳动知识等。因而在培养教师时，注重语言文字和外语知识学习，注重思想政治学习，强调劳动知识的学习，这是当时马克思主义教育思想"教育必须与生产劳动相结合""教师既是劳动者又是知识分子"的直接体现。到 20 世纪 90 年代时，他还进一步强调教师培养应该适应信息技术时代发展的需要，具备信息化知识。

2. 扎实的专业知识

早期的师范生培养，对专业知识应该包括哪些部分的认识其实还并不明确。刘佛年先生在借鉴国外高校经验和总结民国时期教师培养经验的基础上，提出师范生的专业知识主要包括学科知识和教育学知识两个方面。

学科知识，后来被称为一个教师的本体性知识，是教师知识结构中对成功教学的开展起直接支撑作用的。关系到一个教师对所教学科教学内容的理解和转化程度，只有自己对学科知识体系融会贯通了，才可能用自己的语言开展教学，将知识用自己的语言传授给学生，才能够激发学生的学习兴趣，使得学生对学科知识有比较好的理解和掌握。

---

① 金一鸣．刘佛年教育文集［M］．南京：江苏教育出版社，2010：327.

教育学知识是教师开展教育教学工作的条件性知识，主要涉及对教育的理解（教育观）、对教师（教师观）和学生（学生观）的认识等，这些直接关系到教师在日常教学过程中教学方法、教学评价的使用，关系到教师主导作用的发挥和学生主体地位的是否被尊重等。由此出发，能够利用教育学知识激发学生的学习兴趣、科学化地开展教育教学过程等，达到比较理想的教学效果。同时，刘佛年先生认为，每一个教师都需要研究教育学的相关问题、研究教育管理的相关问题，虽然并不是每一位教师都需要研究出重大的成果，但却可以重塑自己对教育的理解、构筑自己对教育的认识框架等。

（二）能力型教师

传授知识是教师的基本工作，如何有效、高质量地传授知识，却需要较强的教学能力；同时，基于培养全面发展学生的立场，教师不能仅仅传授知识，还需要促进学生道德和审美的全方位发展。

1. 育智能力

1959 年，刘佛年在谈及教学质量时就强调教师的教学能力对教学质量的提高起到至关重要的作用。此后，他都一直强调教学要讲究科学性，"要使教学工作达到高效率、高质量，一定要研究教学工作的客观规律。应该按照教学规律来革新教材，改进教学方法，在不使学生负担过重的情况下，提高教学效果。所以教学一定要讲究科学性"①。具体包括如下几个方面的要求：其一，要加强对学生的关注和研究，因为学生的学习能力有所差别，且并不是一成不变的，要及时根据学生的变化而调整自己的教学；其二，要注意知识的性质，对于学科最基本、最重点的知识，教师要运用各种手段帮助学生理解，达到掌握并且能够应用的程度；其三，要注意讲练的结合，特别是课堂讲解与练习的结合，逐步引导学生自觉地掌握解决问题的办法；其四，要注意评价标准的多样化，"由于各个学校的师资、设备等条件不同，学生来源不同，任务也不尽相同，不应该只按学生分数进行评比"②。考试是教师了解学生进步程度的手段，而评价也应该按照学生德智

---

① 金一鸣. 刘佛年教育文集［M］. 南京：江苏教育出版社，2010：177.
② 金一鸣. 刘佛年教育文集［M］. 南京：江苏教育出版社，2010：179.

体全面发展的标准来衡量。

2. 育德能力

刘佛年先生认为，教师的育德能力贯穿其教学过程的全部。首先是对学生进行全方位的了解，"教师对学生的各个方面都应该了解，才能教好这个学生"①。其次是关注学生学习之外的情况，"一个教师经常考虑的问题不应该只是学生的成绩好坏、学生聪不聪明，而要经常了解他的兴趣怎么样，情绪怎么样，做事情是严肃认真还是马马虎虎，思想健不健康，体力充不充沛，营养丰不丰富，运动量够不够，休息够不够，家庭关系怎么样，他跟同学关系怎么样，他对学校的看法怎么样，等等"②。最后是长期的坚持，全面地、长期地、深入地了解学生，观察学生，才能够指引他的发展方向。刘佛年十分强调教师的"爱"，教师把自己的温暖和情感倾注到每一个学生身上，就能够拉近与学生的距离，用真心真情滋润学生的心灵，帮助学生树立自信心，促进学生健康成长。

3. 育美能力

刘佛年先生认为，要重视对师范生进行艺术素养的培养，因为美育同样贯穿课堂内外。不独是艺术教师或体育教师，所有教师都应该在引导学生认识美、欣赏美、创造美上发挥重要作用。拥有艺术素养的教师一定程度上就拥有了帮助学生认识美、欣赏美的能力。学生对于美的创造开始于模仿，这需要教师本身是一个"美"的个体，能够给学生树立美的形象。

（三）创造型教师

早在1985年，刘佛年先生就发表文章《谈谈创造教育》，提出要着力培养学生的创造能力，进行创造教育。他指出，智力与创造力并不是正相关，而创造能力却是要经过培养才能提高的。而培养具有创造性的学生则需要具有创造性的教师，只有足够多的创造型教师，才能够培养出足够多的创造型人才。什么样的教师才是创造型教师呢？刘佛年先生提出了自己的看法。

1. 能够开展创造性教学

刘佛年先生对教师发出了这样的号召，"我们如果要培养学生的创造能

---

① 金一鸣. 刘佛年教育文集［M］. 南京：江苏教育出版社，2010：213.
② 金一鸣. 刘佛年教育文集［M］. 南京：江苏教育出版社，2010：213.

力和精神，首先要培养自己的创造能力和精神，教育工作并不是一种机械的工作，教育领域是我们教师可以充分发挥创造能力的广阔天地"①。他认为，学生的创造精神与创造能力是可以而且需要从小培养的，教学对学生创造性的发展具有重要价值，而教师就是这个培养中极为重要的一环。开展创造性教学，对教师有两点要求，一是要求教师能够掌握一些创造教育的知识，刘佛年指出，受过师范教育的教师，必然学习了教育学与心理学，这些学科知识是创造能力的基础，但是仅仅有这些知识基础是不够的，还需要在师范教材中添加更多关于创造教育的知识，培养师范生的创造教育能力。二是要求教师创造性地运用教学方法，教育教学不是一成不变的，教师可以运用不同的教育方法与模式，也可以加入自己的创造来适应当下的教学改革需求。

2. 能够进行持续性研究

教师要能够开展创造性教学，就必须不断加强学习、开展研究。刘佛年先生鼓励中小学教师要进行教育研究，而不是只当一个教书匠；中小学教师在走上工作岗位后也需要保持积极向上的学习态度，鼓励有教学经验的教师进行深造，将一线教学实践与教育理论进一步相结合，在提升自己的专业素养的同时，增强对一线教学问题的解决能力。他认为，学习与研究是教师不断自我发展提高的途径，要开展创造性教学，就要成为研究型教师，就需要进行大量的阅读，丰富知识，掌握科学研究的理论和方法。所以，教师要加入终身学习者队伍，不断学习先进的教育理念与方法，根据国家和社会对人才的需要而不断充实自身，提高自身素质。开展创造教育，培养学生的创新精神和实践能力，直到 20 世纪 90 年代中期才逐渐成为国家教育改革的主题词，刘佛年先生在 80 年代中期就能预见性地要求培养教师的创造能力，实属不易。

总的来说，集知识、能力、创造素养于一身的教师是刘佛年对每一位教师的期望，也是他在多年的培养和探索中，对培养新教师范型的一种理想建构。

----

① 金一鸣. 刘佛年教育文集 [M]. 南京：江苏教育出版社，2010：224.

二、"知识·能力·创造"型教师的培养

知识·能力·创造型教师是刘佛年先生在多年的探索中逐渐明确的目标，也在多年的师范生培养过程中不断推进和落实。

（一）全方位推进师范生教育改革

刘佛年先生历任华东师范大学教务长、副校长和校长，在自己的工作岗位上，他一步步地将自己的教师培养理想变成实践。1978 年，他就任华东师范大学校长时明确表示，一定要"下大决心把师范教育搞上去"。他在借鉴国外先进经验的基础上，认为需要加强对自身实际问题的研究，走符合国情的教育道路，确保师范教育改革在健康正确的方向上前进。

在坚持"教育必须适应社会发展的需要"的前提下，他对当时的师范教育改革提出了五点要求。一是根据党和国家发展的大势要求，制定正确的教育方针政策，以确保教育改革的方向性正确。二是对接社会对师范教育人才培养的需求办教育，"学校应该经常了解社会对毕业生的评价，以改进教育工作。当然，学校应该保持一定的稳定性、连续性、秩序性"①。对于师范教育来说，了解自己毕业生的就业状况以及就业表现、关注社会就业形势对师范生的要求，并依此来改进师范生培养方式等，既有利于师范生的发展，从长远看，有利于师范院校口碑的形成。三是应注重师范教育的灵活性，例如因地制宜，留下活动空间，增强流动性等。四是教育要形成有效率的运行系统，注重培养数量和质量，但不应以简单的"亩产"为唯一指标来进行评价。五是师范教育改革要注重内外的联系，在牵一发而动全身的情况下，对某些局部的改革，就必须建立在深入调查、实验总结的基础上，逐步进行。

针对师范生培养，为了进一步提高培养质量，刘佛年先生提出了五个方面的具体要求。一是明确标准，认为教师培养的"根本的标准是学生的全面发展，这是社会主义现代化建设对人的要求"②。不是每一个学校都要以智育为第一准则，迁移到师范教育，不是每一所师范院校都要以培养研

---

① 金一鸣. 刘佛年教育文集 [M]. 南京：江苏教育出版社，2010：196.
② 金一鸣. 刘佛年教育文集 [M]. 南京：江苏教育出版社，2010：196.

究生为目标，有知识有能力的教师才是师范院校培养的重点。二是改革检查、考试的方法，对录取考核标准、考题指向、综合性考核等进行全方位改革。三是要求教师要循序渐进、踏踏实实地进行教学，而不是一味赶进度。四是要求教师要为学生打好基础，发展能力，知识和能力都很重要，"教师还应该有意识、有计划地训练学科和一般的思维方法"① "凡学生能自学的，让他们自学；凡学生能自己想的，让他们自己想；凡学生能自己动手做的，让他们自己动手"②。五是要提高学生的学习动力，要求教师具有较强的教学能力，能够激发学生的学习兴趣，产生持续的学习动力，能够用良好的师德去感染和引导学生。

（二）多维度构建师范生课程结构

培养"知识·能力·创造"型教师，培养方案的设计，尤其是课程结构的设计是关键环节。在刘佛年先生的改革倡导下，华东师范大学在课程结构建设方面进行了一系列的改革。

1. 强化通识教育课程

知识的积累、能力的培养、创造性的发展，都是建立在丰富的知识基础之上的。一直以来，刘佛年先生都注重培养复合型人才，主张学生文理兼顾，要求学生具有广博的知识面。以培养和发展其思想政治素养、文化素养、独立思考能力等。在刘佛年的提议下，1979年华东师范大学实行了文理交叉开课的课程安排，在帮助学生拓展思维的同时，使他们能够走上复合型人才之路。

此外，基于对培养素质全面发展教师的考虑，刘佛年还强调独立思考、自学能力以及独立工作能力的重要性，要求培养学生的独立思考能力、终身学习与发展能力、应对世界社会发展的生存能力等。1956年，华东师范大学就"采取了减少课程门数，减少学生上课时数，精简教学内容，重点讲授，改进作息制度等一系列措施，而且积极地提倡在各个教学环节中培养学生的独立思考和独立工作的能力"③。师范生的角色是学生，也是未来

---

① 金一鸣. 刘佛年教育文集 [M]. 南京：江苏教育出版社，2010：196.
② 金一鸣. 刘佛年教育文集 [M]. 南京：江苏教育出版社，2010：196.
③ 金一鸣. 刘佛年教育文集 [M]. 南京：江苏教育出版社，2010：150.

的教师，独立思考、自学能力以及独立工作能力能够帮助师范生顺利完成从"学生"到"教师"的身份转变，也能够促进其职业生涯的发展。

2. 夯实学科基础课程和教育学专业课程

在师范专业学生学科教学能力的培养方面，有两类课程的学习十分重要，分别是学科基础课程和教育学专业课程。在刘佛年先生看来，学科基础课程十分重要，对培养和发展师范生坚实的学科知识基础，以及相应的教学能力，具有十分关键的意义。所以他特别强调对学生的基础理论和基本技能（"双基"）进行严格训练、严格考试，并且对文科学生、理科学生、外语学生分别提出了不同的考试要求，学科基础教学的方式和内容对不同专业的学生应该有所变化。

教育学类课程是刘佛年先生非常强调的课程，它主要帮助学生树立起良好的教育学意识，帮助发展起良好的教育教学能力。这方面刘佛年先生最突出的贡献就是编撰了我国第一本《教育学》教材，这一本教材的出现，不仅奠定了我国教育科学的理论基础，更是直接改变了我国早期师范教学全盘使用苏联教材和"教育政策汇编"的状况，因而，这本《教育学》成为对我国教育理论与实践影响最大的教育学教科书。后续编撰的各种教育学教材都是在此基础上编撰发展的。

在完善教育学课程的基础上，刘佛年先生另一个重要贡献就是强调心理学课程的重要性。1981 年，他明确提出"我认为师范院校应该迅速恢复心理学方面的课程。未来的教师不只是学习一般的心理学知识，还要着重学习儿童心理学和教育心理学的知识"①。心理学作为师范教育基础课程之一，一直是师范生学习的重点。对于心理学的学习，刘佛年建议不能只局限于书本上的理论知识，而是要到实际中去，具体系统地观察研究儿童或青少年的身心发展及其影响因素，结合书本知识，试图找寻合适的教育方法。

3. 完善实践课程的教学

实践课程是实践能力培养和发展的"培养皿"，学了很多的知识，不能

---

① 金一鸣. 刘佛年教育文集［M］. 南京：江苏教育出版社，2010：265.

转化为实践能力，那样的学习是没有意义的。为了打通知识向能力转化的环节，刘佛年先生十分重视实践课程的重要性。刘佛年曾就加强和改进师范生的实习工作提出明确要求。一是落实责任制，即明确学校实习工作的主体责任人以及各实习点、实习生的指导负责人，确保学生在实习过程中遇到问题有明确的反应和求助对象；二是完善计划，师范院校的教育实习具有集中与分散相结合的特点，因而需要早作准备，加强负责人与实习生之间、实习生与指导教师之间、实习生与实习生之间的联系，同时提前加强各科教学法学习；三是关注细节，细节决定成败，在实习过程中，除了关注实习生的技能学习，也需要关注实习生的思想情况。

对学生的实习工作进行考查时，一是关注独立完成工作的能力，关注学生在老师的指导启发下，独立完成实习工作的能力，包括教学设计、制作教具、试教磨课、教学实践等。二是关注理论应用于实际的能力，是否能够将所学的学科基础知识、教育学和心理学的知识转化并应用于实践当中。三是要求实习生不能只关注自己试教的那一部分教学内容，而是需要对教材的完整体系有所把握，从而抓住中心、突出重点，能够很好地利用课后作业布置的环节巩固新知，能够充分利用试教课的评议来认识自身教学的优点与不足。

（三）多举措完善师范生培养条件

要培养优秀的师资，必定离不开良好的培养条件的支撑。为了培养"知识·能力·创造"型教师，尤其是如何才能有效地培养具有创造能力的教师，这势必要有相应的条件做保障。所以刘佛年先生在培养条件的建设上也做出了重大的努力。

1. 建设重点学科

我国最早提出建设高校重点学科是在 20 世纪 80 年代初期。通过对早年的留学经历以及国外高等教育发展经验的研究，刘佛年认为可以通过办一批高水平、有特色的学科来带动学校发展，提高学校教学质量和科研水平。在 1983 年，他提出了抓重点学科建设，用人力、物力保障支持以及高要求来推动学校那些原有基础好、发展前景好、学术水平高的学科发展。在其直接指导下，当时的华东师范大学将教育原理、中国古代史、自然地理等作为学校的重点建设学科，给予各方保障，促进这些学科走向高水平发展。

事实证明，这一做法取得了较好的成效。时至今日，这些重点学科也依然是华东师范大学的特色学科，同时发挥了一定的辐射作用。重点学科的建设，一方面，带动了专业教学科研水平的提升，整体实力与国际接轨；另一方面，通过重点学科的建设，完善了学科体系，构建了师范院校的特色，合理安排各学科优质资源，对整体提升师范生的培养质量也十分有利。

2. 注重培养师范生的师资队伍建设

为了培养优秀的师资，意味着培养师资的师资要更优秀。刘佛年先生曾多次对学校师资的培养提出要求，要采取措施促进师范专业师资队伍的精英化，始终将学科建设与师资队伍建设工作作为学校建设与发展的关键环节。

首先是鼓励师资队伍持续深造，一方面是促进教师队伍提升学历，另一方面是尤其鼓励青年教师走出国门，再深造学习获得学位，开阔视野。这方面，华东师范大学的投入一直走在全国高校的前列。

其次是对学校教师的能力培养提出要求，特别是在教学、科研能力上。在刘佛年先生的倡导下，1980 年 10 月，华东师范大学身先士卒，成立教育科学学院，刘佛年兼任院长，不仅负责领导教育系、心理学系教学工作，还负责教育教学研究所、室的教学研究及行政工作。此外，教育科学学院还拥有一批附中、附小、附幼作为实验基地，通过在与中小学不断的互动交流、教研合作过程中提升教师队伍的整体素质，实现高校教师队伍与中小学发展的双向共赢，为带动地区及全国范围内的教育研究和学校发展做出了重大贡献。

三、刘佛年教师培养思想的当代传承

刘佛年先生"知识·能力·创造"型教师培养思想对华东师范大学乃至全国教师培养工作都产生了较大的影响，为全国各师范高校教师培养的规范化和制度化做出了重要的表率。在国家不断强调教师教育的重要性及其不断改革创新的形势下，刘佛年先生的教师培养思想对解决今天的师范教育问题仍然有重要的启示。

（一）持续强化师范生多元知识结构的学习

从刘佛年先生关于教师培养的思想中，笔者认为首先要继承并持续强化的是，要扩充师范生的知识面，也就是要加强通识教育。

自 20 世纪 80 年代以来，高中的文理分科教育一直持续到 2014 年的新高考改革，而且即使是在推进新高考改革方案的省份，部分学校由于师资等条件的限制，依然沿袭了原来的大文大理模式，不给学生选学和选考的机会。应该说，文理分科教育有其优势，学生可以在有限的时间内集中精力学习几门课程，确保知识掌握的效度；但其缺陷也十分明显，那就是文科生不懂理科常识，理科生不懂文科常识。在笔者教学的过程中，竟然发现部分大一的理科新生连"唯物主义"和"唯心主义"都不知道，更别说辩证唯物主义和历史唯物主义。文科生连理科当中的一些基本常识也不知道，比如初中阶段物理当中的大气压强、牛顿定理的内容等，只说"不记得了"。可以说长时间及过早的分科教育，已经给师范生的知识板块造成了严重的结构性缺失。

再看师范教育本身，中学教师一直都是坚持分科培养，其间有些学校曾经探索过理科综合的科学教育专业和文科综合的历史文化专业，但因毕业生不好就业而寿终正寝。在未实施师范专业认证之前，很多师范专业的课程结构当中，学科专业方向的基础课程占到绝大部分比例，而通识教育和教师教育课程的比例少得可怜。这种教育进一步强化了师范生狭隘的知识结构。

所以，在当前知识更新和新兴交叉学科不断涌现的情况下，一个教师要能够较好地胜任教学工作，仅仅靠一门学科的知识储备是不够的，而是要具有相对较广的知识面和多学科知识结构，这样对形成自己的教学魅力、引导学生产生学习兴趣才更有帮助。因此，在教育部公布的各类师范专业认证的条件中，要求培养中小学教师的师范专业课程结构中，通识教育的课程比例不少于 10%，是非常明智而正确的要求。

（二）培养师范生娴熟的信息化教学技能

早在 20 世纪 90 年代，刘佛年先生就旗帜鲜明地指出，要培养教师的信息化教学技能；90 年代中后期，信息化教学技能就逐渐成为教师必备的一项技能。到现在，网络技术、远程教学、人工智能技术等，已经逐渐在中小学课堂教学中普及应用，尤其在新冠疫情影响下，线上教学更是成为一种常态，这对中小学教师的信息化教学技能提出了更加娴熟而高水平的要求。

但当前师范教育的信息化程度却不容乐观。从培养方案来看，很多师范专业的课程结构当中，唯一跟信息技术应用素养挂钩的是"现代教育技术"（或"信息技术教学应用"等类似名称），其他的依然是原来固有的课程结构，单靠这一门课连基本的信息化教学素养都培养不起来，更别说娴熟而高水平的信息化、网络化教学能力。另外，从目前很多高校的教学设备和条件来看，还停留在 90 年代末和 21 世纪初的水平，很多高校的教学设备条件连中小学的硬件条件都赶不上，导致很多师范毕业生到中小学之后，第一件事就是要熟悉他们的教学设备和教学软件，不然根本无法开展教学工作。也给很多的中小学校长和老师们留下了高等师范院校教育条件落后的观感。师范教育培养的中小学教师信息化教学能力不强，也从今年最新的一项研究成果中得到证明。"中小学教师大多对信息化教学持积极态度，但教师实施信息化教学的动力不足；教师信息化教学能力在年龄上差异明显，在性别、学科上存在差异，而在教龄、地域、职称上差异较小或不明显。教师的信息化教学能力随年龄增长呈递减趋势，信息技术教学能力提升中存在教师自我效能感不足、应用培训与学科教学融合不紧密、应用实效尚未达到预期等问题。"①

所以，当前高等师范教育必须在师范生信息化、网络化、智能化教学技术的使用能力培养上加强，更新教学设备和条件，通过多课程、多条件，全方位培养师范生高水平的信息化教学能力，尤其是师范生的智能素养。"教师智能教育素养可视为对原有教师信息素养的转型升级，强调教育功能与教学法的核心价值以及教师作为'人'不可替代的发展特性。智能时代

---

① 何文涛. 人工智能时代中小学教师信息化教学能力发展现状与提升策略 ［J］. 现代教育技术，2022（3）：92－101.

的教师专业素养是智能化和人性化的统一"①。这是当前师范生培养必须面对的挑战和占领的高地。

（三）全力培养师范生创造性教学的能力

着力提升学生的创新精神和实践能力，培养创造性人才，是自 20 世纪 90 年代以来党和国家教育政策的重要导向。从 1998 年江泽民在北京大学 100 周年的讲话，到今天把改革创新归纳为中国精神的重要组成部分，"创新"始终是当今社会发展，尤其是教育发展的重要价值导向。

应该说，20 多年来，中小学和高等教育在培养创新人才上确实取得了一定的成绩，这些年的科学技术水平获得了较大的发展。但学生群体乃至整个民族的创新素养不高，高端技术领域缺乏创新性引领，却也是不争的事实。中小学教师依然侧重在知识的传授和技能的培养，侧重在考试高分的获得，而不在问题意识的保护和激发，不在创新性思维的激活和培养上。中学生到高校以后，很多原生性的创造冲动和能力都没有了，再加上高等教育价值追求的日趋功利化，大学生的创新思维和能力，并不是高校培养的主要导向。高等教育的整体形势如此，高等师范生的教育状况也无出其右。

创造性人才的培养呼唤教师的创造性教学能力。众多研究表明，学生创造力发展的程度，与教师的创造性教学呈正相关关系。"改善教师的创造性教学行为，提高创意自我效能感和人格开放性水平，有助于促进小学生的创造性思维发展"②。"教师的创造性教学行为与学生的创造性人格的冒险性、好奇性、想象力及挑战性呈显著正相关，创造性教学行为与创意故事及远距离联想测验（RAT）呈显著正相关，想象力与创意故事及 RAT 呈显著正相关。"③

而"创造性教学在本质上是教师与学生为了达到一定的目的，遵循人

---

① 王丹. 人工智能视域下教师智能教育素养研究：内涵、挑战与培养策略 [J]. 中国教育学刊，2022（3）：91 – 96.

② 李玉华，等. 教师创造性教学行为与小学生创造性思维的关系：有调节的中介模型 [J]. 心理发展与教育，2022（4）：513 – 519.

③ 吴佑清，等. 教师创造性教学行为对中学生创造性问题解决的影响 [J]. 应用心理学，2015（3）：281 – 288.

的创造规律和创造素质的培养规律，运用艺术的教学策略，通过充分发挥自身创造能力和个性的过程，全面提高学生的创造素质、产生创造性成果的活动。创造性教学具有新颖性、灵活性、情境性和审美性等特点"①。创造性教学是一个教师本身创造性素养的综合体现和应用，只有教师本身具有较强的创造性素养，才能达到培养创造性人才的目的。有学者研究指出，课堂上教师创造性教学行为主要表现在"学习方式指导、动机激发、观点评价和鼓励变通"② 四个方面，所以，当前的师范教育，一定要在培养"具有创造性的人格特质、独立的教育见解与批判反思能力、深厚的学科理解力、创造性教育教学能力以及为创造性而教的能力"③ 上下功夫，在培养模式、教学方式、教学评价等方面做出全方位的改革，全面培养师范生的创造性教学能力，以响应当前党和国家对创造性人才培养的时代诉求。

① 秦虹，张武升. 创造性教学的本质与特点 [J]. 教育科学研究，2014（12）：10 – 16.

② 张景焕，等. 教师创造性教学行为评价量表的结构 [J]. 心理发展与教育，2008（3）：107 – 112.

③ 李广平. 新时代创新型教师：内涵、特征与培养 [J]. 东北师大学报（哲学社会科学版），2022（2）：135 – 140.